KB057391

판례와 법규로 본

아동 청소년
성범죄 매뉴얼

대한법률콘텐츠연구회

🏛️ 법문북스

머 리 말

성범죄(性犯罪)는 성에 관계되는 범죄를 말하며, 타인의 자유의사와 관계없이 가해지는 강간이나 강제추행 등의 범죄를 말합니다. 성범죄는 고대로부터 처벌의 대상이 되어 왔으나, 이전에는 단순히 개인의 성적 의사결정의 자유를 보호하기 위한 개인적 범죄로서의 차원이 아니라, 음란성을 추방하여 성적 순결성을 보호하려는 사회적·국가적 이익을 우선적으로 고려하는 차원에서 이해되었습니다.

성범죄가 발생하는 주된 이유는 개인적 측면에서 파악할 수 있습니다. 즉 성적욕구에 따른 개인의 자제력 부족을 원인으로 하여 순간적인 충동을 억제하지 못하고 자신의 성적욕구를 충족시키기 위해 범죄를 자행하게 됩니다. 뿐만 아니라 사회적 측면에서도 사회가 발전함에 따라서 경제가 비약적으로 발전하게 되고, 금전만능주의가 만연됨에 따라 성을 자유롭게 사고 팔 수 있다는 사고가 사회저변에 자리 잡았습니다. 이에 따라 상업주의와 더불어 향락산업이 급속도로 발달함에 따라 성범죄는 증가하게 되었습니다.

아동·청소년 성범죄는 피해자에게 때로는 치료하기 힘든 수준의 육체적, 정신적 장애를 남깁니다. 물론 성인을 대상으로 하는 성범죄도 마찬가지로 피해자에게 큰 상처를 남기지만, 육체적, 정신적으로 성숙하지 못한 아동·청소년이라면 그 상처가 훨씬 오래, 그리고 크게 가는 것은 물론, 그것으로 인해 제대로 성숙하지 못하는 경우가 많습니다. 실제로 아동·청소년에 대한 성적 학대가 피해자에게 상당한 피해를 주는 한편 때로는 영구적인 신체적 장애까지 남기는 범죄이기도 합니다.

그래서 정부에서는 아동·청소년의 성을 사는 행위, 성매매를 조장하는 온갖 형태의 중간매개행위 및 아동·청소년에 대한 성폭력행위를 하는 자들을 강력하게 처벌하고, 성매매와 성폭력행위의 대상이 된 아동·청소년을 보호·구제하는 장치를 마련함으로써 청소년의 인권을 보장하고 건전한 사회구성원으로 복귀할 수 있도록 하는 한편, 아동·청소년을 대상으로 하는 성매매 및 성폭력 행위자의 신상을 공개함으로써 범죄예방효과를 극대화하려는 목적으로 「아동·청소년의 성보호에 관한 법률」을 제정하였습니다.

이 책은 「아동·청소년의 성보호에 관한 법률」에 따른 해설과 각 조문별로 관련판례를 종합적으로 정리하여 아동·청소년의 성범죄에 대한 처벌 및 보호제도를 누구나 이해하기 쉽도록 편집하여 수록하였습니다. 이러한 자료들은 법제처의 생활법령정보와 국가법령종합센터의 법령자료 및 대법원의 종합법률정보에 나타난 판례들에서 발췌하여 법체계에 맞춰 정리하였습니다.

이 책이 아동·청소년의 성보호에 관심을 갖고 계신 분들, 성범죄 피해자 및 보호자와 실무에 종사하는 모든 분들에게 큰 도움이 되리라 믿으며, 열악한 출판시장임에도 불구하고 흔쾌히 출간에 응해 주신 법문북스 김현호 대표에게 감사를 드립니다.

2023. 7.
편저자

목 차

PART A. 아동·청소년 대상 성범죄

Ⅰ

PART B. 아동·청소년 성보호법과 관련판례

PART C. 청소년성보호법 시행령 시행규칙

PART A.
아동·청소년 대상 성범죄

제1장 아동·청소년 성범죄란 무엇을 말합니까?

Ⅰ. 아동·청소년 성(폭력)범죄의 대상 및 범위

1. 아동·청소년

① "아동·청소년"은 19세 미만의 사람을 말하는데, 19세에 도달하는 연도의 1월 1일을 맞이한 사람은 대상에서 제외됩니다 (「아동·청소년의 성보호에 관한 법률」 제2조 제1호).

② 13세 미만(또는 16세 미만)의 아동
아동·청소년 중에서도 13세 미만(가해자가 19세 이상이면 13세 이상 16세 미만)의 사람에 대한 간음 또는 추행은 강간이나 강제추행 등으로 처벌이 되고, 공소시효도 적용되지 않는 등 일반 성범죄에 대한 처벌보다 엄중하게 처벌하고 있습니다(「형법」 제305조 및 「아동·청소년의 성보호에 관한 법률」 제20조 제3항).

> ※ 강간(强姦) : 폭행 또는 협박으로 사람을 강제로 간음하는 것을 말합니다.
> ※ 유사강간(類似强姦) : 폭행 또는 협박으로 사람에 대하여 구강, 항문 등 신체(성기는 제외함)의 내부에 성기를 넣거나 성기, 항문에 손가락 등 신체(성기는 제외함)의 일부 또는 도구를 넣는 행위를 말합니다.
> ※ 추행(醜行) : 성욕의 흥분 또는 만족을 얻을 동기로 행해진 정상의 성적인 수치감정을 심히 해치는 성질을 가진 행위를 말합니다. 이 행위는 남녀·연령 여하를 불문하고 그 행위가 범인의 성욕을 자극·흥분시키거나 만족시킨다는 성적 의도 하에 행해짐을 필요로 합니다.

2. 아동·청소년 대상 성범죄

① "아동·청소년 대상 성범죄"란 다음의 어느 하나에 해당하는 죄를 말합니다(「아동·청소년의 성보호에 관한 법률」 제2조 제2호).

구분	내용
「아동·청소년의 성보호에 관한 법률」상의 성범죄	- 아동·청소년에 대한 강간·강제추행 등의 죄(제7조) - 장애인인 아동·청소년에 대한 간음 등의 죄(제8조) - 강간 등 상해·치상의 죄(제9조) - 강간 등 살인·치사의 죄(제10조) - 아동·청소년성착취물의 제작·배포 등의 죄(제11조) - 아동·청소년 매매행위를 하는 경우 성립하는 죄 (제12조) - 아동·청소년의 성을 사는 행위 등을 하는 경우 성립하는 죄(제13조) - 아동·청소년에 대한 강요행위 등을 하는 경우 성립하죄(제14조) - 알선영업행위 등을 하는 경우 성립하는 죄(제15조)
아동·청소년에 대한 「성폭력범죄의 처벌 등에 관한 특례법」상의 성범죄	- 특수강도강간 등의 죄와 그 미수 및 예비·음모 (제3조, 제15조 및 제15조의2) - 특수강간 등의 죄와 그 미수 및 예비·음모(제4조, 제15조 및 제15조의2) - 친족관계에 의한 강간 등의 죄와 그 미수 및 예 비·음모(제5조, 제15조 및 제15조의2) - 장애인에 대한 강간·강제추행 등의 죄와 그 미수 및 예비·음모(제6조, 제15조 및 제15조의2) - 13세 미만의 미성년자에 대한 강간, 강제추행 등의 죄와 그 미수 및 예비·음모(제7조, 제15조 및 제15조의2) - 강간 등 상해·치상의 죄와 그 미수(제8조 및 제15조) - 강간 등 살인·치사의 죄와 그 미수(제9조 및 제15조) - 업무상 위력 등에 의한 추행죄(제10조)

	- 공중 밀집 장소에서의 추행죄(제11조) - 성적 목적을 위한 다중이용장소 침입행위죄(제12조) - 통신매체를 이용한 음란행위죄(제13조) - 카메라등을 이용한 촬영죄와 그 미수(제14조 및 제15조) - 허위영상물 등의 반포등의 죄와 그 미수(제14조의2 및 제15조) - 위의 모든 범죄로서 다른 법률에 따라 가중처벌 되는 죄
아동·청소년에 대한 「형법」상의 성범죄	- 강간죄와 그 미수(제297조 및 제300조) - 유사강간죄와 그 미수(제297조의2 및 제300조) - 강제추행죄와 그 미수(제298조 및 제300조) - 준강간, 준강제추행죄와 그 미수(제299조 및 제 300조) - 강간 등 상해·치상죄(제301조) - 강간 등 살인·치사죄(제301조의2) - 미성년자 등에 대한 간음죄(제302조) - 업무상위력 등에 의한 간음죄(제303조) - 미성년자에 대한 간음, 추행죄(제305조) - 강도강간죄와 그 미수(제339조 및 제342조)
아동·청소년에 대한 「아동복지법」상의 성범죄	- 아동에게 음란한 행위를 시키거나 이를 매개하는 행위 또는 아동에게 성적 수치심을 주는 성희롱 등의 성적 학대 행위를 하는 경우 성립하는 죄 (제7조제2호)
아동·청소년에 대한 「아동·청소년의 성보호에 관한 법률」상의 성범죄	- 아동·청소년에 대한 성착취 목적 대화 등을 하는 경우 성립하는 죄(제15조의2)

② 이런 행위도 모두 성폭력입니다.

- 원하지 않는데 강제로 성관계를 하는 것은 성폭력입니다.
- 몸의 중요한 부위들, 성기나 가슴 그리고 엉덩이나 배 등 수영복으로 가려지는 부위들을 원하지 않는데 만지거나 부비거나 빠는 것 모두 성폭력입니다.
- 성기나 가슴과 같은 신체 부위가 아닌 다른 신체부위라고 하더라도 상대방의 성적인 즐거움을 위해 이용당한 느낌을 받으면 성폭력입니다.
- 원하지 않는데 자기의 신체부위를 보여주거나 만져달라고 하는 것도 성폭력입니다.
- 행동으로 하지는 않더라도 신체부위나 성행위에 대한 말로 기분 나쁜 농담을 하거나 놀리는 것도 성폭력입니다.
- 야한 비디오나 음란물을 보여주는 것도 성폭력입니다. 강제로 보여주는 것이 아니더라도 어린이나 지적능력이 낮은 사람의 호기심을 자극해서 보여주는 것도 성폭력에 해당합니다.
- 어린이의 경우에는 스스로 동의했다고 하더라도 어른이나 나이 많은 청소년이 성적인 행동을 유도하는 것은 성폭력입니다. 생각이나 판단이 다 자라지 못한 어린이들 몸과 마음을 다치지 않도록 어른들이 보호해줘야 합니다. 그러니까 어린이가 동의했다고 하더라도 어른이나 나이 많은 청소년이 성적인 행동을 함께 한다면 그것은 성폭력입니다.
③ "성희롱"이란 상대방이 원하지 않는 성적인 말이나 행동을 해 상대방에게 성적 굴욕감이나 수치심을 느끼게 하는 행위를 말합니다.

3. 아동 성폭력이란?

만 13세 미만의 미성년자에게 성적만족을 위해 신체, 언어적인 추행에서부터 부적절한 신체적 접촉, 강간에 이르기까지 다양한 행위를 하는 것을 말합니다. 어린이는 아직 생각이나 판단이 미처 다 자라지 못해 자기를 보호할 능력이 없고 '싫다, 좋다'의 성적 결정을 충분히 내리지 못해 성인에 의한 성폭력에 이용당할 우려가 높기 때문에, 어린이를 대상으로 한 성적인 행동은 모두 처벌되어야 합니다.

4. 아동 성폭력의 특징

① 폭력이 동반되지 않고 돈이나 음식, 선물 놀이 등의 유인책에 이끌려 폭력을 당하는 경우가 많습니다.

② 성추행을 당한 경우 상처가 쉽게 아물어 흔적을 찾기 어려울 수 있고 파열 등의 손상이 발생하지 않을 수도 있습니다.

③ 가족 및 친인척, 면식자가 가해자인 경우가 흔하고 모르는 사람의 경우에는 누군가를 사칭하는 방법을 많이 사용합니다.

④ 아동에게 성폭력 사실을 발설하지 못하도록 위협을 하거나 압력을 가하여 성폭력이 장기간 지속되고 은폐되는 경향이 있습니다.

⑤ 가해자가 아동과 가깝고 친숙한 경우 주변인들이 성폭력 발생을 알아채기 어려워 장기화되는 경향이 있고 아동의 심리적 후유증 또한 심각한 경우가 많습니다.

⑥ 아동이라도 신체적 생리기능은 정상적으로 이루어지기 때문에 신체적 반응을 할 수 있지만 대부분의 아동은 자기에게 일어나는 일의 의미를 충분히 이해하지 못합니다.

5. 아동에 대한 성폭행 행위

- 야한 그림이나 동영상, 어른의 성기를 보여주는 것
- 아동의 옷을 벗기는 것
- 강제로 몸을 만지는 것
- 아동의 몸에 성인의 성기를 문지르는 것
- 성인의 성기를 아동의 허벅지 사이에 끼우는 것
- 아동에게 성인의 성기를 만지도록 하는 것
- 아동의 입에 성인의 성기를 삽입하는 것
- 아동의 성기에 손가락이나 성인의 성기, 이물질을 넣는 것
- 상대방의 성적인 즐거움을 위해 이용당한 느낌을 받는 것
- 아동에게 약물이나 술을 먹이고, 때리면서 위의 성폭행 행동을 하는 것

Ⅱ. 아동·청소년 성매매의 대상 및 범위

1. 성매매의 대상

① 성매매 피해자란?

"성매매 피해자"란 다음 중 어느 하나에 해당하는 사람을 말합니다(「성매매알선 등 행위의 처벌에 관한 법률」 제2조 제1항제4호 및 「성매매알선 등 행위의 처벌에 관한 법률 시행령」 제2조).

- 위계, 위력, 그 밖에 이에 준하는 방법으로 성매매를 강요당한 사람
- 업무관계, 고용관계, 그 밖의 관계로 인해 보호 또는 감독하는 사람에 의해 마약·향정신성의약품 또는 대마에 중독되어 성매매를 한 사람
- 청소년, 사물을 변별하거나 의사를 결정할 능력이 없거나 미약한 사람 또는 타인의 보호·감독이 없으면 정상적으로 일상생활 또는 사회생활을 영위하기 어렵고, 이로 인하여 타인의 부당한 압력이나 기망(欺罔)·유인에 대한 저항능력이 취약한 사람으로서 성매매를 하도록 알선, 유인된 사람
- 성매매 목적의 인신매매를 당한 사람

② 아동·청소년 성매매 피해자

"아동·청소년 성매매 피해자"란 19세 미만의 사람으로서 성매매범죄의 피해자가 된 경우를 말합니다(「아동·청소년의 성보호에 관한 법률」 제2조 제1호 및 「성매매알선 등 행위의 처벌에 관한 법률」 제2조 제1항 제4호).

2. 아동·청소년 성매매의 범위

① 아동·청소년의 성을 사는 행위

"아동·청소년의 성을 사는 행위"란 아동·청소년, 아동·청소년의 성(性)을 사는 행위를 알선한 사람 또는 아동·청소년을 실질적으로 보호·감독하는 사람 등에게 금품이나 그 밖의 재산상 이익, 직무·편의제공 등 대가를 제공하거나 약속하고 다음의 어느 하나에 해당하는 행위를 아동·청소년에게 하거나 아동·청소년으로 하여금 하게 하는 것을 말합니다(「아동·청소년의 성보호에 관한 법률」 제2조 제4호).

- 성교 행위
- 구강·항문 등 신체의 일부나 도구를 이용한 유사 성교 행위
- 신체의 전부 또는 일부를 접촉·노출하는 행위로서 일반인의 성적 수치심이나 혐오감을 일으키는 행위
- 자위 행위

② 아동·청소년 매매행위

"아동·청소년 매매행위"란 아동·청소년의 성을 사는 행위 또는 아동·청소년성착취물을 제작하는 행위의 대상이 될 것을 알면서 아동·청소년을 매매 또는 국외에 이송하거나 국외에 거주하는 아동·청소년을 국내에 이송하는 행위를 말합니다(「아동·청소년의 성보호에 관한 법률」 제12조).

제2장 아동·청소년 성폭력범죄에 대한 처벌

Ⅰ. 아동·청소년 성폭력범죄자에 대한 처벌규정

1.「형법」에 따른 성폭력범죄와 처벌규정

죄명	처벌내용
미성년자 등에 대한 간음 (제302조)	5년 이하의 징역
미성년자의제강간 (제297조 및 제305조)	3년 이상의 유기징역
미성년자의제유사강간 (제297조의2 및 제305조)	2년 이상의 유기징역
미성년자의제강제추행 (제298조 및 제305조)	10년 이하의 징역 또는 1천500만원 이하의 벌금
미성년자의제(강간, 유사강간, 강제추행, 준강간, 준유사강간, 준강제추행)(상해, 치상) (제301조 및 제305조)	무기 또는 5년 이상의 징역
미성년자의제(강간, 유사강간, 강제추행, 준강간, 준유사강간, 준강제추행)(살인, 치사) (제301조의2 및 제305조)	살인:사형 또는 무기징역 치사:무기 또는 10년 이상의 징역
미수범:제297조, 제297조의2, 제298조 및 제299조의 미수범은 처벌하되, 기수범보다 감경할 수 있음(제25조 및 제300조)	
상습범:상습으로 제297조, 제297조의2, 제298조부터 제300조까지, 제302조, 제303조 또는 제305조의 죄를 범한 경우 그 죄에 정한 형의 2분의 1까지 가중함(제305조의2).	

2. 「성폭력범죄의 처벌 등에 관한 특례법」에 따른 성폭력범죄와 처벌규정

죄명	처벌내용
성폭력범죄의처벌등에관한특례법위반 (13세 미만 미성년자 강간) (제7조제1항)	무기징역 또는 10년 이상의 징역
성폭력범죄의처벌등에관한특례법위반 (13세 미만 미성년자 유사성행위) (제7조제2항)	7년 이상의 유기징역
성폭력범죄의처벌등에관한특례법위반 (13세 미만 미성년자 강제추행) (제7조제3항)	5년 이상의 유기징역
성폭력범죄의처벌등에관한특례법위반 [13세 미만 미성년자(준강간, 준유 사성행위, 준강제추행)] (제7조제4항)	위의 「성폭력범죄의 처벌 등에 관한 특례법」 제7조 제1항부터 제3항까지 예에 따라 처벌
성폭력범죄의처벌등에관한특례법위반 [13세 미만 미성년자 위계 등(간음, 추행)(제7조제5항)	위의 「성폭력범죄의 처벌 등에 관한 특례법」 제7조 제1항부터 제3항까지 예에 따라 처벌
성폭력범죄의처벌등에관한특례법위반 [강간등(상해, 치상)] (제8조)	무기징역 또는 10년 이상의 징역
성폭력범죄의처벌등에관한특례법위반 [강간등(살인, 치사)] (제9조제1항·제3항)	살인 : 사형 또는 무기징역 치사 : 사형, 무기징역 또는 10년 이상의 징역
미수범 : 각 행위의 미수범은 처벌함(제15조).	

3. 「아동·청소년의 성보호에 관한 법률」에 따른 성폭력범죄와 처벌규정

죄명	처벌내용
아동·청소년의성보호에관한법률위반(강간)(제7조제1항)	무기 또는 5년 이상의 유기징역
아동·청소년의성보호에관한법률위반(유사성행위)(제7조제2항)	5년 이상의 유기징역
아동·청소년의성보호에관한법률위반(강제추행)(제7조제3항)	2년 이상의 유기징역 또는 1천만원 이상 3천만원 이하의 벌금
아동·청소년의성보호에관한법률위반(준강간, 준유사성행위, 준강제추행)(제7조제4항)	위의 강간, 유사성행위, 강제추행의 예에 따라 처벌
아동·청소년의성보호에관한법률위반[위계등(간음, 추행)](제7조제5항)	위의 강간, 유사성행위, 강제추행의 예에 따라 처벌
아동·청소년의성보호에관한법률위반(장애인간음)(제8조제1항)	3년 이상의 유기징역
아동·청소년의성보호에관한법률위반(장애인추행)(제8조제2항)	10년 이하의 징역 또는 5천만원 이하의 벌금
아동·청소년의성보호에관한법률위반[강간등(상해,치상)](제9조)	무기징역 또는 7년 이상의 징역
아동·청소년의성보호에관한법률위반[강간등(살인, 치사)](제10조)	살인 : 사형 또는 무기징역 치사 : 사형, 무기징역 또는 10년 이상의 징역
아동·청소년의성보호에관한법률위반(성착취물 구입 또는 이를 알면서 소지·시청)(제11조제5항)	1년 이상의 징역
아동·청소년의성보호에관한법률위반(성착취물제작·배포등)(제11조제1항·제2항·제3항·제4항·제7항)	·제1항(제작·수입 또는 수출) : 무기징역 또는 5년 이상의 유기징역 ·제2항(영리 목적 배포·제공 또는 이

	를 목적으로 소지·운반·광고·소개하거나 공연히 전시 또는 상영) : 5년 이상의 징역
	·제3항(배포·제공하거나 이를 목적으로 광고·소개하거나 공연히 전시 또는 상영) : 3년 이상의 징역
	·제4항(제작 알선):년 이상의 징역
	·제7항(제1항의 상습범) : 제1항의 형의 2분의 1까지 가중
아동·청소년의성보호에관한법률위반(매매) (제12조)	무기징역 또는 5년 이상의 징역
아동·청소년의성보호에관한법률위반(성매수등) (제13조)	제1항 : 1년 이상 10년 이하의 징역 또는 2천만원 이상 5천만원 이하의 벌금 제2항 : 1년 이하의 징역 또는 1천만원 이하의 벌금 제3항: (16세 미만 및 장애 아동·청소년 대상) 제1항 및 제2항의 죄에 정한 형의 2분의 1까지 가중
아동·청소년의성보호에관한법률위반(강요행위등) (제14조)	제1항 : 5년 이상의 유기징역 제2항 : 7년 이상의 유기징역 제3항 : 7년 이하의 징역 또는 5천만원 이하의 벌금
아동·청소년의성보호에관한법률위반(알선영업행위등) (제15조)	제1항 : 7년 이상의 유기징역 제2항 : 7년 이하의 징역 또는 5천만원 이하의 벌금 제3항 : 5년 이하의 징역 또는 3천만원 이하의 벌금
아동·청소년의성보호에관한법률위반(합의강요) (제16조)	7년 이하의 유기징역

죄명	처벌내용
아동·청소년의성보호에관한법률위반(성착취물온라인서비스제공)(제17조제1항)	3년 이하의 징역 또는 2천만원 이하의 벌금
아동·청소년의성보호에관한법률위반(비밀누설)(제31조)	7년 이하의 징역 또는 5천만원 이하의 벌금
아동·청소년의성보호에관한법률위반(「아동·청소년의 성보호에 관한 법률」위 규정 외)	「아동·청소년의 성보호에 관한 법률」제32조, 제65조 및 제66조 등 각 처벌규정 참조
아동·청소년의성보호에관한법률위반(정보통신망을 이용한 성착취 목적 대화 등)(제15조의2)	3년 이하의 징역 또는 3천만원 이하의 벌금 ※19세 이상의 사람이 16세 미만인 아동·청소년에게 같은 행위를 할 경우 동일하게 처벌함

4. 「아동복지법」에 따른 성폭력범죄와 처벌규정

죄명	처벌내용
아동복지법위반(아동에 대한 음행강요·매개·성희롱 등) (제71조제1항제1호의2 및 제17조제2호)	10년 이하의 징역 또는 1억원 이하의 벌금

※ 각 법률에서 동일한 구성요건임에도 처벌을 다르게 규정하고 있는 경우가 있습니다. 어떤 법률을 적용해 처벌을 할 것인지는 검찰과 법원의 판단사항이므로 이 콘텐츠에서는 법률규정만을 안내해 드립니다.

Ⅱ. 아동·청소년 성폭력범죄자에 대한 가중처벌규정

1. 친족에 의한 성범죄의 가중처벌

친족에 의한 성범죄는 가중처벌 되는데, 이 때 친족의 범위는 4촌 이내의 혈족·인척과 동거하는 친족으로 사실상의 관계에 의한 친족을 포함합니다(「성폭력범죄의 처벌 등에 관한 특례법」 제5조제4항·제5항).

죄명	처벌내용
성폭력범죄의처벌등에관한특례법위반(친족관계에의한강간) (「**성폭력범죄의 처벌 등에 관한 특례법**」제5조제1항)	7년 이상의 유기징역
성폭력범죄의처벌등에관한특례법위반(친족관계에의한강제추행) (「**성폭력범죄의 처벌 등에 관한 특례법**」제5조제2항)	5년 이상의 유기징역
성폭력범죄의처벌등에관한특례법위반(친족관계에의한 준강간, 준강제추행) (「**성폭력범죄의 처벌 등에 관한 특례법**」제5조제3항)	위의 강간, 강제추행의 예에 따라 처벌

2. 신고의무자에 의한 성범죄 가중처벌

다음의 어느 하나에 해당하는 기관, 시설 또는 단체의 장과 그 종사자가 자기의 보호·감독 또는 진료를 받는 아동·청소년을 대상으로 성범죄를 범한 경우에는 그 죄에서 정한 형의 2분의 1 까지 가중처벌합니다(「아동·청소년의 성보호에 관한 법률」 제18조 및 제34조 제2항).

- 유치원
- 학교
- 의료기관
- 아동복지시설
- 장애인복지시설
- 어린이집
- 학원 및 교습소
- 성매매 피해자 등을 위한 지원시설 및 성매매피해상담소
- 한부모가족복지시설
- 가정폭력 관련 상담소 및 가정폭력피해자 보호시설
- 성폭력피해상담소 및 성폭력피해자보호시설
- 청소년활동시설
- 청소년상담복지센터 및 청소년쉼터
- 청소년 보호·재활센터

3. 음주 또는 약물로 인한 상태에서 행한 성범죄에 대한 감경규정 미적용

① 「형법」은 심신장애로 인해 사물을 변별할 능력이 없거나 의사를 결정할 능력이 없는 사람의 행위는 처벌하지 않고, 변별능력이나 의사결정능력이 미약한 상태에서 한 행위는 감경할 수 있고, 농아자의 행위는 감경하도록 규정하고 있습니다 (「형법」 제10조 및 제11조).

② 그러나 아동·청소년 대상 성폭력범죄의 경우에는 그 범죄의 심각성으로 인해 비록 음주나 약물로 인한 심신장애 상태에서 저지른 범행이라 하더라도 일반적인 성폭력범죄자와 같이 처벌을 하거나 감경을 하지 않을 수 있습니다(「아동·청소년의

성보호에 관한 법률」 제19조).

4. 공소시효에 관한 특례

① 공소시효가 적용되지 않는 13세 미만의 아동·청소년 대상 성범죄
  13세 미만의 사람 및 신체적인 또는 정신적인 장애가 있는
  사람에게 다음에 해당하는 성폭력 범죄를 범한 경우에는 공소
  시효가 적용되지 않습니다(「아동·청소년의 성보호에 관한 법
  률」 제20조 제3항).
- 「형법」, 「아동·청소년의 성보호에 관한 법률」, 「성폭력범죄의 처
  벌 등에 관한 특례법」에서 각각 규정하고 있는 강간죄, 강제추행
  죄, 준강간죄, 준강제추행죄, 강간등 상해·치상, 강간등 살인·치사
② "공소시효"란 어떤 범죄에 대해 일정기간이 경과하면 소송의
  제기를 허용하지 않는 제도를 말합니다.
③ 공소시효가 적용되는 13세 이상의 아동·청소년대상 성범죄에
  대한 공소시효 특례
  ㉠ 아동·청소년대상 성범죄의 공소시효는 범죄행위가 종료한 때
    부터 진행한다는 「형사소송법」의 규정에도 불구하고 해당 성
    범죄로 피해를 당한 아동·청소년이 성년에 달한 날부터 진행
    됩니다(「형사소송법」 제252조 제1항 및 「아동·청소년의 성보
    호에 관한 법률」 제20조 제1항).
  ㉡ 아동·청소년대상 강간죄, 유사강간죄나 강제추행죄 등은 디엔
    에이(DNA)증거 등 그 죄를 증명할 수 있는 과학적인 증거가
    있는 때에는 공소시효가 10년 연장됩니다(「아동·청소년의 성
    보호에 관한 법률」 제20조제2항).
④ 다음에 해당하는 성폭력 범죄를 범한 경우에는 공소시효가 적용되
  지 않습니다(「아동·청소년의 성보호에 관한 법률」 제20조 제4항).

- 「형법」, 「아동·청소년의 성보호에 관한 법률」, 「성폭력범죄의 처벌 등에 관한 특례법」에서 각각 규정하고 있는 강간등 살인·치사의 죄(강간등 살인에 한정), 강간 등 살인, 아동·청소년성착취물을 제작·수입 또는 수출

■ 아동에 의해 발생한 성폭력은 어떻게 처벌되나요?

(질문)
초등학생 딸을 둔 부모입니다. 같은 반 남자아이로부터 성추행을 당했는데 처벌받게 하고 싶습니다. 너무 어려 처벌할 수가 없는 건가요?

(답변)
기본적으로 10세 미만의 아동 상호간에 발생한 성폭력은 법적으로 처벌을 할 수가 없습니다. 처벌보다는 치료와 교육이 필요하다는 판단 때문입니다. 다만, 10세 이상 16세 미만의 아동·청소년은 소년부에 송치되어 보호처분과 재범예방을 위해 수강명령처분을 받을 수 있습니다(「아동·청소년의 성보호에 관한 법률」 제44조). 또한 가해 아동의 보호자를 상대로 별도의 민사소송을 제기하시면 손해배상을 받을 수도 있을 것입니다(「민법」 제755조). 이때 미성년자가 성폭력, 성추행, 성희롱, 그 밖의 성적(性的) 침해를 당한 경우에 이로 인한 손해배상청구권의 소멸시효는 그가 성년이 될 때까지는 진행되지 않습니다(「민법」 제766조제3항).

■ 아동·청소년이 성폭력을 당한 후 성인이 된 후 범인을 찾아 처벌을 원하는 경우, 시간이 많이 지났는데 가능한가요?

(질문)
아동·청소년이 성폭력을 당한 후 두려움 때문에 말을 하지 못하다가 성인이 된 후 범죄자를 찾아 처벌을 하고자 합니다. 시간이 많이 지났는데 처벌을 할 수 있나요?

(답변)

처벌할 수 있습니다. 아동·청소년을 대상으로 한 성범죄의 경우에는 공소시효의 특례가 적용됩니다.

◇ **공소시효**

① "공소시효"란 어떤 범죄에 대해 일정기간이 경과하면 소송의 제기를 허용하지 않는 제도를 말합니다.

② 공소시효의 존재이유는 소송법상으로 시간의 경과로 증거판단이 곤란하게 된다는 것, 실체법상으로는 시간의 경과로 인해 범죄에 대한 사회의 관심 약화, 피고인의 생활안정 보장 등이 있습니다.

◇ **13세 미만의 사람에 대한 공소시효의 특례**

13세 미만의 사람 및 신체적인 또는 정신적인 장애가 있는 사람에게 행한 강간죄, 강제추행죄, 준강간죄, 준강제추행죄, 강간 등 상해·치상, 강간 등 살인·치사 등의성폭력 범죄에 대해서는 공소시효가 적용되지 않으므로, 언제든지 소송을 제기할 수 있습니다.

◇ **13세 이상의 사람에 대한 공소시효의 특례**

① 공소시효가 적용되는 13세 이상의 아동·청소년에게 행한 성범죄의 공소시효는 범죄행위가 종료한 때부터 진행한다는 「형사소송법」의 규정에도 불구하고 해당 성범죄로 피해를 당한 아동·청소년이 성년에 달한 날부터 진행됩니다.

② 아동·청소년대상 강간죄, 유사강간죄나 강제추행죄 등은 디엔에이(DNA)증거 등 그 죄를 증명할 수 있는 과학적인 증거가 있는 경우 공소시효가 10년 연장됩니다.

③ 다음에 해당하는 성폭력 범죄를 범한 경우에는 공소시효가 적용되지 않습니다.

- 「형법」, 「아동·청소년의 성보호에 관한 법률」, 「성폭력 범죄의 처벌 등에 관한 특례법」에서 각각 규정하고 있는 강간등 살인·치사의 죄(강간등 살인에 한정), 강간 등 살인 및 아동·청소년성착취물을 제작·수입 또는 수출

■ 외관상 어려 보이는 주인공이 등장하는 음란물을 공유사이트에 공유한 사실로 수사를 받았는바 이런 경우도 아동·청소년의 성 보호에 관한 법률위반죄에 해당할 수 있는지요?

(질문)
甲은 외관상 어려 보이는 주인공이 등장하는 음란물을 공유사이트에 공유한 사실로 수사를 받았는바 이러한 경우 아동·청소년의 성보호에 관한 법률위반죄에 해당할 수 있는지요?

(답변)
아동·청소년의 성보호에 관한 법률 제2조 제5호는 "아동·청소년이용음란물이란 아동·청소년 또는 아동·청소년으로 명백하게 인식될 수 있는 사람이나 표현물이 등장하여 제4호의 어느 하나에 해당하는 행위를 하거나 그 밖의 성적 행위를 하는 내용을 표현하는 것으로서 필름·비디오물·게임물 또는 컴퓨터나 그 밖의 통신매체를 통한 화상·영상 등의 형태로 된 것을 말한다."고 규정하고 있습니다.

이와 관련하여 대법원 판례는 "등장인물의 외모나 신체발육 상태, 영상물의출처나 제작 경위, 등장인물의 신원 등에 대하여 주어진 여러 정보 등을 종합적으로 고려하여 사회 평균인의 시각에서 객관적으로 관찰할 때 외관상 의심의 여지 없이 명백하게 아동·청소년으로 인식되는 경우라야 하고, 등장인물이 다소 어려 보인다는 사정만으로 쉽사리 '아동·청소년으로 인식될 수 있는 사람이 등장하는 아동·청소년이용음란물'이라고 단정해서는 아니 된다." *(대법원 2014. 9. 24. 선고 2013도4503 판결)*고 판단하였습니다.

따라서, 현재 구 아청법 조항에서 '아동·청소년으로 명백하게 인식될 수 있는'이라는 점이 추가되었으므로 단지 외관상 어려보인다는 이유만으로는 아동·청소년의 성보호에 관한 법률위반죄에 해당한다고 보기는 어렵습니다.

Ⅲ. 아동·청소년 성매매 관련자에 대한 처벌

1. 아동·청소년 성매매자 등에 대한 처벌규정

구분	내용	처벌
성 매수자	아동·청소년의 성을 사는 행위를 한 사람(성매수자) (「**아동·청소년의 성보호에 관한 법률**」 제13조제1항)	1년 이상 10년 이하의 징역 또는 2천만원 이상 5천만원 이하의 벌금
	아동·청소년의 성을 사기 위해 아동·청소년을 유인하거나 성을 팔도록 권유한 사람 (「**아동·청소년의 성보호에 관한 법률**」 제13조제2항)	3년 이하의 징역 또는 3천만원 이하의 벌금
	16세 미만의 아동·청소년 및 장애 아동·청소년을 대상으로 위의 성매수(제1항) 또는 성매수 목적 유인이나 성매도 권유(제2항)의 죄를 범한 경우 (「**아동·청소년의 성보호에 관한 법률**」 제13조제3항)	그 죄에 정한 형의 2분의 1까지 가중
성매도 알선자	아동·청소년에게 성매매 피해자가 되도록 강요행위를 한 사람(「**아동·청소년의 성보호에 관한 법률**」 제14조제1항) ① 폭행이나 협박으로 아동·청소년에게 아동·청소년의 성을 사는 행위의 상대방이 되게 한 사람 ② 선불금(先拂金), 그 밖의 채무를 이용하는 등의 방법으로 아동·청소년을 곤경에 빠뜨리거나 위계 또는 위력으로 아동·청소년으로 하여금 아동·청소년의 성을 사	5년 이상의 유기징역 (미수범 처벌)

	는 행위의 상대방이 되게 한 사람	
	③ 업무·고용이나 그 밖의 관계로 자신의 보호 또는 감독을 받는 것을 이용해 아동·청소년에게 아동·청소년의 성을 사는 행위의 상대방이 되게 한 사람	
	④ 영업으로 아동·청소년을 아동·청소년의 성을 사는 행위의 상대방이 되도록 유인·권유한 사람	
	① ~ ③ 까지의 죄를 범한 사람이 그 대가의 전부 또는 일부를 받거나 이를 요구 또는 약속한 경우 (「아동·청소년의 성보호에 관한 법률」 제14조제2항)	7년 이상의 유기징역 (미수범 처벌)
	아동·청소년에게 성매매 피해자가 되도록 유인·권유한 사람 (「아동·청소년의 성보호에 관한 법률」 제14조제3항)	7년 이하의 징역 또는 5천만원 이하의 벌금
성매매 장소 제공자	아동·청소년의 성을 사는 행위의 장소를 제공하는 행위를 업으로 하는 사람 (「아동·청소년의 성보호에 관한 법률」 제15조제1항제1호)	7년 이상의 유기징역
	아동·청소년의 성을 사는 행위의 장소를 제공하는 사람 (「아동·청소년의 성보호에 관한 법률」 제15조제2항제2호)	7년 이하의 징역 또는 5천만원 이하의 벌금
	영업으로 아동·청소년의 성을 사는 행위의 장소를 제공하기로 약속한 사람 (「아동·청소년의 성보호에 관한 법률」 제15조제2항제4호)	7년 이하의 징역 또는 5천만원 이하의 벌금
	성매매장소를 제공하는 업소이거나 성매매를	7년 이상의

	알선하는 업소로 사용되는 사실을 알면서 자금토지 또는 건물을 제공한 사람 (「아동·청소년의 성보호에 관한 법률」 제15조제1항제3호)	유기징역
성매수 알선자	영업으로 아동청소년의 성을 사는 행위를 알선하거나 정보통신망(「정보통신망 이용촉진 및 정보보호 등에 관한 법률」 제2조제1항제1호의 정보통신망을 말함)에서 알선정보를 제공한 사람 (「아동·청소년의 성보호에 관한 법률」 제15조제1항제2호)	7년 이상의 유기징역
	아동청소년의 성을 사는 행위를 알선하거나 정보통신망에서 알선정보를 제공한 사람 (「아동·청소년의 성보호에 관한 법률」 제15조제2항제3호)	7년 이하의 징역 또는 5천만원 이하의 벌금
	영업으로 아동 청소년의 성을 사는 행위를 알선하거나 정보통신망에서 알선정보를 제공하기로 약속한 사람 (「아동·청소년의 성보호에 관한 법률」 제15조제2항제4호)	7년 이하의 징역 또는 5천만원 이하의 벌금
	영업으로 아동·청소년의 성을 사는 행위의 장소를 제공·알선하는 업에 아동청소년을 고용하도록 한 사람 (「아동·청소년의 성보호에 관한 법률」 제15조제1항제4호)	7년 이상의 유기징역
	영업으로 아동·청소년의 성을 사는 행위를 하도록 유인권유 또는 강요한 사람 (「아동·청소년의 성보호에 관한 법률」 제15조제2항제1호)	7년 이하의 징역 또는 5천만원 이하의 벌금
	아동·청소년의 성을 사는 행위를 하도록 유	5년 이하의 징역

	인권유 또는 강요한 사람 (「아동·청소년의 성보호에 관한 법률」 제15 조제3항)	또는 3천만원 이하의 벌금
정보통신 망을 통하여 성착취 목적 대화 등을 한 자	성적 욕망이나 수치심 또는 혐오감을 유발할 수 있는 대화를 지속적 또는 반복적으로 하 거나 그러한 대화에 지속적 또는 반복적으로 참여시키는 행위를 한 사람	3년 이하의 징역 또는 3천만원 이하의 벌금 ※19세 이상의 사람 이 16세 미만인 아동·청소년에게 같은 행위를 할 경우 동일하게 처 벌함
	다음과 같은 행위를 하도록 유인·권유하는 행위를 한 사람 가. 성교 행위 나. 구강·항 문 등 신체의 일부나 도구를 이용한 유사 성 교 행위 다. 신체의 전부 또는 일부를 접촉· 노출하는 행위로서 일반인의 성적 수치심이 나 혐오감을 일으키는 행위 라. 자위 행위	3년 이하의 징역 또는 3천만원 이하의 벌금 ※19세 이상의 사람 이 16세 미만인 아동·청소년에게 같은 행위를 할 경우동일하게 처 벌함

2. 성매매피해자는 처벌받지 않습니다.

다음에 해당하는 성매매피해자는 성매매를 이유로 처벌받지 않습니다(「성매매알선 등 행위의 처벌에 관한 법률」 제2조제1항 제4호, 제6조 제1항 및 「성매매알선 등 행위의 처벌에 관한 법률 시행령」 제2조).

- 위계, 위력, 그 밖에 이에 준하는 방법으로 성매매를 강요당한 사람
- 업무관계, 고용관계, 그 밖의 관계로 인해 보호 또는 감독하는 사람에 의해 마약·향정신성의약품 또는 대마에 중독되어 성매매

를 한 사람

- 청소년, 사물을 변별하거나 의사를 결정할 능력이 없거나 미약한 사람
- 타인의 보호·감독이 없으면 정상적으로 일상생활 또는 사회생활을 영위하기 어렵고, 이로 인해 타인의 부당한 압력이나 기망(欺罔)·유인에 대한 저항능력이 취약한 사람으로서 성매매를 하도록 알선·유인된 사람
- 성매매 목적의 인신매매를 당한 사람

Ⅳ. 아동·청소년 성범죄에 대한 처분명령 등

1. 보호관찰명령

1-1. "보호관찰"이란?

"보호관찰"이란, 범죄인을 구금하는 대신 일정한 의무를 조건으로 자유로운 사회생활을 허용하면서 국가공무원인 보호관찰관이 직접 또는 민간자원 봉사자인 범죄예방위원의 협조를 받아 지도·감독 및 원호를 함으로써 성행을 교정해 건전한 사회복귀를 촉진하고 재범을 방지하기 위한 형사제도를 말합니다.

1-2. 보호관찰 대상자

보호관찰을 받을 사람은 다음과 같습니다(「보호관찰 등에 관한 법률」 제3조 제1항).

- 보호관찰을 조건으로 형의 선고유예를 받은 사람
- 보호관찰을 조건으로 형의 집행유예를 선고받은 사람
- 보호관찰을 조건으로 가석방되거나 임시퇴원된 사람
- 「소년법」에 따라 보호관찰관의 단기·장기 보호관찰을 받는 보호처분을 받은 사람
- 다른 법률에서 보호관찰을 받도록 규정된 사람

1-3. 보호관찰실시 절차도

보호관찰 개시	· 법원의 판결·결정의 확정

신고접수 및 심층면담 실시	· 신고접수 및 준수사항 교육 · 최초 현지출장, 심층면담 · 재범위험성 평가

분류등급 결정 및 처우계획 수립	· 분류등급 결정 · 대상자 특성 및 위험성에 근거한 처우계획 수립

지도감독 실시	· 구체적 행동계약의 체결 · 준수사항 이행여부 감독 · 대상자 특성을 반영한 맞춤형 지도·원호 · 보호자, 지역사회 지원과 연계 강화 · 개별상담프로그램의 적용 및 활용

보호관찰 성적에 따른 조치	· 성적 양호 → 임시해제, 분류등급완화 등 · 성적 불량 → 출석요구서, 경고, 분류등급상향, 구인, 유치, 집행유예취소신청 등

종료	· 종료

1-4. 선고유예 또는 집행유예 시 부과되는 보호관찰처분

① 법원은 아동·청소년을 대상으로 성범죄를 범한 사람이 19세 미만의 미성년자로 형의 선고를 유예하는 경우에는 반드시 보호관찰을 명해야 합니다(「아동·청소년의 성보호에 관한 법률」 제21조 제1항).

② 법원은 아동·청소년 대상 성범죄를 범한 사람에 대해 형의 집행을 유예하는 경우에는 수강명령 외에 그 집행유예기간 내에서 보호관찰 또는 사회봉사 중 하나 이상의 처분을 병과할 수 있습니다(「아동·청소년의 성보호에 관한 법률」 제21조 제4항).

1-5. 보호관찰 기간

보호관찰 대상자는 다음에 해당하는 기간 동안 보호관찰을 받게 됩니다(「보호관찰 등에 관한 법률」 제30조 및 「소년법」 제33조 제2항·제3항).

구분	기간
보호관찰을 조건으로 형의 선고유예를 받은 사람	1년
보호관찰을 조건으로 형의 집행유예를 선고받은 사람	유예기간 (법원이 보호관찰 기간을 따로 정한 경우에는 그 기간)
가석방된 사람	가석방기간
임시퇴원한 사람	퇴원일부터 6개월 이상 2년 이하의 범위에서 보호관찰심사위원회가 정한 기간
「소년법」에 따라 보호처분을 받은 사람	단기 보호관찰기간:1년 장기 보호관찰기간:2년(1년의 범위

	에서 1번 연장가능)
다른 법률에서 보호관찰을 받도록 규정된 사람	다른 법률에서 정한 기간

1-6. 보호관찰의 개시

① 보호관찰은 법원의 판결이나 결정이 확정된 때 또는 가석방·임시퇴원된 때부터 시작됩니다(「보호관찰 등에 관한 법률」 제29조 제1항).

② 보호관찰 담당자

보호관찰은 보호관찰 대상자의 주거지를 관할하는 보호관찰소 소속 보호관찰관이 담당합니다(「보호관찰 등에 관한 법률」 제31조).

1-7. 보호관찰 대상자의 준수사항

① 보호관찰 대상자는 보호관찰관의 지도감독을 받으며 다음에 해당하는 준수사항을 지키고 스스로 건전한 사회인이 되도록 노력해야 합니다(「보호관찰 등에 관한 법률」 제32조 제1항·제2항).

- 주거지에 상주(常住)하고 생업에 종사할 것
- 범죄로 이어지기 쉬운 나쁜 습관을 버리고 선행(善行)을 하며 범죄를 저지를 염려가 있는 사람들과 교제하거나 어울리지 말 것
- 보호관찰관의 지도·감독에 따르고 방문하면 응대할 것
- 주거를 이전(移轉)하거나 1개월 이상 국내외 여행을 할 때에는 미리 보호관찰관에게 신고할 것

② 법원 및 보호관찰 심사위원회(보호관찰에 관한 사항을 심사·결정하기 위한 위원회)는 판결의 선고 또는 결정의 고지를 할 경우에는 위의 준수사항 외에 범죄의 내용과 종류 및 본

인의 특성 등을 고려해 필요하면 보호관찰 기간의 범위에서 기간을 정해 다음의 사항을 특별히 지켜야 할 사항으로써 별도로 부과할 수 있습니다(「보호관찰 등에 관한 법률」 제32조 제3항 및 「보호관찰 등에 관한 법률 시행령」 제19조).

- 야간 등 재범의 기회나 충동을 줄 수 있는 특정 시간대의 외출 제한
- 재범의 기회나 충동을 줄 수 있는 특정 지역장소의 출입금지
- 피해자 등 재범의 대상이 될 우려가 있는 특정인에 대한 접근 금지
- 범죄행위로 인한 손해를 회복하기 위해 노력할 것
- 일정한 주거가 없는 사람에 대한 거주장소 제한
- 사행행위에 빠지지 않을 것
- 일정량 이상의 음주를 하지 말 것
- 마약 등 중독성 있는 물질을 사용하지 않을 것
- 마약류 투약, 흡연, 섭취 여부에 관한 검사에 따를 것
- 운전면허를 취득할 때까지 자동차(원동기장치자전거 포함) 운전을 하지 않을 것
- 직업훈련, 검정고시 등 학과교육 또는 성행개선을 위한 교육, 치료 및 처우 프로그램에 관한 보호관찰관의 지시에 따를 것
- 범죄와 관련이 있는 특정 업무에 관여하지 않을 것
- 성실하게 학교수업에 참석할 것
- 정당한 수입원에 의해 생활하고 있음을 입증할 수 있는 자료를 정기적으로 보호관찰관에게 제출할 것
- 흉기나 그 밖의 위험한 물건을 소지 또는 보관하거나 사용하지 않을 것
- 가족의 부양 등 가정생활에 있어서 책임을 성실히 이행할 것
- 그 밖에 보호관찰 대상자의 생활상태, 심신의 상태, 범죄 또는 비행의 동기, 거주지의 환경 등으로 보아 보호관찰 대상자가 준

수할 수 있고 자유를 부당하게 제한하지 않는 범위   에서 개선 자립에 도움이 된다고 인정되는 구체적인 사항

1-8. 위반 시 제재

① 경고

　　보호관찰소의 장은 보호관찰 대상자가 위의 준수사항을 위반하거나 위반할 위험성이 있다고 인정할 상당한 이유가 있는 경우에는 준수사항의 이행을 촉구하고 형의 집행 등 불리한 처분을 받을 수 있음을 경고할 수 있습니다(「보호관찰 등에 관한 법률」 제38조).

② 구인(拘引)

　　보호관찰소의 장은 보호관찰 대상자가 위의 준수사항을 위반했거나 위반했다고 의심할만한 상당한 이유가 있고, 다음의 어느 하나에 해당하는 사유가 있는 경우에는 관할 지방검찰청의 검사에게 신청해 검사의 청구로 관할 지방법원 판사의 구인장을 발부받아 보호관찰 대상자를 구인할 수 있습니다(「보호관찰 등에 관한 법률」 제39조 제1항).

- 일정한 주거가 없는 경우
- 조사를 위한 소환에 따르지 않은 경우
- 도주한 경우 또는 도주할 염려가 있는 경우

③ 긴급구인

　㉠ 보호관찰소의 장은 준수사항을 위반한 보호관찰 대상자가 구인 요건을 갖추었으나 긴급하여 구인장을 발부받을 수 없는 경우에는 그 사유를 알리고 구인장 없이 그 보호관찰 대상자를 구인할 수 있습니다(「보호관찰 등에 관한 법률」 제40조 제1항 전단).

ⓛ 이 경우 "긴급"의 의미는 해당 보호관찰 대상자를 우연히 발견한 경우 등과 같이 구인장을 발부받을 시간적 여유가 없는 경우를 말합니다(「보호관찰 등에 관한 법률」 제40조 제1항 후단).

④ 보호처분의 변경

보호관찰소의 장은 「소년법」에 따라 보호관찰을 받고 있는 사람이 보호관찰 기간 중 준수사항을 위반하고 그 정도가 무거워 보호관찰을 계속하기 적절하지 않다고 판단되면 보호관찰소 소재지를 관할하는 법원에 보호처분의 변경을 신청할 수 있습니다(「보호관찰 등에 관한 법률」 제49조 제1항).

2. 수강명령 또는 이수명령

2-1. "수강명령"이란?

"수강명령"이란 유죄가 인정되거나 보호처분의 필요성이 인정된 사람에 대해 일정시간 동안 범죄성 개선을 위한 치료와 교육을 받도록 명하는 제도를 말합니다.

2-2. "이수명령"이란?

"이수명령"이란 유죄가 인정된 성폭력 범죄자를 대상으로 일정시간 보호관찰소 또는 보호관찰소가 지정한 전문기관에서 성폭력 치료프로그램을 받도록 명하는 제도를 말합니다(「아동·청소년의 성보호에 관한 법률」 제21조 제2항 본문 참조).

2-3. 유죄판결을 선고하는 경우 부과되는 수강명령 또는 이수명령

① 법원은 아동·청소년을 대상으로 성범죄를 범한 사람에게 유죄

판결을 선고하거나 약식명령을 고지하는 경우에는 500시간의 범위에서 재범예방에 필요한 수강명령 또는 성폭력 치료프로그램의 이수명령(이하 "이수명령"이라 함)을 병과해야 합니다(「아동·청소년의 성보호에 관한 법률」 제21조 제2항 본문).

② 다만, 수강명령 또는 이수명령을 부과할 수 없는 특별한 사정이 있는 경우에는 그렇지 않습니다(「아동·청소년의 성보호에 관한 법률」 제21조 제2항 단서).

2-4. 그 밖에 수강명령 또는 이수명령이 함께 부과되는 경우

① 형의 집행이 유예되는 경우

  ㉠ 아동·청소년을 대상으로 성범죄를 범한 사람의 형집행이 유예될 경우 수강명령은 그 집행유예기간 내에서 병과됩니다(「아동·청소년의 성보호에 관한 법률」 제21조 제3항 본문).

  ㉡ 법원은 수강명령을 내릴 경우 200시간의 범위에서 그 기간을 정해야 합니다(「보호관찰 등에 관한 법률」 제59조 제1항 본문).

② 벌금 이상의 형을 선고받는 경우

  ㉠ 아동·청소년을 대상으로 성범죄를 저지른 사람에게 벌금 이상의 형을 선고하거나 약식명령을 고지할 경우에는 이수명령이 함께 부과됩니다(「아동·청소년의 성보호에 관한 법률」 제21조 제3항 본문).

  ㉡ 다만, 이수명령은 아동·청소년대상 성범죄자가 「전자장치 부착 등에 관한 법률」에 따른 성폭력 치료 프로그램의 이수명령을 부과받은 경우에는 병과하지 않습니다(「아동·청소년의 성보호에 관한 법률」 제21조 제3항 단서).

2-5. 수강명령 또는 이수명령의 집행시기

① 수강명령 또는 이수명령은 ⅰ) 형의 집행을 유예할 경우에는 그 집행유예기간 내에, ⅱ) 벌금형을 선고할 경우에는 형 확정일부터 6개월 이내에, ⅲ) 징역형 이상의 실형(實刑)을 선고할 경우에는 형기 내에 각각 집행합니다(「아동·청소년의 성보호에 관한 법률」 제21조 제5항 본문).

② 다만, 수강명령 또는 이수명령은 아동청소년을 대상으로 성범죄를 저지른 사람이 「성폭력범죄의 처벌 등에 관한 특례법」에 따라 수강명령 또는 이수명령을 부과받은 경우에는 병과하지 않습니다(「아동·청소년의 성보호에 관한 법률」 제21조제5항 단서).

2-6. 수강명령 또는 이수명령의 교육내용

수강명령 또는 이수명령의 내용은 다음과 같습니다(「아동·청소년의 성보호에 관한 법률」 제21조 제7항).

- 일탈적 이상행동의 진단·상담
- 성에 대한 건전한 이해를 위한 교육
- 그 밖에 성범죄를 범한 사람의 재범예방을 위해 필요한 사항

3. 사회봉사명령

3-1. "사회봉사명령"이란?

"사회봉사명령"이란 유죄가 인정되거나 보호처분 등의 필요성이 인정된 사람에 대하여 일정시간 무보수로 사회에 유익한 근로를 하도록 명하여 사회에 대한 봉사활동을 통해 범죄피해의 배상 및 속죄의 기회를 제공하는 제도를 말합니다

3-2. 집행유예를 받은 경우 부과되는 사회봉사명령

법원이 아동·청소년을 대상으로 성범죄를 범한 사람에게 형의 집행을 유예하는 경우에는 수강명령 외에 그 집행유예기간 내에서 보호관찰 또는 사회봉사 중 하나 이상의 처분을 병과할 수 있습니다(「아동·청소년의 성보호에 관한 법률」 제21조 제4항).

3-3. 사회봉사의 범위

① 법원은 사회봉사를 명할 경우 500시간의 범위에서 그 기간을 정해야 합니다(「보호관찰 등에 관한 법률」 제59조 제1항 본문).
② 법원은 사회봉사 대상자가 사회봉사를 할 분야와 장소 등을 지정할 수 있습니다(「보호관찰 등에 관한 법률」 제59조 제2항).

3-4. 사회봉사명령의 집행

① 집행기관

사회봉사명령은 보호관찰관이 집행하는데, 보호관찰관은 국공립기관이나 그 밖의 단체에 그 집행의 전부 또는 일부를 위탁할 수 있습니다(「보호관찰 등에 관한 법률」 제61조 제1항).

② 집행분야(법무부 범죄예방정책국, 사회봉사명령)
- 농·어촌 지원(농·어촌 지역 인력지원, 농가환경 개선 등)
- 소외계층 지원(목욕, 이·미용, 빨래, 청소, 무료급식, 가사지원활동 등)
- 긴급재난복구 지원(자연 재해 및 재난 발생 시 복구 활동 등)
- 복지시설 지원(노인·아동·장애인 등 복지시설 지원활동 등)
- 주거환경개선 지원(집수리, 도배·장판·방충망 교체, 도색, 청소 등)
- 지역사회 지원 및 기타 공익 지원(지역 환경정화활동, 공익행사 보조 등)

3-5. 사회봉사명령 대상자의 준수사항

사회봉사명령 대상자는 보호관찰관의 집행에 관한 지시에 따라야 하며, 주거를 이전하거나 1개월 이상 국내외여행을 할 때에는 미리 보호관찰관에게 신고해야 합니다(「보호관찰 등에 관한 법률」 제62조 제2항).

■ 기부금을 내는 사회봉사명령도 가능한가요?

(질문)

저의 아이가 청소년을 성추행한 혐의로 기소되었지만 집행유예를 받을 것 같습니다. 변호사님은 보호관찰이나 사회봉사 중 하나의 처분명령을 받을 것 같다고 하시는데, 아이가 학교도 다녀야 하고 공부도 해야 하니 기부금을 내는 사회봉사명령을 받아 바로 처분명령을 해결하고 싶어요. 긴급재해복구 및 소외계층 지원을 위한 기부금을 내는 사회봉사명령을 내려달라고 법원에 부탁하면 들어 주실까요?

(답변)

안 됩니다. 사회봉사명령은 교도소 등에 구금하는 대신 정상적인 생활을 하면서 일정시간 무보수로 사회에 유익한 근로를 하도록 내려지는 처분이므로 근로활동을 해야만 합니다.

사회봉사명령은 형의 집행을 유예하면서 부가적으로 명하는 것이고 집행유예 되는 형은 자유형에 한정되고 있는 점 등에 비추어, 법원이 형의 집행을 유예하는 경우 명할 수 있는 사회봉사는 자유형의 집행을 대체하기 위한 것으로서 500시간 내에서 시간 단위로 부과될 수 있는 일 또는 근로활동을 의미하는 것으로 해석됩니다.

따라서 사회봉사명령으로 피고인에게 일정한 금원을 출연하거나 이와 동일시할 수 있는 행위를 명하는 것은 허용될 수 없어 부탁을 한다 해도 그런 판결이 나오지는 않을 것입니다*[대법원 2008. 4. 11. 선고, 2007도8373 판결 참조]*

■ 관련판례

[1] 「형법」과 「보호관찰 등에 관한 법률」의 관계 규정을 종합하면, 사회봉사는 형의 집행을 유예하면서 부가적으로 명하는 것이고 집행유예 되는 형은 자유형에 한정되고 있는 점 등에 비추어, 법원이 형의 집행을 유예하는 경우 명할 수 있는 사회봉사는 자유형의 집행을 대체하기 위한 것으로서 500시간 내에서 시간 단위로 부과될 수 있는 일 또는 근로활동을 의미하는 것으로 해석되므로, 법원이 「형법」 제62조의2의 규정에 의한 사회봉사명령으로 피고인에게 일정한 금원을 출연하거나 이와 동일시할 수 있는 행위를 명하는 것은 허용될 수 없다

[2] 법원이 피고인에게 유죄로 인정된 범죄행위를 뉘우치거나 그 범죄행위를 공개하는 취지의 말이나 글을 발표하도록 하는 내용의 사회봉사를 명하고 이를 위반할 경우 「형법」 제64조 제2항에 의하여 집행유예의 선고를 취소할 수 있도록 함으로써 그 이행을 강제하는 것은, 「헌법」이 보호하는 피고인의 양심의 자유, 명예 및 인격에 대한 심각하고 중대한 침해에 해당하므로 허용될 수 없고, 또 법원이 명하는 사회봉사의 의미나 내용은 피고인이나 집행 담당 기관이 쉽게 이해할 수 있어 집행 과정에서 그 의미나 내용에 관한 다툼이 발생하지 않을 정도로 특정되어야 하므로, 피고인으로 하여금 자신의 범죄행위와 관련하여 어떤 말이나 글을 공개적으로 발표하라는 사회봉사를 명하는 것은 경우에 따라 피고인의 명예나 인격에 대한 심각하고 중대한 침해를 초래할 수 있고, 그 말이나 글이 어떤 의미나 내용이어야 하는 것인지 쉽게 이해할 수 없어 집행 과정에서 그 의미나 내용에 관한 다툼이 발생할 가능성이 적지 않으며, 유죄로 인정된 범죄행위를 뉘우치거나 그 범죄행위를 공개하는 취지의 말이나 글을 발표하도록 하는 취지의 것으로도 해석될 가능성이 적지 않으므로 이러한 사회봉사명령은 위법하다.

[3] 재벌그룹 회장의 횡령행위 등에 대하여 집행유예를 선고하면서 사회봉사명령으로서 일정액의 금전출연을 주된 내용으로 하는 사회공헌계획의 성실한 이행을 명하는 것은 시간 단위로 부과될 수 있는 일 또는 근로

활동이 아닌 것을 명하는 것이어서 허용될 수 없고, 준법경영을 주제로 하는 강연과 기고를 명하는 것은 「헌법」상 양심의 자유 등에 대한 심각하고 중대한 침해가능성, 사회봉사명령의 의미나 내용에 대한 다툼의 여지 등의 문제가 있어 허용될 수 없다고 본 사례.

[4] 「농업협동조합법」 등 관련 법령의 내용을 종합해 볼 때, 농업협동조합중앙회는 「특정범죄 가중처벌 등에 관한 법률」 제4조 제1항 제2호에서 정한 '정부관리기업체'에 해당한다고 보기에 충분하므로, 위 법률 제4조 제1항의 위임을 받은 「특정범죄 가중처벌 등에 관한 법률 시행령」 제2조 제48호가 농업협동조합중앙회를 정부관리기업체의 하나로 규정한 것이 위임입법의 한계를 벗어난 것으로 위헌·위법이라고 할 수 없다 [대법원 2008.4.11, 선고, 2007도8373 판결].

4. 친권상실선고

4-1. 친권상실선고란?

"친권상실선고"란 부 또는 모가 친권을 남용하거나 현저한 비행 그 밖에 친권을 행사할 수 없는 중대한 사유가 있는 것을 발견한 경우 시·도지사, 시장·군수·구청장 또는 검사의 청구로 법원이 그 친권의 상실을 선고하는 것을 말합니다(「아동복지법」 제18조 제1항 참조).

4-2. 검사의 친권상실청구

아동·청소년을 대상으로 한 성범죄 사건을 수사하는 검사는 그 사건의 가해자가 피해아동·청소년의 친권자나 후견인인 경우에는 특별한 사정이 있는 경우가 아니면 법원에 친권상실선고 또는 후견인 변경 결정을 청구해야 합니다(「아동·청소년의 성보호에 관한 법률」 제23조 제1항).

4-3. 아동보호기관 등에 의한 친권상실청구

① 다음의 기관·시설 또는 단체의 장은 검사에게 친권상실청구를 하도록 요청할 수 있고, 요청을 받은 검사는 요청받은 날부터 30일 내에 해당 기관·시설 또는 단체의 장에게 그 처리 결과를 통보해야 합니다(「아동·청소년의 성보호에 관한 법률」 제23조 제2항).

- 아동보호전문기관
- 성폭력피해상담소 및 성폭력피해자보호시설
- 청소년상담복지센터 및 청소년쉼터

② 친권상실청구 요청에 따른 처리 결과를 통보받은 기관·시설 또는 단체의 장은 그 처리 결과에 대해 이의가 있을 경우 통보받은 날부터 30일 내에 직접 법원에 친권상실청구를 할 수 있습니다(「아동·청소년의 성보호에 관한 법률」 제23조 제3항).

4-4. 친권상실선고 후 아동보호

① 법원은 아동·청소년대상 성범죄 사건의 가해자에게 친권상실선고를 하는 경우 피해아동·청소년을 다른 친권자 또는 친족에게 인도하거나 피해아동을 보호할 수 있는 기관시설 또는 단체에 인도하는 등의 보호조치를 결정할 수 있습니다(「아동·청소년의 성보호에 관한 법률」 제24조 전단).

② 보호조치를 결정할 경우 그 아동청소년의 의견을 존중해야 합니다(「아동·청소년의 성보호에 관한 법률」 제24조 후단).

5. 신상정보 공개명령 및 고지명령

5-1. "신상정보 공개명령 및 고지명령"이란?

① "신상정보 공개명령"이란 아동·청소년대상 성범죄자의 신상정보를 일정기간 동안 정보통신망을 이용해 공개하도록 하는 조치를 취함으로써 필요한 절차를 거친 사람은 누구든지 인터넷을 통해 공개명령 대상자의 공개정보를 열람할 수 있도록 하는 제도를 말합니다(대법원 2012. 5. 24. 선고, 2012도2763 판결 참조).

② "신상정보 고지명령"이란 아동·청소년대상 성폭력범죄자의 신상정보 등을 공개명령기간 동안 고지명령 대상자가 거주하는 지역의 일정한 주민 등에게 고지하도록 하는 조치를 취함으로써 일정한 지역 주민 등이 인터넷을 통해 열람을 하지 않고도 고지명령 대상자의 고지정보를 알 수 있게 하는 제도를 말합니다(대법원 2012. 5. 24. 선고, 2012도2763 판결 참조).

5-2. 신상정보 공개명령 및 고지명령 제도의 법적 성격

신상정보 공개명령 및 고지명령은 아동·청소년을 대상으로 한 성폭력범죄를 효과적으로 예방하고 그 범죄로부터 아동·청소년을 보호함을 목적으로 하는 일종의 보안처분으로, 범죄의 책임을 추궁하는 형벌과는 다릅니다(대법원 2012. 5. 24. 선고, 2012도2763 판결 참조).

6. 신상정보 제출 및 공개 절차

1. 판결등본 접수

· 판결문 내용 확인 및 임시 등록
- 법원은 유죄판결 확정일부터 14일 이내에 등록대상자에 대한 고지서를 판결문등본에 첨부하여 법무부 장관에게 송달

↓

2. 신상정보 제출서 접수

· 등록대상자의 주소지(또는 실제 거주지)를 관할하는 경찰관서의 장(또는 교정시설)으로부터 대상자가 제출한 제출서 및 관련서류 접수
- 등록대상자는 유죄판결 확정일부터 30일내에 신상정보 제출

→

3. 제출서 등 확인 및 보완

· 제출서 및 관련 서류의 내용의 정확성 검토, 누락된 정보 등에 대한 자료 보완
- 기한 내 미제출자에 대하여는 관계기관 자료 요청 등을 통하여 직권 등록

↓

6. 여성가족부 통보
(공개·고지대상)

· 공개·고지에 필요한 정보를 여성가족부 장관에게 송부

←

5. 열람 및 통지

· 등록대상자는 본인의 등록정보 및 등록일자, 등록종료 예정일 등을 형사사법포털의 열람시스템(또는 우편통지서)을 통하여 확인 가능

←

4. 등록정보 입력

· 성명, 주민등록번호, 주소 및 실제 거주지, 직업 등의 신상정보와 성범죄 경력정보, 성범죄 전과사실, 전자장치 부착 여부 등을 등록(등록원부 작성)

↓

7. 등록정보의 활용

· 등록대상 성범죄와 관련한 범죄예방 및 수사에 활용할 목적으로 검사 또는 각급 경찰관서의 장에게 제공

→

8. 등록정보의 폐기

· 등록기간 경과, 등록면제 신청에 대한 허가 등록정보 즉시 폐기
· 등록정보 열람시스템을 통해 폐기 사시 열람 가능

6-1. 신상정보 공개명령 및 고지명령의 선고

① 법원은 아동·청소년을 대상으로 성폭력범죄를 저지른 사람이
   나 죄를 다시 범할 위험성이 있다고 인정되는 사람 등에 대
   한 신상정보를 정보통신망을 이용해 공개하도록 성범죄에 대
   한 판결과 동시에 선고해야 합니다(규제「아동·청소년의 성보
   호에 관한 법률」 제49조 제1항 본문).

② 또한 법원은 공개대상자 중 아동·청소년을 대상으로 성폭력범죄
   를 저지른 사람이나 죄를 다시 범할 위험성이 있다고 인정되는
   사람에 대해 공개명령 기간 동안 공개대상자가 거주하는 지역
   의 일정한 주민 등에게 고지하도록 판결과 동시에 선고해야 합
   니다(「아동·청소년의 성보호에 관한 법률」 제50조제1항 본문).

6-2. 범죄자의 신상정보 제출

① 신상정보 등록대상자는 판결이 확정된 날부터 30일 이내에
   다음의 신상정보(이하 "기본신상정보"라 함)를 자신의 주소지
   를 관할하는 경찰관서의 장이나, 교정시설 또는 치료감호시
   설에 수용된 경우에는 그 교정시설의 장 또는 치료감호시설
   의 장에게 제출해야 합니다(「성폭력범죄의 처벌 등에 관한
   특례법」 제43조 제1항).

- 성명
- 주민등록번호
- 주소 및 실제거주지
- 직업 및 직장 등의 소재지
- 연락처(전화번호, 전자우편주소)
- 신체정보(키와 몸무게)

- 소유차량의 등록번호

② 관할경찰관서의 장 또는 교정시설 등의 장은 신상정보를 제출받을 때 등록대상자의 정면·좌측·우측 상반신 및 전신 컬러사진을 촬영해 전자기록으로 저장보관해야 합니다(「성폭력범죄의 처벌 등에 관한 특례법」 제43조 제2항).

6-3. 신상정보의 공개

① 공개되는 신상정보는 다음과 같습니다(「아동·청소년의 성보호에 관한 법률」 제49조 제4항).
- 성명
- 나이
- 주소 및 실제거주지(도로명 및 건물번호까지로 함)
- 신체정보(키와 몸무게)
- 사진
- 등록대상 성범죄 요지(판결일자, 죄명 및 선고형량 포함)
- 성범죄 전과사실(죄명 및 횟수)
- 전자장치 부착 여부

6-4. 공개기간

① 신상정보의 공개기간은 다음의 기간을 초과하지 못합니다 (「아동·청소년의 성보호에 관한 법률」 제49조 제2항 및 「형의 실효 등에 관한 법률」 제7조 제1항).

구분	기간
3년을 초과하는 징역·금고	10년
3년 이하의 징역·금고	5년
벌금	2년

② 신상정보는 판결이 확정된 때부터 공개되지만, 공개명령을 받은 자가 신상정보 공개의 원인이 된 성범죄로 교정시설 또는 치료감호시설에 수용된 기간, 또 이 기간 이전의 기간으로서 이 기간에 따른 기간과 이어져 공개대상자가 다른 범죄로 교정시설 또는 치료감호시설에 수용된 기간, 그리고 이 기간 이후의 기간으로서 이 기간과 이어져 공개대상자가 다른 범죄로 교정시설 또는 치료감호시설에 수용된 기간은 공개기간에 넣어 계산하지 않습니다(「아동·청소년의 성보호에 관한 법률」 제49조 제2항 및 제3항).

③ 아동·청소년 성범죄자의 신상정보는 <여성가족부 성범죄자 알림 e 사이트(www.sexoffender.go.kr)> 에서 확인하실 수 있습니다.

6-5. 신상정보의 고지

① 신상정보를 고지받게 되는 사람은 다음과 같습니다(「아동·청소년의 성보호에 관한 법률」 제50조 제5항).

- 고지대상자가 거주하는 읍·면·동의 아동·청소년의 친권자 또 는 법정대리인이 있는 가구
- 어린이집의 원장이나 유치원의 장, 학교의 장
- 읍·면사무소와 동 주민자치센터의 장(경계를 같이 하는 읍· 면 또는 동 포함)
- 학교교과교습학원의 장
- 지역아동센터 및 청소년수련시설의 장

6-6. 고지방법

신상정보는 각 해당자에게 우편으로 송부하고, 읍·면 사무소 또는 동(경계를 같이 하는 읍·면 또는 동 포함)의 주민자치센터 게시판에 30일간 게시하는 방법으로 고지합니다(「아동·청소년의 성보호에 관한 법률」 제51조 제4항).

6-7. 고지기간

고지명령은 다음에 해당하는 기간 내에 이루어져야 합니다(「아동·청소년의 성보호에 관한 법률」 제50조 제3항).

구분	기간
집행유예 선고 시	신상정보 최초 등록일부터 1개월 이내
금고 이상의 실형 선고 시	출소 후 거주할 지역에 전입한 날부터 1개월 이내
다른 지역으로 전출 시	변경정보 등록일부터 1개월 이내

■ **아이가 있는데, 집 주변에 이상한 사람이 사는 건 아닌지 항상 불안해요.**

(질문)
저는 아이를 키우는 부모입니다. 집 주변에 이상한 사람이 살까봐 아이를 놀이터에 보낼 때도 불안해요. 주변에 성범죄 전과자가 사는 건 아닌지 확인할 방법은 없는 건가요?

(답변)
있습니다. 현재 우리나라는 성범죄자 신상정보의 공개 및 우편고지 제도를 시행하고 있습니다.
성범죄자가 법원으로부터 신상정보 공개명령 및 고지명령 처분을 받으면 정부기관에 신상정보가 등록되어 성범죄자 알림e 사이트(www.sexoffender.go.kr)에 공개되고, 성범죄자가 거주하고 있는 지역

(읍·면·동)의 아동·청소년 보호세대와 어린이집, 유치원, 학교, 학원, 지역아동센터 등에 우편으로 정보가 제공됩니다.

제공받으실 수 있는 신상정보는 성명, 나이, 주소 및 실거주지(도로명 및 건물번호), 신체정보(키와 몸무게), 사진, 성범죄 요지(판결일자, 죄명, 선고형량), 성폭력범죄 전과사실, 전자장치 부착여부입니다.

성범죄자의 신상정보는 성범죄자 알림e 사이트에서 확인하실 수 있으며, 만일 우편으로 받지 못하셨다면 주민등록지 관할 읍·면·동사무소에 확인하시기 바랍니다.

■ 주변에 성범죄 전과자가 사는 건 아닌지 확인할 방법이 있나요?

(질문)

저는 아이를 키우는 부모입니다. 집 주변에 이상한 사람이 살까봐 아이를 놀이터에 보낼 때도 불안합니다. 주변에 성범죄 전과자가 사는 건 아닌지 확인할 방법이 있나요?

(답변)

있습니다. 현재 우리나라는 성범죄자 신상공개 및 우편고지 제도를 시행하고 있습니다.

◇ 성범죄자 신상공개 및 우편고지 제도

① 신상정보 공개명령 및 고지명령은 아동·청소년을 대상으로 한 성폭력범죄를 효과적으로 예방하고 그 범죄로부터 아동·청소년을 보호함을 목적으로 하는 일종의 보안처분으로, 범죄의 책임을 추궁하는 형벌과는 다릅니다.

② 성범죄자가 법원으로부터 신상정보 공개명령 및 고지명령 처분을 받으면 정부기관에 신상정보가 등록되어 성범죄자 알림e 사이트(www.sexoffender.go.kr)에 공개되고, 성범죄자가 거주하고 있는 지역(읍·면·동)의 아동·청소년 보호세대와 어린이집, 유치원, 학교, 학원, 지역아동센터 등에 우편으로 정보가 제공됩니다.

③ 제공받을 수 있는 신상정보는 성명, 나이, 주소 및 실거주지(도로명

및 건물번호), 신체정보(키와 몸무게), 사진, 성범죄 요지(판결일자, 죄명, 선고형량), 성폭력범죄 전과사실 및 전자장치 부착여부입니다.

④ 성범죄자의 신상정보는 성범죄자 알림e 사이트(www.sexoffender.go.kr)에서 확인하실 수 있으며, 만일 우편으로 받지 못하셨다면 주민등록지 관할 읍·면·동사무소에 확인하시기 바랍니다.

■ **관련판례**

[1] 「아동·청소년의 성보호에 관한 법률」이 정한 공개명령 절차는 아동·청소년대상 성범죄자의 신상정보를 일정기간 동안 정보통신망을 이용하여 공개하도록 하는 조치를 취함으로써 필요한 절차를 거친 사람은 누구든지 인터넷을 통해 공개명령 대상자의 공개정보를 열람할 수 있도록 하는 제도이다. 또한 위 법률이 정한 고지명령 절차는 아동 청소년대상 성폭력범죄자의 신상정보 등을 공개명령기간 동안 고지명령 대상자가 거주하는 지역의 일정한 주민 등에게 고지하도록 하는 조치를 취함으로써 일정한 지역 주민 등이 인터넷을 통해 열람하지 않고도 고지명령 대상자의 고지정보를 알 수 있게 하는 제도이다. 위와 같은 공개명령 및 고지명령 제도는 아동·청소년대상 성폭력범죄 등을 효과적으로 예방하고 그 범죄로부터 아동·청소년을 보호함을 목적으로 하는 일종의 보안처분으로서, 그 목적과 성격, 운영에 관한 법률의 규정 내용 및 취지 등을 종합해 보면, 공개명령 및 고지명령 제도는 범죄행위를 한 자에 대한 응보 등을 목적으로 그 책임을 추궁하는 사후적 처분인 형벌과 구별되어 그 본질을 달리한다.

[2] 「아동·청소년의 성보호에 관한 법률」 제38조 제1항 단서, 제38조의2 제1항 단서는 '아동·청소년대상 성범죄 사건에 대하여 벌금형을 선고하거나 피고인이 아동 청소년인 경우, 그 밖에 신상정보를 공개하여서는 아니 될 특별한 사정이 있다고 판단되는 경우'를 공개명령 또는 고지명령 선고에 관한 예외사유로 규정하고 있는데, 공개명령 및 고지명령의 성격과 본질, 관련 법률의 내용과 취지 등에 비추어 공개명령 등의 예

외사유로 규정되어 있는 위 '피고인이 아동·청소년인 경우'에 해당하는
지는 사실심 판결의 선고시를 기준으로 판단하여야 한다[대법원 2012. 5.
24. 선고, 2012도2763 판결].

7. 위치추적 전자장치 부착명령

7-1. 위치추적 전자장치란?

① "위치추적 전자장치"(이하"전자장치"라 함)란 전자파를 발신
하고 추적하는 원리를 이용해 위치를 확인하거나 이동경로를
탐지하는 일련의 기계적 설비를 말합니다(「전자장치 부착 등
에 관한 법률」 제2조 제4호).

② 전자장치는 다음과 같이 구성되어 있습니다(「전자장치 부착
등에 관한 법률 시행령」 제2조).

휴대용 추적장치		전자장치가 부착된 사람(이하 "피부착자"라 함)이 휴대하는 것으로서 피부착자의 위치를 확인하는 장치
재택(在宅) 감독장치		피부착자의 주거지에 설치해 피부착자의 위치를 확인하는 장치
부착장치		피부착자의 신체에 부착하는 장치로서, 휴대용 추적장치와 재택 감독장치에 전자파를 송신하거나 피부착자의 위치를 확

7-2. 위치추적의 원리

1. 위치추적장치		2. 이동통신망		3. 위치추적 관제센터		4. 보호관찰소
특정범죄자의 휴대용 추적 장치를 통해 위성 신호를 수신	→	이동 통신망을 통해 위치 정보를 중앙관제센터에 송신	→	특정 범죄자의 이동경로 지속 탐색 및 발생경보 처리	→	일선 호관찰소의 전담직원은 위치 정보를 지도감독에 활용

※ 위치를 직접적으로 측위하는 일련의 전자장치(전자발찌, 휴대용 추적장치, 재택감
   동장치) 및 수신된 위치정보를 가공·현출하는 위치추적시스템으로 구성

7-3. 성폭력 범죄자에 대한 전자장치 부착명령

19세 미만의 사람에게 성폭력범죄를 저지르고, 성폭력범죄를 다시 범할 위험성이 있다고 인정되는 사람에 해당하는 범죄를 저지른 사람은 전자장치 부착명령을 받을 수 있습니다(「전자장치 부착 등에 관한 법률」 제5조제1항 제4호).

7-4. 전자장치 부착기간

법원은 19세 미만의 사람에게 성폭력범죄, 유괴범죄, 살인범죄 등을 저지른 경우 다음에 해당하는 기간의 범위 내(일반범죄 부착기간 하한의 2배임)에서 부착기간을 정해 판결로 부착명령을 선고합니다(「전자장치 부착 등에 관한 법률」 제9조 제1항 단서).

구분	기간
법정형의 상한이 사형 또는 무기징역인 경우	20년 이상 30년 이하
법정형 중 징역형의 하한이 3년 이상의 유기징역인 경우(사형 또는 무기징역인 경우 제외)	6년 이상 20년 이하
법정형 중 징역형의 하한이 3년 미만의 유기징역인 경우 (위에 해당하는 범죄 제외)	2년 이상 10년 이하

7-5. 전자장치 부착명령의 집행

전자장치는 다음과 같이 형 집행이 종료되어 석방되기 직전에 부착합니다(「전자장치 부착 등에 관한 법률」 제13조 제1항 본문).
- 성폭력 범죄자에 대한 형 집행이 종료되는 날
- 형 집행이 면제·가석방되는 날
- 치료감호의 집행이 종료·가종료되는 날

7-6. 전자장치를 부착한 사람의 준수사항

① 전자장치 부착과 함께 부과된 내용의 준수

법원은 부착기간의 범위에서 준수기간을 정해 다음의 내용 중 하나 이상을 준수하도록 부착명령과 함께 부과할 수 있습니다(「전자장치 부착 등에 관한 법률」 제9조의2 제1항).
- 야간, 아동·청소년의 통학시간 등 특정 시간대의 외출제한
- 어린이 보호구역 등 특정지역·장소에의 출입금지 및 접근금지
- 주거지역의 제한
- 피해자 등 특정인에의 접근금지
- 특정범죄 치료 프로그램의 이수(500시간의 범위 내에서 기간이 정해짐)
- 마약 등 중독성 있는 물질의 사용금지
- 그 밖에 부착명령을 선고받는 사람의 재범방지와 성행교정을 위해 필요한 사항
② 전자장치를 부착한 사람이 정당한 사유 없이 피해자 등 특정인에게 접근하거나, 특정범죄 치료 프로그램을 이수하지 않는 등의 위반행위를 한 경우에는 3년 이하의 징역 또는 3천만원 이하의 벌금에 처해집니다(「전자장치 부착 등에 관한 법률」 제39조 제1항).

③ 전자장치를 부착한 사람이 정당한 사유 없이 위의 위반 외에 다른 준수사항을 위반한 경우에는 1년 이하의 징역 또는 1천만원 이하의 벌금에 처해집니다(「전자장치 부착 등에 관한 법률」 제39조 제3항).

④ 법원은 19세 미만의 사람에 대해서 성폭력범죄를 저지른 사람에 대해서 위 부착명령을 선고하는 경우에는 '야간, 아동·청소년의 통학시간 등 특정 시간대의 외출제한' 및 '피해자 등 특정인에의 접근금지'를 포함하여 준수사항을 부과해야 합니다. 다만, '야간, 아동·청소년의 통학시간 등 특정 시간대의 외출제한'의 준수사항을 부과해서는 안 될 특별한 사정이 있다고 판단하는 경우에는 그렇지 않습니다(「전자장치 부착 등에 관한 법률」 제9조의2 제3항).

7-7. 전자장치 부착과 관련된 준수사항

① 전자장치를 부착한 사람은 전자장치의 부착기간 중 전자장치를 신체에서 임의로 분리·손상, 전파 방해 또는 수신자료의 변조, 그 밖에 그 효용을 해하는 행동을 해서는 안 되며, 이를 위반한 경우에는 7년 이하의 징역 또는 2천만원 이하의 벌금에 처해집니다(「전자장치 부착 등에 관한 법률」 제14조 제1항 및 제38조).

② 전자장치를 부착한 사람은 석방된 날부터 10일 이내에 주거지를 관할하는 보호관찰소에 출석해 다음의 신상정보 등을 서면으로 신고해야 합니다(「전자장치 부착 등에 관한 법률」 제14조 제2항 및 「전자장치 부착 등에 관한 법률 시행령」 제12조 제1항).

1. 성명
2. 주민등록번호. 다만, 외국인 및 「재외동포의 출입국과 법적 지위에 관한 법률」 제2조 제1호에 따른 재외국민(주민등록을 하지 아니한 경우만 해당함)과 「재외동포의 출입국과 법적 지위에 관한 법률」 제2조 제2호에 따른 외국국적동포는 다음에 따라 표기한다.
- 외국인의 경우: 국적·여권번호 및 외국인등록번호(외국인등록번호가 없는 경우에는 생년월일)
- 재외국민의 경우: 여권번호 및 생년월일
- 외국국적동포의 경우: 국적·여권번호 및 「재외동포의 출입국과 법적 지위에 관한 법률」 제7조제1항에 따라 부여된 국내거소신고번호(국내거소신고번호가 없는 경우에는 생년 월일)
3. 주소 및 실제 거주지
- 내국인의 경우: 「주민등록법」에 따라 신고한 주소와 실제 거주지 주소
- 외국인의 경우: 「출입국관리법」 제32조에 따라 등록한 국내 체류지와 실제 거주지 주소
- 외국국적동포의 경우: 규제「재외동포의 출입국과 법적 지위에 관한 법률」 제6조에 따라 신고한 국내 거소와 실제 거주지 주소
4. 연락처
5. 사진
6. 죄명 및 판결·결정 내용
7. 전자장치 부착기간(「전자장치 부착 등에 관한 법률」 제14조의2에 따라 부착기간이 연장된 경우에는 그 연장된 기간)
8. 직업
- 전자장치를 부착한 사람은 주거를 이전하거나 7일 이상의 국내여행을 하거나 출국할 경우 미리 보호관찰관의 허가를 받아야 합니

다(「전자장치 부착 등에 관한 법률」 제14조 제3항).

- 전자장치 부착명령을 선고받은 사람의 재범의 위험성에 관하여
  행형(行刑) 성적 등 자료에 의해 판결 선고 당시에 예상하지 못
  한 새로운 사정이 소명되는 등 특별한 사정이 있는 경우 법원은
  보호관찰소의 장의 신청에 따른 검사의 청구로 위의 준수사항을
  부과, 추가, 변경 또는 삭제하는 결정을 할 수 있습니다(「전자장
  치 부착 등에 관한 법률」 제14조의3).

제3장 아동·청소년 성범죄 신고 및 지원

Ⅰ. 성범죄 발생 시 대응절차 및 피해신고

1. 성범죄 발생 시 대처 방법

빨리
병원으로

증거수집
(녹취록, 장부 등)

- 몸을 씻지 않은 채로 가능한 한 빨리 산부인과에 가야 해요.
- 몸에 멍이나 상처가 있을 경우 사진을 찍어 놓으세요.
- 자신을 지지해주고 도와줄 수 있는 사람을 찾아요.
- 혼자 있지 말고 가족이나 친구집 등 안전한 장소로 피하세요.
- 증거수집을 위해 몸을 씻지 않은채로 가능한 한 빨리 병원 (해바라기센터)으로 가야 해요.
- 성폭력 전문 상담기관에 도움을 청하세요.
- 감정을 가라앉히고 고소여부를 상담소와 함께 상의하면서 결정하세요.

2. 아동·청소년 성매매에 대한 대처 방법

증거수집
(녹취록, 장부 등)

+

사진을 찍으세요

+

안전한 장소

- 성매매를 강요한 증거(녹취록, 장부 등)를 수집해요.
- 몸에 멍이나 상처가 있을 경우 사진을 찍어 놓으세요.

- 성매매 전문 상담기관에 도움을 요청하세요.
- 자신을 지지해주고 도와줄 수 있는 사람을 찾아요.
- 이유 없이 돈을 빌려준다거나 숙식을 제공하겠다는 업주를 신고
  해요.

3. 아동·청소년 성범죄 피해사실에 대한 신고

① 누구든지 아동·청소년을 대상으로 한 성범죄의 발생 사실을
   알게 된 경우에는 수사기관에 신고할 수 있습니다(「아동·청소
   년의 성보호에 관한 법률」 제34조 제1항).

② 아래 표 안의 신고대상 범죄를 저지른 사람을 수사기관에 신
   고한 사람에게는 포상금이 지급됩니다(「아동·청소년의 성보호
   에 관한 법률」 제59조, 「아동·청소년의 성보호에 관한 법률
   시행령」 제31조 제1항 및 「아동·청소년의 성보호에 관한 법
   률 시행규칙」제10조)

신고대상 범죄	포상금
장애아동·청소년 대상 간음·추행 또는 간음·추행을 하게 하는 행위 등 13세 이상 16세 미만 아동·청소년에 대한 간음 등 아동·청소년 대상 성착취물의 제작·수입 또는 수출 아동·청소년 대상 성착취물의 제작 알선 성매매 강요행위(폭행, 협박, 선불금, 고용 등) 성매매 장소제공 및 알선 행위, 이와 관련된 영업행위 등	100만원
성 매수 행위, 유인·권유 행위	70만원
아동·청소년 대상 성착취물의 영리 목적 배포·제공 또는 이를 목적으로 소지·운반·광고·소개하거나 공연히 전시 또는 상영	30만원

4. 성범죄 피해 신고기관 및 연락처

구분	신고전화	인터넷 신고
경찰청	☎ 112	경찰 민원포털
검찰청	☎ 지역번호+1301	검찰청 온라인민원실
여성긴급전화	☎ 지역번호+1366	1366 여성폭력 사이버 상담
성폭력피해상담소	전국 성폭력피해상담소 연락처	

5. 신고의무자

다음의 어느 하나에 해당하는 기관·시설 또는 단체의 장과 그 종사자는 직무상 아동·청소년을 대상으로 한 성범죄의 발생 사실을 알게 된 경우 즉시 수사기관에 신고해야 합니다(「아동·청소년의 성보호에 관한 법률」 제34조 제2항).

- 유치원
- 학교, 위탁 교육기관
- 특별시·광역시·특별자치시·도·특별자치도 교육청 또는 교육지원청이 「초·중등교육법」 제28조에 따라 직접 설치·운영하거나 위탁하여 운영하는 학생상담지원시설 또는 위탁 교육시설
- 「제주특별자치도 설치 및 국제자유도시 조성을 위한 특별법」 제223조에 따라 설립된 국제학교
- 의료기관
- 아동복지시설 및 통합서비스 수행기관
- 장애인복지시설
- 어린이집
- 학원 및 교습소
- 성매매 피해자 등을 위한 지원시설 및 성매매피해상담소
- 한부모가족복지시설

- 가정폭력 관련 상담소 및 가정폭력피해자 보호시설
- 성폭력피해상담소 및 성폭력피해자보호시설
- 청소년활동시설
- 청소년상담복지센터 및 청소년쉼터
- 학교 밖 청소년 지원센터
- 청소년 보호·재활센터
- 「국민체육진흥법」 제2조제9호가목 및 나목의 체육단체
- 대중문화예술기획업자가 대중문화예술기획업 중 대중문화예술인
  에 대한 훈련·지도·상담 등을 하는 영업장

6. 신고의무자의 위반 시 제재

신고의무가 있는 각 기관·시설 또는 단체의 장과 그 종사자가
직무상 아동·청소년을 대상으로 한 성범죄가 발생한 것을 알고
도 수사기관에 신고하지 않거나 거짓으로 신고한 경우에는 300
만원 이하의 과태료가 부과됩니다(「아동·청소년의 성보호에 관한
법률」 제67조 제4항).

7. 아동·청소년 성폭력 신고자에 대한 보호

① 다른 법률에 규정이 있는 경우를 제외하고는 누구든지 신고
  자 등의 인적사항이나 사진 등 그 신원을 알 수 있는 정보나
  자료를 출판물에 게재하거나 방송 또는 정보통신망을 통해
  공개해서는 안 됩니다(「아동·청소년의 성보호에 관한 법률」
  제34조 제3항).
② 이를 위반하여 신고자 등의 신원을 알 수 있는 정보나 자료
  를 출판물에 게재하거나 방송 또는 정보통신망을 통해 공개

한 사람은 1년 이하의 징역 또는 500만원 이하의 벌금에 처해 집니다(「아동·청소년의 성보호에 관한 법률」제65조 제4항제1호).

8. 아동·청소년 성범죄 발생 시 부모의 대처방안

① **<자녀의 심리적 안정이 최우선>** 자녀의 심리적인 안정을 위해서는 부모의 심리적인 안정이 우선입니다. 어렵더라도 자녀 앞에서는 흥분하지 않으며, 침착하고 흔들리지 않는 모습을 보여 주는 것이 필요합니다. 자녀가 자신에게 일어난 일에 대해 자유롭게 이야기할 수 있도록 지지 해 주고, 자녀의 말을 믿어주셔야 합니다.

OK	NO
안심시키고 이해하는 말	비난하거나 책망하는 말
우리는 네 편이야	왜 그런 곳에 따라갔니?
너의 말을 믿는 단다	너에게도 문제가 있어
네 잘못이 아니야	조심했어야지
너를 도와줄게	너 때문에 못 살겠다.

> 소아정신과 전문의에 의하면 피해 사실을 부모에게 이야기하고, 이해 받았던 아동청소년들이 그렇지 못한 아동·청소년들보다 훨씬 더 건강하며, 성폭력피해 사실에 대한 부모의 공감 및 지지적 반응은 아동청소년이 충격적인 외상(Trauma)을 극복하고 치료하는 데 매우 중요하다고 합니다.

② **<즉각적인 신고>** 가능하면 빨리 112에 신고합니다. 가해자가 아동의 친척·부모·학교와 관련이 있는 경우 신고가 망설여 질 수 있으나 이런 경우에도 반드시 신고를 해야 재발을 방지하

고, 피해 자녀를 보호하고 회복으로 이끌게 됩니다.

③ **<증거 보존하기>** 성폭력이 의심되는 증거들을 보존하고, 가해자 식별의 주요 단서가 되는 의학적 근거에 대해 병원진료를 받아야 합니다. 그러나, 시간이 지남에 따라 증거 및 단서가 소멸되기 때문에 가정에 서는 다음과 같은 신속한 조치가 필요합니다.

· 신체에 남아있는 성폭력 증거물이 훼손되지 않도록 합니다(손 씻기, 세수, 양치, 질 세청, 샤워는 하지 말고 가능하면 대·소변도 삼가).
· 가해자 식별의 주요 단서가 될 수 있는 증거물들(피해 당시 입었던 겉옷, 속옷, 휴지 등)을 갈아입거나 세탁하지 않도록 합니다. 갈아입었을 경우에는 피해 당시 입었던 옷을 종이봉투에 보관하고, 72시간 내에 경찰관 또는 전문기관에 제출합니다.
· 음식을 먹거나, 음료수를 마시지 않도록 합니다.
· 성범죄 현장은 정거 훼손 방지를 위해 청소 등을 하지 않도록 합니다.

④ **<도움을 줄 수 있는 기관 찾기>** 신고가 망설여지는 경우, 부모는 사건을 은폐하거나 임의로 해결하려 고 해서는 안 됩니다. 신고가 망설여지거나, 무엇을, 어떻게 해야 할지 의논하고 싶으시다면 가까운 성폭력상담소 또는 여성긴급전화 1366에서 먼저 상담을 받으실 수 있습니다.

⑤ 해바라기센터는 성폭력·가정폭력·성매매 피해자 및 그 가족이 피해상 황에 대처할 수 있도록 지원하고, 회복과 치유를 위해 상담, 의학적·심리적 진단과 평가 및 치료, 사건조사, 법률지원, 사회적 지원 등을 원스톱으로 제공하는 전문기관입니다. 가장 가까운 곳의 해바라기센 터에 전화하시면 성폭력 피해와 관련한 전문상담이 가능합니다.

Ⅱ. 신고 포상금 제도

1. 아동·청소년에 대한 성매수 행위 등의 신고 포상금 제도란?

아동·청소년을 대상으로 성을 사는 행위를 하거나, 성을 사기 위하여 유인 권유하는 행위, 아동·청소년으로 하여금 성을 사는 행위의 상대방이 되도록 강요하는 행위 또는 알선행위, 아동·청소년성착취물 제작·수입또는 수출, 판매, 배포, 제공 등의 범죄를 신고하면 포상금을 지급해주는 제도를 말합니다.

2. 목적

① 아동·청소년을 성범죄로부터 보호하기 위하여 아동·청소년 대상으로 성을 사는 행위 등에 대한 성범죄를 적극 신고토록 함을 목적으로 합니다.

② "아동·청소년"이란 19세 미만의 자를 말합니다. 다만, 19세에 도달하는 연도의 1월 1일을 맞이한 자는 제외합니다.

3. 관련법령

「아동·청소년의 성보호에 관한 법률」 제59조

4. 신고종류별 포상금액

① 포상금은 예산의 범위에서 100만원 이내로 하되, 그 세부적인 지급액은 다음과 같습니다.

지급액	포상금 지급 신고 범죄
100만원	- 제8조에 따른 장애인인 아동 청소년을 간음(또는 추행)하는 범죄, 장애인인 아동 청소년을 이용 간음 (또는 추행)하게

	하는 범죄 - 제14조에 따른 강요행위(폭행, 협박, 위계, 고용, 영업 등)를 통하여 아동·청소년에게 성을 사는 행위의 상대방이되게 하는 범죄 - 제15조에 따른 아동·청소년의 성을 사는 행위에 장소를 제공하거나, 알선을 영업으로 하는 범죄 등 - 제8조의 2에 따라 13세 이상 16세 미만인 아동·청소년의 궁박(窮迫)한 상태를 이용하여 해당 아동·청소년을 간음하(추행)거나 해당 아동·청소년으로 하여금 다른 사람을 간음(추행)하게 하는 범죄 - 제11조의1에 따른 아동·청소년성착취물을 제작·수입 또는 수출하는 범죄 - 제11조의4에 따른 아동·청소년성착취물을 제작할 것이라는 정황을 알면서 아동·청소년을 아동·청소년 성착취물의 제작자에게 알선하는 범죄
70만원	제13조에 따른 아동·청소년의 성을 사는 행위 - 아동·청소년의 성을 사는 행위를 하는 범죄 - 아동·청소년의 성을 사기 위하여 유인(또는 권유)하는 범죄 등
30만원	- 제11조의2에 따른 영리를 목적으로 아동·청소년성착취물을 판매·대여·배포·제공하거나 이를 목적으로 소지·운반·광고·소개하거나 공연히 전시 또는 상영하는 범죄

② 위 규정에도 불구하고 신고자가 해당 범죄의 신고와 관련하여 「성매매알선 등 행위의 처벌에 관한 법률」제28조에 따른 보상금 또는 「청소년보호법」제49조에 따른 포상금을 지급받은 경우에는 다음 각 호의 구분에 따라 지급합니다.

1. 지급받은 금액이 위 표에 따른 포상금보다 큰 경우: 포상금을 지급하지 아니합니다.

2. 지급받은 금액이 위 표에 따른 포상금보다 적은 경우: 지급받은 금액을 빼고 지급합니다.

5. 신고방법 및 포상금 지급대상

① 신고방법 : 경찰청에 신고

② 「아동·청소년의 성보호에 관한 법률」 제59조에 따른 신고(고소·고발을 포함한다. 이하 같다)에 대한 포상금은 범죄를 저지른 것으로 신고된 사람이 해당 범죄로 기소되거나 기소유예 처분을 받은 경우에 지급합니다. 다만, 다음 각 호의 어느 하나에 해당하는 경우에는 포상금을 지급하지 아니합니다.

1. 「아동·청소년의 성보호에 관한 법률」 제34조 제2항에 따라 수사기관에 신고할 의무가 있는 사람이 신고한 경우

2. 「아동·청소년의 성보호에 관한 법률」 제59조 제1항에 따른 신고 대상 범죄의 실행과 관련된 사람이 신고하는 등 포상금을 지급하는 것이 적절하지 않다고 인정되는 경우

3. 범죄의 단속 사무에 종사하는 공무원이 직무와 관련하여 신고한 경우

6. 신고(고소, 고발포함)에 따른 포상금 지급 절차

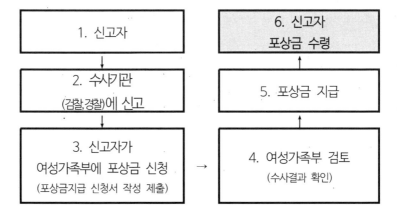

※ 참고사항

① 신고자는 수사기관에 신고한 후 곧바로 신고사항에 대하여 여성가족부로 신고포상금 지급신청서를 작성하여 제출할 수 있습니다.

② 신고포상금 지급신청서를 여성가족부에 제출할 경우, 여성가족부는 수사기관을 통하여 수사결과를 확인한 후 포상금을 지급합니다.

③ 포상금 지급조건 : 신고결과 검찰청으로부터 기소 또는 기소유예를 받은 경우

7. 신고대상

1. 19세 이상의 성인이 장애가 있는 아동·청소년을 꼬여서 성행위하거나 또는 다른 사람과 성행위를 하게 하는 사람.

2. 아동·청소년에게 폭행이나 협박으로 성을 사는 범죄행위의 대상이 되게 하는 사람.

3. 아동·청소년을 업소에 고용해서 영업으로 성을 사는 범죄 행위의 대상이 되게 하는 사람. 예) 보도방 실장, 업주 등.

4. 아동·청소년의 선배, 선생님, 부모 등이 위계(지위)를 이용하여 성을 사는 범죄행위의 대상이 되게 하는 사람.

5. 아동·청소년의 성을 사는 범죄행위를 하도록 장소를 제공하는 사람. 예) 모텔 주인 등

6. 아동·청소년이 성을 사는 범죄행위의 대상이 되도록 소개시켜주는 사람. 예) 보도 삼촌, 실장, 친구 등.

7. 정보통신망에서 아동·청소년의 성을 사는 범죄행위를 하는 정보를 제공하는 사람. 예) 후기 사이트 등.

8. 아동·청소년의 성을 사는 범죄행위를 목적으로 사용하는 돈이나 땅, 건물을 제공하는 사람.

9. 아동·청소년의 성을 사는 범죄행위를 하는 업소에서 일하도록

소개하는 사람.

10. 아동·청소년과 돈, 밥, 잘 곳 등의 댓가를 주고 성행위를 사람.

11. 아동·청소년에게 성행위를 해주면 돈이나 그 외의 댓가를 주겠다고 하면서 만나자고 한 사람.

12. 아동·청소년이 등장해 성적행위 등을 표현하는 영상을 제작·배포·판매·소지·전시·소개한 사람. 예) p2p사이트 업로드, 판매, 소개 등

8. 포상금의 환수

여성가족부장관은 「아동·청소년의 성보호에 관한 법률 시행령」 제29조에 따른 포상금을 지급한 후에도 다음 각 호의 어느 하나에 해당하는 경우에는 그 포상금을 환수할 수 있습니다.

1. 거짓이나 그 밖의 부정한 방법으로 포상금을 지급받은 경우
2. 「아동·청소년의 성보호에 관한 법률 시행령」 제29조 제2항 각 호의 사유가 확인된 경우
3. 「아동·청소년의 성보호에 관한 법률 시행령」 제31조 제2항에 해당하는 경우(제31조 제2항 제2호의 경우에는 감액분만환수 한다)

III. 수사 및 재판

1. 아동·청소년 성범죄 신고 시 처리 절차

1. 전문기관에 상담 및 신고

상담 1388, 신고 112, 성폭력피해상담소(해바라기센터)

- └ 피해자를 위한 변호사 지정 및 상담
- └ 무료법률구조
- └ 의료비 지원 등

2. 경찰수사

피해자 진술조사 증거확보

- └ 가까운 해바라기를 통한 수사지원(피해자 진술조서, 영상진술 녹화, 증거채취 등)

3. 검찰조사

피해자 및 피의자 조사 기소여부 판단

- └ 영상진술 녹화
- └ 신뢰관계인 동석

4. 법원재판

가해자 처벌 피해자 보호 조치

- └ 법정동행
- └ 신변보호 위해 비공개 심리재판 청구

2. 수사 및 재판 절차에서의 아동·청소년 피해자 배려

2-1. 피해자가 편안하게 조사·재판을 받을 수 있도록 배려

① 수사기관과 법원 및 소송관계인은 성범죄를 당한 아동·청소

년의 나이, 심리 상태 또는 후유장애의 유무 등을 신중하게 고려해 조사 및 심리재판 과정에서 피해자의 인격이나 명예가 손상되거나 사적인 비밀이 침해되지 않도록 주의해야 합니다(「아동·청소년의 성보호에 관한 법률」 제25조 제1항).

② 수사기관과 법원은 아동·청소년대상 성범죄의 피해자를 조사하거나 심리·재판할 때 피해자가 편안한 상태에서 진술할 수 있는 환경을 조성해야 하며, 조사 및 심리·재판 횟수는 필요한 범위에서 최소한으로 해야 합니다(「아동·청소년의 성보호에 관한 법률」 제25조 제2항).

③ 수사기관과 법원은 위에 따른 조사나 심리·재판을 할 때 피해아동·청소년이 13세 미만이거나 신체적인 또는 정신적인 장애로 의사소통이나 의사표현에 어려움이 있는 경우 조력을 위하여 「성폭력범죄의 처벌 등에 관한 특례법」 제36조부터 제39조까지(진술조력인의 수사 및 재판과정 참여 등)를 준용합니다. 이 경우 "성폭력범죄"는 "아동·청소년대상 성범죄"로, "피해자"는 "피해아동·청소년"으로 봅니다(「아동·청소년의 성보호에 관한 법률」 제25조 제3항).

④ 수사기관과 법원은 아동·청소년대상 성범죄의 피해자를 조사하거나 증인으로 신문하는 경우 검사, 피해자 또는 법정대리인이 신청하면 조사나 재판에 지장을 줄 우려가 있는 등의 부득이한 경우가 아니면 피해자와 신뢰관계에 있는 사람을 동석하게 해야 합니다(「아동·청소년의 성보호에 관한 법률」 제28조 제1항 및 제2항).

2-2. 진술조력인의 수사 및 재판과정 참여

① "진술조력인"이란 정신건강의학, 심리학, 사회복지학, 교육학 등 아동장애인의 심리나 의사소통 관련 전문지식이 있거나 관련 분야에서 상당 기간 종사한 사람으로 법무부장관이 정하는 교육을 이수한 사람을 말합니다(「성폭력범죄의 처벌 등에 관한 특례법」 제35조 제2항).

② 검사 또는 사법경찰관, 법원은 성폭력범죄의 피해자가 13세 미만의 아동이거나 신체적인 또는 정신적인 장애로 의사소통이나 의사표현에 어려움이 있는 경우 원활한 조사 또는 증인 신문을 위해 직권이나 검사, 피해자, 그 법정대리인 또는 변호사의 신청에 따라 진술조력인으로 하여금 조사과정 또는 증인 신문에 참여해 의사소통을 중개하거나 보조하게 할 수 있습니다(「성폭력범죄의 처벌 등에 관한 특례법」 제36조 제1항 본문 및 제37조 제1항).

2-3. 법률적 조력(변호사 선임)

① 아동·청소년대상 성범죄의 피해자 및 그 법정대리인은 형사절차상 입을 수 있는 피해를 방어하고 법률적 조력을 보장하기 위해 변호사를 선임할 수 있습니다(「아동·청소년의 성보호에 관한 법률」 제30조 제1항).

② 검사는 피해자에게 변호사가 없는 경우 국선변호사를 선정해 형사절차에서 피해자의 권익을 보호할 수 있습니다(「아동·청소년의 성보호에 관한 법률」 제30조 제2항 및 「성폭력범죄의 처벌 등에 관한 특례법」 제27조 제6항).

2-4. 피해자 진술 영상물의 증거활용

① 아동·청소년대상 성범죄 피해자의 진술내용과 조사과정은 비디오녹화기 등 영상물 녹화장치로 촬영보존해야 합니다(「아동·청소년의 성보호에 관한 법률」제26조 제1항).

② 만약 피해자 또는 법정대리인이 영상물 녹화를 원하지 않는다는 의사표시를 한 경우에는 촬영을 해서는 안 됩니다(「아동·청소년의 성보호에 관한 법률」제26조 제2항 본문).

③ 절차에 따라 촬영한 영상물에 수록된 피해자의 진술은 공판준비기일 또는 공판기일에 피해자 또는 조사과정에 동석했던 신뢰관계에 있는 사람의 진술로 그 진정함이 인정된 경우에 증거로 이용할 수 있습니다(「아동·청소년의 성보호에 관한 법률」제26조 제6항).

2-5. 비공개 심리(審理)

① 아동·청소년을 대상으로 한 성폭력에 대한 심리는 피해자의 사생활 보호를 위해 결정으로써 공개하지 않을 수 있습니다 (「성폭력범죄의 처벌 등에 관한 특례법」제31조 제1항).

② 증인으로 소환을 받은 성폭력 피해자와 가족은 사생활보호 등의 사유로 증인신문의 비공개를 신청할 수 있습니다(「성폭력범죄의 처벌 등에 관한 특례법」제31조 제2항).

2-6. 중계장치를 통한 증인신문

법원은 아동·청소년을 대상으로 한 성폭력 피해자를 증인으로 신문하는 경우 검사와 피고인 또는 변호인의 의견을 들어 비디오 등 중계장치에 의한 중계를 통해 신문할 수 있습니다(「성폭력범죄의 처벌 등에 관한 특례법」 제40조 제1항).

2-7. 피해자 신원 등 비밀유지하기

① 아동·청소년대상 성범죄의 수사 또는 재판을 담당하거나 이에 관여하는 공무원 또는 그 직에 있었던 사람은 피해아동·청소년의 주소·성명·연령·학교 또는 직업·용모 등 그 아동·청소년을 특정할 수 있는 인적사항이나 사진 등 또는 그 아동·청소년의 사생활에 관한 비밀을 공개하거나 타인에게 누설해서는 안 됩니다(「아동·청소년의 성보호에 관한 법률」 제31조제1항).

② 이를 위반한 사람은 7년 이하의 징역 또는 5천만원 이하의 벌금에 처해지며, 징역형과 벌금형은 병과될 수 있습니다(「아동·청소년의 성보호에 관한 법률」 제31조 제4항).

3. 아동·청소년대상 디지털 성범죄의 수사

3-1. 아동·청소년대상 디지털 성범죄의 수사 특례

① 사법경찰관리는 다음의 어느 하나에 해당하는 범죄(이하 "디지털 성범죄"라 함)에 대하여 신분을 비공개하고 범죄현장(정보통신망을 포함함) 또는 범인으로 추정되는 자들에게 접근하여 범죄행위의 증거 및 자료 등을 수집(이하 "신분비공개수사"라 함)할 수 있습니다(「아동·청소년의 성보호에 관한 법률」 제25조의2 제1항).

- 아동·청소년성착취물의 제작·배포 등 및 아동·청소년에 대한 성착취 목적 대화 등의 죄
- 아동·청소년에 대한 「성폭력범죄의 처벌 등에 관한 특례법」 제14조 제2항 및 제3항의 죄

② 사법경찰관리는 디지털 성범죄를 계획 또는 실행하고 있거나 실행하였다고 의심할 만한 충분한 이유가 있고, 다른 방법으로는 그 범죄의 실행을 저지하거나 범인의 체포 또는 증거의 수집이 어려운 경우에 한정하여 수사 목적을 달성하기 위하여 부득이한 때에는 다음의 행위(이하 "신분위장수사"라 함)를 할 수 있습니다(「아동·청소년의 성보호에 관한 법률」 제25조의2 제2항).

- 신분을 위장하기 위한 문서, 도화 및 전자기록 등의 작성, 변경 또는 행사

- 위장 신분을 사용한 계약·거래

- 아동·청소년성착취물 또는 「성폭력범죄의 처벌 등에 관한 특례법」 제14조 제2항의 촬영물 또는 복제물(복제물의 복제물을 포함함)의 소지, 판매 또는 광고

3-2. 아동·청소년대상 디지털 성범죄 수사 특례의 절차

① 신분위장수사의 기간은 3개월을 초과할 수 없으며, 그 수사기간 중 수사의 목적이 달성되었을 경우에는 즉시 종료해야 합니다.

② 그럼에도 불구하고 일정한 요건이 존속하여 그 수사기간을 연장할 필요가 있는 경우에는 사법경찰관리는 소명자료를 첨부하여 3개월의 범위에서 수사기간의 연장을 검사에게 신청하고, 검사는 법원에 그 연장을 청구할 수 있습니다. 이 경우 신분위장수사의 총 기간은 1년을 초과할 수 없습니다(「아동·청소년의 성보호에 관한 법률」 제25조의3 제7항 및 제8항).

3-3. 아동·청소년대상 디지털 성범죄에 대한 긴급 신분위장수사

사법경찰관리는 일정한 요건을 구비하고, 정해진 절차를 거칠 수 없는 긴급을 요하는 때에는 법원의 허가 없이 신분위장수사를 할 수 있습니다(「아동·청소년의 성보호에 관한 법률」 제25조의4 제1항).

3-4. 신분비공개수사 또는 신분위장수사로 수집한 증거 및 자료 등의 사용제한

수집한 증거 및 자료 등은 다음의 어느 하나에 해당하는 경우 외에는 사용할 수 없습니다(「아동·청소년의 성보호에 관한 법률」 제25조의5).
- 신분비공개수사 또는 신분위장수사의 목적이 된 디지털 성범죄나 이와 관련되는 범죄를 수사·소추하거나 그 범죄를 예방하기 위하여 사용하는 경우
- 신분비공개수사 또는 신분위장수사의 목적이 된 디지털 성범죄나 이와 관련되는 범죄로 인한 징계절차에 사용하는 경우
- 증거 및 자료 수집의 대상자가 제기하는 손해배상청구소송에서 사용하는 경우
- 그 밖에 다른 법률의 규정에 의하여 사용하는 경우

3-5. 비밀준수의 의무

신분비공개수사 또는 신분위장수사에 대한 승인·집행·보고 및 각종 서류작성 등에 관여한 공무원 또는 그 직에 있었던 자는 직무상 알게 된 해당 사항을 외부에 공개하거나 누설해서는 안 됩니다(「아동·청소년의 성보호에 관한 법률」 제25조의7).

■ 관련판례

[1] 수사기관이 아닌 사인(私人)이 피고인 아닌 사람과의 대화 내용을 촬영한 비디오테이프는 「형사소송법」 제311조, 제312조의 규정 이외에 피

고인 아닌 자의 진술을 기재한 서류와 다를 바 없으므로, 피고인이 그 비디오테이프를 증거로 함에 동의하지 아니하는 이상 그 진술 부분에 대하여 증거능력을 부여하기 위하여는, 첫째 비디오테이프가 원본이거나 원본으로부터 복사한 사본일 경우에는 복사과정에서 편집되는 등 인위적 개작 없이 원본의 내용 그대로 복사된 사본일 것, 둘째 「형사소송법」 제313조 제1항에 따라 공판준비나 공판기일에서 원진술자의 진술에 의하여 그 비디오테이프에 녹음된 각자의 진술내용이 자신이 진술한 대로 녹음된 것이라는 점이 인정되어야 할 것인바, 비디오테이프는 촬영대상의 상황과 피촬영자의 동태 및 대화가 녹화된 것으로서, 녹음테이프와는 달리 피촬영자의 동태를 그대로 재현할 수 있기 때문에 비디오테이프의 내용에 인위적인 조작이 가해지지 않은 것이 전제된다면, 비디오테이프에 촬영, 녹음된 내용을 재생기에 의해 시청을 마친 원진술자가 비디오테이프의 피촬영자의 모습과 음성을 확인하고 자신과 동일인이라고 진술한 것은 비디오테이프에 녹음된 진술내용이 자신이 진술한 대로 녹음된 것이라는 취지의 진술을 한 것으로 보아야 한다.

[2] 유아인 피해자들과의 상담내용을 촬영한 비디오테이프의 증거능력을 인정한 사례.

[3] 증인의 증언능력은 증인 자신이 과거에 경험한 사실을 그 기억에 따라 공술할 수 있는 정신적인 능력이라 할 것이므로, 유아의 증언능력에 관해서도 그 유무는 단지 공술자의 연령만에 의할 것이 아니라 그의 지적 수준에 따라 개별적이고 구체적으로 결정되어야 함은 물론 공술의 태도 및 내용 등을 구체적으로 검토하고, 경험한 과거의 사실이 공술자의 이해력, 판단력 등에 의하여 변식될 수 있는 범위 내에 속하는가의 여부도 충분히 고려하여 판단하여야 한다.

[4] 사건 당시 만 4년 6개월, 만 3년 7개월 남짓 된 피해자인 유아들의 증언능력 및 그 진술의 신빙성을 인정한 사례[대법원 2004.9.13. 선고, 2004도3161 판결].

Ⅳ. 아동·청소년 성범죄 피해자에 대한 지원

1. 아동·청소년 성폭력 피해자를 위한 지원

1-1. 의료비 지원

국가는 피해아동·청소년 등의 신체적·정신적 회복을 위해 상담시설 또는 성폭력 전담의료기관으로 하여금 다음의 사람에게 상담이나 치료프로그램을 제공하도록 요청할 수 있습니다(「아동·청소년의 성보호에 관한 법률」 제37조 제1항 및 「아동·청소년의 성보호에 관한 법률 시행령」 제7조).

- 피해아동·청소년
- 피해아동·청소년의 보호자 및 형제자매
- 피해아동·청소년과 같은 시설에서 보호받고 있는 아동·청소년
- 피해아동·청소년과 같은 학교에 다니는 아동·청소년으로서 정신적 피해가 우려되는 사람
- 피해아동·청소년과 함께 거주하는 가족(보호자, 형제, 자매 제외)으로서 상담 및 치료를 필요로 하는 사람

② 전국의 성폭력 전담의료기관에서 응급진료, 외상진료 등을 받을 수 있으며 치료비를 지원받습니다.

③ 신체적인 검사와 치료로 성폭력에 대한 외상적 진단을 마치면 소아정신과 전문의를 만나 정신과 진단을 받게 됩니다. 향후 외상과 관련해 추가적인 진료가 필요하면 지속적으로 전문의의 진료를 받을 수 있습니다.

1-2. 심리평가 및 심리치료 지원

① 정신과 진료는 상담 후 피해아동의 상태에 따라 입원치료를

받거나 심리치료 등을 받을 수 있습니다.

② 아이의 어려움과 함께 부모도 심리적인 어려움을 겪을 수 있고, 부모의 어려움은 아이에게 그대로 전달되어 아이의 어려움을 가중시킬 수 있으므로 부모 개인에 대한 치료 상담도 함께 제공될 수 있습니다.

1-3. 피해자보호시설의 입소

① 아동·청소년 성폭력 피해자나 성폭력 피해자의 가족구성원은 다음의 경우에 성폭력피해자보호시설에 입소할 수 있습니다(「성폭력방지 및 피해자보호 등에 관한 법률」 제15조 제1항).

- 성폭력 피해자나 성폭력 피해자의 가족구성원이 입소를 희망하거나 입소에 동의하는 경우
- 미성년자 또는 지적장애인 등 의사능력이 불완전한 사람으로서 성폭력행위자가 아닌 보호자가 입소에 동의하는 경우

② 성폭력 피해자보호시설의 장은 친족에 의한 성폭력 피해자나 지적장애인 등 의사능력이 불완전한 성폭력 피해자로서 상담원의 상담 결과 입소가 필요하나 보호자의 입소 동의를 받는 것이 적절하지 못하다고 인정하는 경우에는 성폭력피해자보호시설에 입소하게 할 수 있습니다(「성폭력방지 및 피해자보호 등에 관한 법률」 제15조 제3항 전단).

③ 성폭력 피해자는 피해자보호시설에서 다음과 같은 지원을 받을 수 있습니다(「아동·청소년의 성보호에 관한 법률」 제46조 참조).

- 성매매 피해아동·청소년과 병원 또는 관련 시설과의 연계 및 위탁
- 성폭력 피해아동·청소년이 성폭력범죄로 인해 정상적인 생활이

어렵거나 그 밖의 사정으로 긴급히 보호를 필요로 하는 경우 병원이나 성폭력피해자보호시설에서 일시 보호

- 성폭력 피해아동·청소년의 신체적·정신적 안정회복과 사회복귀 지원
- 가해자에 대한 민사상·형사상 소송과 피해배상청구 등의 사법처리절차에 관해 대한변호사협회·대한법률구조공단 등 관계 기관의 협조와 지원
- 그 밖에 성폭력 피해아동·청소년의 보호를 위해 필요한 지원

2. 아동·청소년 성매매 피해자를 위한 지원

2-1. 성매매 피해자의 긴급구조

성매매 피해자거나 성매매 관련 범죄가 있음을 알게 된 사람이 다음에 해당하는 기관에 신고를 하면 관련 기관에서 피해자를 긴급구조합니다.

구분	신고전화	인터넷 신고
경찰청	☎ 112	경찰 민원포털
검찰청	☎ 지역번호+1301	검찰청 온라인민원실
여성긴급전화	☎ 지역번호+1366	1366 여성폭력 사이버 상담
성폭력피해상담소	전국 성폭력피해상담소 연락처	

2-2. 의료비의 지원

국가나 지방자치단체는 성매매 피해자 등을 위한 지원시설·자활지원센터·상담소의 장이 의료기관에 질병치료 등을 의뢰한 경우에는 다음의 어느 하나에 해당하는 치료항목에 대한 의료비용 중 「의료급여법」에 따른 급여가 지급되지 않는 의료비용의 전부 또는 일부를 지원할 수 있습니다(「성매매방지 및 피해자보호 등에 관한 법률」 제23조 및 「성매매방지 및 피해자보호 등에 관한

법률 시행규칙」 제19조).
- 성병감염 여부의 진찰·검사 및 감염된 성병의 치료비용
- 성매매 또는 성매매와 관련한 폭력으로 인한 상해의 치료비용
- 알코올중독 및 약물중독의 치료·보호비용
- 성매매로 인한 정신질환[기분장애, 불안장애(외상 후 스트레스 증후군), 섭식장애, 인격장애, 정신분열증, 해리성장애, 성적장애 등]의 치료비용
- 성매매로 임신한 성매매 피해자와 성을 파는 행위를 한 사람의 검사 및 출산 등 임신과 관련한 비용
- 성매매와 관련된 것으로 판단되는 문신 제거비용 및 피부질환 치료비용
- 성매매와 관련한 치아손상 치료비용
- 그 밖에 성매매피해로 인한 질환을 확인하기 위한 검진에 드는 비용(초음파, 자기공명영상 및 양전자 단층촬영 포함)

2-3. 상담치료의 진행

성매매 피해자는 성매매피해상담소를 통해 성매매 관련 범죄 피해에 대해 상담을 받을 수 있습니다(「성매매방지 및 피해자보호 등에 관한 법률」 제17조 제4항 및 제18조 참조).

2-4. 청소년 지원시설에의 입소

19세 미만의 성매매 피해자 등은 19세가 될 때까지 청소년 지원시설에 거주하며 다음과 같은 지원을 받게 됩니다(「성매매방지 및 피해자보호 등에 관한 법률」 제9조 제1항 제2호 및 제11조 제1항·제2항).

- 숙식 제공
- 심리적 안정과 사회 적응을 위한 상담 및 치료
- 질병치료와 건강관리를 위한 의료기관에 인도(引渡)하는 등의 의료지원
- 수사기관의 조사와 법원의 증인신문(證人訊問)에의 동행
- 법률구조공단 등 관계기간에 필요한 협조와 지원 요청
- 자립·자활교육의 실시와 취업정보 제공
- 사회보장 관련 법령에 따른 급부(給付)의 수령 지원
- 기술교육(위탁교육 포함)
- 진학을 위한 교육 제공 또는 교육기관에의 취학

제4장 아동·청소년 성범죄 예방 및 재범방지

1. 아동·청소년 성폭력 예방을 위한 노력

① 다음에 해당하는 기관·단체의 장은 해당 기관·단체에 소속된 사람 및 학생 등을 대상으로 매년 1회 이상 성교육 및 성폭력 예방교육을 실시하고, 그 결과를 여성가족부장관에게 제출해야 합니다(「성폭력방지 및 피해자보호 등에 관한 법률」 제5조 제1항 및 「성폭력방지 및 피해자보호 등에 관한 법률 시행령」 제2조 제1항·제2항).

- 국가기관 및 지방자치단체의 장
- 유치원의 장
- 어린이집의 원장
- 「초·중등교육법」 제2조에 따른 각급 학교의 장 및 「고등교육법」 제2조에 따른 학교의 장
- 「초·중등교육법」 및 「고등교육법」 외의 다른 법령에 따라 설립·운영되는 학교
- 인사혁신처장이 관보에 공직유관단체로 고시한 기관·단체

② 성폭력 예방교육의 내용은 다음과 같으며, 예방교육은 강의, 시청각교육, 인터넷 홈페이지를 이용한 교육 등 다양한 방법으로 실시할 수 있습니다(「성폭력방지 및 피해자보호 등에 관한 법률 시행령」 제2조 제3항 전단).

- 건전한 성의식 및 성문화의 발전에 관한 사항
- 성인지(性認知) 관점에서의 성폭력 예방에 관한 사항
- 성폭력 방지를 위한 관련 법령의 소개 및 홍보에 관한 사항
- 그 밖에 성에 대한 건전한 가치관 함양과 성폭력 예방에 필요한 사항

③ 교육 대상자가 아동·청소년인 경우에는 성폭력 위기 상황에 대응할 능력을 향상시킬 수 있는 교육 내용이 포함되어야 합니다(「성폭력방지 및 피해자보호 등에 관한 법률 시행령」 제2조제3항 후단).

2. 아동·청소년 성매매 예방을 위한 노력

2-1. 성매매 예방교육 실시기관

① 국가기관, 지방자치단체, 초·중고등학교, 그 밖에 다음에 해당하는 공공단체의 장은 성에 대한 건전한 가치관 함양과 성매매 방지 및 인권보호를 위해 1년에 한 번 이상 성매매 예방교육을 실시해야 하고, 그 결과를 여성가족부장관에게 제출해야 합니다(「성매매방지 및 피해자보호 등에 관한 법률」 제5조 제1항 및 「성매매방지 및 피해자보호 등에 관한 법률 시행령」 제2조 제1항·제2항).

- 공민학교, 고등공민학교, 고등기술학교, 특수학교, 각종학교
- 대학, 산업대학, 교육대학, 전문대학, 방송대학·통신대학·방송통신대학 및 사이버대학, 기술대학, 각종학교
- 다른 법령에 따라 설치된 각종 학교 또는 대학
- 인사혁신처장이 관보에 고시한 공직유관단체

② 여성가족부장관 또는 특별시장·광역시장·특별자치시장·도지사·특별자치도지사(이하 "시·도지사"라 함)는 위에 따른 교육의 대상이 아닌 국민에게 성매매 및 성매매 목적의 인신매매 방지와 성매매피해자 등의 인권 보호를 위해 필요한 교육을 실시할 수 있습니다(「성매매방지 및 피해자보호 등에 관한 법률」 제5조제3항 전단).

③ 이 경우 여성가족부장관 또는 시·도지사는 교육에 관한 업무를 제17조에 따른 성매매피해상담소 또는 다음의 교육기관에 위탁할 수 있습니다(「성매매방지 및 피해자보호 등에 관한 법률」제5조 제3항 후단 및 「성매매방지 및 피해자보호 등에 관한 법률 시행령」제2조 제5항).

- 국가나 지방자치단체가 설치·운영하는 여성정책 관련 기관이나 단체
- 다음의 기관이나 단체 중 성매매 예방교육에 관한 사항을 지원할 수 있는 인적·물적 자원을 갖추고 있다고 여성가족부장관이 인정하는 기관이나 단체
 · 사회복지법인
 · 정관이나 규약 등에 성매매방지 및 성매매피해자 보호를 사업내용으로 정한 비영리법인이나 단체

2-2. 성매매 예방교육의 내용

성매매 예방교육의 내용은 다음과 같으며, 예방교육은 강의, 시청각교육, 인터넷 홈페이지를 이용한 교육 등 다양한 방법으로 실시할 수 있습니다(「성매매방지 및 피해자보호 등에 관한 법률」제5조 제9항 및 「성매매방지 및 피해자보호 등에 관한 법률 시행령」제2조 제3항).

- 성평등 관점에 따른 건전한 성의식 및 성문화에 관한 사항
- 성매매 방지 및 처벌에 관한 법령의 내용
- 성매매 목적의 인신매매 예방에 관한 사항
- 그 밖에 성에 대한 건전한 가치관 함양과 성매매 예방에 필요한 사항

3. 아동·청소년 성범죄 재범방지 조치(성범죄 전과자의 취업 제한)

3-1. 취업제한 대상자

아동·청소년 관련 기관에의 취업이 제한되는 사람은 아동·청소년대상 성범죄 또는 성인대상 성범죄로 형 또는 치료감호를 선고하는 경우에는 판결(약식명령을 포함)로 그 형 또는 치료감호의 전부 또는 일부의 집행을 종료하거나 집행이 유예·면제된 사람입니다(「아동·청소년의 성보호에 관한 법률」 제56조제1항).

3-2. 취업제한 기간

취업제한 대상 전과자는 그 형 또는 치료감호의 전부 또는 일부의 집행을 종료하거나 집행이 유예·면제된 날부터 일정기간 동안 취업이 제한됩니다(「아동·청소년의 성보호에 관한 법률」 제56조 제1항). 위에 따른 취업제한 기간은 10년을 초과하지 못합니다(「아동·청소년의 성보호에 관한 법률」 제56조 제2항).

3-3. 취업제한 기관

취업제한 대상 전과자는 가정을 방문해 아동·청소년에게 직접 교육서비스를 제공하는 업무에 종사할 수 없으며 다음 중 어느 하나에 해당하는 시설·기관 또는 사업장을 운영하거나 아동·청소년 관련 기관등에 취업 또는 사실상 노무를 제공할 수 없습니다(「아동·청소년의 성보호에 관한 법률」 제56조 제1항 및「아동·청소년의 성보호에 관한 법률 시행령」 제24조 제1항).
- 유치원
- 학교 및 위탁 교육기관
- 「제주특별자치도 설치 및 국제자유도시 조성을 위한 특별법」 제

223조에 따라 설립된 국제학교

- 특별시·광역시·특별자치시·도·특별자치도 교육청 또는 교육지원청
  이 직접 설치·운영하거나 위탁하여 운영하는 학생상담지원시설
  또는 위탁 교육시설
- 학원, 교습소, 개인과외교습자(아동·청소년의 이용이 제한되지 않
  는 학원·교습소로서 교육부장관이 지정하는 학원·교습소 및 아동·
  청소년을 대상으로 하는 개인과외교습자)
- 청소년 보호재활센터
- 청소년활동시설
- 청소년상담복지센터 및 청소년쉼터
- 「학교 밖 청소년 지원에 관한 법률」 제12조의 학교 밖 청소년
  지원센터
- 어린이집
- 아동복지시설 및 통합서비스 수행기관
- 청소년 지원시설과 성매매피해상담소
- 공동주택의 관리사무소(경비업무에 종사하는 사람에 한함)
- 체육시설 중 아동·청소년의 이용이 제한되지 않는 체육시설로서
  문화체육관광부장관이 지정하는 체육시설
- 의료기관(의료인에 한함)
- 인터넷컴퓨터게임시설제공업 및 복합유통게임제공업의 영업을 하
  는 사업장
- 경비업을 행하는 법인(경비업무에 종사하는 사람에 한함)
- 영리 목적으로 청소년활동의 기획·주관·운영을 하는 사업장 (청소
  년활동기획업소)
- 대중문화예술기획업자가 대중문화예술기획업 중 대중문화예술인
  에 대한 훈련·지도·상담 등을 하는 영업장(대중문화예술기획업소)

- 청소년게임제공업을 하는 시설 등
- 노래연습장업(청소년실을 갖춘 노래연습장업)을 하는 시설 등
- 가정을 방문하거나 아동·청소년이 찾아오는 방식 등으로 아동·청소년에게 직접교육서비스를 제공하는 사람을 모집하거나 채용하는 사업장(아동·청소년에게 직접교육서비스를 제공하는 사람에 한함)
- 특수교육지원센터 및 특수교육 관련서비스를 제공하는 기관·단체
- 공공시설 중 아동·청소년이 이용하는 시설로서 행정안전부장관이 지정하는 공공시설
- 교육기관 중 아동·청소년을 대상으로 하는 교육기관
- 「어린이 식생활안전관리 특별법」 제21조제1항의 어린이급식관리 지원센터

■ 성범죄 전과자의 취업이 제한되는 곳은 어디인가요?

(질문)
얼마 전 성인대상 성범죄자에 대한 신상정보 고지서를 받아보았습니다. 그런데 옆 아파트에서 청소하는 사람인 것 같았습니다. 아파트처럼 어린이와 여자가 많은 곳에 성범죄자를 고용해도 되는 건가요?

(답변)
성폭력 예방을 위해 성범죄자의 취업을 제한하는 곳 중 공동주택의 관리사무소가 있기는 합니다. 그러나 그 관리사무소의 경비업무에만 취업이 제한되므로 청소부로 취업을 하는 것은 제한을 받지 않습니다.
기본적으로 전과자의 재범을 방지하고 다시 사회의 일원으로 복귀해 살아가기 위해서는 직업이 필요하므로 전과자의 취업은 중요합니다. 그러나 성범죄의 경우에는 재범의 대상이 될 우려가 있는 특정인에 대한 접근을 금지하는 것도 예방을 위해서 꼭 필요하기 때문에 학교, 아동시설, 공동주택의 관리사무소(경비업무), 의료기관, 노래연습장, 청소년게임제

> 공업장 등의 시설에는 취업할 수 없도록 법률로 제한하고 있습니다(규제「아동·청소년의 성보호에 관한 법률」제56조제1항 및 규제「아동·청소년의 성보호에 관한 법률 시행령」제24조제1항 참조).
> 하지만 과도한 제한은 또 다른 범죄를 양산할 수 있기 때문에 법률에 규정된 직업 외의 취업까지도 제한할 수 없음을 이해해 주시기 바랍니다.

4. 성범죄 전과자의 취업제한을 위한 점검

4-1. 취업제한기관 운영자의 의무

① 아동·청소년 관련 기관의 장은 그 기관에 취업 중이거나 사실상 노무를 제공 중인 사람 또는 취업하려고 하거나 사실상 노무를 제공하려는 사람(이하 "취업자등"이라 함)에 대해 성범죄 경력을 확인해야 하며, 이 경우 본인의 동의를 받아 관계 기관의 장에게 성범죄 경력 조회를 요청해야 합니다(「아동·청소년의 성보호에 관한 법률」제56조 제5항 본문).

② 취업자등이 성범죄 경력 조회 회신서를 아동·청소년 관련기관등의 장에게 직접 제출한 경우에는 성범죄 경력 조회를 한 것으로 봅니다(「아동·청소년의 성보호에 관한 법률」제56조 제5항 단서).

4-2. 정부의 의무

① 취업제한기관 운영자에 대한 성범죄 경력조회

아동·청소년 관련기관등의 설치 또는 설립 인가·신고를 관할하는 지방자치단체의 장, 교육감 또는 교육장은 아동청소년 관련기관등을 운영하려는 사람의 성범죄 경력 조회를 경찰관서의 장에게 요청해야 합니다(「아동·청소년의 성보호에 관한 법률」제56조 제4항 본문).

② 취업제한기관 종사자에 대한 성범죄 경력 점검 및 확인

　　다음에 해당하는 기관은 그 구분에 따라 성범죄로 취업제한 명령을 선고받은 사람이 아동·청소년 관련기관등을 운영하거나 아동·청소년 관련기관등에 취업 또는 사실상 노무를 제공하고 있는지를 직접 또는 관계 기관 조회 등의 방법으로 연 1회 이상 점검확인해야 합니다(「아동·청소년의 성보호에 관한 법률」 제57조제1항 내지 제4항).

- 교육부장관 : 학교
- 행정안전부장관 : 공공시설
- 여성가족부장관 : 청소년보호·재활센터, 학교 밖 청소년 지원센터
- 지방식품의약품안전청장 : 어린이 급식관리 지원센터
- 시·도경찰청장 : 경비업을 행하는 법인
- 특별시장·광역시장·특별자치시장·도지사·특별자치도지사 또는 시장·군수·구청장(자치구의 구청장) : 청소년활동시설, 청소년상담복지센터, 어린이집, 아동복지시설 및 통합서비스 수행기관, 청소년지원시설 및 성매매피해상담소, 공공주택의 관리사무소, 체육시설, 의료기관, 인터넷컴퓨터게임시설제공업 또는 복합유통게임제공업을 하는 사업장, 청소년활동기획업소, 대중문화예술기획업소, 아동·청소년의 고용 또는 출입이 허용되는 시설등으로서 대통령령으로 정하는 유형의 시설 등, 가정방문 등 학습교사 사업장(다만, 관계 중앙행정기관이 설치하여 운영하는 아동·청소년 관련기관 등은 제외)
- 교육감 : 유치원, 위탁 교육기관, 학생상담지원시설 및 위탁시설, 국제학교, 학원·교습소 및 개인과외교습자, 특수교육지원센터 및 특수교육 관련서비스를 제공하는 기관·단체, 아동·청소년을 대상으로 하는 교육기관

③ 확인결과의 공개

　성범죄 경력을 점검하고 확인해야 하는 기관의 장은 점검·확인 결과를 그 점검·확인이 끝난 날부터 2개월 이내에 여성가족부장관이 구축·운영하는 "성범죄자알림e"사이트에 공개해야 하고, 공개기간은 3개월이상입니다(「아동·청소년의 성보호에 관한 법률 시행령」 제27조 제1항).

5. 성범죄 전과자의 해임 – 취업제한기관 종사자에 대한 해임요구 등

① 성범죄 경력을 점검하고 확인해야 하는 기관의 장은 취업제한 기간 중에 아동·청소년 관련기관등에 취업하거나 사실상 노무를 제공하고 있는 사람이 있으면 아동청소년 관련기관등의 장에게 그의 해임을 요구할 수 있습니다(「아동·청소년의 성보호에 관한 법률」 제58조제1항).

② 각 점검 및 확인 기관의 장은 「아동·청소년의 성보호에 관한 법률」 제56조 제1항에 따른 취업제한 기간 중에 아동·청소년 관련기관등을 운영 중인 아동·청소년 관련기관등의 장에게 운영 중인 아동·청소년 관련기관등의 폐쇄를 요구할 수 있습니다(「아동·청소년의 성보호에 관한 법률」 제58조 제2항).

③ 각 점검 및 확인 기관의 장은 아동·청소년 관련 기관의 장이 폐쇄요구를 정당한 사유 없이 거부하거나 1개월 이내에 요구사항을 이행하지 않을 경우 설립 인가 등을 관할하는 지방자치단체의 장에게 해당 아동·청소년 관련기관등의 폐쇄, 등록 허가 등의 취소를 요구할 수 있습니다(「아동·청소년의 성보호에 관한 법률」 제58조 제3항).

■ **아파트처럼 어린이와 여자가 많은 곳에 성범죄자를 고용해도 되는 건가요?**

(질문)
얼마 전 성인대상 성범죄자에 대한 신상정보 고지서를 받아보았습니다. 그런데 옆 아파트에서 청소하는 사람인 것 같았습니다. 아파트처럼 어린이와 여자가 많은 곳에 성범죄자를 고용해도 되는 건가요?

(답변)
관리사무소의 경비업무에만 취업이 제한되므로 청소부로 취업을 하는 것은 제한을 받지 않습니다.

◇ **성범죄 전과자의 취업제한**

① 기본적으로 전과자의 재범을 방지하고 다시 사회의 일원으로 복귀해 살아가기 위해서는 직업이 필요하므로 전과자의 취업은 중요합니다.

② 그러나 성범죄의 경우에는 재범의 대상이 될 우려가 있는 특정인에 대한 접근을 금지하는 것도 예방을 위해서 꼭 필요하기 때문에 취업제한 대상 전과자는 가정을 방문해 아동·청소년에게 직접교육서비스를 제공하는 업무에 종사할 수 없으며 유치원, 학교, 학원, 어린이집 등의 시설·기관 또는 사업장을 운영하거나 아동·청소년 관련 기관 등에 취업 또는 사실상 노무를 제공할 수 없습니다.

6. 성충동 약물치료

6-1. 성충동 약물치료 대상

① 사람에 대해 다음의 범죄를 저지른 성도착증 환자로서 성폭력범죄를 다시 범할 위험성이 있다고 인정되는 경우 성폭력범죄의 재범을 방지하기 위해 성충동 약물치료를 실시합니다 (「성폭력범죄자의 성충동 약물치료에 관한 법률」 제1조 및 제2조제2호).

1. 「아동·청소년의 성보호에 관한 법률」 제7조(아동·청소년에 대

한 강간·강제추행 등)부터 제10조(강간 등 살인·치사)까지 의 죄

2. 「성폭력범죄의 처벌 등에 관한 특례법」 제3조(특수강도강간 등)부터 제13조(통신매체를 이용한 음란행위)까지의 죄 및 제15조(미수범)의 죄(제3조부터 제9조까지의 미수범만을 말함)

3. 「형법」 제297조(강간)·제297조의2(유사강간)·제298조(강제추행)·제299조(준강간, 준강제추행)·제300조(미수범)·제301조 (강간등 상해·치상)·제301조의2(강간등 살인·치사)·제302조(미성년자등에 대한 간음)·제303조(업무상위력등에 의한 간음)·제305조(미성년자에 대한 간음, 추행)·제339조(강도강간), 제340조(해상강도)제3항(사람을 강간한 죄만을 말함) 및 제342조(미수범)의 죄(제339조 및 제340조제3항 중 사람을 강간한 죄의 미수범만을 말함)

4. 1.부터 3.까지의 죄로서 다른 법률에 따라 가중 처벌되는 죄

② "성도착증 환자"란 소아성기호증(小兒性嗜好症), 성적가학증(性的加虐症) 등 성적 성벽(性癖)이 있는 정신성적 장애자로서 금고 이상의 형에 해당하는 성폭력범죄를 지은 사람(「치료감호 등에 관한 법률」 제2조 제1항 제3호) 및 정신건강의학과 전문의의 감정에 의하여 성적 이상 습벽으로 인하여 자신의 행위를 스스로 통제할 수 없다고 판명된 사람을 말합니다(「성폭력범죄자의 성충동 약물치료에 관한 법률」 제2조제1호).

③ "성충동 약물치료"란 비정상적인 성적 충동이나 욕구를 억제하기 위한 조치로서 성도착증 환자에게 약물 투여 및 심리치료 등의 방법으로 도착적인 성기능을 일정기간 동안 약화 또는 정상화하는 치료를 말합니다(「성폭력범죄자의 성충동 약

물치료에 관한 법률」 제2조 제3호).

6-2. 성폭력 범죄자에 대한 약물치료

① 약물치료명령

성충동 약물치료는 판결로써 명령합니다(「성폭력범죄자의 성충동 약물치료에 관한 법률」 제8조 제1항 참조).

② 약물치료시기

약물치료 시기는 성폭력 전과자의 형 집행이 종료되거나 면제·가석방 또는 치료감호의 집행이 종료·가종료 또는 치료위탁 등으로 석방되기 전 2개월 이내입니다(「성폭력범죄자의 성충동 약물치료에 관한 법률」 제14조 제3항).

③ 약물치료의 집행

약물치료는 보호관찰관이 치료명령을 받은 사람에게 집행합니다(「성폭력범죄자의 성충동 약물치료에 관한 법률」 제14조 제3항).

④ 약물치료를 받는 사람의 의무

치료명령을 받은 사람은 치료기간 중 상쇄약물의 투약 등의 방법으로 치료의 효과를 방해해서는 안 됩니다(「성폭력범죄자의 성충동 약물치료에 관한 법률」 제15조제1항).

⑤ 약물치료를 받아야 하는 사람이 도주하거나 정당한 사유 없이 의무를 위반한 경우에는 7년 이하의 징역 또는 2천만원 이하의 벌금에 처해 집니다(「성폭력범죄자의 성충동 약물치료에 관한 법률」 제35조 제1항).

PART B.
아동·청소년 성보호법과
관련판례

제1장 총칙

■ **관련판례 1**

【판시사항】

구 아동·청소년의 성보호에 관한 법률 제2조 제5호에서 정한 '아동·청소년으로 인식될 수 있는 사람'의 의미

【이 유】

상고이유를 판단한다.

1. 형벌법규의 해석은 엄격하여야 하고, 명문의 형벌법규의 의미를 피고인에게 불리한 방향으로 지나치게 확장해석거나 유추해석하는 것은 죄형법정주의의 원칙에 비추어 허용되지 않는다*(대법원 2011. 8. 25. 선고 2011도 7725 판결 등 참조).*

  한편 구 아동·청소년의 성보호에 관한 법률(2012. 12. 18. 법률 제11572호로 전부 개정되기 전의 것, 이하 '아청법'이라 한다)은 아동·청소년대상 성범죄의 처벌과 절차에 관한 특례를 규정하고 피해아동·청소년을 위한 구제 및 지원절차를 마련하며 아동·청소년대상 성범죄자를 체계적으로 관리함으로써 아동·청소년을 성범죄로부터 보호하고 아동·청소년이 건강한 사회구성원으로 성장할 수 있도록 함을 목적으로 하여 제정된 법률로서(제1조), 제2조 제1호에서 "아동·청소년은 19세 미만의 자를 말

한다. 다만, 19세에 도달하는 해의 1월 1일을 맞이한 자는 제외한다"고 규정하고, 제2조 제5호에서 "아동·청소년이용음란물은 아동·청소년 또는 아동·청소년으로 인식될 수 있는 사람이나 표현물이 등장하여 성교 행위 등 제2조 제4호의 어느 하나에 해당하는 행위를 하거나 그 밖의 성적 행위를 하는 내용을 표현하는 것으로서 필름·비디오물·게임물 또는 컴퓨터나 그 밖의 통신매체를 통한 화상·영상 등의 형태로 된 것을 말한다"고 규정하는 한편, 제8조 제4항에서 아동·청소년이용음란물을 배포하거나 공연히 전시 또는 상영한 자는 3년 이하의 징역 또는 2,000만 원 이하의 벌금에 처하도록 규정하고 있다.

위와 같은 아청법의 관련 규정 및 입법취지 등을 앞에서 본 형벌법규의 해석에 관한 법리에 비추어 보면, 아청법 제2조 제5호에서 규정하고 있는 '아동·청소년으로 인식될 수 있는 사람'은 '아동·청소년'과 대등한 개념으로서 그와 동일한 법적 평가를 받을 수 있는 사람을 의미하며, 따라서 해당 음란물의 내용과 함께 등장인물의 외모와 신체발육 상태, 영상물의 출처 및 제작 경위 등을 종합적으로 고려하여 사회 평균인의 입장에서 건전한 사회통념에 따라 객관적이고 규범적으로 평가할 때 명백하게 아동·청소년으로 인식될 수 있는 사람을 뜻한다고 해석함이 타당하다.

2. 원심판결 이유와 기록에 의하면, 원심 판시 이 사건 동영상의 파일명은 'Japan school girl.mpg'이고, 이 사건 동영상 중 일부를 캡처한 사진들에는 교복으로 보이는 옷을 입은 여성이 자신의 성기를 만지고 있는 모습 등이 나타나 있으나, 다른 한편 위 사진 속에 등장하는 여성의 외모나 신체발육 상태 등에 비추어 위 여성을 아청법에서 정한 아동·청소년으로 단정하기는 어려워 보인다. 이러한 사실관계를 앞서 본 법리에 비추어 살펴보면, 이 사건 동영상에 명백하게 아동·청소년으로 인식될 수 있는 사람이 등장한다고 보기 어려우므로, 이 사건 동영상을 아동·청소년이용음란물에 해당한다고 단정할 수 없다.

그럼에도 원심은, 아청법에서 정한 '아동·청소년으로 인식될 수 있는 사람'에 관하여 앞서 본 법리와 다른 전제 아래, 판시와 같은 이유만을 들어 이 사건 동영상이 아동·청소년이용음란물에 해당된다고 판단하였다. 따라서 이러한 원심의 판단에는 아청법에서의 아동·청소년이용음란물에 관한 법리를 오해하여 필요한 심리를 다하지 아니함으로써 판결에 영향을 미친 위법이 있다.

3. 원심판결 중 아청법 위반(음란물제작·배포등) 부분은 파기되어야 하는데, 원심이 유지한 제1심판결은 이 부분이 유죄로 인정된 나머지 범죄사실과 형법 제37조 전단의 경합범 관계에 있다는 이유로 하나의 형을 선고하였으므로, 나머지 상고이유에 관하여 판단할 필요 없이 원심판결은 전부 파기를 면할 수 없다.

4. 그러므로 나머지 상고이유에 대한 판단을 생략하고 원심판결을 파기하며, 사건을 다시 심리·판단하게 하기 위하여 원심법원에 환송하기로 하여, 관여 대법관의 일치된 의견으로 주문과 같이 판결한다[대법원 2014. 9. 26., 선고, 2013도12607, 판결].

■ 관련판례 2

【판시사항】

구 아동·청소년의 성보호에 관한 법률 제2조 제5호의 '아동·청소년으로 인식될 수 있는 사람이 등장하는 아동·청소년이용음란물'에 해당하는지 판단하는 기준

【이 유】

상고이유를 판단한다.

구 아동·청소년의 성보호에 관한 법률(2012. 12. 18. 법률 제11572호로 전부 개정되기 전의 것, 이하 '구 아청법'이라 한다) 제2조 제1호는 "아동·청소년은 19세 미만의 자를 말한다. 다만, 19세에 도달하는 해의 1월 1일을 맞이한 자는 제외한다."라고 규정하고, 같은 법 제2조 제5호에서 "아동·청소년이용음란물"을 '아동·청소년 또는 아동·청소년으로 인식될 수 있는 사람이나 표현물이 등장하여 제4호의 어느 하나에 해당하는 행위를 하거나

그 밖의 성적 행위를 하는 내용을 표현하는 것으로서 필름·비디오물·게임물 또는 컴퓨터나 그 밖의 통신매체를 통한 화상·영상 등의 형태로 된 것'으로 정의하면서, 위 법 제8조 제4항에서 아동·청소년이용음란물을 배포하거나 공연히 전시 또는 상영한 자는 3년 이하의 징역 또는 2천만 원 이하의 벌금에 처하도록 규정하고 있다.

그런데 ① 국가형벌권의 자의적인 행사로부터 개인의 자유와 권리를 보호하기 위하여 형벌법규는 엄격히 해석되어야 하고 명문의 형벌 법규의 의미를 피고인에게 불리한 방향으로 지나치게 확장해석하거나 유추해석하는 것은 죄형법정주의 원칙에 어긋나는 것으로 허용되지 않는 점, ② 구 아청법 제2조 제5호의 아동·청소년이용음란물 정의 규정 중 '아동·청소년으로 인식될 수 있는 사람이나 표현물'이라는 문언이 다소 모호한 측면이 있고, 일선 수사기관의 자의적 판정으로 뜻하지 않게 처벌의 범위가 지나치게 넓어질 우려가 있게 되자, 그 의미를 분명히 하기 위해서 2012. 12. 18. 법률 제11572호로 구 아청법을 개정하면서 '명백하게'라는 문구를 추가하여 '아동·청소년으로 명백하게 인식될 수 있는 사람이나 표현물'이라고 규정한 점 등 구 아청법의 입법 목적과 개정 연혁, 그리고 법 규범의 체계적 구조 등에 비추어 보면, 구 아청법 제2조 제5호의 '아동·청소년으로 인식될 수 있는 사람이 등장하는 아동·청소년이용음란물'이라고 하기 위해서는 그 주된 내용이 아동·청소년의 성교행위 등을 표현하는 것이어야 할 뿐만 아니라, 그 등장인물의 외모나 신체발육 상태, 영상물의 출처나 제작 경위, 등장인물의 신원 등에 대하여 주어진 여러 정보 등을 종합적으로 고려하여 사회 평균인의 시각에서 객관적으로 관찰할 때 외관상 의심의 여지없이 명백하게 아동·청소년으로 인식되는 경우라야 하고, 등장인물이 다소 어려 보인다는 사정만으로 쉽사리 '아동·청소년으로 인식될 수 있는 사람이 등장하는 아동·청소년이용음란물'이라고 단정해서는 아니 된다.

원심은, 이 사건 공소사실 중 피고인이 2012. 10. 16.부터 2013. 4. 9.까지 불특정 다수의 고객으로 하여금 공소외인 등이 관리하는 'DNG 음란물 서버'에 접속할 수 있게 하는 방법으로 '원조교제 로리 여학생' 등이라는 제목의 아동·청소년이용음란물인 이 사건 각 동영상을 공연히 전시 또는 상영하였다는 부분에 대하여, 이 사건 각 동영상의 제목이 등장인물이 아동·청소년인 것과 같은 인상을 주고, 일부 장면에 교복 등 통상 아동·청소년이 착용하는 의복을 입고 등장하는 사실 등은 인정되나, 이 사건 각 동영상의 제목과 특정 장면을 캡처한 10장 미만씩의 사진만으로는 이 사건 각 동영상에 등장하는 인물이 아동·또는 청소년으로 명백히 인식될 수 있는 사람이라는 점에 대한 증명이 부족하여 위 각 동영상이 구 아청법 제2조 제5호 소정의 "아동·청소년이용음란물"이라고 볼 수 없다는 취지로 판단한 다음, 제1심판결을 파기하고 위 공소사실에 대하여는 무죄를 선고하였다.

원심판결의 이유를 원심이 적법하게 채택한 증거에 비추어 살펴보면, 원심의 위와 같은 판단은 앞서 본 위 법리에 따른 것으로 정당하고, 거기에 상고이유의 주장과 같이 구 아청법 제2조 제5호 소정의 "아동·청소년이용음란물"에 관한 법리를 오해하거나 논리와 경험의 법칙을 위반하고, 자유심증주의의 한계를 벗어나 사실을 인정한 잘못이 없다.

그러므로 상고를 기각하기로 하여 관여 대법관의 일치된 의견으로 주문과 같이 판결한다*[대법원 2014. 9. 25., 선고, 2014도5750, 판결]*.

■ 관련판례 3

【판시사항】

청소년유해업소인 유흥주점의 업주가 종업원을 고용하는 경우 대상자의 연령을 확인하여야 하는 의무의 내용 및 성을 사는 행위를 알선하는 행위를 업으로 하는 자가 알선영업행위를 위하여 아동·청소년인 종업원을 고용하는 경우에도 같은 법리가 적용되는지 여부(적극)

【판결요지】

청소년 보호법의 입법목적 등에 비추어 볼 때, 유흥주점과 같은 청소년유해업소의 업주에게는 청소년 보호를 위하여 청소년을 당해 업소에 고용하여서는 아니 될 매우 엄중한 책임이 부여되어 있으므로, 유흥주점의 업주가 당해 유흥업소에 종업원을 고용하는 경우에는 주민등록증이나 이에 유사한 정도로 연령에 관한 공적 증명력이 있는 증거에 의하여 대상자의 연령을 확인하여야 한다. 만일 대상자가 제시한 주민등록증상의 사진과 실물이 다르다는 의심이 들면 청소년이 자신의 신분과 연령을 감추고 유흥업소 취업을 감행하는 사례가 적지 않은 유흥업계의 취약한 고용실태 등에 비추어 볼 때, 업주로서는 주민등록증상의 사진과 실물을 자세히 대조하거나 주민등록증상의 주소 또는 주민등록번호를 외워보도록 하는 등 추가적인 연령확인조치를 취하여야 하고, 대상자가 신분증을 분실하였다는 사유로 연령 확인에 응하지 아니하는 등 고용대상자의 연령확인이 당장 용이하지 아니한 경우라면 대상자의 연령을 공적 증명에 의하여 확실히 확인할 수 있는 때까지 채용을 보류하거나 거부하여야 할 의무가 있다. 이러한 법리는, 성매매와 성폭력행위의 대상이 된 아동·청소년의 보호·구제를 목적으로 하는 아동·청소년의 성보호에 관한 법률의 입법취지 등에 비추어 볼 때, 성을 사는 행위를 알선하는 행위를 업으로 하는 자가 알선영업행위를 위하여 아동·청소년인 종업원을 고용하는 경우에도 마찬가지로 적용된다고 보아야 한다. 따라서 성을 사는 행위를 알선하는 행위를 업으로 하는 자가 성매매알선을 위한 종업원을 고용하면서 고용대상자에 대하여 아동·청소년의 보호를 위한 위와 같은 연령확인의무의 이행을 다하지 아니한 채 아동·청소년을 고용하였다면, 특별한 사정이 없는 한 적어도 아동·청소년의 성을 사는 행위의 알선에 관한 미필적 고의는 인정된다고 봄이 타당하다[대법원 2014. 7. 10., 선고, 2014도5173, 판결].

■ **관련판례 4**

【판시사항】

[1] 아동·청소년의 성보호에 관한 법률상 '아동·청소년이용음란물'의 요건 중 '아동·청소년으로 인식될 수 있는 사람이나 표현물'에 해당하는지 판단하는 기준

[2] 피고인들이 교복을 입은 여학생이 남성과 성행위를 하는 내용 등의 동영상을 인터넷 사이트에 업로드함으로써 영리를 목적으로 아동·청소년

이용음란물을 판매·대여·배포하거나 공연히 전시 또는 상영하였다고 하여 아동·청소년의 성보호에 관한 법률 위반으로 기소된 사안에서, 위동영상은 학생으로 연출된 사람이 성행위를 하는 것을 내용으로 하고 있어 '아동·청소년으로 인식될 수 있는 사람'이 등장하는 '아동·청소년 이용음란물'에 해당한다고 보아야 하고, 해당 인물이 실제 성인이라고 하여 달리 볼 수 없다는 이유로 유죄를 선고한 사례

【판결요지】

[1] 아동·청소년의 성보호에 관한 법률 제1조,제2조 제1호, 제5호, 제3조와 입법 과정에 비추어 보면, '아동·청소년으로 인식될 수 있는 사람이나 표현물'에 해당하는지는 '음란물의 내용'을 기준으로 음란물에서 묘사된 구체적 상황, 표현 방식 등을 고려하여 일반인이 해당 인물이나 표현물을 아동·청소년으로 인식할 수 있는지에 따라 판별하여야 하고, 이와 달리 음란물의 내용은 감안하지 않은 채 오로지 해당 인물이나 표현물을 아동·청소년으로 오인할 가능성이 있는지에 따라 판단하는 것으로 제한하여 해석할 수 없다.

[2] 피고인들이 교복을 입은 여학생이 남성과 성행위를 하는 내용 등의 동영상 32건을 인터넷 사이트 게시판에 업로드하여 불특정 다수의 사람들이 이를 다운로드받을 수 있도록 함으로써 영리를 목적으로 아동·청소년이용음란물을 판매·대여·배포하거나 공연히 전시 또는 상영하였다고 하여 아동·청소년의 성보호에 관한 법률 위반으로 기소된 사안에서, 위 동영상은 모두 교실과 대중교통수단 등의 장소에서 체육복 또는 교복을 입었거나 가정교사로부터 수업을 받는 등 학생으로 연출된 사람이 성행위를 하는 것을 내용으로 하고 있어 '아동·청소년으로 인식될 수 있는 사람'이 등장하는 '아동·청소년이용음란물'에 해당한다고 보아야 하고, 해당 인물이 실제 성인으로 알려져 있다고 하여 달리 볼 수 없다는 이유로 유죄를 선고한 사례*[수원지법 2013. 2. 20., 선고, 2012고단 3926,4943, 판결 : 항소].*

제2조(정의)

이 법에서 사용하는 용어의 뜻은 다음과 같다. *(개정 2012. 12. 18., 2014. 1. 28., 2018. 1. 16., 2020. 5. 19., 2020. 6. 2., 2021. 3. 23.)*

1. "아동·청소년"이란 19세 미만의 자를 말한다. 다만, 19세에 도달하는 연도의 1월 1일을 맞이한 자는 제외한다.

2. "아동·청소년대상 성범죄"란 다음 각 목의 어느 하나에 해당하는 죄를 말한다.

    가. 제7조, 제7조의2, 제8조, 제8조의2, 제9조부터 제15조까지 및 제15조의2의 죄

    나. 아동·청소년에 대한 「성폭력범죄의 처벌 등에 관한 특례법」 제3조부터 제15조까지의 죄

    다. 아동·청소년에 대한 「형법」 제297조, 제297조의2 및 제298조부터 제301조까지, 제301조의2, 제302조, 제303조, 제305조, 제339조 및 제342조(제339조의 미수범에 한정한다)의 죄

    라. 아동·청소년에 대한 「아동복지법」 제17조제2호의 죄

3. "아동·청소년대상 성폭력범죄"란 아동·청소년대상 성범죄에서 제11조부터 제15조까지 및 제15조의2의 죄를 제외한 죄를 말한다.

3의2. "성인대상 성범죄"란 「성폭력범죄의 처벌 등에 관한 특례법」 제2조에 따른 성폭력범죄를 말한다. 다만, 아동·청소년에 대한 「형법」 제302조 및 제305조의 죄는 제외한다.

4. "아동·청소년의 성을 사는 행위"란 아동·청소년, 아동·청소년의 성(性)을 사는 행위를 알선한 자 또는 아동·청소년을 실질적으로 보호·감독하는 자 등에게 금품이나 그 밖의 재산상 이익, 직무·편의제공 등 대가를 제공하거나 약속하고 다음 각 목의 어느 하나에 해당하는 행위를 아동·청소년을 대상으로 하거나 아동·청소년으로 하여금 하게 하는 것을 말한다.

    가. 성교 행위

    나. 구강·항문 등 신체의 일부나 도구를 이용한 유사 성교 행위

다. 신체의 전부 또는 일부를 접촉 · 노출하는 행위로서 일반인의 성적 수치심이나 혐오감을 일으키는 행위

라. 자위 행위

5. "아동 · 청소년성착취물"이란 아동 · 청소년 또는 아동 · 청소년으로 명백하게 인식될 수 있는 사람이나 표현물이 등장하여 제4호 각 목의 어느 하나에 해당하는 행위를 하거나 그 밖의 성적 행위를 하는 내용을 표현하는 것으로서 필름 · 비디오물 · 게임물 또는 컴퓨터나 그 밖의 통신매체를 통한 화상 · 영상 등의 형태로 된 것을 말한다.

6. "피해아동 · 청소년"이란 제2호나목부터 라목까지, 제7조, 제7조의2, 제8조, 제8조의2, 제9조부터 제15조까지 및 제15조의2의 죄의 피해자가 된 아동 · 청소년(제13조제1항의 죄의 상대방이 된 아동 · 청소년을 포함한다)을 말한다.

6의2. "성매매 피해아동 · 청소년"이란 피해아동 · 청소년 중 제13조제1항의 죄의 상대방 또는 제13조제2항 · 제14조 · 제15조의 죄의 피해자가 된 아동 · 청소년을 말한다.

7. 삭제 *(2020. 5. 19.)*

8. 삭제 *(2020. 6. 9.)*

9. "등록정보"란 법무부장관이 「성폭력범죄의 처벌 등에 관한 특례법」 제42조제1항의 등록대상자에 대하여 같은 법 제44조제1항에 따라 등록한 정보를 말한다.

■ **관련판례 1**

【판시사항】

아동 · 청소년의 성보호에 관한 법률 제2조 제5호의 의미와 규정 취지

【판결요지】

아동 · 청소년의 성보호에 관한 법률 제2조 제5호는 종전의 '아동 · 청소년이용음란물'을 '아동 · 청소년성착취물'로 규정함으로써 아동 · 청소년을 대상으로 하는 음란물은 그 자체로 아동 · 청소년에 대한 성착취, 성학대를 의미하는

것임을 명확히 하고 있다.

또한 실제의 아동·청소년뿐만 아니라 '아동·청소년으로 인식될 수 있는 사람이나 표현물'이 등장하는 경우도 아동·청소년성착취물에 포함되는바, 그 이유는 실제 아동·청소년인지와 상관없이 아동·청소년이 성적 행위를 하는 것으로 묘사하는 각종 매체물의 시청이 아동·청소년을 상대로 한 성범죄를 유발할 수 있다는 점을 고려하여 잠재적 성범죄로부터 아동·청소년을 보호하려는데 있다. 가상의 표현물이라 하더라도 아동·청소년을 성적 대상으로 하는 표현물의 지속적 접촉은 아동·청소년의 성에 대한 왜곡된 인식과 비정상적 태도를 형성하게 할 수 있고, 또한 아동·청소년을 상대로 한 성범죄로 이어질 수 있다는 점을 부인하기 어렵다*[대법원 2021. 11. 25., 선고, 2021두46421, 판결].*

■ 관련판례 2

【판시사항】

[1] 아동 · 청소년의 성보호에 관한 법률이 특별히 아동 · 청소년을 타인의 성적 침해 또는 착취행위로부터 보호하고자 하는 이유

[2] 피고인이 자신의 집에서 아동 · 청소년인 甲(여, 14세)을 반항하지 못하게 억압한 후 간음하고, 다음 날 같은 장소에서 전날 일에 대한 사과를 받으러 온 甲에게 성관계를 요구하였다가 甲이 이를 거부하자 다시 甲을 폭행하는 등 반항하지 못하게 한 후 간음하였다고 하여 아동 · 청소년의 성보호에 관한 법률 위반(강간)으로 기소된 사안에서, 甲이 전날 강간을 당한 후 다음 날 스스로 피고인의 집에 찾아갔더라도 그러한 甲의 행위가 甲 진술의 신빙성을 배척할 사정이 되지는 못한다는 이유로, 범행 후 甲의 일부 언행을 문제 삼아 피해자다움이 결여되었다는 등의 이유로 甲 진술 전체의 신빙성을 다투는 피고인의 주장을 배척하고 유죄를 인정한 원심판단이 정당하다고 한 사례

【이 유】

상고이유를 판단한다.

1. 가. 아동·청소년의 성보호에 관한 법률 제2조 제1호는 '아동·청소년'
이란 19세 미만의 자(다만 19세에 도달하는 연도의 1. 1.을 맞이한
자는 제외한다)를 말한다고 정의하고, 제7조 제1항은 폭행 또는 협
박으로 아동·청소년을 강간한 사람은 무기징역 또는 5년 이상의 유
기징역에 처한다고 규정한다.

위 법이 특별히 아동·청소년을 보호하고자 하는 이유는, 아동·청
소년은 사회적·문화적 제약 등으로 아직 온전한 자기결정권을 행사
하기 어려울 뿐만 아니라, 인지적·심리적·관계적 자원의 부족으로
타인의 성적 침해 또는 착취행위로부터 자신을 방어하기 어려운 처
지에 있기 때문이다. 또한 아동·청소년은 성적 가치관을 형성하고
성 건강을 완성해가는 과정에 있으므로 아동·청소년에 대한 성적
침해 또는 착취행위는 아동·청소년이 성과 관련한 정신적·신체적
건강을 추구하고 자율적 인격을 형성·발전시키는 데에 심각하고 지
속적인 부정적 영향을 미칠 수 있다(대법원 2020. 8. 27. 선고
2015도9436 전원합의체 판결 참조).

나. 이 사건 공소사실 중 피해자 공소외인(가명, 여, 14세)에 대한 아동
·청소년의 성보호에 관한 법률 위반(강간)은, 피고인이 2018. 1.
26. 피고인의 주거지에서 피해자의 어깨를 잡아 눕히고, 팔과 무릎
등으로 피해자의 어깨와 팔 부위를 눌러 움직이지 못하게 하는 등
피해자로 하여금 반항하지 못하게 한 후 간음하고, 그 다음 날 같은
장소에서, 전날 일에 대한 사과를 받으러 온 피해자에게 성관계를 요
구하였으나 피해자가 이를 거부하자 다시 피해자의 뺨을 때리고 어깨
를 잡아 눕힌 다음 온몸으로 피해자를 눌러 움직이지 못하게 하는
등 피해자로 하여금 반항하지 못하게 한 후 간음하였다는 것이다.

다. 피고인은 이에 대하여 2018. 1. 26. 피해자와 합의하에 1회 성관계
를 가졌을 뿐이고, 2018. 1. 27.에는 피해자를 만난 적도 없다고 주
장하면서, 특히 전날 심각한 폭행 후 강간을 당하였다는 피해자가 사
과를 받기 위해 혼자 피고인을 찾아가 피고인만 있는 집 안으로 들어

가 다시 강간을 당하였다는 진술을 납득하기 어렵다고 주장하였다.

라. 원심은 이에 대하여 다음과 같이 판단하였다.

피해자가 피고인으로부터 강간을 당한 후 다음 날 혼자서 다시 피고 인의 집을 찾아간 것이 일반적인 평균인의 경험칙이나 통념에 비추어 범죄 피해자로서는 취하지 않았을 특이하고 이례적인 행태로 보인다 고 하더라도, 그로 인하여 곧바로 피해자의 진술에 신빙성이 없다고 단정할 수는 없다. 범죄를 경험한 후 피해자가 보이는 반응과 피해자 가 선택하는 대응 방법은 천차만별인바, 강간을 당한 피해자가 반드 시 가해자나 가해현장을 무서워하며 피하는 것이 마땅하다고는 볼 수 없고, 경우에 따라서는 가해자를 별로 무서워하지 않거나 피하지 않 고 나아가 가해자를 먼저 찾아가는 것도 불가능하다고 볼 수는 없다. 피해자와 피고인의 나이 차이, 범행 이전의 우호적인 관계 등에 비추 어 보면, 피해자로서는 사귀는 사이인 것으로 알았던 피고인이 자신 을 상대로 느닷없이 강간 범행을 한 것에 대해서 의구심을 가지고 그 해명을 듣고 싶어 하는 마음을 가졌던 것으로 보이고, 피해자의 그러한 심리가 성폭력을 당한 여성으로서는 전혀 보일 수 없을 정도 로 이례적이고 납득 불가능한 것이라고 할 수는 없다. 따라서 피해자 가 2018. 1. 26.자 강간을 당한 후 그 다음 날 스스로 피고인의 집 에 찾아갔다고 하더라도, 그러한 피해자의 행위가 피해자 진술의 신 빙성을 배척할 사정이 되지는 못한다는 것이다.

마. 앞서 본 법리와 적법하게 채택한 증거에 비추어 살펴보면, 원심이 위 와 같이 판단하여, 범행 후 피해자의 일부 언행을 문제 삼아 피해자 다움이 결여되었다는 등의 이유로 피해자 진술 전체의 신빙성을 다투 는 피고인의 주장을 배척하고 이 부분 공소사실을 유죄로 판단한 제 1심판결을 그대로 유지한 것은 정당하고, 거기에 논리와 경험의 법칙 을 위반하여 자유심증주의의 한계를 벗어난 잘못이 없다.

2. 형사소송법 제383조 제4호에 의하면 사형, 무기 또는 10년 이상의 징 역이나 금고가 선고된 사건에서만 양형부당을 사유로 한 상고가 허용된

다. 피고인에 대하여 그보다 가벼운 형이 선고된 이 사건에서 형이 너무 무거워 부당하다는 취지의 주장은 적법한 상고이유가 되지 못한다.

3. 그러므로 상고를 기각하기로 하여, 관여 대법관의 일치된 의견으로 주문과 같이 판결한다 [대법원 2020. 9. 7., 선고, 2020도8016, 판결].

■ 관련판례 3

【판시사항】

[1] 아동·청소년의 성보호에 관한 법률 제2조 제5호에서 말하는 '아동·청소년으로 명백하게 인식될 수 있는 표현물'의 의미 및 이에 해당하는지 판단하는 기준

【이 유】

상고이유를 판단한다.

1. 아동·청소년의 성보호에 관한 법률(이하 '청소년성보호법'이라고 한다)의 입법 목적과 개정 연혁, 표현물의 특징 등에 비추어 보면, 청소년성보호법 제2조 제5호에서 말하는 '아동·청소년으로 명백하게 인식될 수 있는 표현물'이란 사회 평균인의 시각에서 객관적으로 보아 명백하게 청소년으로 인식될 수 있는 표현물을 의미하고, 개별적인 사안에서 표현물이 나타내고 있는 인물의 외모와 신체발육에 대한 묘사, 음성 또는 말투, 복장, 상황 설정, 영상물의 배경이나 줄거리 등 여러 사정을 종합적으로 고려하여 신중하게 판단하여야 한다 (대법원 2019. 5. 30. 선고 2015도863 판결, 대법원 2019. 6. 13. 선고 2017도4334 판결 등 참조).

2. 원심판결 이유와 적법하게 채택하여 조사한 증거들, 특히 '닉네임 ○○○ ○○○○○○의 음란물자료', '닉네임 △△△△의 음란물자료'에 의하면, 이 사건 만화 동영상은 교복과 유사한 형태의 복장을 입은 표현물이 등장하여 성교 행위나 유사 성교 행위를 하는 내용을 포함하고 있고, 등장하는 표현물 중 일부의 외모가 상당히 어려 보이게 묘사된 사실을 알 수 있다.

위 사실관계를 앞서 본 법리에 비추어 살펴보면, 비록 이 사건 만화 동영상에 등장하는 일부 표현물의 특정 신체부위가 다소 성숙하게 묘사되어 있다고 하더라도 창작자가 외모나 복장, 배경 및 상황 설정 등으로 이 사건 만화 동영상에 등장하는 표현물에 부여한 특징들을 통해서 창작자가 표현물에 설정한 나이가 19세 미만으로서 사회 평균인의 시각에서 객관적으로 보아 명백하게 청소년으로 인식될 수 있는 표현물에 해당한다고 볼 여지가 있다.

3. 한편 기록에 의하면, 제1심은 수사보고서를 증거로 채택하여 조사하였는데, 위 수사보고는 이 사건 만화 동영상을 재생할 수 있는 파일 등이 저장된 CD(컴퓨터용 디스크)를 제출하여 첨부한다는 내용이고 실제로 CD가 그 보고서에 첨부되어 있다. 그러나 공판조서의 일부인 증거목록에 기재되어 있는 바와 같이 제1심은 위와 같은 CD가 첨부되어 있는 수사보고에 대한 증거조사를 형사소송법 제292조, 제292조의2에서 정한 증거서류나 증거물인 서면에 대한 증거조사 방식에 따라 '제시, 낭독(내용고지, 열람)'의 방법에 의하여 한 것으로 되어 있을 뿐, 형사소송법 제292조의3에서 정한 컴퓨터용 디스크에 대한 증거조사 방식에 따라 증거조사를 하지는 않았음이 명백하다.

나아가 원심은 제1심이 적법하게 채택하여 조사한 증거들에 의하여 이 사건 만화 동영상이 청소년성보호법 제2조 제5호의 아동·청소년이용음란물에 해당하는지 여부를 판단하여 이에 해당하지 않는다고 보아 검사의 항소이유 주장을 배척하고 주위적 공소사실 부분을 무죄로 판단한 제1심판결을 그대로 유지하였다.

원칙적으로 증거의 채부는 법원의 재량에 의하여 판단할 것이지만, 형사사건의 실체를 규명하는 데 가장 직접적이고 핵심적인 증거는 법정에서 증거조사를 하기 곤란하거나 부적절한 경우 또는 다른 증거에 비추어 굳이 추가 증거조사를 할 필요가 없다는 등 특별한 사정이 없는 한 공개된 법정에서 그 증거방법에 가장 적합한 방식으로 증거조사를 하고, 이를 통해 형성된 유죄·무죄의 심증에 따라 사건의 실체를 규명하는 것이 형사사건을 처리하는 법원이 마땅히 취하여야 할 조치이고, 그것이 우리 형사소송법이 채택한 증거재판주의, 공판중심주의 및 그 한 요소인 실질적 직접심리주의의 정신에도 부합한다고 할 것이다(대법원 2011. 11. 10. 선고 2011도11115 판결 참조).

그렇다면 원심으로서는 위와 같이 이 사건 만화 동영상이 사회 평균인의 시각에서 객관적으로 보아 명백하게 청소년으로 인식될 수 있는 표현물에 해당할 여지가 있는 이상 그에 관하여 가장 관건이 되는 실체를 밝혀줄 수 있는 증거방법으로서 위 만화 동영상을 재생할 수 있는 파일이 저장된 CD에 대하여 적합한 방식에 의한 증거조사를 실시함으로써 위 만화 동영상이 청소년성보호법 제2조 제5호의 아동·청소년이용음란물에 해당하는지 여부를 더 면밀히 심리·판단하였어야 한다.

그런데도 원심은 판시와 같은 이유만을 들어 이 사건 만화 동영상이 아동·청소년이용음란물에 해당하지 않는다고 판단하였으니, 원심의 판단에 필요한 심리를 다하지 아니한 채 청소년성보호법 제2조 제5호의 아동·청소년이용음란물에 관한 법리를 오해하여 판결에 영향을 미친 잘못이 있다. 이를 지적하는 취지의 상고이유 주장은 이유 있다.

4. 원심판결 중 주위적 공소사실 부분은 위와 같은 파기사유가 있어 그대로 유지될 수 없고, 그 부분과 동일체의 관계에 있는 예비적 공소사실도 파기를 면할 수 없다. 또한 원심은 예비적 공소사실 부분과 나머지 유죄 부분이 포괄일죄의 관계에 있다는 이유로 하나의 형을 선고한 제1심을 유지하였으므로, 유죄 부분도 파기를 면할 수 없다. 결국 원심판결 전부가 파기되어야 한다.

그러므로 원심판결을 파기하고, 사건을 다시 심리·판단하도록 원심법원에 환송하기로 하여, 관여 대법관의 일치된 의견으로 주문과 같이 판결한다[대법원 2019. 11. 28., 선고, 2015도12742, 판결].

■ 관련판례 4

【판시사항】

구 아동·청소년의 성보호에 관한 법률 제2조 제5호에서 말하는 '아동·청소년으로 인식될 수 있는 표현물'의 의미와 판단 기준

【판결요지】

구 아동·청소년의 성보호에 관한 법률(2012. 12. 18. 법률 제11572호로 전부 개정되기 전의 것)의 입법 목적과 개정 연혁, 표현물의 특징 등에 비추어 보면, 위 법률 제2조 제5호에서 말하는 '아동·청소년으로 인식될 수 있는 표현물'이란 사회 평균인의 시각에서 객관적으로 보아 명백하게 청소년으로 인식될 수 있는 표현물을 의미하고, 개별적인 사안에서 표현물이 나타내고 있는 인물의 외모와 신체발육에 대한 묘사, 음성 또는 말투, 복장, 상황 설정, 영상물의 배경이나 줄거리 등 여러 사정을 종합적으로 고려하여 신중하게 판단하여야 한다[*대법원 2019. 5. 30., 선고, 2015도863, 판결*].

■ 관련판례 5

【판시사항】

아동·청소년을 이용한 음란물 제작을 처벌하는 이유 및 아동·청소년의 동의가 있다거나 개인적인 소지·보관을 1차적 목적으로 제작하더라도 아동·청소년의 성보호에 관한 법률 제11조 제1항의 '아동·청소년이용음란물의 제작'에 해당하는지 여부(적극) / 직접 아동·청소년의 면전에서 촬영행위를 하지 않았더라도 아동·청소년이용음란물을 만드는 것을 기획하고 타인으로 하여금 촬영행위를 하게 하거나 만드는 과정에서 구체적인 지시를 한 경우, 아동·청소년이용음란물 '제작'에 해당하는지 여부(원칙적 적극)와 그 기수 시기(=촬영을 마쳐 재생이 가능한 형태로 저장된 때) 및 이러한 법리는 아동·청소년으로 하여금 스스로 자신을 대상으로 하는 음란물을 촬영하게 한 경우에도 마찬가지인지 여부(적극)

【판결요지】

아동·청소년의 성보호에 관한 법률(이하 '청소년성보호법'이라 한다)의 입법

목적은 아동·청소년을 대상으로 성적 행위를 한 자를 엄중하게 처벌함으로써 성적 학대나 착취로부터 아동·청소년을 보호하고 아동·청소년이 책임 있고 건강한 사회구성원으로 성장할 수 있도록 하려는 데 있다. 아동·청소년이용음란물은 직접 피해자인 아동·청소년에게는 치유하기 어려운 정신적 상처를 안겨줄 뿐만 아니라, 이를 시청하는 사람들에게까지 성에 대한 왜곡된 인식과 비정상적 가치관을 조장한다. 따라서 아동·청소년을 이용한 음란물 '제작'을 원천적으로 봉쇄하여 아동·청소년을 성적 대상으로 보는 데서 비롯되는 잠재적 성범죄로부터 아동·청소년을 보호할 필요가 있다. 특히 인터넷 등 정보통신매체의 발달로 음란물이 일단 제작되면 제작 후 제작자의 의도와 관계없이 언제라도 무분별하고 무차별적으로 유통에 제공될 가능성이 있다. 이러한 점에 아동·청소년을 이용한 음란물 제작을 처벌하는 이유가 있다. 그러므로 아동·청소년의 동의가 있다거나 개인적인 소지·보관을 1차적 목적으로 제작하더라도 청소년성보호법 제11조 제1항의 '아동·청소년이용음란물의 제작'에 해당한다고 보아야 한다.

피고인이 직접 아동·청소년의 면전에서 촬영행위를 하지 않았더라도 아동·청소년이용음란물을 만드는 것을 기획하고 타인으로 하여금 촬영행위를 하게 하거나 만드는 과정에서 구체적인 지시를 하였다면, 특별한 사정이 없는 한 아동·청소년이용음란물 '제작'에 해당한다. 이러한 촬영을 마쳐 재생이 가능한 형태로 저장이 된 때에 제작은 기수에 이르고 반드시 피고인이 그와 같이 제작된 아동·청소년이용음란물을 재생하거나 피고인의 기기로 재생할 수 있는 상태에 이르러야만 하는 것은 아니다. 이러한 법리는 피고인이 아동·청소년으로 하여금 스스로 자신을 대상으로 하는 음란물을 촬영하게 한 경우에도 마찬가지이다 *[대법원 2018. 9. 13., 선고, 2018도9340, 판결].*

■ **관련판례 6**

【판시사항】

피고인이 아동·청소년인 피해자를 협박하여 스스로 아동·청소년의 성보호에 관한 법률 제2조 제4호의 어느 하나에 해당하는 행위 또는 그 밖의 성적 행위에 해당하는 아동·청소년 자신의 행위를 내용으로 하는 화상·영상 등을 생성하게 하고 이를 인터넷 사이트 운영자의 서버에 저장시켜 피고인의 휴대전화기에서 재생할 수 있도록 한 경우, 간접정범의 형태로 같은 법 제11조 제1항에서 정한 아동·청소년이용음란물을 제작하는 행위에 해당하는지 여부(적극)

【이 유】

상고이유를 판단한다.

1. '아동·청소년이용음란물' 제작에 해당하지 않는다는 상고이유 주장에 대하여 형법 제34조 제1항은 "어느 행위로 인하여 처벌되지 아니하는 자 또는 과실범으로 처벌되는 자를 교사 또는 방조하여 범죄행위의 결과를 발생하게 한 자는 교사 또는 방조의 예에 의하여 처벌한다."라고 규정하고 있다. 따라서 피고인이 아동·청소년인 피해자를 협박하여 스스로 아동·청소년의 성보호에 관한 법률(이하 '청소년성보호법'이라고 한다) 제2조 제4호의 어느 하나에 해당하는 행위 또는 그 밖의 성적 행위에 해당하는 아동·청소년 자신의 행위를 내용으로 하는 화상·영상 등을 생성하게 하고 이를 인터넷 사이트 운영자의 서버에 저장시켜 피고인의 휴대전화기에서 재생할 수 있도록 하였다면, 간접정범의 형태로 청소년성보호법 제11조 제1항에서 정한 아동·청소년이용음란물을 제작하는 행위라고 보아야 한다.

원심은 그 판시와 같은 이유로, 피고인이 아동·청소년인 피해자로 하여금 음란한 동영상을 촬영하게 하고 이를 휴대전화기로 전송받은 피고인의 행위는 아동·청소년이용음란물을 제작하는 행위에 해당한다고 판단하였다.

앞서 본 법리와 기록에 비추어 살펴보면, 원심의 위와 같은 판단에 상고이유 주장과 같이 청소년성보호법 제11조 제1항에서 정한 아동·청소년이용음란물 제작에 관한 법리를 오해한 잘못이 없다.

2. 나머지 상고이유 주장에 대하여

관련 법리와 증거에 의하여 살펴보아도, 그 판시와 같은 이유를 들어 이

사건 공소사실을 유죄로 판단한 원심판결에 상고이유 주장과 같이 논리
와 경험의 법칙을 위반하여 사실을 오인하거나, 청소년성보호법 제2조
제5호에서 정한 '아동·청소년이용음란물'에 관한 법리를 오해한 잘못이
없다[대법원 2018. 1. 25., 선고, 2017도18443, 판결].

■ 관련판례 7

【판시사항】

피고인이 성폭력범죄의 처벌 등에 관한 특례법 위반(통신매체이용음란) 등
공소사실 기재 각 범행을 저지른 범행일이 피해자가 19세에 도달하는 연도의
1월 1일 이후인데도, 원심이 피고인에게 아동·청소년의 성보호에 관한 법률
제21조 제2항, 제4항을 적용하여 수강명령과 사회봉사명령을 병과한 사안에
서, 피고인은 아동·청소년대상 성범죄를 저지른 자에 해당한다고 볼 수 없는
데도 위 규정을 적용한 원심판결에 법리오해의 잘못이 있다고 한 사례

【이 유】

1. 상고이유를 판단한다.

　가. 원심은, 피고인이 아동·청소년의 성보호에 관한 법률(이하 '청소년성
　　　보호법'이라고 한다) 제2조 제1호에서 정한 아동·청소년인 피해자를
　　　상대로 같은 조 제2호에서 정한 아동·청소년대상 성범죄를 저질렀다
　　　고 판단하고, 피고인에게 구 성폭력범죄의 처벌 등에 관한 특례법
　　　(2016. 12. 20. 법률 제14412호로 개정되기 전의 것, 이하 '구 성
　　　폭력처벌법'이라고 한다) 제16조 제2항, 제4항을 적용하여 수강명령
　　　과 사회봉사명령을 병과한 제1심판결에 대하여, 직권으로 그 법령의
　　　적용 중 '구 성폭력처벌법 제16조 제2항, 제4항' 부분을 청소년성보
　　　호법 제21조 제2항, 제4항'으로 경정하였다.

　나. 그러나 청소년성보호법 제2조 제1호에서 "아동·청소년이란 19세 미
　　　만의 자를 말한다. 다만, 19세에 도달하는 연도의 1월 1일을 맞이한
　　　자는 제외한다."라고 규정하고 있고, 기록상 피고인이 이 사건 공소

사실 기재 각 범행을 저지른 범행일이 피해자가 19세에 도달하는 연도의 1월 1일 이후임을 알 수 있으므로, 피고인은 아동·청소년대상 성범죄를 저지른 자에 해당한다고 볼 수 없다.

다. 그런데도 피고인에게 수강명령과 사회봉사명령을 병과함에 있어 청소년성보호법 제21조 제2항, 제4항을 적용한 원심판결에는 청소년성보호법에서 정한 아동·청소년에 관한 법리를 오해하여 판결에 영향을 미친 잘못이 있다.

2. 직권으로 판단한다.

가. 구 성폭력범죄처벌법 제45조 제1항은 법무부장관이 보존·관리하여야 할 모든 신상정보 등록대상자의 등록정보에 관하여 획일적으로 20년의 등록기간을 부과하였으나, 법률 제14412호로 개정·시행된 성폭력범죄의 처벌 등에 관한 특례법(이하 '개정 성폭력처벌법'이라고 한다) 제45조 제1항은 종전의 규정과는 달리 그 등록기간을 신상정보 등록의 원인이 된 성범죄에 대한 선고형에 따라 구분하여, 사형, 무기징역·무기금고형 또는 10년 초과의 징역·금고형을 선고받은 사람은 30년(제1호), 3년 초과 10년 이하의 징역·금고형을 선고받은 사람은 20년(제2호), 3년 이하의 징역·금고형을 선고받은 사람 등은 15년(제3호), 벌금형을 선고받은 사람은 10년(제4호) 등으로 나누어 정하고 있다.

그리고 개정 성폭력처벌법 제45조 제2항은 신상정보 등록의 원인이 된 성범죄와 다른 범죄가 형법 제37조 전단에 따라 경합되어 형법 제38조에 따라 형이 선고된 경우에는 그 선고형 전부를 신상정보 등록의 원인이 된 성범죄로 인한 선고형으로 보도록 규정하되, 같은 조 제4항에서 법원은 제2항이 적용되어 제1항 각호에 따라 등록기간이 결정되는 것이 부당하다고 인정하는 경우에는 판결로 제1항 각호의 기간 중 더 단기의 기간을 등록기간으로 정할 수 있도록 규정하였다. 한편 위 개정법률 부칙 제6조 제2항은 "제45조 제4항의 개정규정은 이 법 시행 당시 재판이 계속 중인 사건에 대해서도 적용한다."라고 규정하고 있다.

나. 원심은 판시와 같은 이유로, 이 사건 각 공연음란의 공소사실과 등록대상 성범죄에 해당하는 이 사건 성폭력범죄의 처벌 등에 관한 특례법 위반(통신매체이용음란)의 공소사실을 유죄로 인정하고, 위 각 죄가 형법 제37조 전단의 경합범 관계에 있다고 보아 하나의 징역형을 선고하였다.

그런데 개정 성폭력처벌법이 원심판결 선고 후에 시행됨으로써 이 사건에 개정 성폭력처벌법 제45조 제4항이 적용되는 결과, 피고인에 대한 신상정보 등록기간이 제1심판결의 선고형에 따라 같은 조 제1항 각호에서 정한 기간으로 결정되는 것이 부당하다고 인정되는지를 추가로 심리하여 위 각호의 기간 중 더 단기의 기간을 등록기간으로 정할지 여부를 심판하여야 할 필요가 생겼으므로, 이러한 점에서도 원심판결은 더 이상 유지할 수 없게 되었다*[대법원 2017. 5. 11., 선고, 2016도7480, 판결]*.

■ **관련판례 8**

【판시사항】

전화방 업주인 피고인이 '아동·청소년으로 인식될 수 있는 사람'의 성행위 내용을 표현한 동영상을 제공함으로써 아동·청소년이용음란물을 공연히 전시 또는 상영하였다고 하여 구 아동·청소년의 성보호에 관한 법률 위반으로 기소된 사안에서, 동영상에 등장하는 인물들이 명백하게 아동·청소년으로 인식될 수 있는 사람에 해당한다고 보기 어렵다는 이유로 무죄를 인정한 원심판단을 정당하다고 한 사례

【이 유】

상고이유를 판단한다.

원심판결의 이유를 관련 법리와 기록에 비추어 살펴보면, 원심이 그 판시와 같은 사정을 들어 이 사건 동영상에 등장하는 인물들이 명백하게 아동·청소

년으로 인식될 수 있는 사람에 해당한다고 보기 어렵다는 이유로 이 사건 공소사실 중 아동·청소년의 성보호에 관한 법률 위반(음란물제작·배포등)의 점에 대하여 무죄로 판단한 것은 정당하고, 거기에 상고이유의 주장과 같이 구 아동·청소년의 성보호에 관한 법률(2012. 12. 18. 법률 제11572호로 전부 개정되기 전의 것)에서의 '아동·청소년이용음란물'의 개념에 관한 법리를 오해하거나 논리와 경험의 법칙을 위반하고 자유심증주의의 한계를 벗어나는 등의 위법이 없다[대법원 2014. 9. 26., 선고, 2013도12511, 판결].

■ 관련판례 9

【판시사항】

구 아동·청소년의 성보호에 관한 법률 제2조 제5호에서 정한 '아동·청소년으로 인식될 수 있는 사람'의 의미

【이 유】

상고이유를 판단한다.

1. 형벌법규의 해석은 엄격하여야 하고, 명문의 형벌법규의 의미를 피고인에게 불리한 방향으로 지나치게 확장해석하거나 유추해석하는 것은 죄형법정주의의 원칙에 비추어 허용되지 않는다(대법원 2011. 8. 25. 선고 2011도7725 판결 등 참조).

   한편 구 아동·청소년의 성보호에 관한 법률(2012. 12. 18. 법률 제11572호로 전부 개정되기 전의 것, 이하 '아청법'이라 한다)은 아동·청소년대상 성범죄의 처벌과 절차에 관한 특례를 규정하고 피해아동·청소년을 위한 구제 및 지원절차를 마련하며 아동·청소년대상 성범죄자를 체계적으로 관리함으로써 아동·청소년을 성범죄로부터 보호하고 아동·청소년이 건강한 사회구성원으로 성장할 수 있도록 함을 목적으로 하여 제정된 법률로서(제1조), 제2조 제1호에서 "아동·청소년은 19세 미만의 자를 말한다. 다만, 19세에 도달하는 해의 1월 1일을 맞이한 자는 제외한다"고 규정하고, 제2조 제5호에서 "아동·청소년이용음란물은 아

동·청소년 또는 아동·청소년으로 인식될 수 있는 사람이나 표현물이 등장하여 성교 행위 등 제2조 제4호의 어느 하나에 해당하는 행위를 하거나 그 밖의 성적 행위를 하는 내용을 표현하는 것으로서 필름·비디오물·게임물 또는 컴퓨터나 그 밖의 통신매체를 통한 화상·영상 등의 형태로 된 것을 말한다"고 규정하는 한편, 제8조 제4항에서 아동·청소년이용음란물을 배포하거나 공연히 전시 또는 상영한 자는 3년 이하의 징역 또는 2,000만 원 이하의 벌금에 처하도록 규정하고 있다.

위와 같은 아청법의 관련 규정 및 입법취지 등을 앞에서 본 형벌법규의 해석에 관한 법리에 비추어 보면, 아청법 제2조 제5호에서 규정하고 있는 '아동·청소년으로 인식될 수 있는 사람'은 '아동·청소년'과 대등한 개념으로서 그와 동일한 법적 평가를 받을 수 있는 사람을 의미하며, 따라서 해당 음란물의 내용과 함께 등장인물의 외모와 신체발육 상태, 영상물의 출처 및 제작 경위 등을 종합적으로 고려하여 사회 평균인의 입장에서 건전한 사회통념에 따라 객관적이고 규범적으로 평가할 때 명백하게 아동·청소년으로 인식될 수 있는 사람을 뜻한다고 해석함이 타당하다.

2. 원심판결 이유와 기록에 의하면, 원심 판시 이 사건 동영상의 파일명은 'Japan school girl.mpg'이고, 이 사건 동영상 중 일부를 캡처한 사진들에는 교복으로 보이는 옷을 입은 여성이 자신의 성기를 만지고 있는 모습 등이 나타나 있으나, 다른 한편 위 사진 속에 등장하는 여성의 외모나 신체발육 상태 등에 비추어 위 여성을 아청법에서 정한 아동·청소년으로 단정하기는 어려워 보인다. 이러한 사실관계를 앞서 본 법리에 비추어 살펴보면, 이 사건 동영상에 명백하게 아동·청소년으로 인식될 수 있는 사람이 등장한다고 보기 어려우므로, 이 사건 동영상을 아동·청소년이용음란물에 해당한다고 단정할 수 없다.

그럼에도 원심은, 아청법에서 정한 '아동·청소년으로 인식될 수 있는 사람'에 관하여 앞서 본 법리와 다른 전제 아래, 판시와 같은 이유만을 들어 이 사건 동영상이 아동·청소년이용음란물에 해당된다고 판단하였다.

따라서 이러한 원심의 판단에는 아청법에서의 아동·청소년이용음란물에 관한 법리를 오해하여 필요한 심리를 다하지 아니함으로써 판결에 영향을 미친 위법이 있다.

3. 원심판결 중 아청법 위반(음란물제작·배포등) 부분은 파기되어야 하는데, 원심이 유지한 제1심판결은 이 부분이 유죄로 인정된 나머지 범죄사실과 형법 제37조 전단의 경합범 관계에 있다는 이유로 하나의 형을 선고하였으므로, 나머지 상고이유에 관하여 판단할 필요 없이 원심판결은 전부 파기를 면할 수 없다[대법원 2014. 9. 26., 선고, 2013도12607, 판결].

■ 관련판례 10

【판시사항】

구 아동·청소년의 성보호에 관한 법률 제2조 제5호의 '아동·청소년으로 인식될 수 있는 사람이 등장하는 아동·청소년이용음란물'에 해당하는지 판단하는 기준

【이 유】

상고이유를 판단한다.

구 아동·청소년의 성보호에 관한 법률(2012. 12. 18. 법률 제11572호로 전부 개정되기 전의 것, 이하 '구 아청법'이라 한다) 제2조 제1호는 "아동·청소년은 19세 미만의 자를 말한다. 다만, 19세에 도달하는 해의 1월 1일을 맞이한 자는 제외한다."라고 규정하고, 같은 법 제2조 제5호에서 "아동·청소년이용음란물"을 '아동·청소년 또는 아동·청소년으로 인식될 수 있는 사람이나 표현물이 등장하여 제4호의 어느 하나에 해당하는 행위를 하거나 그 밖의 성적 행위를 하는 내용을 표현하는 것으로서 필름·비디오물·게임물 또는 컴퓨터나 그 밖의 통신매체를 통한 화상·영상 등의 형태로 된 것'으로 정의하면서, 위 법 제8조 제4항에서 아동·청소년이용음란물을 배포하거나 공연히 전시 또는 상영한 자는 3년 이하의 징역 또는 2천만 원 이하의 벌금에 처하도록 규정하고 있다.

그런데 ① 국가형벌권의 자의적인 행사로부터 개인의 자유와 권리를 보호하기 위하여 형벌법규는 엄격히 해석되어야 하고 명문의 형벌 법규의 의미를 피고인에게 불리한 방향으로 지나치게 확장해석하거나 유추해석하는 것은 죄형법정주의 원칙에 어긋나는 것으로 허용되지 않는 점, ② 구 아청법 제2조 제5호의 아동·청소년이용음란물 정의 규정 중 '아동·청소년으로 인식될 수 있는 사람이나 표현물'이라는 문언이 다소 모호한 측면이 있고, 일선 수사기관의 자의적 판정으로 뜻하지 않게 처벌의 범위가 지나치게 넓어질 우려가 있게 되자, 그 의미를 분명히 하기 위해서 2012. 12. 18. 법률 제11572호로 구 아청법을 개정하면서 '명백하게'라는 문구를 추가하여 '아동·청소년으로 명백하게 인식될 수 있는 사람이나 표현물'이라고 규정한 점 등 구 아청법의 입법 목적과 개정 연혁, 그리고 법 규범의 체계적 구조 등에 비추어 보면, 구 아청법 제2조 제5호의 '아동·청소년으로 인식될 수 있는 사람이 등장하는 아동·청소년이용음란물'이라고 하기 위해서는 그 주된 내용이 아동·청소년의 성교행위 등을 표현하는 것이어야 할 뿐만 아니라, 그 등장인물의 외모나 신체발육 상태, 영상물의 출처나 제작 경위, 등장인물의 신원 등에 대하여 주어진 여러 정보 등을 종합적으로 고려하여 사회 평균인의 시각에서 객관적으로 관찰할 때 외관상 의심의 여지없이 명백하게 아동·청소년으로 인식되는 경우라야 하고, 등장인물이 다소 어려 보인다는 사정만으로 쉽사리 '아동·청소년으로 인식될 수 있는 사람이 등장하는 아동·청소년이용음란물'이라고 단정해서는 아니 된다.

원심은, 이 사건 공소사실 중 피고인이 2012. 10. 16.부터 2013. 4. 9.까지 불특정 다수의 고객으로 하여금 공소외인 등이 관리하는 'DNG 음란물 서버'에 접속할 수 있게 하는 방법으로 '원조교제 로리 여학생' 등이라는 제목의 아동·청소년이용음란물인 이 사건 각 동영상을 공연히 전시 또는 상영하였다는 부분에 대하여, 이 사건 각 동영상의 제목이 등장인물이 아동·청소년인 것과 같은 인상을 주고, 일부 장면에 교복 등 통상 아동·청소년이 착용하는 의복을 입고 등장하는 사실 등은 인정되나, 이 사건 각 동영상의 제목과 특정 장면을 캡처한 10장 미만씩의 사진만으로는 이 사건 각 동영상에 등장하는 인물이 아동·또는 청소년으로 명백히 인식될 수 있는 사람이라는 점에 대한 증명이 부족하여 위 각 동영상이 구 아청법 제2조 제5호 소정의 "아동·청소년이용음란물"이라고 볼 수 없다는 취지로 판단한 다음, 제1심판결을 파기하고 위 공소사실에 대하여는 무죄를 선고하였다.

원심판결의 이유를 원심이 적법하게 채택한 증거에 비추어 살펴보면, 원심의 위와 같은 판단은 앞서 본 위 법리에 따른 것으로 정당하고, 거기에 상고이유의 주장과 같이 구 아청법 제2조 제5호 소정의 "아동·청소년이용음란물"에 관한 법리를 오해하거나 논리와 경험의 법칙을 위반하고, 자유심증주의의 한계를 벗어나 사실을 인정한 잘못이 없다*[대법원 2014. 9. 25., 선고, 2014도5750, 판결]*.

■ 관련판례 11

【판시사항】

구 아동·청소년의 성보호에 관한 법률 제2조 제5호의 '아동·청소년으로 인식될 수 있는 사람이 등장하는 아동·청소년이용음란물'인지 판단하는 기준

【판결요지】

국가형벌권의 자의적인 행사로부터 개인의 자유와 권리를 보호하기 위하여 형벌법규는 엄격히 해석되어야 하고 명문의 형벌법규의 의미를 피고인에게 불리한 방향으로 지나치게 확장해석하거나 유추해석하는 것은 죄형법정주의 원칙에 어긋나는 것으로 허용되지 않는 점, 구 아동·청소년의 성보호에 관한 법률(2012. 12. 18. 법률 제11572호로 전부 개정되기 전의 것, 이하 '구 아청법'이라고 한다) 제2조 제5호의 아동·청소년이용음란물 정의 규정 중 '아동·청소년으로 인식될 수 있는 사람이나 표현물'이라는 문언이 다소 모호한 측면이 있고, 일선 수사기관의 자의적 판정으로 뜻하지 않게 처벌의 범위가 지나치게 넓어질 우려가 있게 되자, 그 의미를 분명히 하기 위해서 2012. 12. 18. 법률 제11572호로 구 아청법을 개정하면서 '명백하게'라는 문구를 추가하여 '아동·청소년으로 명백하게 인식될 수 있는 사람이나 표현

물'이라고 규정한 점 등 구 아청법의 입법 목적과 개정 연혁, 그리고 법 규범의 체계적 구조 등에 비추어 보면, 구 아청법 제2조 제5호의 '아동·청소년으로 인식될 수 있는 사람이 등장하는 아동·청소년이용음란물'이라고 하기 위해서는 주된 내용이 아동·청소년의 성교행위 등을 표현하는 것이어야 할 뿐만 아니라, 등장인물의 외모나 신체발육 상태, 영상물의 출처나 제작 경위, 등장인물의 신원 등에 대하여 주어진 여러 정보 등을 종합적으로 고려하여 사회 평균인의 시각에서 객관적으로 관찰할 때 외관상 의심의 여지 없이 명백하게 아동·청소년으로 인식되는 경우라야 하고, 등장인물이 다소 어려 보인다는 사정만으로 쉽사리 '아동·청소년으로 인식될 수 있는 사람이 등장하는 아동·청소년이용음란물'이라고 단정해서는 아니 된다[대법원 2014. 9. 24., 선고, 2013도4503, 판결].

■ 관련판례 12

【판시사항】

구 아동·청소년의 성보호에 관한 법률 제2조 제5호에서 정한 '아동·청소년 이용음란물'에 해당하기 위한 요건

【판결요지】

형벌법규의 해석은 엄격하여야 하고, 명문규정의 의미를 피고인에게 불리한 방향으로 지나치게 확장해석하거나 유추해석하는 것은 허용되지 않는다는 죄형법정주의의 원칙과 구 아동·청소년의 성보호에 관한 법률(2011. 9. 15. 법률 제11047호로 개정되기 전의 것) 제2조 제4호, 제5호, 제8조 제1항, 구 아동·청소년의 성보호에 관한 법률(2012. 12. 18. 법률 제11572호로 전부 개정되기 전의 것) 제2조 제4호, 제5호, 제8조 제1항의 문언 및 법정형 그 밖에 위 규정들의 연혁 등에 비추어 보면, 위 법률들 제2조 제5호에서 말하는 '아동·청소년이용음란물'은 '아동·청소년'이나 '아동·청소년 또는 아동·청소년으로 인식될 수 있는 사람이나 표현물'이 등장하여 그 아동·청소년 등이 제2조 제4호 각 목의 행위나 그 밖의 성적 행위를 하거나

하는 것과 같다고 평가될 수 있는 내용을 표현하는 것이어야 한다/대법원 2013. 9. 12., 선고, 2013도502, 판결].

■ 관련판례 13

【판시사항】

[1] 아동·청소년의 성보호에 관한 법률상 '아동·청소년이용음란물'의 요건 중 '아동·청소년으로 인식될 수 있는 사람이나 표현물'에 해당하는지 판단하는 기준

[2] 피고인들이 교복을 입은 여학생이 남성과 성행위를 하는 내용 등의 동영상을 인터넷 사이트에 업로드함으로써 영리를 목적으로 아동·청소년이용음란물을 판매·대여·배포하거나 공연히 전시 또는 상영하였다고 하여 아동·청소년의 성보호에 관한 법률 위반으로 기소된 사안에서, 위 동영상은 학생으로 연출된 사람이 성행위를 하는 것을 내용으로 하고 있어 '아동·청소년으로 인식될 수 있는 사람'이 등장하는 '아동·청소년이용음란물'에 해당한다고 보아야 하고, 해당 인물이 실제 성인이라고 하여 달리 볼 수 없다는 이유로 유죄를 선고한 사례

【판결요지】

[1] 아동·청소년의 성보호에 관한 법률 제1조, 제2조 제1호, 제5호, 제3조와 입법 과정에 비추어 보면, '아동·청소년으로 인식될 수 있는 사람이나 표현물'에 해당하는지는 '음란물의 내용'을 기준으로 음란물에서 묘사된 구체적 상황, 표현 방식 등을 고려하여 일반인이 해당 인물이나 표현물을 아동·청소년으로 인식할 수 있는지에 따라 판별하여야 하고, 이와 달리 음란물의 내용은 감안하지 않은 채 오로지 해당 인물이나 표현물을 아동·청소년으로 오인할 가능성이 있는지에 따라 판단하는 것으로 제한하여 해석할 수 없다.

[2] 피고인들이 교복을 입은 여학생이 남성과 성행위를 하는 내용 등의 동영상 32건을 인터넷 사이트 게시판에 업로드하여 불특정 다수의 사람

들이 이를 다운로드받을 수 있도록 함으로써 영리를 목적으로 아동·청소년이용음란물을 판매·대여·배포하거나 공연히 전시 또는 상영하였다고 하여 아동·청소년의 성보호에 관한 법률 위반으로 기소된 사안에서, 위 동영상은 모두 교실과 대중교통수단 등의 장소에서 체육복 또는 교복을 입었거나 가정교사로부터 수업을 받는 등 학생으로 연출된 사람이 성행위를 하는 것을 내용으로 하고 있어 '아동·청소년으로 인식될 수 있는 사람'이 등장하는 '아동·청소년이용음란물'에 해당한다고 보아야 하고, 해당 인물이 실제 성인으로 알려져 있다고 하여 달리 볼 수 없다는 이유로 유죄를 선고한 사례[수원지법 2013. 2. 20., 선고, 2012고단 3926,4943, 판결 : 항소].

■ 관련판례 14

【판시사항】

피고인이 자신의 친딸인 甲(여, 14세)을 수회 강제추행하였다는 내용의 구 성폭력범죄의 처벌 및 피해자보호 등에 관한 법률 위반(친족관계에의한강제추행)죄가 인정되어 신상정보 공개대상 여부가 문제된 사안에서, 甲의 나이가 13세 이상이고 피고인에게 재범의 위험성이 있다고 할 수 없어 공개명령을 선고하지 아니한다고 한 사례

【판결요지】

피고인이 자신의 친딸인 甲(여, 14세)을 수회 강제추행하였다는 내용의 구 성폭력범죄의 처벌 및 피해자보호 등에 관한 법률(2010. 4. 15. 법률 제 10258호 성폭력범죄의 피해자보호 등에 관한 법률로 개정되기 전의 것) 위반(친족관계에의한강제추행)죄가 인정되어 신상정보 공개대상 여부가 문제된 사안에서, 위 범행은 구 청소년의 성보호에 관한 법률(2009. 6. 9. 법률 제 9765호 아동·청소년의 성보호에 관한 법률로 전부 개정되기 전의 것) 제2 조 제3호에 규정된 청소년대상 성폭력범죄에 해당하여 아동·청소년의 성보호에 관한 법률 부칙(2009. 6. 9.) 제3조 제4항(2010. 7. 23. 법률 제 10391호로 개정된 것)에 따라 공개명령에 관한 제38조가 적용되는데, 공개

명령 대상자를 규정한 구 아동·청소년의 성보호에 관한 법률(2010. 4. 15. 법률 제10260호로 개정되기 전의 것, 이하 '구법'이라고 한다) 제38조 제1항 제1호, 제4호와 아동·청소년의 성보호에 관한 법률(이하 '신법'이라고 한다) 제38조 제1항 제1호, 제4호의 내용이 서로 달라 부칙 제3조 제4항에서 말하는 '제38조'가 그 중 어느 것을 의미하는지 및 그에 따라 아동·청소년 대상 성폭력범죄를 저지른 자에게 재범의 위험성이 필요한지가 문제되는바, 구법 부칙 조항의 개정 형식 등에 비추어 위 부칙 제3조 제4항에서 말하는 '제38조'는 구법 제38조를 의미한다고 보아야 하므로 이 사건의 경우 그에 따라 공개 여부를 판단하여야 하는데, 피해자 甲의 나이가 13세 이상이어서 구법 제38조 제1항 제4호 해당 여부만 문제되고 피고인에게 재범의 위험성이 있다고 할 수 없어 공개명령을 선고하지 아니한다고 한 사례*[서울고법 2011. 7. 21., 선고, 2011노1393,2011전노174, 판결 : 상고].*

제3조(해석상 · 적용상의 주의)

이 법을 해석 · 적용할 때에는 아동 · 청소년의 권익을 우선적으로 고려하여야 하며, 이해관계인과 그 가족의 권리가 부당하게 침해되지 아니하도록 주의하여야 한다.

■ 관련판례 1

【판시사항】

2009. 6. 9. 법률 제9765호로 전부 개정된 구 아동·청소년의 성보호에 관한 법률 부칙 제3조 제4항에 따른 '공개명령' 대상자의 범위 및 같은 법리가 2012. 12. 18. 법률 제11572호로 전부 개정된 아동·청소년의 성보호에 관한 법률 부칙 제5조 제1항을 해석하는 데에도 적용되는지 여부(적극)

【이 유】

가. 2009. 6. 9. 법률 제9765호로 전부 개정된 구 아동·청소년의 성보호에 관한 법률에 의하여 도입된 신상정보의 공개명령 제도는 그 부칙 제1조, 제3조 제1항에 의하여 그 시행일인 2010. 1. 1. 이후 최초로 아동·청소년 대상 성범죄를 범하고 유죄판결이 확정된 자부터 적용하게 되어 있었다. 그런데 2010. 7. 23. 법률 제10391호로 위 법률 부칙 제3조가 개정되면서 위 제3조 제1항에 대한 예외로서 같은 조 제2항에서 "제1항에도 불구하고 여성가족부장관은 법률 제7801호 청소년의 성보호에 관한 법률 일부 개정법률 제22조부터 제24조까지의 규정에 따라 국가청소년위원회가 열람대상자로 결정한 자(예비등록대상자로 통보한 자를 포함한다) 및 법률 제8634호 청소년의 성보호에 관한 법률 전부 개정법률 제37조에 따라 열람명령을 받은 자에 대하여도 검사가 유죄의 확정판결을 한 법원(대법원인 경우에는 제2심판결을 한 법원을 말한다)에 청구하여 그 법원의 공개명령을 받아 제39조에 따라 공개명령을 집행한다"고 규정하고, 제4항에서 "제1항에도 불구하고 이 법 시행 당시 법률 제7801호 청소

년의 성보호에 관한 법률 일부 개정법률 또는 법률 제8634호 청소년의 성보호에 관한 법률 전부 개정법률을 위반하고 확정판결을 받지 아니한 자에 대한 공개명령에 관하여는 제38조에 따른다"고 규정하였다.

위 부칙 제3조 제4항의 문언, 그리고 위 부칙 조항이 구 청소년의 성보호에 관한 법률에 따라 신상정보의 열람대상이었던 성범죄자에 대하여 신상정보 공개명령 제도를 소급적용하도록 한 것은, 위 열람제도만으로는 아동·청소년 대상 성범죄자에 대한 정보를 알기 어려우므로 위 열람대상자에 대한 신상정보를 공개함으로써 아동·청소년 대상 성범죄를 미연에 예방하고자 함에 그 입법 취지가 있는 점 등에 비추어보면, 위 부칙 제3조 제4항은 위 법 시행 당시 법률 제7801호 청소년의 성보호에 관한 법률 일부 개정법률(이하 '법률 제7801호 청소년성보호법'이라 한다) 또는 법률 제8634호 청소년의 성보호에 관한 법률 전부 개정법률에 규정된 범죄(위반행위)를 범하여 열람결정 또는 열람명령의 대상이 되는 자 중에서 그때까지 아직 확정판결을 받지 아니한 자 일반에 대하여 위 법 제38조에 따라 공개명령을 할 수 있게 규정한 것으로 해석함이 상당하다[대법원 2011. 3. 24. 선고 2010도16448, 2010전도153(병합) 판결 등 참조].

그리고 이러한 법리는 2012. 12. 18. 법률 제11572호로 전부 개정된 아동·청소년의 성보호에 관한 법률(이하 '이 사건 법률'이라 한다)이 위 부칙 제3조 제4항과 같은 취지의 규정으로 둔 부칙 제5조 제1항을 해석하는 데에도 마찬가지로 적용된다.

나. 이 사건 성폭력범죄의 처벌 및 피해자보호 등에 관한 법률 위반(강간 등 치상)의 점은 2007. 4. 25.경 7세의 아동·청소년을 상대로 저질러진 강간치상 범행으로서, 이는 범행 당시 시행되던 법률 제7801호 청소년성보호법 제22조 제1항, 제20조 제2항 제7호에 규정된 청소년 대상 성범죄에 해당한다. 앞서 본 법리에 의할 때 피고인이 위 죄로써 이 사건 법률 부칙 제5조 제1항이 정하는 공개명령의 대상이 되기 위

해서는 먼저 피고인이 법률 제7801호 청소년성보호법이 정하는 열람결정의 대상이 될 수 있는 자, 즉 법률 제7801호 청소년성보호법 제22조 제1항이 정하는 '제20조 제2항 제6호 내지 제8호에 규정된 죄로 2회 이상 금고 이상의 실형을 받고 최종 형의 전부 또는 일부의 집행을 받거나 면제를 받은 자 중에서 제20조 제2항 제6호 내지 제8호에 규정된 죄를 다시 범할 위험이 있다고 인정되는 자'에 해당하여야 한다*[대법원 2012. 3. 29. 선고 2011도16829, 2011전도277(병합) 판결, 대법원 2012. 7. 12. 선고 2012도5183 판결, 대법원 2013. 4. 11. 선고 2013도859 판결 등 참조].*

그런데 원심판결 이유에 의하면 피고인은 초범이라는 것이므로, 피고인은 위 죄로써 법률 제7801호 청소년성보호법의 열람결정 대상자가 될 수 없고, 따라서 이 사건 법률 부칙 제5조 제1항이 정하는 공개명령의 대상이 될 수도 없는 것으로 보인다.

그런데도 원심은 별다른 이유 없이 피고인이 이 사건 법률 부칙 제5조 제1항에 따른 공개명령 대상자에 해당한다고 판단하였으므로, 이러한 원심판결에는 이 사건 법률 부칙 제5조 제1항에 따른 공개명령의 적용범위에 관한 법리를 오해하여 판결에 영향을 미친 위법이 있다.

3. 파기의 범위

아동·청소년의 성보호에 관한 법률에 규정된 공개명령은 등록대상 아동·청소년대상 성폭력범죄 사건의 판결과 동시에 선고하는 부수처분이므로, 그 잘못으로 파기할 경우 나머지 피고사건 부분에 잘못이 없더라도 이 또한 파기할 수밖에 없다*[대법원 2012. 6. 28. 선고 2012도5291, 2012전도112(병합) 판결] [대법원 2014. 1. 23., 선고, 2013도14687, 판결].*

■ **관련판례 2**

【판시사항】

청소년의성보호에관한법률 제10조의 청소년에 대한 강간 및 강제추행 등의 죄가 친고죄인지 여부(적극)

【판결요지】

형법 제302조는 "미성년자 또는 심신미약자에 대하여 위계 또는 위력으로써 간음 또는 추행을 한 자는 5년 이상의 징역에 처한다."라고, 형법 제306조는 "제297조 내지 제300조와 제302조 내지 제305조의 죄는 고소가 있어야 공소를 제기할 수 있다."라고 각 규정하고 있음에 반하여 청소년의성보호에관한법률 제10조는 "① 여자 청소년에 대하여 형법 제297조(강간)의 죄를 범한 자는 5년 이상의 유기징역에 처한다. ② 청소년에 대하여 형법 제298조(강제추행)의 죄를 범한 자는 1년 이상의 유기징역 또는 500만 원 이상 2천만 원 이하의 벌금에 처한다. ③ 청소년에 대하여 형법 제299조(준강간, 준강제추행)의 죄를 범한 자는 제1항 또는 제2항의 예에 의한다. ④ 위계 또는 위력으로써 여자 청소년을 간음하거나 청소년에 대하여 추행을 한 자는 제1항 또는 제2항의 예에 의한다. ⑤ 제1항 내지 제4항의 미수범은 처벌한다."라고만 규정할 뿐 고소에 관한 규정을 전혀 두지 아니하고 있기는 하나 위 법률 제10조가 위 형법상의 죄에 대하여 가중처벌하는 규정일 뿐 그 구성요건을 형법규정과 달리하지 아니하고 있는 점, 성폭력범죄의처벌및피해자보호등에관한법률 제15조는 "제11조, 제13조 및 제14조의 죄는 고소가 있어야 공소를 제기할 수 있다."라고 규정하고 친고죄에 관한 규정을 두고 있으므로 그 외에는 비친고죄로 해석할 수 있으나, 청소년의성보호에관한법률에는 친고죄 여부에 대한 명시적 규정이 없으므로 위 법 제10조 위반죄를 친고죄라고 해석하는 것이 죄형법정주의의 원칙과 "이 법을 해석·적용함에 있어서는 국민의 권리가 부당하게 침해되지 아니하도록 주의하여야 한다."고 규정한 청소년의성보호에관한법률 제3조의 취지에도 부합하는 점, 청소년의성보호에관한법률의 제정취지는 청소년의 보호에 있는데 위 법 제10조를 비친고죄로 해석하여 성폭행을 당한 모든 청소년을 그의 의사에 불구하고 조사를 하게 되면 오히려 청소년의 보호에 역행하게 될 여지도 있게 되는 점 등에 비추어 보면 위 법률 제10조 위반죄에 대하여도 형법 제306조가 적용된다*[대법원 2001. 6. 15., 선고, 2001도1017, 판결]*.

제4조(국가와 지방자치단체의 의무)

① 국가와 지방자치단체는 아동·청소년대상 성범죄를 예방하고, 아동·청소년을 성적 착취와 학대 행위로부터 보호하기 위하여 필요한 조사·연구·교육 및 계도와 더불어 법적·제도적 장치를 마련하며 필요한 재원을 조달하여야 한다.

② 국가는 아동·청소년에 대한 성적 착취와 학대 행위가 국제적 범죄임을 인식하고 범죄 정보의 공유, 범죄 조사·연구, 국제사법 공조, 범죄인 인도 등 국제협력을 강화하는 노력을 하여야 한다.

제5조(사회의 책임)

모든 국민은 아동·청소년이 이 법에서 정한 범죄의 피해자가 되거나 이 법에서 정한 범죄를 저지르지 아니하도록 사회 환경을 정비하고 아동·청소년을 보호·지원·교육하는 데에 최선을 다하여야 한다. *〈개정 2020. 5. 19.〉*

■ **관련판례**

【판시사항】

피고인이 피해자에게 제공한 편의 즉, 숙소의 제공과 기타 차비 명목의 금전 교부 등이 성교의 대가로 제공한 것이라고 인정한 사례

【판결요지】

청소년인 피해자가 숙식의 해결 등 생활비 조달이 매우 어려운 처지에 놓이게 되어 피고인을 만나 함께 잠을 자는 방법으로 숙소를 해결하는 외에는 공원이나 길에서 잠을 자야만 할 정도로 절박한 상황에 처해 있었던 점, 피고인은 피해자가 잠잘 곳이 없다는 사정을 미리 알고 있었으며, 특히 피해자로서는 피고인의 성교 요구를 거절하면 야간에 집 또는 여관에서 쫓겨날 것을 두려워하여 어쩔 수 없이 성교를 하게 되었던 점, 피해자는 그 이후 피고인과 지속적으로 만나거나 특별한 애정관계를 유지하지는 아니하였던

점 등을 종합적으로 고려해 볼 때, 피고인이 피해자에게 제공한 편의 즉, 숙소의 제공과 기타 차비 명목의 금전 교부 등은 피고인과 피해자 사이의 사생활 내지 애정관계에서 발생한 부대비용의 부담으로 볼 수는 없고, 피고인이 피해자에게 성교의 대가로 제공한 것이라고 인정함이 상당하다고 한 사례[대법원 2002. 3. 15., 선고, 2002도83, 판결].

제6조(홍보영상의 제작·배포·송출)

① 여성가족부장관은 아동·청소년대상 성범죄의 예방과 계도, 피해자의 치료와 재활 등에 관한 홍보영상을 제작하여 「방송법」 제2조제23호의 방송편성책임자에게 배포하여야 한다.

② 여성가족부장관은 「방송법」 제2조제3호가목의 지상파방송사업자(이하 "방송사업자"라 한다)에게 같은 법 제73조제4항에 따라 대통령령으로 정하는 비상업적 공익광고 편성비율의 범위에서 제1항의 홍보영상을 채널별로 송출하도록 요청할 수 있다.

③ 방송사업자는 제1항의 홍보영상 외에 독자적인 홍보영상을 제작하여 송출할 수 있다. 이 경우 여성가족부장관에게 필요한 협조 및 지원을 요청할 수 있다.

제2장 아동 · 청소년대상 성범죄의 처벌과 절차에 관한 특례

제7조(아동 · 청소년에 대한 강간 · 강제추행 등)

① 폭행 또는 협박으로 아동 · 청소년을 강간한 사람은 무기징역 또는 5년 이상의 유기징역에 처한다.

② 아동 · 청소년에 대하여 폭행이나 협박으로 다음 각 호의 어느 하나에 해당하는 행위를 한 자는 5년 이상의 유기징역에 처한다.

1. 구강 · 항문 등 신체(성기는 제외한다)의 내부에 성기를 넣는 행위

2. 성기 · 항문에 손가락 등 신체(성기는 제외한다)의 일부나 도구를 넣는 행위

③ 아동 · 청소년에 대하여 「형법」 제298조의 죄를 범한 자는 2년 이상의 유기징역 또는 1천만원 이상 3천만원 이하의 벌금에 처한다.

④ 아동 · 청소년에 대하여 「형법」 제299조의 죄를 범한 자는 제1항부터 제3항까지의 예에 따른다.

⑤ 위계(僞計) 또는 위력으로써 아동 · 청소년을 간음하거나 아동 · 청소년을 추행한 자는 제1항부터 제3항까지의 예에 따른다.

⑥ 제1항부터 제5항까지의 미수범은 처벌한다.

■ 관련판례 1

【판시사항】

행위자가 간음의 목적으로 피해자에게 오인, 착각, 부지를 일으키고 피해자의 그러한 심적 상태를 이용하여 간음의 목적을 달성한 경우, 위계에 의한 간음죄가 성립하는지 여부(적극) / 피해자가 오인, 착각, 부지에 빠지게 되는 대상이 간음행위 자체 외에 간음행위에 이르게 된 동기이거나 간음행위와 결부된 금전적·비금전적 대가와 같은 요소일 수도 있는지 여부(적극) / 위계와 간음행위 사이 인과관계의 내용 및 이러한 인과관계를 판단할 때 고

려해야 할 사정

【이 유】

나. 대법원의 판단

그러나 원심의 판단은 그대로 수긍하기 어렵다.

1) 관련 법리

원심도 원용한 바와 같이 대법원 2020. 8. 27. 선고 2015도9436 전원합의체 판결(이하 '대법원 2015도9436 판결'이라 한다)은 '위계에 의한 간음죄에서 행위자가 간음의 목적으로 상대방에게 일으킨 오인, 착각, 부지는 간음행위 자체에 대한 오인, 착각, 부지를 말하는 것이지 간음행위와 불가분적 관련성이 인정되지 않는 다른 조건에 관한 오인, 착각, 부지를 가리키는 것은 아니다.'는 취지의 종전 판례를 변경하고 다음과 같은 요지로 판단하였다. 즉, 위계에 의한 간음죄에 있어서는 행위자가 간음의 목적으로 피해자에게 오인, 착각, 부지를 일으키고 피해자의 그러한 심적 상태를 이용하여 간음의 목적을 달성하였다면 위계와 간음행위 사이의 인과관계를 인정할 수 있다. 왜곡된 성적 결정에 기초하여 성행위를 하였다면 왜곡이 발생한 지점이 성행위 그 자체인지 성행위에 이르게 된 동기인지는 성적 자기결정권에 대한 침해가 발생한 것은 마찬가지라는 점에서 핵심적인 부분이라고 하기 어렵다. 피해자가 오인, 착각, 부지에 빠지게 되는 대상은 간음행위 자체일 수도 있고, 간음행위에 이르게 된 동기이거나 간음행위와 결부된 금전적·비금전적 대가와 같은 요소일 수도 있다. 위와 같은 인과관계를 판단함에 있어서는 피해자의 연령 및 행위자와의 관계, 범행에 이르게 된 경위, 범행 당시와 전후의 상황 등 여러 사정을 종합적으로 고려하여야 한다.

2) 이 사건에서 인정되는 위계의 내용

가) 원심판결 이유와 적법하게 채택한 증거에 의하면, 다음과 같은 사실을 알 수 있다.

(1) 피고인(남, 당시 44세)은 2013. 4. 초순경 랜덤채팅 애플리케

이션을 통해 고등학교 1학년생인 피해자(여, 당시 15세)를 알게 되었다. 피고인은 연예기획사에서 일하는 매니저로 행세하면서 피해자에게 사진작가와의 약속을 주선하였고, 1인 2역을 하여 스스로 사진작가로도 행세하면서 약속장소에서 피해자를 만난 후 고가의 카메라, 삼각대 등 촬영장비가 든 가방을 가지고 피해자와 함께 모텔에 들어가 피해자의 나체를 촬영하고 성관계를 하였다.

(2) 피고인은 위 만남 이후에도 2015. 7.경까지 이와 유사한 방법으로 반복적으로 피해자와 만나 성관계를 하였다.

(3) 피해자는 수사기관에서 '사진작가가 시키는 대로만 하면 연예인이나 모델이 될 수 있다는 말을 믿었고, 모델이 되고 싶은 욕심에 시키는 대로 성관계 등에 응할 수밖에 없었다.'는 취지로 진술하였고, 제1심과 원심 법정에서도 이러한 진술 부분은 유지되었다.

나) 위 인정 사실 및 적법하게 채택한 증거를 통해 알 수 있는 다음과 같은 사정을 앞서 본 법리에 비추어 보면, 피고인은 연예기획사 매니저와 사진작가의 1인 2역을 하면서 '사진작가의 요구에 따라 성관계 등을 하면 모델 등이 되도록 해 줄 것이다'라는 거짓말을 하여 피해자에게 오인, 착각을 일으키고 피해자의 그러한 심적 상태를 이용하여 피해자를 간음한 것으로 볼 수 있는바, 이러한 피고인의 간음행위는 '간음행위에 이르게 된 동기' 내지 '간음행위와 결부된 비금전적 대가'에 관한 위계에 의한 것이라고 평가할 수 있다.

(1) 피해자는 피고인의 거짓말에 속아 피고인이 요구한 나체 촬영과 성관계 등에 응하면 피고인이 자신을 모델 등으로 만들어 줄 것으로 오인, 착각하였고, 이러한 오인, 착각은 피해자가 피고인과의 성관계를 결심하게 된 중요한 동기가 된 것으로 보인다. 이러한 성관계가 피해자의 자발적이고 진지한 성적 자기결정권의 행사에 따른 것으로 볼 수는 없다.

(2) 피고인이 연예기획사 매니저와 사진작가의 1인 2역으로 행세한 것은 고등학교 1학년생으로 사회 경험이 없는 피해자의 경계심을

허물고 성관계를 하는 효과적인 수단으로 작용하였다.

(3) 피해자는 피고인을 만날 당시 '상세불명의 우울병 에피소드' 등으로 병원 치료를 받는 등 정신적으로 불안정한 상태였고, '어머니를 미워하고 자주 다투며, 아버지가 융통성이 없고 답답하다.'고 느끼는 등 부모와의 갈등도 겪고 있었는바, 피해자가 부모의 충분한 보호를 받지 못함은 물론, 가정 내에서 사랑과 이해, 심리적 지지를 얻지 못하는 상황은 피해자의 자존감을 깎아내리고 피해자로 하여금 온전한 성적 자기결정 능력을 행사하기 어렵게 하였을 것으로 보인다.

(4) 원심은 피해자의 기존 성관계 경험, 피해자가 매번 피고인으로부터 돈을 지급받은 점 등을 들어, 피고인과의 성관계에 있어 피해자가 성적 자기결정권을 행사하였을 가능성이 있다고 보았다. 그러나 원심이 지적하는 피해자의 기존 성관계 경험은 이를 인정할 자료가 부족할뿐더러 피고인의 위계로 인한 피해자의 성적 자기결정권의 왜곡 여부를 판단함에 있어서는 별다른 관련이 없는 사정에 불과하다. 또한 피고인과 피해자 모두 '성관계의 대가로 돈을 주거나 받은 것은 아니다.'는 취지로 진술한 점 등에 비추어, 피해자가 피고인으로부터 돈을 수령한 것 또한 피해자가 성관계를 결심하는 데 유의미한 요소가 되었다고 보기는 어렵다.

(5) 피해자는 제1심 법정에서 "어느 순간부터 그런 만남이 자연스러워진 것 같다. 제가 거부해야 되는 것인지도 몰랐고 그렇게 자연스럽게 됐던 것 같다."고 진술하였고, 원심 법정에서 "피고인의 강요에 의하여 성관계를 하였고, 제가 어린 나이여서 옳고 그름을 판단하지 못한 것을 이용해서 항상 저한테 주입식으로 '이게 옳다.'고만 해서 그냥 저는 이렇게 만나오는 관계가 이렇게 나쁜 것인지도 몰랐다.", "그때 당시 우울증과 정신상태가 온전치 못해서 판단력이 흐려져 이렇게 하는 게 옳은 건지 그른 건지에 대한 판단 자체가 없었다."는 취지로 진술한 바는 있다. 그러나 피해자

의 전체적인 진술 내용, 피해자의 연령과 사회 경험, 부모의 이해와 심리적 지지를 얻지 못하고 우울증까지 호소하던 피해자의 심리적 상태에다가, 피고인이 피해자에게 몸매 관리에 관하여 모델 선배들과의 경쟁을 부추기거나, 성관계조차 업무의 연장으로 대하는 듯한 모델 선배들과 달리 피해자는 순수하여 더 매력적이라는 취지의 대화메시지를 보내기도 한 점 등에 비추어 보면, 위와 같은 피해자의 진술은 피고인이 어리고 사회 경험이 없는 피해자에 대해 지속적인 위계와 장기간에 걸친 일명 '그루밍 과정'을 통해 피고인을 의심하지 못하도록 만드는 등 피해자를 길들이고 통제한 결과로 보일 뿐, 피해자의 위 진술만으로 피해자가 스스로의 판단에 따른 성적 자기결정권을 행사하여 피고인과 성관계를 한 것으로 보기는 어렵다.

다) 판단

(1) 이 사건에서 인정되는 위계의 내용은 피고인의 요구에 따라 성관계 등을 하면 모델 등이 되도록 해 주겠다는 것으로서 '간음행위에 이르게 된 동기' 내지 '간음행위와 결부된 비금전적 대가'임은 앞서 인정한 바와 같다.

(2) 이 사건에서 인정되는 위계의 내용이 공소사실에 적시된 위계의 내용과 정확히 일치하지는 않는다. 그러나 피고인이 모델 등이 되기를 바라는 피해자에게 이를 빌미로 거짓말을 하여 피해자의 오인, 착각을 일으키고 이러한 심적 상태를 이용하여 피해자를 간음하였다는 기본적 사실에는 변함이 없고, 그 외 범행일시, 장소에도 아무런 차이가 없는바, 이 사건에서 인정되는 위계의 내용을 전제로 한 위계에 의한 간음 범죄사실이 기존 공소사실과 사이에 동일성의 범위를 벗어났다고 볼 수 없다. 또한 기소 당시 공소사실에 '성관계에 응하면 모델을 시켜줄 것처럼 피해자를 기망하였다.'는 위계의 내용이 적시된 바 있고, 제1심 제1회 공판기일에서 피고인이 이러한 공소사실을 인정하기도 한 점, 그 밖

에 공소장변경의 경위와 원심에서의 피고인의 변소 내용을 포함한 심리의 경과에 비추어 보면, 공소장 변경 없이 직권으로 이 사건에서 인정되는 위계의 내용을 전제로 한 위계에 의한 간음 범죄사실을 인정하더라도 피고인의 방어권 행사에 실질적인 불이익을 초래할 염려가 있다고 볼 수도 없다.

(3) 나아가 원심은 대법원 2015도9436 판결의 결과를 확인하기 위하여 무려 4년가량 기다려 왔으며, 대법원 2015도9436 판결이 판시한 새로운 법리에 따르면 피고인의 행위는 위계에 의한 간음죄를 구성한다.

(4) 원심에서 공판진행의 경과까지 함께 고려해보면, 원심의 결론은 적정 절차에 의한 신속한 실체적 진실의 발견이라는 형사소송의 목적에 비추어 현저히 정의와 형평에 반한다고 할 것이다.

4) 소결

따라서 원심으로서는 심리를 통하여 피고인이 행사한 위계의 내용 및 그로 인해 피해자의 성적 결정에 있어 왜곡이 발생한 지점을 명확히 하는 한편, 피해자가 간음행위 자체에 대해서는 오인, 착각, 부지에 빠지게 된 것은 아니더라도 간음행위에 이르게 된 동기 등에 대해 오인, 착각, 부지에 빠져 피고인과의 성관계를 결심하였는지를 직권으로 심리하였어야 한다. 그럼에도 원심은 장기간에 걸쳐 공판절차를 진행하지 않은 채 대기하여 대법원 2015도9436 판결의 결과를 확인하였음에도 피해자가 간음행위 자체에 대한 착오에 빠져 성관계를 하였다는 점의 증명이 부족하다는 이유만을 들어 이 부분 공소사실을 무죄로 판단하였으니, 이러한 원심판단에는 청소년성보호법 위반(위계등간음)죄의 성립에 관하여 필요한 심리를 다하지 아니하고 공소장 변경 없이 심판할 수 있는 범위 등에 관한 법리를 오해함으로써 판결에 영향을 미친 잘못이 있다*[대법원 2022. 4. 28., 선고, 2021도9041, 판결]*.

■ 관련판례 2

【판시사항】

아동·청소년의 성보호에 관한 법률 제7조 제5항이 정한 위력에 의한 간음죄의 경우도 마찬가지인지 여부(적극)

【이 유】

가. 원심의 판단

원심은, 청소년성보호법 제7조 제5항의 위력이라 함은 행위자가 간음의 목적으로 상대방에게 위력을 행사하여 상대방의 자유의사가 제압된 상태를 이용하여 간음의 목적을 달성하는 것을 말하는 것으로 볼 수 있고, 여기에서 상대방의 자유의사가 제압된다는 것은 간음행위 자체에 대한 자유의사가 제압된다는 것을 말하는 것이라고 보아야 하며, 위력행사와 간음 사이에 상당한 시간적·장소적 간격이 있는 경우 피고인의 위력행사가 간음행위의 수단으로써 이루어진 것이라는 점이 합리적인 의심의 여지 없이 증명되어야 할 것이라고 전제하였다.

나아가 원심은, 피고인은 성매매 또는 지연이자 명목으로 피해자를 간음하려는 생각을 가지고 있었던 것으로 보이나, 피고인이 피해자를 간음하기 위하여 피해자를 만난 사실은 없고 더욱이 간음을 위한 구체적인 일시·장소 등을 정하였거나 피해자가 그러한 일시·장소 등을 정하는데 응한 사실도 없는 것으로 보여, 피고인이 피해자에게 위력을 행사할 당시 피해자를 간음하는 것에 대한 막연한 생각을 가지고 있었을 뿐 실제로 간음행위에 이르기 위한 구체적인 계획이나 의도를 드러내었다고 보기는 어렵다고 보아 피고인의 공소사실 기재와 같은 행위로 인하여 간음행위 자체에 대한 피해자의 자유의사가 제압되었다거나 피고인의 공소사실과 같은 행위가 간음행위의 수단으로써 이루어졌다는 점에 대하여 합리적인 의심의 여지 없이 증명되었다고 볼 수 없다고 판단하였다.

나. 그러나 원심의 위와 같은 판단은 그대로 수긍하기 어렵다.

1) 청소년성보호법 제7조 제5항이 정한 위계에 의한 간음죄는 행위자가

간음의 목적으로 피해자에게 오인, 착각, 부지를 일으키고 피해자의 그러한 심적 상태를 이용하여 간음의 목적을 달성하였다면 위계와 간음행위 사이의 인과관계를 인정할 수 있고, 따라서 위계에 의한 간음죄가 성립한다. 왜곡된 성적 결정에 기초하여 성행위를 하였다면 왜곡이 발생한 지점이 성행위 그 자체인지 성행위에 이르게 된 동기인지는 성적 자기결정권에 대한 침해가 발생한 것은 마찬가지라는 점에서 핵심적인 부분이라고 하기 어렵다. 피해자가 오인, 착각, 부지에 빠지게 되는 대상은 간음행위 자체일 수도 있고, 간음행위에 이르게 된 동기이거나 간음행위와 결부된 금전적 · 비금전적 대가와 같은 요소일 수도 있다. 다만 행위자의 위계적 언동이 존재하였다는 사정만으로 위계에 의한 간음죄가 성립하는 것은 아니므로 위계적 언동의 내용 중에 피해자가 성행위를 결심하게 된 중요한 동기를 이룰 만한 사정이 포함되어 있어 피해자의 자발적인 성적 자기결정권의 행사가 없었다고 평가할 수 있어야 한다. 이와 같은 인과관계를 판단함에 있어서는 피해자의 연령 및 행위자와의 관계, 범행에 이르게 된 경위, 범행 당시와 전후의 상황 등 여러 사정을 종합적으로 고려하여야 한다(대법원 2020. 8. 27. 선고 2015도9436 전원합의체 판결 참조). 청소년성보호법 제7조 제5항이 정한 위력에 의한 간음죄의 경우도 마찬가지로 볼 수 있다(대법원 2019. 6. 13. 선고 2019도3341 판결 등 참조).

2) 원심판결 이유 및 적법하게 채택한 증거에 의하면, 다음과 같은 사실을 알 수 있다.

　　가) 피고인은 이 사건 이전 피해자가 올린 조건만남 메시지를 보고 17세로 알고 있는 피해자에게 연락하여 의사가 합치하면 바로 시간과 장소를 정하는 방법으로 2회 성매수를 하였다.

　　나) 피고인은 피해자에게 2회 성매수의 대가로 15만 원을 교부한 뒤 1회 성교행위만을 하였고, 피해자가 나머지 1회 성교행위를 미루고 응하지 않자 2019. 7. 22.부터 같은 달 27일까지 15만 원 전부를 변제할 것을 요구하면서 변제를 대신한 성교행위를 요

구하는 공소사실과 같은 트위터 메시지를 보냈다.

다) 피고인은 50만 원을 급하게 빌린다는 피해자가 올린 트위터 메시지를 보고 2019. 7. 28. 60만 원을 추가로 빌려주면서 그 차용증에 2019. 7. 30.부터 매일 6만 원씩 분할변제하기로 하고, 연체에 대한 이자를 2회 성관계로 정하였으며, 그 이후 차용금에 대한 변제를 요구하면서 차용금에 대한 변제 또는 연체를 이유로 성교행위를 요구하는 공소사실과 같은 카카오톡 메시지를 보냈다.

라) 피해자는 위와 같은 변제 요구나 성교행위 요구는 물론 자신의 집을 알고 있는 피고인이 집 앞 사진까지 찍어 올리고, 계속 통화를 시도하여 무서웠고, 빨리 채무변제를 하고 피고인을 떼어내고 싶었으며, 스스로 경찰에 신고할 생각까지 하였다고 진술한다.

3) 위와 같은 사실 및 위 사실을 통해 알 수 있는 다음과 같은 사정을 앞서 본 법리에 비추어 보면, 피고인은 피해자의 입장에서 성행위를 결심하게 될 중요한 동기에 대하여 피해자의 자유의사를 제압할 만한 위력을 행사하였다고 볼 수 있다.

가) 피고인이 피해자에게 보낸 메시지에는 채무변제를 대신하거나 채무변제 또는 연체를 이유로 성교행위를 요구하는 것도 포함되어 있다. 또한 채무변제를 요구하는 것이 많기는 하나 순수하게 채무변제를 요구하는 것이 아니라 채무변제와 이를 대신한 성교행위 중에서 선택을 강요하는 것이고, 채무변제 여력이 없는 피해자에게 성교행위를 강요하는 것과 같아 성교행위를 결심하게 할 중요한 동기가 될 수 있다.

나) 피고인이 피해자에게 보낸 메시지에서 성교행위의 시간과 장소에 관하여 구체적으로 언급하지 않았으나 피고인과 피해자는 성매수 당시에도 트위터를 통해 연락하여 서로 의사가 합치하면 곧바로 만날 시간과 장소를 정하였고, 이 사건 당시에도 피해자가 피고인의 요구에 응하면 곧바로 시간과 장소를 정하여 성교행위에 나아갈 수 있었으므로 성교행위를 위한 시간과 장소를 정하지 않았

다는 사실이 범행계획의 구체성이나 피고인의 행위가 성교행위의 수단인지 여부에 있어 중요한 사항으로 보기 어렵다[대법원 2020. 10. 29., 선고, 2020도4015, 판결].

■ 관련판례 3

【판시사항】

[1] 아동·청소년을 타인의 성적 침해 또는 착취행위로부터 보호하고자 하는 이유 / 아동·청소년이 타인의 기망이나 왜곡된 신뢰관계의 이용에 의하여 외관상 성적 결정 또는 동의로 보이는 언동을 한 경우 이를 아동·청소년의 온전한 성적 자기결정권의 행사에 의한 것이라고 평가할 수 있는지 여부(소극)

[2] '성적 자기결정권'의 의미와 내용 / 위계에 의한 간음죄를 비롯한 강간과 추행의 죄의 보호법익(=소극적인 성적 자기결정권)

【판결요지】

[1] 국가와 사회는 아동·청소년에 대하여 다양한 보호의무를 부담한다. 국가는 청소년의 복지향상을 위한 정책을 실시하고(헌법 제34조 제4항), 초·중등교육을 실시할 의무(교육기본법 제8조)를 부담한다. 사법 영역에서도 마찬가지여서 친권자는 미성년자를 보호하고 양육하여야 하고(민법 제913조), 미성년자가 법정대리인의 동의 없이 한 법률행위는 원칙적으로 그 사유에 제한 없이 취소할 수 있다(민법 제5조).

법원도 아동·청소년이 피해자인 사건에서 아동·청소년이 특별히 보호되어야 할 대상임을 전제로 판단해 왔다. 대법원은 아동복지법상 아동에 대한 성적 학대행위 해당 여부를 판단함에 있어 아동이 명시적인 반대의사를 표시하지 아니하였더라도 성적 자기결정권을 행사하여 자신을 보호할 능력이 부족한 상황에 기인한 것인지 가려보아야 한다는 취지로 판시하였고, 아동복지법상 아동매매죄에 있어서 설령 아동 자신이 동의하였더라도 유죄가 인정된다고 판시하였다. 아동·청소년이 자신을 대상으로 음란물을 제작하는 데에 동의하였더라도 원칙적으로 아동·청소년의 성보호에 관한 법률상 아동·청소년이용 음란물 제작죄를 구성한다는 판시도 같은 취지이다.

이와 같이 아동·청소년을 보호하고자 하는 이유는, 아동·청소년은 사회적·문화적 제약 등으로 아직 온전한 자기결정권을 행사하기 어려울 뿐만 아니라, 인지적·심리적·관계적 자원의 부족으로 타인의 성적 침해 또는 착취행위로부터 자신을 방어하기 어려운 처지에 있기 때문이다. 또한 아동·청소년은 성적 가치관을 형성하고 성 건강을 완성해 가는 과정에 있으므로 아동·청소년에 대한 성적 침해 또는 착취행위는 아동·청소년이 성과 관련한 정신적·신체적 건강을 추구하고 자율적 인격을 형성·발전시키는 데에 심각하고 지속적인 부정적 영향을 미칠 수 있다. 따라서 아동·청소년이 외관상 성적 결정 또는 동의로 보이는 언동을 하였더라도, 그것이 타인의 기망이나 왜곡된 신뢰관계의 이용에 의한 것이라면, 이를 아동·청소년의 온전한 성적 자기결정권의 행사에 의한 것이라고 평가하기 어렵다.

[2] 성적 자기결정권은 스스로 선택한 인생관 등을 바탕으로 사회공동체 안에서 각자가 독자적으로 성적 관념을 확립하고 이에 따라 사생활의 영역에서 자기 스스로 내린 성적 결정에 따라 자기책임하에 상대방을 선택하고 성관계를 가질 권리로 이해된다. 여기에는 자신이 하고자 하는 성행위를 결정할 권리라는 적극적 측면과 함께 원치 않는 성행위를 거부할 권리라는 소극적 측면이 함께 존재하는데, 위계에 의한 간음죄를 비롯한 강간과 추행의 죄는 소극적 성적 자기결정권을 침해하는 것을 내용으로 한다[대법원 2020. 10. 29., 선고, 2018도16466, 판결].

■ 관련판례 4

【판시사항】

성폭행 사건의 피해자가 하는 진술의 증명력을 판단할 때 고려하여야 할 사항

【이 유】

상고이유를 판단한다.

제1심판결은 고등학교 교사인 피고인이 학생인 3명의 피해자에게 격려, 관심표명 등을 핑계 삼아 피해자의 신체를 만져서 추행하였다는 공소사실에 대하여, 판시와 같은 사정과 더불어, 피해자 공소외 1의 경우 피해 당시 주변에서 쉽게 목격할 수 있는 상황이었음에도 피고인에게 곧바로 항의하거나 다른 사람에게 피해사실을 알리지 않은 것을 납득하기 어렵고, 피해자 공소외 1, 피해자 공소외 2가 피고인과의 면담 과정에서 있었던 일로 징계를 받을 수 있는 상황에 처하자 피해사실을 꾸며내거나 과장하여 진술한 것으로 판단하여 무죄를 선고하였다.

이에 대하여 원심은, "성폭행 피해자의 대처 양상은 피해자의 성정이나 가해자와의 관계 및 구체적인 상황에 따라 다르게 나타날 수밖에 없다. 따라서 개별적, 구체적인 사건에서 성폭행 등의 피해자가 처하여 있는 특별한 사정을 충분히 고려하지 않은 채 피해자 진술의 증명력을 가볍게 배척하는 것은 정의와 형평의 이념에 입각하여 논리와 경험의 법칙에 따른 증거판단이라고 볼 수 없다."는 대법원 2019. 7. 11. 선고 2018도2614 판결 등의 법리를 원용한 다음, 피고인의 피해자 공소외 1에 대한 범행 장소와 시간, 경위를 구체적으로 살펴보면 주변에서 쉽게 피해상황을 목격하기 어려워 보이고, 피해자 공소외 1, 피해자 공소외 2가 피해사실을 최초 진술할 당시 징계에 회부될 수 있는 상황이었다거나 그런 말을 전해 듣고 허위로 피해사실을 꾸며낸 것으로는 보이지 않으며, 일부 피해자들이 범행 약 1개월 후 피고인의 교육태도 등에 관하여 강력히 항의하였는데 이는 '피고인의 신체접촉으로 인한 거부감이 피해자들로 하여금 피고인과 소통이 되지 않는다고 느끼는 데 영향을 미쳤던 것으로 보이고 그 상황에서 일부 피해자들이 피고인과 큰 갈등을 빚게 되자 친분 있는 다른 교사에게 피해사실을 알리게 되고 수사기관에서도 이 사건을 인지하여 수사가 개시되었다고 판단하여, 그 판시와 같은 인정 사실들과 더불어 피해자들 진술의 신빙성을 긍정하였다.

원심판결 이유를 관련 법리와 적법하게 채택한 증거에 비추어 살펴보면, 원심의 판단은 위 대법원 판결의 법리에 따라, '성추행 피해자가 추행 즉시 행위자에게 항의하지 않은 사정'이나 '피해 신고 시 성폭력이 아닌 다른 피해사실을 먼저 진술한 사정'만으로 곧바로 피해자 진술의 신빙성을 부정할 것이 아니고, 가해자와의 관계와 피해자의 구체적 상황을 모두 살펴 판단하여야 한다는 취지로서, 거기에 논리와 경험의 법칙을 위반하여 자유심증주의의 한계를 벗어나거나 강제추행죄의 성립 등에 관한 법리를 오해한 잘못이 없다[대법원 2020. 9. 24., 선고, 2020도7869, 판결].

■ 관련판례 5

【판시사항】

[1] 아동·청소년의 성보호에 관한 법률이 특별히 아동·청소년을 타인의 성적 침해 또는 착취행위로부터 보호하고자 하는 이유

[2] 피고인이 자신의 집에서 아동·청소년인 甲(여, 14세)을 반항하지 못하게 억압한 후 간음하고, 다음 날 같은 장소에서 전날 일에 대한 사과를 받으러 온 甲에게 성관계를 요구하였다가 甲이 이를 거부하자 다시 甲을 폭행하는 등 반항하지 못하게 한 후 간음하였다고 하여 아동·청소년의 성보호에 관한 법률 위반(강간)으로 기소된 사안에서, 甲이 전날 강간을 당한 후 다음 날 스스로 피고인의 집에 찾아갔더라도 그러한 甲의 행위가 甲 진술의 신빙성을 배척할 사정이 되지는 못한다는 이유로, 범행 후 甲의 일부 언행을 문제 삼아 피해자다움이 결여되었다는 등의 이유로 甲 진술 전체의 신빙성을 다투는 피고인의 주장을 배척하고 유죄를 인정한 원심판단이 정당하다고 한 사례

【이 유】

상고이유를 판단한다.

1. 가. 아동·청소년의 성보호에 관한 법률 제2조 제1호는 '아동·청소년'이란 19세 미만의 자(다만 19세에 도달하는 연도의 1. 1.을 맞이한

자는 제외한다)를 말한다고 정의하고, 제7조 제1항은 폭행 또는 협박으로 아동·청소년을 강간한 사람은 무기징역 또는 5년 이상의 유기징역에 처한다고 규정한다.

위 법이 특별히 아동·청소년을 보호하고자 하는 이유는, 아동·청소년은 사회적·문화적 제약 등으로 아직 온전한 자기결정권을 행사하기 어려울 뿐만 아니라, 인지적·심리적·관계적 자원의 부족으로 타인의 성적 침해 또는 착취행위로부터 자신을 방어하기 어려운 처지에 있기 때문이다. 또한 아동·청소년은 성적 가치관을 형성하고 성 건강을 완성해가는 과정에 있으므로 아동·청소년에 대한 성적 침해 또는 착취행위는 아동·청소년이 성과 관련한 정신적·신체적 건강을 추구하고 자율적 인격을 형성·발전시키는 데에 심각하고 지속적인 부정적 영향을 미칠 수 있다(*대법원 2020. 8. 27. 선고 2015도 9436 전원합의체 판결 참조*).

나. 이 사건 공소사실 중 피해자 공소외인(가명, 여, 14세)에 대한 아동·청소년의 성보호에 관한 법률 위반(강간)은, 피고인이 2018. 1. 26. 피고인의 주거지에서 피해자의 어깨를 잡아 눕히고, 팔과 무릎 등으로 피해자의 어깨와 팔 부위를 눌러 움직이지 못하게 하는 등 피해자로 하여금 반항하지 못하게 한 후 간음하고, 그 다음 날 같은 장소에서, 전날 일에 대한 사과를 받으러 온 피해자에게 성관계를 요구하였으나 피해자가 이를 거부하자 다시 피해자의 뺨을 때리고 어깨를 잡아 눕힌 다음 온몸으로 피해자를 눌러 움직이지 못하게 하는 등 피해자로 하여금 반항하지 못하게 한 후 간음하였다는 것이다.

다. 피고인은 이에 대하여 2018. 1. 26. 피해자와 합의하에 1회 성관계를 가졌을 뿐이고, 2018. 1. 27.에는 피해자를 만난 적도 없다고 주장하면서, 특히 전날 심각한 폭행 후 강간을 당하였다는 피해자가 사과를 받기 위해 혼자 피고인을 찾아가 피고인만 있는 집 안으로 들어가 다시 강간을 당하였다는 진술을 납득하기 어렵다고 주장하였다.

라. 원심은 이에 대하여 다음과 같이 판단하였다.

피해자가 피고인으로부터 강간을 당한 후 다음 날 혼자서 다시 피고인의 집을 찾아간 것이 일반적인 평균인의 경험칙이나 통념에 비추어 범죄 피해자로서는 취하지 않았을 특이하고 이례적인 행태로 보인다고 하더라도, 그로 인하여 곧바로 피해자의 진술에 신빙성이 없다고 단정할 수는 없다. 범죄를 경험한 후 피해자가 보이는 반응과 피해자가 선택하는 대응 방법은 천차만별인바, 강간을 당한 피해자가 반드시 가해자나 가해현장을 무서워하며 피하는 것이 마땅하다고는 볼 수 없고, 경우에 따라서는 가해자를 별로 무서워하지 않거나 피하지 않고 나아가 가해자를 먼저 찾아가는 것도 불가능하다고 볼 수는 없다. 피해자와 피고인의 나이 차이, 범행 이전의 우호적인 관계 등에 비추어 보면, 피해자로서는 사귀는 사이인 것으로 알았던 피고인이 자신을 상대로 느닷없이 강간 범행을 한 것에 대해서 의구심을 가지고 그 해명을 듣고 싶어 하는 마음을 가졌던 것으로 보이고, 피해자의 그러한 심리가 성폭력을 당한 여성으로서는 전혀 보일 수 없을 정도로 이례적이고 납득 불가능한 것이라고 할 수는 없다. 따라서 피해자가 2018. 1. 26.자 강간을 당한 후 그 다음 날 스스로 피고인의 집에 찾아갔다고 하더라도, 그러한 피해자의 행위가 피해자 진술의 신빙성을 배척할 사정이 되지는 못한다는 것이다.

마. 앞서 본 법리와 적법하게 채택한 증거에 비추어 살펴보면, 원심이 위와 같이 판단하여, 범행 후 피해자의 일부 언행을 문제 삼아 피해자다움이 결여되었다는 등의 이유로 피해자 진술 전체의 신빙성을 다투는 피고인의 주장을 배척하고 이 부분 공소사실을 유죄로 판단한 제1심판결을 그대로 유지한 것은 정당하고, 거기에 논리와 경험의 법칙을 위반하여 자유심증주의의 한계를 벗어난 잘못이 없다.

2. 형사소송법 제383조 제4호에 의하면 사형, 무기 또는 10년 이상의 징역이나 금고가 선고된 사건에서만 양형부당을 사유로 한 상고가 허용된다. 피고인에 대하여 그보다 가벼운 형이 선고된 이 사건에서 형이 너무 무거워 부당하다는 취지의 주장은 적법한 상고이유가 되지 못한다[대법원 2020. 9. 7., 선고, 2020도8016, 판결].

■ 관련판례 6

[1] 아동·청소년이 타인의 기망이나 왜곡된 신뢰관계의 이용에 의하여 외관 상 성적 결정 또는 동의로 보이는 언동을 한 경우, 이를 아동·청소년의 온전한 성적 자기결정권의 행사에 의한 것이라고 평가할 수 있는지 여 부(소극)

[2] 행위자가 간음의 목적으로 피해자에게 오인, 착각, 부지를 일으키고 피 해자의 그러한 심적 상태를 이용하여 간음의 목적을 달성한 경우, 위계 에 의한 간음죄가 성립하는지 여부(적극) / 피해자가 오인, 착각, 부지 에 빠지게 되는 대상이 간음행위 자체 외에 간음행위에 이르게 된 동기 이거나 간음행위와 결부된 금전적·비금전적 대가와 같은 요소일 수도 있는지 여부(적극) / 위계와 간음행위 사이 인과관계의 내용 및 이러한 인과관계를 판단할 때 고려해야 할 사정 / 간음행위와 인과관계가 있는 위계에 해당하는지 판단할 때 일반적·평균적 판단능력을 갖춘 성인 또 는 충분한 보호와 교육을 받은 또래의 시각에서 인과관계를 쉽사리 부 정하여서는 안 되는지 여부(적극)

[3] 피고인이 스마트폰 채팅 애플리케이션을 통하여 알게 된 14세의 피해 자에게 자신을 '고등학교 2학년인 甲'이라고 거짓으로 소개하고 채팅을 통해 교제하던 중 자신을 스토킹하는 여성 때문에 힘들다며 그 여성을 떼어내려면 자신의 선배와 성관계를 하여야 한다는 취지로 피해자에게 이야기하고, 피고인과 헤어지는 것이 두려워 피고인의 제안을 승낙한 피해자를 마치 자신이 甲의 선배인 것처럼 행세하여 간음한 사안에서, 피고인은 간음의 목적으로 피해자에게 오인, 착각, 부지를 일으키고 피 해자의 그러한 심적 상태를 이용하여 피해자를 간음한 것이므로 피고인 의 간음행위는 위계에 의한 것이라고 평가할 수 있다고 한 사례

[1] 아동·청소년을 보호하고자 하는 이유는, 아동·청소년은 사회적·문화적 제

약 등으로 아직 온전한 자기결정권을 행사하기 어려울 뿐만 아니라, 인지적·심리적·관계적 자원의 부족으로 타인의 성적 침해 또는 착취행위로부터 자신을 방어하기 어려운 처지에 있기 때문이다. 또한 아동·청소년은 성적 가치관을 형성하고 성 건강을 완성해가는 과정에 있으므로 아동·청소년에 대한 성적 침해 또는 착취행위는 아동·청소년이 성과 관련한 정신적·신체적 건강을 추구하고 자율적 인격을 형성·발전시키는 데에 심각하고 지속적인 부정적 영향을 미칠 수 있다. 따라서 아동·청소년이 외관상 성적 결정 또는 동의로 보이는 언동을 하였더라도, 그것이 타인의 기망이나 왜곡된 신뢰관계의 이용에 의한 것이라면, 이를 아동·청소년의 온전한 성적 자기결정권의 행사에 의한 것이라고 평가하기 어렵다.

[2] 위계에 의한 간음죄에서 '위계'란 행위자의 행위목적을 달성하기 위하여 피해자에게 오인, 착각, 부지를 일으키게 하여 이를 이용하는 것을 말한다. 이러한 위계의 개념 및 성폭력범행에 특히 취약한 사람을 보호하고 행위자를 강력하게 처벌하려는 입법 태도, 피해자의 인지적·심리적·관계적 특성으로 온전한 성적 자기결정권 행사를 기대하기 어려운 사정 등을 종합하면, 행위자가 간음의 목적으로 피해자에게 오인, 착각, 부지를 일으키고 피해자의 그러한 심적 상태를 이용하여 간음의 목적을 달성하였다면 위계와 간음행위 사이의 인과관계를 인정할 수 있고, 따라서 위계에 의한 간음죄가 성립한다. 왜곡된 성적 결정에 기초하여 성행위를 하였다면 왜곡이 발생한 지점이 성행위 그 자체인지 성행위에 이르게 된 동기인지는 성적 자기결정권에 대한 침해가 발생한 것은 마찬가지라는 점에서 핵심적인 부분이라고 하기 어렵다. 피해자가 오인, 착각, 부지에 빠지게 되는 대상은 간음행위 자체일 수도 있고, 간음행위에 이르게 된 동기이거나 간음행위와 결부된 금전적·비금전적 대가와 같은 요소일 수도 있다.

다만 행위자의 위계적 언동이 존재하였다는 사정만으로 위계에 의한 간음죄가 성립하는 것은 아니므로 위계적 언동의 내용 중에 피해자가 성행위를 결심하게 된 중요한 동기를 이룰 만한 사정이 포함되어 있어 피해자의 자발적인 성적 자기결정권의 행사가 없었다고 평가할 수 있어야 한다. 이와 같은 인과관계를 판단할 때에는 피해자의 연령 및 행위자와의 관계, 범행에 이르게 된 경위, 범행 당시와 전후의 상황 등 여러 사정을 종합적으로 고려하여야 한다.

한편 위계에 의한 간음죄가 보호대상으로 삼는 아동·청소년, 미성년자, 심신미약자, 피보호자·피감독자, 장애인 등의 성적 자기결정 능력은 그 나이, 성장과정, 환경, 지능 내지 정신기능 장애의 정도 등에 따라 개인별로 차이가 있으므로 간음행위와 인과관계가 있는 위계에 해당하는지 여부를 판단할 때에는 구체적인 범행 상황에 놓인 피해자의 입장과 관점이 충분히 고려되어야 하고, 일반적·평균적 판단능력을 갖춘 성인 또는 충분한 보호와 교육을 받은 또래의 시각에서 인과관계를 쉽사리 부정하여서는 안 된다.

[3] 피고인이 스마트폰 채팅 애플리케이션을 통하여 알게 된 14세의 피해자에게 자신을 '고등학교 2학년인 甲'이라고 거짓으로 소개하고 채팅을 통해 교제하던 중 자신을 스토킹하는 여성 때문에 힘들다며 그 여성을 떼어내려면 자신의 선배와 성관계를 하여야 한다는 취지로 피해자에게 이야기하고, 피고인과 헤어지는 것이 두려워 피고인의 제안을 승낙한 피해자를 마치 자신이 甲의 선배인 것처럼 행세하여 간음한 사안에서, 14세에 불과한 아동·청소년인 피해자는 36세 피고인에게 속아 자신이 甲의 선배와 성관계를 하는 것만이 甲을 스토킹하는 여성을 떼어내고 甲과 연인관계를 지속할 수 있는 방법이라고 오인하여 甲의 선배로 가장한 피고인과 성관계를 하였고, 피해자가 위와 같은 오인에 빠지지 않았다면 피고인과의 성행위에 응하지 않았을 것인데, 피해자가 오인한 상황은 피해자가 피고인과의 성행위를 결심하게 된 중요한 동기가 된 것으로 보이고, 이를 자발적이고 진지한 성적 자기결정권의 행사에 따른 것이라고 보기 어렵다는 이유로, 피고인은 간음의 목적으로 피해자에게 오인, 착각, 부지를 일으키고 피해자의 그러한 심적 상태를 이용하여 피해자를 간음한 것이므로 이러한 피고인의 간음행위는 위계에 의

한 것이라고 평가할 수 있음에도 이와 달리 본 원심판결에 위계에 의한 간음죄에 관한 법리오해의 위법이 있다고 한 사례*[대법원 2020. 8. 27., 선고, 2015도9436, 전원합의체 판결]*.

■ 관련판례 7

【판시사항】

피고인에 대하여 아동·청소년의 성보호에 관한 법률 위반(강간등)죄로 징역 6년, 10년간 위치추적 전자장치 부착명령 등을 선고하고 전자장치 부착기간 동안 피해자 등의 주거 등 500m 이내 출입금지 등의 준수사항을 부과한 판결이 확정되었는데, 그 후 검사가 전자장치 부착명령 관련하여 일정량 이상의 음주를 제한하는 준수사항의 추가를 청구하였고, 제1심법원이 검사의 청구를 받아들여 '전자장치 부착기간 중 준수사항에 위 추가 준수사항을 부과한다'는 결정을 하자 피고인이 항고한 사안에서, 제1심결정을 취소하고, 위 추가 준수사항에 1년의 준수기간을 정하여 피고인에게 준수사항을 부과한 사례

【판결요지】

피고인에 대하여 아동·청소년의 성보호에 관한 법률 위반(강간등)죄로 징역 6년, 10년간 위치추적 전자장치(이하 '전자장치'라 한다) 부착명령 등을 선고하고 전자장치 부착기간 동안 피해자 등의 주거 등 500m 이내 출입금지 등의 준수사항을 부과한 본안판결이 확정되었는데, 그 후 검사가 전자장치 부착명령 관련하여 일정량 이상의 음주를 제한하는 준수사항(이하 '추가 준수사항'이라 한다)의 추가를 청구하였고, 제1심법원이 검사의 청구를 받아들여 '전자장치 부착기간 중 준수사항에 추가 준수사항을 부과한다'는 결정을 하자 피고인이 항고한 사안이다.

특정 범죄자에 대한 보호관찰 및 전자장치 부착 등에 관한 법률(이하 '전자장치부착법'이라 한다) 제9조 제3항, 제9조의2 제1항, 제14조의2 제1항 제1호, 보호관찰 등에 관한 법률(이하 '보호관찰법'이라 한다) 제32조 제1

항, 제2항, 제3항 제7호의 내용과 관련 법리 및 피고인은 전자장치 부착명령 기간 중에 술을 마신 상태에서 여러 차례 폭력 범행을 저질렀고, 본안판결 범행 전에도 음주운전 전과가 3회 있으며, 본안판결 범죄사실도 피고인이 술에 취하여 항거불능 상태인 피해자를 간음하였다는 내용인 점, 피고인은 전자장치 부착명령 기간 중 두 차례 음주 후 자살을 시도하여 보호관찰소 신속대응팀과 경찰이 출동하여 이를 제지한 사실이 있고, 피고인에 대한 알코올사용장애 선별검사(AUDIT) 결과 '알코올중독' 상태로 평가된 점 등을 종합하면, 피고인은 보호관찰법 제32조에 따른 준수사항을 위반한 사실이 인정되고, 추가 준수사항은 전자장치부착법 제9조의2 제1항 제5호에서 정한 '그 밖에 부착명령을 선고받는 사람의 재범방지와 성행교정을 위하여 필요한 사항'에 해당하는 것으로서, 제1심이 추가 준수사항을 부과한 것은 피고인의 교화·개선을 위해 필요하나, 다만 전자장치 부착기간이 7년 이상 남아 있고, 형사정책적인 면에서 준수사항 추가 시 피고인이 스스로 이를 성실히 지키고 교화·개선될 유인을 제공할 필요 및 이를 위해 상황에 맞는 적정한 준수기간을 정할 필요가 있는 점, 피고인의 자유를 상당히 제한하는 내용의 추가 준수사항을 부과할 때에는 막연히 7년 넘게 남아 있는 잔여 부착기간 전부에 대하여 부과할 것이 아니라 부착기간 범위에서 적정한 준수기간을 정할 수 있는지를 살펴야 하는 점 등에 비추어, 제1심이 추가 준수사항에 준수기간의 제한을 두지 않고 잔여 부착기간 전부를 그 준수기간으로 정한 것은 필요하고도 적절한 한도 내에서 준수사항을 추가한 것으로 보기 어려워 부당하다는 이유로, 제1심결정을 취소하고, 추가 준수사항에 1년의 준수기간을 정하여 피고인에게 준수사항을 부과한 사례이다*[서울고법 2020. 7. 15., 자, 2020로52, 결정 : 확정].*

■ **관련판례 8**

【판시사항】

미성년자인 피해자가 자신을 보호·감독하는 지위에 있는 친족으로부터 성범죄를 당하였다고 진술하는 경우에 그 진술의 신빙성을 함부로 배척해서는 아니 되는 경우 / 친족관계에 의한 성범죄를 당하였다는 미성년자인 피해자가 법정에서 수사기관에서의 진술을 번복하는 경우, 어느 진술에 신빙성이 있는지 판단하는 기준

【판결요지】

미성년자인 피해자가 자신을 보호·감독하는 지위에 있는 친족으로부터 강간이나 강제추행 등 성범죄를 당하였다고 진술하는 경우에 그 진술의 신빙성을 판단함에 있어서, 피해자가 자신의 진술 이외에는 달리 물적 증거 또는 직접 목격자가 없음을 알면서도 보호자의 형사처벌을 무릅쓰고 스스로 수치스러운 피해 사실을 밝히고 있고, 허위로 그와 같은 진술을 할 만한 동기나 이유가 분명하게 드러나지 않을 뿐만 아니라, 진술 내용이 사실적·구체적이고, 주요 부분이 일관되며, 경험칙에 비추어 비합리적이거나 진술 자체로 모순되는 부분이 없다면, 그 진술의 신빙성을 함부로 배척해서는 안 된다.

특히 친족관계에 의한 성범죄를 당하였다는 미성년자 피해자의 진술은 피고인에 대한 이중적인 감정, 가족들의 계속되는 회유와 압박 등으로 인하여 번복되거나 불분명해질 수 있는 특수성을 갖고 있으므로, 피해자가 법정에서 수사기관에서의 진술을 번복하는 경우, 수사기관에서 한 진술 내용 자체의 신빙성 인정 여부와 함께 법정에서 진술을 번복하게 된 동기나 이유, 경위 등을 충분히 심리하여 어느 진술에 신빙성이 있는지를 신중하게 판단하여야 한다*[대법원 2020. 5. 14., 선고, 2020도2433, 판결]*.

■ **관련판례 9**

【판시사항】

피고인은 아동·청소년인 甲(여, 18세)과 카카오톡 오픈채팅방에서 알게 되어 처음 만난 사이인데, 당일 놀이공원에서 甲과 함께 다니던 중 수회에 걸쳐 甲의 손을 갑자기 잡고, 옆구리를 쿡쿡 찌르며, 볼을 갑자기 만지고, 계속하여 팔을 벌려 껴안으려고 함으로써 甲을 강제로 추행하였다는 아동·청

소년의 성보호에 관한 법률 위반(강제추행)의 공소사실로 기소된 후 국민참여재판으로 진행된 사안에서, 검사가 제출한 증거만으로는 피고인의 행위가 '추행'에 해당한다고 보기 어렵다는 이유로 무죄를 선고한 사례

【판결요지】

피고인은 아동·청소년인 甲(여, 18세)과 카카오톡 오픈채팅방에서 알게 되어 처음 만난 사이인데, 당일 놀이공원에서 甲과 함께 다니던 중 수회에 걸쳐 甲의 손을 갑자기 잡고, 옆구리를 쿡쿡 찌르며, 볼을 갑자기 만지고, 계속하여 팔을 벌려 껴안으려고 함으로써 甲을 강제로 추행하였다는 아동·청소년의 성보호에 관한 법률 위반(강제추행)의 공소사실로 기소된 후 국민참여재판으로 진행된 사안이다.

'추행'이란 객관적으로 일반인에게 성적 수치심이나 혐오감을 일으키게 하고 선량한 성적 도덕관념에 반하는 행위로서 피해자의 성적 자유를 침해하는 것이고, 이에 해당하는지 여부는 피해자의 의사, 성별, 연령, 행위자와 피해자의 이전부터의 관계, 행위에 이르게 된 경위, 구체적 행위태양, 주위의 객관적 상황과 시대의 성적 도덕관념 등을 종합적으로 고려하여 신중히 결정하여야 하는데, 피고인과 甲 사이의 기존 관계, 문제 된 신체접촉의 경위나 정도 등을 종합하면, 검사가 제출한 증거만으로는 피고인의 행위가 '추행'에 해당한다는 점이 합리적인 의심을 할 여지가 없을 정도로 증명되었다고 보기 어렵다는 이유로 무죄를 선고한 사례이다(배심원 7명도 만장일치로 무죄의 평결을 함)*[서울동부지법 2020. 1. 15., 선고, 2019고합285, 판결 : 항소].*

■ **관련판례 10**

【판시사항】

2018. 12. 11. 법률 제15904호로 개정되어 2019. 6. 12. 시행된 장애인복지법의 시행 전에 아동·청소년 대상 성범죄를 범한 피고인에 대하여, 제1심이 개정법 시행일 이전에 유죄를 인정하여 징역 7년과 80시간의 성폭력치료프로그램 이수명령, 아동·청소년 관련기관 등에 10년간의 취업제한명령

을 선고하였고, 이에 대하여 피고인만이 양형부당으로 항소하였는데, 개정법 시행일 이후에 판결을 선고한 원심이 제1심판결을 직권으로 파기하고 유죄를 인정하면서 제1심보다 가벼운 징역 6년과 80시간의 성폭력 치료프로그램 이수명령, 아동·청소년 관련기관 등에 10년간의 취업제한명령과 함께 개정법 부칙 제2조와 개정법 제59조의3 제1항 본문에 따라 장애인복지시설에 10년간의 취업제한명령을 선고한 사안에서, 원심판결에 불이익변경금지원칙을 위반한 잘못이 없다고 한 사례

【판결요지】

2018. 12. 11. 법률 제15904호로 개정되어 2019. 6. 12. 시행된 장애인복지법(이하 '개정법'이라 한다)의 시행 전에 아동·청소년 대상 성범죄를 범한 피고인에 대하여, 제1심이 개정법 시행일 이전에 유죄를 인정하여 징역 7년과 80시간의 성폭력 치료프로그램 이수명령, 아동·청소년 관련기관 등에 10년간의 취업제한명령을 선고하였고, 이에 대하여 피고인만이 양형부당으로 항소하였는데, 개정법 시행일 이후에 판결을 선고한 원심이 제1심판결을 직권으로 파기하고 유죄를 인정하면서 제1심보다 가벼운 징역 6년과 80시간의 성폭력 치료프로그램 이수명령, 아동·청소년 관련기관 등에 10년간의 취업제한명령과 함께 개정법 부칙 제2조와 개정법 제59조의3 제1항 본문에 따라 장애인복지시설에 10년간의 취업제한명령을 선고한 사안에서, 제1심판결이 항소제기 없이 그대로 확정되었다면 개정법 부칙 제3조 제1항 제1호의 특례 규정에 따라 피고인은 5년간 장애인복지시설에 대한 취업이 제한되었을 것인데, 원심은 제1심이 선고한 징역형을 1년 단축하면서 제1심판결이 그대로 확정되었을 경우보다 더 긴 기간 동안 장애인복지시설에 대한 취업제한을 명한 것이므로 원심판결이 제1심판결보다 전체적·실질적으로 피고인에게 더 불이익한 판결이라고 할 수 없다는 이유로, 원심판결에 불이익변경금지원칙을 위반한 잘못이 없다고 한 사례*[대법원 2019. 10. 17., 선고, 2019도11609, 판결].*

【판시사항】

피고인이 피해자 甲(여, 18세)과 성관계를 할 의사로 술에 취하여 모텔 침대에 잠들어 있는 甲의 속바지를 벗기다가 甲이 깨어나자 중단함으로써 甲의 항거불능 상태를 이용하여 간음하려다가 미수에 그쳤다고 하여 아동·청소년의 성보호에 관한 법률 위반(준강간)으로 기소된 사안에서, 피고인이 甲의 속바지를 벗기려던 행위는 간음의 의도를 가지고 간음의 수단이라고 할 수 있는 행동을 시작한 것으로서 준강간죄의 실행에 착수한 것이라고 한 사례

【이 유】

상고이유를 판단한다.

1. 상고이유 제1점에 관하여

준강간죄에서 실행의 착수 시기는 피해자의 심신상실 또는 항거불능의 상태를 이용하여 간음을 할 의도를 가지고 간음의 수단이라고 할 수 있는 행동을 시작한 때로 보아야 한다*(대법원 2000. 1. 14. 선고 99도5187 판결 참조)*.

원심판결 이유 및 기록에 의하면 피고인이 피해자와 성관계를 할 의사로 술에 취하여 모텔 침대에 잠들어 있는 피해자의 속바지를 벗기다가 피해자가 깨어나자 중단한 사실을 알 수 있다. 그렇다면 피고인이 피해자의 속바지를 벗기려던 행위는 간음의 의도를 가지고 간음의 수단이라고 할 수 있는 행동을 시작한 것으로서 준강간죄의 실행에 착수한 것으로 보아야 한다. 따라서 이와 다른 전제의 이 부분 상고이유 주장은 받아들이지 아니한다.

2. 나머지 상고이유 주장에 관하여

원심은 그 판시와 같은 이유로 피고인이 피해자가 아동·청소년에 해당한다는 사실을 알면서 피해자의 심신상실 또는 항거불능 상태를 이용하여 피해자를 간음하려다가 미수에 그쳤다고 보아, 공소사실을 유죄로 판단하였다.

원심판결 이유를 관련 법리와 적법하게 채택된 증거에 비추어 살펴보면, 원심의 위와 같은 판단은 정당하고 거기에 상고이유 주장과 같이 채증법칙을 위반하여 사실을 오인하거나 준강간죄에 관한 법리를 오해하는 등의 잘못이 없다[대법원 2019. 2. 14., 선고, 2018도19295, 판결].

■ 관련판례 12

【판시사항】

고등학교 교사인 피고인이 담임을 맡고 있는 학급의 여학생 3명의 피해자들에게 '남자 친구 대신 사랑을 주면 안 되냐?', '너는 왜 애교를 부리지 않니?' 등과 같이 말하면서 몸을 밀착시키고, 등을 쓰다듬고, 어깨를 주무르고, 양팔로 끌어안고, 볼을 서로 닿게 하는 등의 행위를 함으로써 위력으로 청소년인 피해자들을 추행하고, 이러한 행위에 대한 수사가 시작되어 담임교사의 업무를 수행하지 않게 되었음에도 학생들의 개인정보를 이용하여 학부모들에게 내용증명서를 발송하거나 발송 의뢰하는 방법으로 개인정보를 제공받은 목적 외의 용도로 이용하였다고 하여 아동·청소년의 성보호에 관한 법률 위반 및 개인정보 보호법 위반으로 기소된 사안에서, 피고인에게 유죄를 선고한 사례

【판결요지】

고등학교 교사인 피고인이 담임을 맡고 있는 학급의 여학생 3명의 피해자들에게 '남자 친구 대신 사랑을 주면 안 되냐?', '너는 왜 애교를 부리지 않니?' 등과 같이 말하면서 몸을 밀착시키고, 등을 쓰다듬고, 어깨를 주무르고, 양팔로 끌어안고, 볼을 서로 닿게 하는 등의 행위를 함으로써 위력으로 청소년인 피해자들을 추행하고, 이러한 행위에 대한 수사가 시작되어 담임교사의 업무를 수행하지 않게 되었음에도 학생들의 개인정보를 이용하여 학부모들에게 내용증명서를 발송하거나 발송 의뢰하는 방법으로 개인정보를 제공받은 목적 외의 용도로 이용하였다고 하여 아동·청소년의 성보호에 관한 법률 위반 및 개인정보 보호법 위반으로 기소된 사안에서, 피해자들 진

술의 전후 내용이 자연스러우며 상세한 점, 피해자들이 우연한 계기로 학교에 피해사실을 진술하게 되었던 점, 피해자들이 피고인에 대하여 허위로 진술할 만한 특별한 사정이 있다고 보기 어려운 점 등을 종합하면 공소사실에 부합하는 피해자들 진술에 신빙성이 있고, 과거 교육현장에서 훈계 혹은 친밀감의 표시로서 관행적으로 묵인되어 오던 언행이라도 피해자인 아동·청소년의 시각에서 수치심이나 혐오감을 느낄 수 있는 행위라면 형법이 정한 '추행'에 해당하는 점에 비추어 피고인의 행위는 교사에게 허용되는 범위를 넘어선 추행에 해당하고, 피고인의 행위 태양 및 그 강도에 비추어 추행의 고의도 인정되며, 나아가 피고인이 내용증명을 보내기 위하여 학생들의 개인정보를 이용한 것은 목적의 정당성, 긴급성 또는 보충성의 요건을 충족하지 못한 행위이므로 정당행위에 해당하지 않는다는 이유로, 피고인에게 유죄를 선고한 사례*[수원지법 2018. 2. 20., 선고, 2017고합281, 판결 : 항소].*

■ 관련판례 13

【판시사항】

[1] 강제추행죄에서 '추행'의 의미 및 추행에 해당하는지 판단하는 기준

[2] 강제추행죄가 '자수범'에 해당하는지 여부(소극) / 피해자를 도구로 삼아 피해자의 신체를 이용하여 추행행위를 한 경우, 강제추행죄의 간접정범에 해당하는지 여부(적극)

【판결요지】

[1] 강제추행죄에서 추행은 객관적으로 일반인에게 성적 수치심이나 혐오감을 일으키게 하고 선량한 성적 도덕관념에 반하는 행위로서 피해자의 성적 자유를 침해하는 것을 의미한다. 여기에 해당하는지 여부는 피해자의 의사, 성별, 나이, 행위자와 피해자의 이전부터의 관계, 그 행위에 이르게 된 경위, 구체적 행위태양, 주위의 객관적 상황과 그 시대의 성적 도덕관념 등을 종합적으로 고려하여 신중히 결정되어야 한다.

[2] 강제추행죄는 사람의 성적 자유 내지 성적 자기결정의 자유를 보호하기

위한 죄로서 정범 자신이 직접 범죄를 실행하여야 성립하는 자수범이라고 볼 수 없으므로, 처벌되지 아니하는 타인을 도구로 삼아 피해자를 강제로 추행하는 간접정범의 형태로도 범할 수 있다. 여기서 강제추행에 관한 간접정범의 의사를 실현하는 도구로서의 타인에는 피해자도 포함될 수 있으므로, 피해자를 도구로 삼아 피해자의 신체를 이용하여 추행행위를 한 경우에도 강제추행죄의 간접정범에 해당할 수 있다*[대법원 2018. 2. 8., 선고, 2016도17733, 판결]*.

■ 관련판례 14

【판시사항】

피고인이 밤에 술을 마시고 배회하던 중 버스에서 내려 혼자 걸어가는 피해자 甲을 발견하고 마스크를 착용한 채 뒤따라가다가 인적이 없고 외진 곳에서 가까이 접근하여 껴안으려 하였으나, 甲이 뒤돌아보면서 소리치자 그 상태로 몇 초 동안 쳐다보다가 다시 오던 길로 되돌아갔다고 하여 아동·청소년의 성보호에 관한 법률 위반으로 기소된 사안에서, 피고인의 행위가 아동·청소년에 대한 강제추행미수죄에 해당한다고 한 사례

【판결요지】

피고인이 밤에 술을 마시고 배회하던 중 버스에서 내려 혼자 걸어가는 피해자 甲(여, 17세)을 발견하고 마스크를 착용한 채 뒤따라가다가 인적이 없고 외진 곳에서 가까이 접근하여 껴안으려 하였으나, 甲이 뒤돌아보면서 소리치자 그 상태로 몇 초 동안 쳐다보다가 다시 오던 길로 되돌아갔다고 하여 아동·청소년의 성보호에 관한 법률 위반으로 기소된 사안에서, 피고인과 甲의 관계, 甲의 연령과 의사, 행위에 이르게 된 경위와 당시 상황, 행위 후 甲의 반응 및 행위가 甲에게 미친 영향 등을 고려하여 보면, 피고인은 甲을 추행하기 위해 뒤따라간 것으로 추행의 고의를 인정할 수 있고, 피고인이 가까이 접근하여 갑자기 뒤에서 껴안는 행위는 일반인에게 성적 수치심이나 혐오감을 일으키게 하고 선량한 성적 도덕관념에 반하는 행위로서 甲의 성적 자유

를 침해하는 행위여서 그 자체로 이른바 '기습추행' 행위로 볼 수 있으므로, 피고인의 팔이 甲의 몸에 닿지 않았더라도 양팔을 높이 들어 갑자기 뒤에서 껴안으려는 행위는 甲의 의사에 반하는 유형력의 행사로서 폭행행위에 해당하며, 그때 '기습추행'에 관한 실행의 착수가 있는데, 마침 甲이 뒤돌아보면서 소리치는 바람에 몸을 껴안는 추행의 결과에 이르지 못하고 미수에 그쳤으므로, 피고인의 행위는 아동·청소년에 대한 강제추행미수죄에 해당한다고 한 사례[대법원 2015. 9. 10., 선고, 2015도6980,2015모2524, 판결].

■ **관련판례 15**

【판시사항】

피고인의 마약류 관리에 관한 법률 위반(향정) 및 아동·청소년의 성보호에 관한 법률 위반(강간) 범행이 제1심에서 유죄로 인정되었는데, 각 범죄 이후 원심판결 선고 전에 별도의 죄로 징역형을 선고받아 판결이 확정된 사안에서, 각 범죄는 판결이 확정된 죄와 형법 제37조 후단 경합범 관계에 있어 각 죄를 동시에 판결할 경우와 형평성을 고려해야 하는 등 제반 사정을 종합하면 제1심이 선고한 형이 너무 무거워서 부당하다고 할 수 없다고 본 원심판단은 형법 제39조 제1항의 법리에 따라 형의 양정을 한 것으로서 정당하다고 한 사례

【이 유】

상고이유(상고이유서 제출기간이 지난 후에 제출된 상고이유보충서 등 기재는 상고이유를 보충하는 범위 내에서)를 판단한다.

1. 피고인들의 사실오인 상고이유에 대하여

원심판결 이유를 원심이 적법하게 채택하여 조사한 증거들에 비추어 살펴보면, 원심이 그 판시와 같은 이유를 들어 이 사건 공소사실이 모두 유죄로 인정된다고 판단한 것은 정당하고, 거기에 상고이유 주장과 같이 논리와 경험의 법칙을 위반하여 자유심증주의의 한계를 벗어난 위법이 없다.

2. 피고인 2의 법리오해에 관한 상고이유에 대하여

기록에 의하면, 피고인 2는 이 사건 각 범죄 이후인 2013. 12. 20. 서

울북부지방법원에서 강간죄, 마약류관리에관한법률위반(향정)죄 등의 죄로 징역 7년을 선고받아 2014. 8. 28. 그 판결이 확정되었음을 알 수 있으므로, 피고인 2의 이 사건 각 범죄와 판결이 확정된 위 각 죄는 모두 형법 제37조 후단의 경합범의 관계에 있어 형법 제39조 제1항에 의하여 피고인 2의 이 사건 각 범죄와 판결이 확정된 위 각 죄를 동시에 판결할 경우와 형평을 고려하여 피고인 2의 이 사건 각 범죄에 대하여 형을 선고하여야 할 것이다.

기록에 의하면, 판결이 확정된 위 각 죄의 제1심 판결문이 제출되어 있고, 원심은 판결문에서 피고인 2의 이 사건 각 범죄는 판결이 확정된 위 각 죄와 형법 제37조 후단의 경합범 관계에 있으므로 위 각 죄를 동시에 판결할 경우와의 형평성을 고려해야 한다고 설시하면서, 제반 사정을 종합하면 제1심이 피고인 2에 대하여 선고한 형이 너무 무거워서 부당하다고 할 수 없다고 판단하였음을 인정할 수 있으므로, 원심이 앞서 본 법리에 따라 형의 양정을 한 것이라 할 것이고, 거기에 상고이유 주장과 같이 형법 제37조 후단에 관한 법리를 오해한 위법이 없다.

3. 피고인 3의 법리오해, 심리미진 등에 관한 상고이유에 대하여

피고인 3의 상고이유 중 검사 작성 피의자신문조서가 위조 또는 변조되었고, 피해자의 진술조서가 위법하게 작성되었다는 취지의 주장 등은 피고인 3가 이를 항소이유로 삼거나 원심이 직권으로 심판대상으로 삼은 바가 없는 것을 상고이유에서 비로소 주장하는 것으로서 적법한 상고이유가 되지 못한다. 나아가 살펴보더라도 원심판결에 피고인 3의 이 부분 상고이유 주장과 같은 법리오해, 심리미진 등의 위법이 없다.

4. 피고인들의 양형부당에 관한 상고이유에 대하여

형사소송법 제383조 제4호에 의하면 사형, 무기 또는 10년 이상의 징역이나 금고가 선고된 사건에서만 양형부당을 사유로 한 상고가 허용되므로, 피고인 4에 대하여 그보다 가벼운 형이 선고된 이 사건에서 형의 양정이 부당하다는 취지의 주장은 적법한 상고이유가 되지 못한다.

그리고 나머지 피고인들의 각 전과·연령·성행·환경, 피해자와의 관계,

이 사건 각 범행의 동기·수단과 결과, 범행 후의 정황 등 기록에 나타난 양형의 조건이 되는 여러 가지 사정들을 살펴보면, 피고인 1에 대하여 징역 11년, 피고인 2, 피고인 3에 대하여 각 징역 10년을 선고한 원심의 형의 양정이 심히 부당하다고 할 수 없다*[대법원 2015. 4. 9., 선고, 2015도147, 판결].*

■ 관련판례 16

【판시사항】

[1] 이미 유죄판결이 확정된 아동·청소년 대상 성폭력범죄의 경우, 2012. 12. 18. 법률 제11556호로 전부 개정된 '성폭력범죄의 처벌 등에 관한 특례법' 부칙 제7조에 따른 소급적인 공개명령 및 고지명령의 대상이 되는지 여부(소극)

[2] 아동·청소년을 상대로 2008. 11. 17. 성폭력범죄를 저질러 2009. 5. 21. 유죄판결이 확정된 피고인에 대하여 공개명령 및 고지명령이 청구된 사안에서, 피고인이 2012. 12. 18. 법률 제11556호로 전부 개정된 '성폭력범죄의 처벌 등에 관한 특례법' 부칙 제7조에 따른 공개명령 및 고지명령의 대상이 된다고 판단한 원심결정에 법리오해의 위법이 있다고 한 사례

【판결요지】

[1] 2010. 4. 15. 법률 제10258호로 제정·공포된 '성폭력범죄의 처벌 등에 관한 특례법' 제37조 제1항, 부칙 제2조 제2항, 2012. 12. 18. 법률 제11556호로 전부 개정되어 2013. 6. 19. 시행된 '성폭력범죄의 처벌 등에 관한 특례법'(이하 '법률 제11556호 성폭력특례법'이라 한다) 부칙 제7조 제1항, 제2항, 2009. 6. 9. 법률 제9765호로 전부 개정되어 2010. 1. 1. 시행된 '아동·청소년의 성보호에 관한 법률' 부칙 제3조 제2항(2010. 7. 23. 법률 제10391호로 신설된 것), 제3항 (2010. 7. 23. 법률 제10391호로 신설된 것), 2012. 12. 18. 법률

제11572호로 전부 개정되어 2013. 6. 19. 시행된 '아동·청소년의 성보호에 관한 법률'(이하 '법률 제11572호 아동성보호법'이라 한다) 부칙 제5조 제2항, 제3항, 제8조의 내용 및 체제와 법률 개정 연혁 등에 비추어 보면, 이미 유죄판결이 확정된 아동·청소년 대상 성폭력범죄의 경우, 법률 제11572호 아동성보호법 부칙 제5조, 제8조가 규정하고 있는 공개명령의 전환이나 소급적인 고지명령의 대상이 될 수 있는지만 문제될 뿐 법률 제11556호 성폭력특례법 부칙 제7조에 따른 소급적인 공개명령 및 고지명령의 대상은 되지 않는다.

[2] 아동·청소년을 상대로 2008. 11. 17. 성폭력범죄를 저질러 그에 관한 유죄판결이 2009. 5. 21. 확정된 피고인에 대하여 공개명령 및 고지명령이 청구된 사안에서, 위 범죄는 2007. 8. 3. 법률 제8634호로 전부 개정되어 2008. 2. 4. 시행된 '청소년의 성보호에 관한 법률'에 의한 열람명령이 없었던 범행이므로, 2012. 12. 18. 법률 제11556호로 전부 개정되어 2013. 6. 19. 시행된 '성폭력범죄의 처벌 등에 관한 특례법'(이하 '법률 제11556호 성폭력특례법'이라 한다) 부칙 제7조 및 2012. 12. 18. 법률 제11572호로 전부 개정되어 2013. 6. 19. 시행된 '아동·청소년의 성보호에 관한 법률' 부칙 제5조, 제8조 등의 규정에 따른 공개명령 및 고지명령의 대상이 되지 아니함에도, 이와 달리 위 범죄에 관하여 피고인이 법률 제11556호 성폭력특례법 부칙 제7조 따른 공개명령 및 고지명령의 대상이 된다고 판단한 원심결정에 유죄판결이 확정된 아동·청소년 대상 성폭력범죄에 관한 공개명령 및 고지명령의 요건, 법률 제11556호 성폭력특례법 부칙 제7조의 적용 범위 등에 관한 법리오해의 위법이 있다고 한 사례*[대법원 2014. 10. 31., 자, 2014모1166, 결정]*.

■ 관련판례 17

【판시사항】

[1] 성폭력범죄의 처벌 등에 관한 특례법 제11조 위반죄가 아동·청소년의 성보호에 관한 법률 제7조 제4항, 제3항, 형법 제299조 위반죄에 대하여 특별법 관계에 있는지 여부(소극)

[2] 아동·청소년의 성보호에 관한 법률 제7조 제4항, 제3항, 형법 제299조 위반죄로 기소된 공소사실이 반의사불벌죄에 해당하는지 여부(소극)

【이 유】

상고이유를 판단한다.

1. 피고사건에 관하여

가. 「성폭력범죄의 처벌 등에 관한 특례법」(2012. 12. 18. 법률 제11556호로 전부 개정되기 전의 것. 이하 '성폭력특례법'이라 한다) 제11조 위반죄의 구성요건과 「아동·청소년의 성보호에 관한 법률」(2012. 12. 18. 법률 제11572호로 전부 개정되기 전의 것. 이하 '아동성보호법'이라 한다) 제7조 제4항, 제3항, 형법 제299조 위반죄의 구성요건을 비교하여 보면, 위 각 죄는 그 행위의 객체와 태양, 범행의 대상이 아동·청소년이라는 점에 대한 인식 요부 등에 차이가 있고, 성폭력특례법 제11조 위반죄의 구성요건이 아동성보호법 제7조 제4항, 제3항, 형법 제299조 위반죄의 구성요건의 모든 요소를 포함하는 외에 다른 요소를 구비하는 경우에 해당하지도 아니하므로, 전자가 후자에 대하여 특별법의 관계에 있다고 볼 수 없다. 따라서 성폭력특례법 제11조 위반죄(아동성보호법 제16조 단서는 아동·청소년을 대상으로 한 성폭력특례법 제11조 위반죄를 반의사불벌죄로 규정하고 있다)가 아니라 아동성보호법 제7조 제4항, 제3항, 형법 제299조 위반죄로 기소된 공소사실은 반의사불벌죄에 해당하지 않는다 *(대법원 2012. 8. 30. 선고 2012도6503 판결 등 참조)*.

이와 같은 법리와 법률 규정에 비추어 보면, 검사가 피고인 겸 피부착명령청구자(이하 '피고인'이라 한다)를 성폭력특례법 제11조 위반죄가 아니라 아동성보호법 제7조 제4항, 제3항, 형법 제299조 위반죄로 기소한 이 사건에서 원심이 피고인에 대하여 유죄를 인정한 제1심판결을 그대로 유지한 것은 정당하고, 거기에 상고이유의 주장과 같은 아동성보호법 제16조나 형사소송법 제327조 제6호에 관한 법령 위반의 위법이 없다.

나. 원심판결 이유를 기록에 비추어 살펴보면 원심이 그 판시와 같은 사정을 들어 피고인의 심신미약 주장을 배척한 것은 정당하고, 거기에 상고이유의 주장과 같은 위법이 없다.

그리고 형사소송법 제383조 제4호에 의하면 사형, 무기 또는 10년 이상의 징역이나 금고가 선고된 사건에서만 양형부당을 사유로 한 상고가 허용되므로, 피고인에 대하여 그보다 가벼운 형이 선고된 이 사건에서 형의 양정이 부당하다는 주장은 적법한 상고이유가 되지 못하고, 피해자의 처벌불원 의사표시, 피고인의 반성, 추행 정도의 경미성, 전자장치 부착명령의 가혹함 등 양형에 영향을 미친 사실을 오인하였다는 주장 역시 형의 양정이 부당하는 취지에 불과하므로 적법한 상고이유가 되지 못한다.

또한 상고이유 중 공개·고지명령이 부당하다는 취지의 주장은 피고인이 이를 항소이유로 주장하거나 원심이 직권으로 심판대상으로 삼은 바가 없는 것을 상고이유에서 비로소 주장하는 것이어서 적법한 상고이유가 되지 못한다. 나아가 기록에 비추어 살펴보더라도 원심판결에 상고이유의 주장과 같은 위법이 없다.

2. 부착명령청구사건에 관하여

원심판결 이유를 원심이 유지한 제1심이 적법하게 채택한 증거들에 비추어 살펴보면, 원심이 그 판시와 같은 이유로 피고인이 성폭력범죄를 다시 범할 위험성이 있다고 보아 피고인에 대하여 3년간 위치추적 전자장치의 부착을 명한 제1심판결을 그대로 유지한 것은 정당하고, 거기에 상고이유의 주장과 같은 위법이 없다[대법원 2013. 4. 26., 선고, 2013도2024,2013전도43, 판결].

■ 관련판례 18

【판시사항】

약식명령에 대해 피고인이 정식재판을 청구하여 제1심이 동일한 벌금형을 선고한 데 대하여 피고인만이 항소한 사안에서, 원심이 제1심과 동일한 벌금형을 선고하면서 성폭력 치료프로그램 이수명령을 병과한 것은 전체적·실질적으로 볼 때 피고인에게 불이익하게 변경한 것이어서 허용되지 않는다는 등의 이유로 원심판결을 파기하고 피고인의 항소를 기각한 사례

【이 유】

1. 상고이유에 대한 판단

피고인의 상고이유 주장은, 피고인은 이 사건 공소사실 기재와 같이 고의적으로 추행행위를 한 적이 없는데도 불구하고 원심이 잘못된 사실인정을 함으로써 피고인을 유죄로 판단하였으니, 원심판결이 위법하다는 취지이다.

그러나 사실의 인정과 그 전제로 이루어지는 증거의 취사선택 및 평가는 자유심증주의의 한계를 벗어나지 않는 한 사실심법원의 전권에 속한다. 원심판결 이유를 기록에 비추어 살펴보아도 그 판시와 같은 제반 사정에 비추어 피고인이 피해자를 추행한 사실을 인정할 수 있다고 판단한 원심의 사실인정에 자유심증주의의 한계를 벗어난 잘못을 발견할 수 없다. 따라서 위와 같은 상고이유 주장은 원심법원의 전권에 속하는 사항을 비난하는 것에 불과하므로 받아들일 수 없다.

2. 직권판단

가. 약식명령에 대하여 피고인이 정식재판을 청구한 사건에 대하여는 약식명령의 형보다 중한 형을 선고하지 못한다(형사소송법 제457조의 2). 또한 피고인만이 항소한 사건에 대하여는 원심판결의 형보다 중한 형을 선고하지 못한다(형사소송법 제368조). 이때 그 형이 피고인에게 불이익하게 변경되었는지 여부에 관한 판단은 형법상 형의 경중을 기준으로 하되 이를 개별적·형식적으로 고찰할 것이 아니라 주

문 전체를 고려하여 피고인에게 실질적으로 불이익한지 아닌지를 보아 판단하여야 한다*(대법원 2010. 2. 11. 선고 2009도12967 판결 등 참조).*

나. 기록에 의하면 이 사건 범행은 피고인이 19세 미만인 아동·청소년을 대상으로 하는 성범죄를 저질렀다는 것으로서 피고인에 대하여 벌금 500만 원의 약식명령이 발령되자 피고인이 정식재판을 청구하였고, 이에 제1심도 피고인에게 벌금 500만 원을 선고하자 피고인만이 항소하였다.

원심은, 「아동·청소년의 성보호에 관한 법률」(이하 '법률') 제13조 제1항을 들어 피고인에게 벌금 이상의 형을 선고할 경우 특별한 사정이 없는 한 300시간의 범위에서 재범예방에 필요한 성폭력 치료프로그램의 이수명령을 필요적으로 병과하여야 하고, 다만 피고인에게 형법 제10조의 심신장애자 등 이수명령을 부과할 수 없는 특별한 사정이 있는 경우에 한하여 이수명령을 병과하지 아니할 수 있는데, 이 사건의 경우 피고인에게 그러한 사정이 있다고 보기 어려우므로 이수명령의 선고를 누락한 제1심판결은 위법하다고 하여 제1심판결을 직권으로 파기하였다. 원심은 나아가, 위 '이수명령'은 형벌 그 자체가 아니라 보안처분의 성격을 가지는 것이므로, 피고인만이 정식재판을 청구하고 항소한 이 사건에 있어서 원심이 새로이 이수명령을 병과한다고 하더라도 불이익변경금지의 원칙에 위반되지 않는다고 하면서, 제1심과 동일한 벌금 500만 원을 선고하고, 아울러 40시간의 성폭력 치료프로그램 이수를 명하는 이수명령을 병과하였다.

다. 법률 제13조 제1항은 '법원은 아동·청소년대상 성범죄를 범한 자에 대하여 유죄판결을 선고하면서 300시간의 범위에서 재범예방에 필요한 수강명령 또는 성폭력 치료프로그램의 이수명령을 병과하여야 한다'고 규정하고 있다. 이러한 이수명령은 이른바 범죄인에 대한 사회 내 처우의 한 유형으로서 형벌 그 자체가 아니라 보안처분의 성격을 가지는 것이지만, 성폭력 치료프로그램의 의무적 이수를 받도록 함으로써 실질적으로는 신체적 자유를 제한하는 것이 된다.

이를 앞서 본 법리와 종합하여 보면, 벌금 500만 원의 약식명령에 대하여 피고인만이 정식재판을 청구하고, 제1심판결이 동일한 벌금 500만 원을 선고한 데에 대하여 피고인만이 항소한 이 사건에서 원심이 제1심판결에서 정한 벌금형과 동일한 벌금형을 선고하면서 새로 이수명령을 병과한 것은 전체적·실질적으로 볼 때 피고인에게 불이익하게 변경한 것이므로 허용되지 않는다고 할 것이다. 뿐만 아니라 피고인이 정식재판을 청구한 이 사건에서 약식명령에서 정한 벌금형과 동일한 벌금형을 선고하면서 이수명령을 병과하지 않은 제1심의 조치가 결과적으로는 위법하다고 할 수도 없다. 그럼에도 원심이 제1심판결이 위법하다고 하여 파기한 것은 그 점에서도 잘못되었다.

3. 결론

이에 원심판결을 파기하되, 이 사건은 소송기록과 원심에 이르기까지 조사된 증거들에 의하여 상고법원에서 바로 판결하기에 충분하다고 인정되므로 형사소송법 제396조에 의하여 대법원이 직접 판결을 하기로 한다. 제1심판결에 대한 피고인의 항소이유 주장의 요지는 피고인이 추행한 사실이 없을 뿐만 아니라, 당시 피고인이 심신미약의 상태에 있었음에도 불구하고 피고인을 유죄로 인정하는 한편 심신미약을 인정하지 않았으니 이는 위법하다는 것이다. 그러나 앞서 본 바와 같이 피고인이 피해자를 추행한 사실을 인정할 수 있으므로 이 부분 항소이유 주장은 이유 없고, 제1심이 적법하게 채택한 증거들 및 기록에 비추어 보더라도 이 사건 범행 당시 피고인이 심신미약의 상태에 있었다고 보이지 아니하므로 이 부분 항소이유 주장 역시 이유 없다. 따라서 피고인의 항소는 이유 없어 이를 기각하기로 하여, 관여 대법관의 일치된 의견으로 주문과 같이 판결한다*[대법원 2012. 9. 27., 선고, 2012도8736, 판결].*

【판시사항】

아동·청소년의 성보호에 관한 법률 제2조 제2호 (다)목의 아동·청소년대상 성범죄를 범한 자라고 하기 위해서는 성범죄의 대상이 아동·청소년이라는 사실을 인식하여야 하는지 여부(소극)

【이 유】

상고이유를 판단한다.

아동·청소년의 성보호에 관한 법률(이하 '법'이라 한다) 제2조 제2호 (가)목은 '제7조부터 제12조까지의 죄(제8조 제4항의 죄는 제외한다)'를, 같은 호 (다)목은 '아동·청소년에 대한 「형법」제297조부터 제301조까지, 제301조의2, 제302조, 제303조, 제305조 및 제339조의 죄'를 각 '아동·청소년대상 성범죄'의 하나로 규정하고 있고, 법 제7조 제1항은 "여자 아동·청소년에 대하여 「형법」제297조의 죄를 범한 자는 5년 이상의 유기징역에 처한다."고 규정하고 있으며, 법 제7조 제3항은 "아동·청소년에 대하여 「형법」제298조의 죄를 범한 자는 1년 이상의 유기징역 또는 500만 원 이상 2천만 원 이하의 벌금에 처한다."고 규정하고 있다. 한편 법 제13조 제1항 본문은 "법원은 아동·청소년대상 성범죄를 범한 자에 대하여 유죄판결을 선고하면서 300시간의 범위에서 재범예방에 필요한 수강명령 또는 성폭력 치료프로그램의 이수명령(이하 '이수명령'이라 한다)을 병과하여야 한다."고 규정하고 있고, 법 제33조 제1항 본문은 "아동·청소년대상 성범죄로 유죄판결이 확정된 자 또는 제38조 제1항 제5호에 따라 공개명령이 확정된 자는 신상정보 등록대상자(이하 '등록대상자'라 한다)가 된다."고 규정하고 있다. 위와 같이 법 제7조에서 아동·청소년에 대한 강간·강제추행 등을 가중하여 처벌하는 별도의 규정을 두고 있는 점을 비롯하여 법의 입법 취지 및 경위에 비추어 볼 때, 법 제2조 제2호 (다)목의 아동·청소년대상 성범죄를 범한 자라 함은 성범죄의 대상이 아동·청소년이라는 사실을 인식하였는지 여부에 관계없이 아동·청소년에 대한 형법 제297조부터 제301조까지, 제

301조의2, 제302조, 제303조, 제305조 및 제339조의 죄를 범한 자를 의미한다고 할 것이다.

원심판결 이유와 기록에 의하면, 원심은 그 판시와 같은 이유를 들어 이 사건 피해자 공소외 1(여, 16세), 공소외 2(여, 17세)에 대한 각 강제추행의 공소사실이 인정된다고 하면서, 피고인이 법 제2조 제2호 (다)목의 '아동·청소년에 대한 형법 제298조의 죄'를 범한 자에 해당하는 것으로 보아 피고인에게 법 제13조에 따라 성폭력 치료프로그램의 이수명령을 병과하고, 법 제33조 제2항에 따라 신상정보 등록대상자라는 사실과 신상정보 제출의무가 있음을 알려 주었다. 앞서 본 법리와 기록에 비추어 살펴보면, 원심의 위와 같은 조치는 정당한 것으로 수긍할 수 있고, 거기에 상고이유로 주장하는 바와 같이 법 제13조를 위반하는 등의 위법이 없다[대법원 2011. 12. 8., 선고, 2011도8163, 판결].

■ 관련판례 20

【판시사항】

피고인이 위력으로 청소년인 피해자(여, 14세)를 간음하였다고 하여 아동·청소년의 성보호에 관한 법률 위반(강간등)으로 기소된 사안에서, 위 범행이 아동·청소년 대상 성폭력범죄에도 해당되는 이상 성폭력범죄의 처벌 등에 관한 특례법 제41조에 의한 고지명령을 선고할 수 없다고 한 사례

【판결요지】

피고인이 위력으로 청소년인 피해자(여, 14세)를 간음하였다고 하여 아동·청소년의 성보호에 관한 법률(이하 '아청법'이라 한다) 위반(강간등)으로 기소된 사안에서, 위 범행이 성폭력범죄의 처벌 등에 관한 특례법(이하 '성폭법'이라 한다) 제32조 제1항에 규정된 등록대상 성폭력범죄에 해당하더라도 아청법 제38조 제1항 제1호에 규정된 아동·청소년 대상 성폭력범죄에도 해당되는 이상 성폭법 제41조에 의한 고지명령의 대상이 되지 아니하므로, 피고인에게 성폭법 제41조에 의한 고지명령을 선고할 수 없다고 한 사례[대법원 2011. 11. 24., 선고, 2011도12296, 판결].

■ 관련판례 21

【판시사항】

피고인이 의붓딸(16세)을 강제추행하고 수개월에 걸쳐 수회 강간하였다는 범죄사실로 전자장치 부착명령이 청구된 사안에서, 제반 사정에 비추어 피고인에게 성폭력범죄의 습벽이 없다거나 다시 성폭행범죄를 저지를 위험성이 없다고 단정할 수 없다는 이유로, 이와 달리 보아 부착명령 청구를 기각한 원심판결에 법리오해 및 심리미진의 위법이 있다고 한 사례

【이 유】

상고이유를 본다.

특정 범죄자에 대한 위치추적 전자장치 부착 등에 관한 법률(이하 '법'이라 한다) 제5조 제1항에 정한 성폭력범죄의 재범의 위험성이라 함은 재범할 가능성만으로는 부족하고 피부착명령청구자가 장래에 다시 성폭력범죄를 범하여 법적 평온을 깨뜨릴 상당한 개연성이 있음을 의미하며, 성폭력범죄의 재범의 위험성 유무는 피부착명령청구자의 직업과 환경, 당해 범행 이전의 행적, 그 범행의 동기·수단, 범행 후의 정황, 개전의 정 등 여러 사정을 종합적으로 평가하여 객관적으로 판단하여야 한다 *(대법원 2004. 6. 24. 선고 2004감도28 판결, 대법원 2010. 12. 9. 선고 2010도7410, 2010전도44 판결 등 참조).* 그리고 법 제5조 제1항 제3호에 정한 '성폭력범죄의 습벽'은 범죄자의 어떤 버릇, 범죄의 경향을 의미하는 것으로서 행위의 본질을 이루는 성질이 아니고 행위자의 특성을 이루는 성질을 의미하는 것이므로, 습벽의 유무는 행위자의 연령·성격·직업·환경·전과, 범행의 동기·수단·방법 및 장소, 전에 범한 범죄와의 시간적 간격, 그 범행의 내용과 유사성 등 여러 사정을 종합하여 판단하여야 한다 *(대법원 2006. 5. 11. 선고 2004도6176 판결, 대법원 2007. 8. 23. 선고 2007도3820, 2007감도8 판결 등 참조).*

원심은, 피고인이 이 사건 범행 외에는 성폭력범죄로 처벌받은 전력이 없는 점, 이 사건 범행이 불특정 일반 여성에 대한 성폭력 습벽의 발로였다기보

다는 피고인이 피해자와의 특별한 관계를 이용하여 저지른 것으로 보이는 점, 피해자와의 특별한 관계가 해소되어 피해자에 대하여 성폭력범죄를 다시 범할 가능성은 낮아 보이고, 피고인이 향후 제3자와 사이에 이 사건과 같은 특별한 관계를 맺게 될 것으로 볼 만한 자료도 없는 점, 피고인이 깊이 반성하고 있는 점 등에 비추어 볼 때, 피고인에게 성폭력범죄의 습벽이나 성폭력범죄를 다시 범할 위험성이 있다고 단정하기 어렵다고 보아 피고인에 대한 부착명령 청구를 기각하였다.

그러나 원심판결 이유와 기록에 의하면, 피고인은 자신의 성욕을 해소하고자 자신의 보호감독 아래 있어 쉽게 반항하지 못하는 나이 어린 피해자를 강제추행하고 수개월에 걸쳐 수회 강간하였는바, 피고인의 그와 같은 범행 과정, 범행 기간, 범행횟수, 범행 대상 등을 위 법리에 비추어 살펴보면, 원심이 판시한 사정만으로 피고인에게 성폭력범죄의 습벽이 없다거나 피고인이 장차 피해자와 똑같은 상황은 아니더라도 자신의 보호감독 아래에 있어 쉽게 반항하지 못하는 나이 어린 청소년 등에 대하여 다시 성폭행범죄를 저지를 위험성이 없다고 단정할 수 없다.

따라서 원심이 그 판시와 같은 사정만을 이유로 피고인에 대하여 성폭력범죄의 습벽과 재범의 위험성을 인정할 수 없다고 본 판단은 재범의 위험성에 관한 법리를 오해하여 심리를 다하지 아니한 위법이 있다[대법원 2011. 9. 29., 선고, 2011전도82, 판결].

■ 관련판례 22

【판시사항】

피해자들이 '청소년'이라는 점을 알면서 강제추행하거나 위력에 의하여 간음하였다는 내용의 아동·청소년의 성보호에 관한 법률 위반(강간등)죄가 인정된 피고인에게 특정 범죄자에 대한 위치추적 전자장치 부착 등에 관한 법률 제5조 제1항 제4호 요건으로 부착명령이 청구된 사안에서, 위치추적 전자장치 부착을 명한 원심의 조치를 수긍한 사례

【판결요지】

피해자들이 '청소년'이라는 점을 알면서 강제추행하거나 위력에 의하여 간음하였다는 내용의 아동·청소년의 성보호에 관한 법률 위반(강간등)죄가 인정된 피고인에게 특정 범죄자에 대한 위치추적 전자장치 부착 등에 관한 법률 제5조 제1항 제4호 요건으로 부착명령이 청구된 사안에서, 성폭력범죄의 피해자들이 모두 15세이고, 피고인이 성폭력범죄를 다시 범할 위험성이 인정된다는 이유로 위치추적 전자장치 부착을 명한 원심의 조치를 수긍한 사례 *[대법원 2011. 7. 28., 선고, 2011도5813,2011전도99, 판결].*

■ **관련판례 23**

【판시사항】

피고인이 13세 미만 미성년자에 대한 강간죄 및 강제추행죄를 범하여 구 청소년의 성보호에 관한 법률 위반죄가 아닌 구 성폭력범죄의 처벌 및 피해자보호 등에 관한 법률 위반죄로 공소제기된 사안에서, 위 각 범행은 구 청소년의 성보호에 관한 법률 제10조에 규정된 범죄에 해당하므로 아동·청소년의 성보호에 관한 법률 부칙 제3조 제4항에 따라 피고인은 신상정보 공개명령의 대상이 된다고 한 사례

【판결요지】

피고인이 13세 미만 미성년자에 대한 강간죄 및 강제추행죄를 범하여 구 청소년의 성보호에 관한 법률(2007. 8. 3. 법률 제8634호로 전부 개정되기 전의 것) 위반죄가 아닌 구 성폭력범죄의 처벌 및 피해자보호 등에 관한 법률(2006. 10. 27. 법률 제8059호로 개정되기 전의 것) 위반죄와 구 성폭력범죄의 처벌 및 피해자보호 등에 관한 법률(2008. 6. 13. 법률 제9110호로 개정되기 전의 것) 위반죄로 공소제기된 사안에서, 위 각 범행은 위 구 청소년의 성보호에 관한 법률 제10조에 규정된 범죄에 해당하므로 아동·청소년의 성보호에 관한 법률 부칙(2009. 6. 9.) 제3조 제4항(2010. 7. 23. 법률 제10391호로 개정된 것)에 따라 신상정보 공개명령의 대상이 된다고 한 사례*[대법원 2011. 3. 24., 선고, 2010도16448,2010전도153, 판결].*

■ 관련판례 24

【판시사항】

아동·청소년 대상 성범죄를 범한 피고인에 대하여 유죄판결과 함께 공개명령
을 선고하면서 공개기간을 특정하지 아니한 원심판결 중 '공개명령'에 관한
부분을 직권파기하고 공개기간을 5년으로 특정하여 다시 판결을 선고한 사례

【판결요지】

피고인이 지적장애 2급인 청소년 甲(여, 14세)을 폭행 또는 위력으로 추행
하였다는 내용으로 기소된 사안에서, 아동·청소년 대상 성범죄를 범한 피고
인에 대하여 유죄판결과 함께 공개명령을 선고하는 경우에는 제반 사정을
참작하여 공개명령의 기간을 특정하여 선고하여야 함에도, 원심이 공개기간
을 특정하지 아니한 채 피고인에 대한 공개정보를 정보통신망을 이용하여
공개한다고만 선고한 것은 주문이 불명확하여 위법하다는 이유로, 원심판결
중 공개명령에 관한 부분을 직권파기하고 공개기간을 5년으로 특정하여 다
시 판결을 선고한 사례[서울고법 2010. 12. 16., 선고, 2010노2933, 판결 : 확정].

■ 관련판례 25

【판시사항】

공소제기 후 제1심판결 선고 전에 피해자의 피고인에 대한 처벌희망의 의사
표시가 유효하게 철회되었다고 보아, 구 청소년의 성보호에 관한 법률 위반
의 공소사실에 대한 공소를 기각한 원심판결을 정당하다고 한 사례

【판결요지】

피해자가 반의사불벌죄에 해당하는 구 청소년의 성보호에 관한 법률(2009.
6. 9. 법률 제9765호 아동·청소년의 성보호에 관한 법률로 전부 개정되기
전의 것) 위반의 공소사실에 대하여 고소를 한 후, 제1심판결 선고 전인
2010. 3. 30. 제1심법원에 "피해자는 피고인과 합의하였으므로 피고인의
처벌을 바라지 아니한다."는 내용의 피해자 부모들 및 피해자 명의의 합의
서가 제출되었는데, 제1심법원이 위 피해자와 피해자의 부(父)에게 전화를

한 결과 "피고인과 합의한 것은 맞지만 피고인에 대한 선처를 바라는 취지일 뿐 여전히 피고인의 처벌을 원한다."는 말을 듣는 한편 위 합의서의 피해자 명의는 피해자의 부모가 피해자를 대신하여 서명·날인하였다는 사실을 확인하였고, 그 후 피고인의 처는 2010. 4. 2. 피해자를 직접 만나 피해자로부터 "피해자와 피고인은 합의하였고 피고인이 선처받기를 탄원한다."는 내용의 합의서를 다시 작성받아 제1심법원에 제출한 사안에서, 피고인의 처는 피해자와의 합의를 위하여 가족들이 거주하는 집을 매각하여 그 매매대금의 대부분을 합의금으로 지급한 점, 피고인의 처가 다시 합의서를 작성받은 이유는 제1심법원으로부터 2010. 3. 30.자 합의서만으로는 피해자의 처벌불원 의사표시가 명확하지 아니하다는 사실을 통보받고 이를 명확히 확인받기 위한 것으로 보이는 점, 피해자는 2010. 4. 2. 합의 당시 고등학교 2학년에 재학 중이고 만 17세에 거의 도달한 청소년으로 기록에 나타난 그의 지능, 지적 수준, 발달성숙도 및 사회적응력에 비추어 위 합의의 목적 및 취지를 충분히 이해할 수 있었다고 보이는 점 등을 종합할 때, 피해자는 위 2010. 4. 2.자 합의서를 통하여 피고인에 대한 처벌희망의 의사표시 철회를 명백하고 믿을 수 있는 방법으로 표현하였다고 할 것이므로, 공소제기 후 제1심판결 선고 전에 피해자의 피고인에 대한 처벌희망의 의사표시가 유효하게 철회되었다고 보아 공소를 기각한 원심판결을 정당하다고 한 사례[대법원 2010. 11. 11., 선고, 2010도11550,2010전도83, 판결].

■ **관련판례 26**

【판시사항】

피고인(15세)이 공범 甲과 어린 학생들을 상대로 금품을 빼앗을 것을 공모한 후, 길에서 만난 乙(여, 14세)을 인근 아파트로 유인한 다음 甲으로 하여금 밖에서 기다리게 한 후 乙을 위 아파트 23층에 있는 엘리베이터 기계실 앞으로 데리고 가 지갑을 강취하였고, 곧이어 乙을 강간하려 하였으나 乙이 반항하여 미수에 그쳤다는 성폭력범죄의 처벌 등에 관한 특례법 위반(특수강도

강간등)의 공소사실에 대하여, 위 공소사실 중 '특수강도'(합동강도) 부분에 대하여는 형법상 공갈죄의 공동정범을 인정하고, 한편 '강간미수' 부분에 대하여는 아동·청소년의 성보호에 관한 법률 위반(강간등)죄를 인정한 사례

【판결요지】

피고인(15세)이 공범 甲과 어린 학생들을 상대로 금품을 빼앗을 것을 공모한 후, 길에서 만난 乙(여, 14세)을 인근 아파트로 유인한 다음 甲으로 하여금 밖에서 기다리게 한 후 乙을 위 아파트 23층에 있는 엘리베이터 기계실 앞으로 데리고 가 지갑을 강취하였고, 곧이어 乙을 강간하려 하였으나 乙이 반항하여 미수에 그쳤다는 성폭력범죄의 처벌 등에 관한 특례법 위반(특수강도강간등)의 공소사실에 대하여, 위 공소사실 중 '특수강도'(합동강도) 부분에 대하여는 피고인이 乙에게 한 폭행이나 협박이 乙을 외포하게하는 정도에 그치지 않고 그 반항을 억압하거나 항거를 불능하게 할 정도였다고 보기는 어렵고, 공범 甲이 위 범행현장에서 실행행위를 분담하여 피고인이 乙로부터 지갑을 빼앗는 행위에 시간적·장소적으로 협동하였다고 볼수는 없다는 이유로 이의 성립을 부정하면서 형법상 공갈죄의 공동정범을 인정하고, 한편 '강간미수' 부분에 대하여는 피고인에게 위 범행 당시 강간의 고의가 있었다고 추단하기 어렵다는 이유로 이의 성립을 배척하면서 아동·청소년의 성보호에 관한 법률 위반(강간등)죄를 인정한 사례/서울중앙지법 2010. 10. 15., 선고, 2010고합815,1303, 판결 : 항소].

■ **관련판례 27**

【판시사항】

피고인의 증인신청을 불허하고 검사 작성의 각 수사보고서의 기재를 주요근거로 삼아 피해자들의 처벌희망 의사표시의 철회를 무효로 판단한 원심판결에 법리오해 또는 심리미진의 위법이 있다고 한 사례

【이 유】

상고이유를 판단한다.

1. 피고사건 부분

이 사건 각 수사보고서는 검사가 참고인인 피해자 공소외 1, 2와의 전화 통화 내용을 기재한 서류로서 형사소송법 제313조 제1항 본문에 정한 '피고인 아닌 자의 진술을 기재한 서류'인 전문증거에 해당하나, 그 진술 자의 서명 또는 날인이 없을 뿐만 아니라 공판준비기일이나 공판기일에 서 진술자의 진술에 의해 성립의 진정함이 증명되지도 않았으므로 증거 능력이 없다(대법원 1999. 2. 26. 선고 98도2742 판결, 대법원 2007. 9. 20. 선고 2007도4105 판결 등 참조).

그러나 반의사불벌죄에서 피고인 또는 피의자의 처벌을 희망하지 않는다 는 의사표시 또는 처벌희망 의사표시 철회의 유무나 그 효력 여부에 관 한 사실은 엄격한 증명의 대상이 아니라 증거능력이 없는 증거나 법률이 규정한 증거조사방법을 거치지 아니한 증거에 의한 증명, 이른바 자유로 운 증명의 대상이다(대법원 1999. 2. 9. 선고 98도2074 판결, 대법원 1999. 5. 14. 선고 99도947 판결 등 참조).

원심이 증거능력이 없는 이 사건 각 수사보고서를 피해자들의 처벌희망 의사표시 철회의 효력 여부를 판단하는 증거로 사용한 것 자체는 위와 같은 법리에 따른 것으로서 정당하고, 거기에 상고이유의 주장과 같은 수사보고서의 증거능력 등에 관한 법리오해의 위법은 없다.

한편, 다른 반의사불벌죄와 마찬가지로 구 청소년의 성보호에 관한 법률 (2009. 6. 9. 법률 제9765호 아동·청소년의 성보호에 관한 법률로 전 부 개정되기 전의 것) 제16조에 규정된 반의사불벌죄의 경우에도 피해 자인 청소년에게 의사능력이 있는 이상 단독으로 피고인 또는 피의자의 처벌을 희망하지 않는다는 의사표시 또는 처벌희망 의사표시의 철회를 할 수 있고, 법정대리인의 동의가 있어야 하는 것은 아니다. 다만, 피해 자인 청소년의 의사능력은 그 나이, 지능, 지적 수준, 발달성숙도 및 사 회적응력 등에 비추어 그 범죄의 의미, 피해를 당한 정황, 처벌을 희망하 지 않는다는 의사표시 또는 처벌희망 의사표시의 철회가 가지는 의미·내 용·효과를 이해하고 알아차릴 수 있는 능력을 말하고, 그 의사표시는 흠이 없는 진실한 것이어야 하므로, 법원으로서는 위와 같은 의미에서 피해자인 청소년에게 의사능력이 있는지 여부 및 그러한 의사표시가 진실한 것인지 여부를 세밀하고 신중하게 조사·판단하여야 한다*(대법원 2009. 11. 19. 선고 2009도6058 전원합의체 판결 참조).*

원심판결 이유 및 원심이 유지한 제1심판결 이유에 의하면, 원심은 그 채용 증거들에 의하여 인정되는 다음과 같은 사정들, 즉 피해자 공소외 2는 1994. 12. 29.생으로 만13세인 2008년 겨울과 만 14세인 2009년 봄경에 피고인으로부터 강간을 당하였고, 피해자 공소외 1은 1995. 3. 25.생으로 만 14세인 2009년 여름과 2009. 8.경 피고인으로부터 강제추행을 당하였는데, 같이 생활하던 원생들이 피고인으로부터 강간 내지 강제추행을 당하였다는 것을 '창 길잡이의 집'의 사회복지사에게 이야기하는 과정에서 사건화되어 공소외 1은 2009. 9. 15.경 경찰조사를 받으면서 피고인의 처벌을 원한다고 진술하였고, 위 피해자들은 2009. 9. 26.경 피고인의 처벌을 원한다는 내용의 고소장을 경찰에 각 제출한 점, 공소외 1의 어머니는 공소외 1을 위 복지시설에 맡긴 후부터 현재까지 그 소재를 알 수 없고, 공소외 2 역시 현재 연락되는 가족이 없는 점, 공소외 1은 위 고소장을 제출한 후 불과 2개월 만에 아무런 사정변경이 없음에도 2009. 11. 26. 합의 및 탄원서를 작성해 주었는데, 피고인 측의 성인여자 2명(피고인의 여동생과 제수)이 학교 앞에서 하교하는 공소외 1을 기다렸다가 음식점으로 데리고 가 위 합의 및 탄원서를 작성하도록 유도한 것으로 보이고, 그 문구도 위 2명이 불러주는 대로 작성한 것인 점, 공소외 1은 제1심판결 선고일 무렵에도 여전히 피고인의 처벌을 원하고 있다고 한 점, 공소외 2는 2009. 12. 31. 합의 및 탄원서를 작성해 주었는데, 피고인 측에서 공소외 2에게 위 합의 및 탄원서를 작성해 줄 것을 요구하면서 그 내용을 먼저 적어주고 이를 따라 적게 한 것인 점, 공소외 2는 위 합의 및 탄원서를 작성할 때 여전히 피고인의 처벌을 원하여 자신의 주민등록번호를 적으면서 뒷자리 숫자 7개를 일부러 허위로 적었고, 제1심판결 선고일 무렵에도 피고인의 처벌을 원하고 있다고 한 점, 공소외 1과 공소외 2는 모두 위 합의 및 탄원서의 작성과 관련하여 아무런 경제적 보상을 받지 아니한 점 등에 비추어 볼 때, 공소외 1과 공소외 2가 피고인에 대한 처벌희망 의사표시를 철회할 당시 진실한 의사표시로서 위와 같은 처벌희망 의사표시를 철회하였다고 볼 수 없다고 판단하였다.

그러나 위와 같은 원심의 판단은 다음과 같은 이유로 수긍하기 어렵다.

이 사건 기록에 나타난 위 피해자들의 나이, 지능, 지적 수준, 발달성숙도 및 사회적응력 등에 비추어 위 피해자들은 처벌희망 의사표시의 철회가 가지는 의미나 효과 등을 잘 이해하고 있었던 것으로 보이는 점, 적어도 이 사건 합의 및 탄원서 작성 당시 피고인 측으로부터 자유로운 의사결정을 불가능하게 할 정도의 폭행, 협박이나 강압 등이 있었다고는 보기 어려운 점 등의 사정을 종합하면, 원심이 든 앞서 본 여러 사정을 고려하더라도, 위 피해자들의 처벌희망 의사표시의 철회를 무효라고 쉽사리 단정하기는 어렵다. 더구나 처벌희망 의사표시의 철회의 효력 여부는 형벌권의 존부를 심판하는 데 구비되어야 할 소송조건에 관한 것이어서 피고인이 증인신청 등의 방법으로 처벌희망 의사표시의 철회가 유효하다고 다투는 경우에는 원심으로서는 검사가 일방적으로 작성한 수사보고서의 기재만으로 그 철회가 효력이 없다고 섣불리 인정할 것이 아니라 직접 위 피해자들을 증인으로 심문하는 등의 방법을 통해 처벌희망 의사표시 철회의 효력 여부를 세밀하고 신중하게 조사·판단하여야 한다.

그럼에도 불구하고, 원심은 이러한 조치에 이르지 않은 채 피고인의 증인신청을 불허하고 이 사건 각 수사보고서의 기재를 주요한 근거로 삼아 위 피해자들의 처벌희망 의사표시의 철회를 무효로 판단하였으니 원심판결에는 처벌희망 의사표시의 철회의 효력에 관한 법리를 오해하였거나 필요한 심리를 다하지 않아 판결에 영향을 미친 위법이 있다. 이 점을 지적하는 상고이유의 주장은 이유 있다.

2. 부착명령사건 부분

특정 성폭력범죄자에 대한 위치추적 전자장치 부착에 관한 법률 제9조

제6항은 성폭력범죄의 피고사건의 판결에 대하여 상소가 있는 때에는 부착명령사건의 판결에 대하여도 상소가 있는 것으로 보도록 규정하고, 같은 조 제2항 제2호는 피고사건에 대하여 무죄, 면소, 공소기각의 판결 또는 결정을 하는 때에는 판결로 부착명령 청구를 기각하도록 규정하고 있으므로, 앞서 본 원심의 피고사건 중 위 제1항에서 문제된 부분에 관한 위법사유는 부착명령사건의 부착명령 원인사실에도 그대로 적용된다[대법원 2010. 10. 14., 선고, 2010도5610,2010전도31, 판결].

■ **관련판례 28**

【판시사항】

구 청소년의 성보호에 관한 법률 제7조 제4항에 정한 청소년대상 성범죄의 피해자(13세)를 대신하여 그 법정대리인인 부(父)가 피고인에 대하여 처벌불원의사를 표시한 사안에서, 여러 사정을 종합할 때 그 의사표시에 피해자 본인의 의사가 포함되어 있다고 보아 공소를 기각한 원심판결을 수긍한 사례

【이 유】

상고이유를 본다.

반의사불벌죄에 있어서 피해자가 처벌을 희망하지 아니하는 의사표시나 처벌을 희망하는 의사표시의 철회를 하였다고 인정하기 위해서는 피해자의 진실한 의사가 명백하고 믿을 수 있는 방법으로 표현되어야 하는바(대법원 2001. 6. 15. 선고 2001도1809 판결 참조), 피해자가 나이 어린 미성년자인 경우 그 법정대리인이 피고인 등에 대하여 밝힌 처벌불원의 의사표시에 피해자 본인의 의사가 포함되어 있는지는 대상 사건의 유형 및 내용, 피해자의 나이, 합의의 실질적인 주체 및 내용, 합의 전후의 정황, 법정대리인 및 피해자의 태도 등을 종합적으로 고려하여 판단하여야 할 것이다.

이러한 법리에 따라 이 사건에 대하여 보건대, 기록에 의하여 인정되는 다음과 같은 사정, 즉 피해자의 법정대리인 부 공소외인은 이 사건 발생 다음날인 2008. 11. 4. 피고인을 피해자에 대한 강간죄로 고소한 후 이 사건

공소제기 후로서 제1심판결 선고 전인 2009. 2. 12. 제1심법원에 피고인에 대하여 처벌을 원하지 않는다는 의사를 표시하였는바, 이 사건은 13세인 중학교 1학년 여자 청소년을 대상으로 한 구 청소년의 성보호에 관한 법률 (2009. 6. 9. 법률 제9765호로 전부 개정되기 전의 것, 이하 '구 청소년 성보호법'이라고 한다) 제7조 제4항 소정의 청소년대상 성범죄로서 같은 법 제16조에 의하여 피해자의 명시한 의사에 반하여 처벌할 수 없는 점, 비록 피고인에 대하여 처벌을 원하지 않는다는 내용으로 제1심법원에 제출된 합의서의 형식이 피해자를 대리하여 그 법정대리인인 부 공소외인이 작성명의인으로 되어 있기는 하나 그 내용은 피해자 본인이 피고인의 처벌을 원하지 않는다는 것인 점, 한편 피해자는 수사기관 및 법원에 위 공소외인과 함께 출석하여 위 공소외인이 지켜보는 가운데 진술하는 등 이 사건 수사 및 재판 과정에서 법정대리인인 부의 실질적인 보호를 받은 것으로 보이는 점, 달리 그러한 합의가 피해자의 의사에 반하는 것이었다거나 피해자에게 불이익한 것이라는 등의 사정을 찾아볼 수 없고, 피해자가 그러한 합의에 대하여 어떠한 이의도 제기하지 않고 있는 사정 등을 종합하여 보면, 위와 같은 피고인에 대한 처벌불원의 의사표시에는 피해자 본인의 의사가 포함되어 있다고 볼 수 있다.

따라서 이 사건 공소제기 이후 제1심판결 선고 전에 피해자의 피고인에 대한 처벌희망의 의사표시가 철회되었다고 보아 이 사건 공소를 기각한 원심판결은 결과적으로 정당하다[대법원 2010. 5. 13., 선고, 2009도5658, 판결].

■ 관련판례 29

【판시사항】

[1] 청소년의 성보호에 관한 법률에서 말하는 '위력'의 의미 및 위력 행사 여부의 판단 방법

[2] 체구가 큰 만 27세 남자가 만 15세(48kg)인 피해자의 거부 의사에도 불구하고, 성교를 위하여 피해자의 몸 위로 올라간 것 외에 별다른 유

형력을 행사하지는 않은 사안에서, 청소년의 성보호에 관한 법률상 '위력에 의한 청소년 강간죄'의 성립을 인정한 사례

【이 유】

상고이유를 본다.

원심판결 이유에 의하면 원심은, 그 채택 증거들을 종합하여 판시 사실들을 인정한 다음, 피고인이 이 사건 당시 피해자에게 인상을 쓴다거나 피해자와 성교를 위하여 피해자의 몸 위로 올라간 것 이외에 별다른 유형력을 행사한 것으로 보이지 않는 점 등에 비추어, 피해자가 이 사건 당시 피고인에게 압도당하여 정상적인 반항을 한다는 것이 상당히 어려웠다고 보이지 않을 뿐만 아니라, 피고인이 피해자에게 위력을 행사하여 피해자가 심리적으로 위축된 상태에서 겁을 먹은 나머지 그 의사에 반하여 간음을 당하였다고 보기는 부족하다는 이유로 무죄를 선고하였다.

그러나 원심의 위와 같은 판단은 다음과 같은 이유로 이를 수긍할 수 없다. 청소년의 성보호에 관한 법률 위반(청소년강간등)죄는 '위계 또는 위력으로써 여자 청소년을 간음하거나 청소년에 대하여 추행한' 것인바, 이 경우 위력이라 함은 피해자의 자유의사를 제압하기에 충분한 세력을 말하고, 유형적이든 무형적이든 묻지 않으므로 폭행·협박뿐 아니라 행위자의 사회적·경제적·정치적인 지위나 권세를 이용하는 것도 가능하며, '위력으로써' 간음 또는 추행한 것인지 여부는 행사한 유형력의 내용과 정도 내지 이용한 행위자의 지위나 권세의 종류, 피해자의 연령, 행위자와 피해자의 이전부터의 관계, 그 행위에 이르게 된 경위, 구체적인 행위 태양, 범행 당시의 정황 등 제반 사정을 종합적으로 고려하여 판단하여야 한다(대법원 1998. 1. 23. 선고 97도2506 판결, 2008. 2. 15. 선고 2007도11013 판결 등 참조).

그런데 원심판결 이유인 기록에 나타나는 다음과 같은 사정, 즉 피해자는 1991. 7. 26.생으로 이 사건 당시 만 15세 8개월 남짓의 키 164cm, 체중 48kg인 여자인데 비해, 피고인은 1979. 8. 20.생으로 이 사건 당시 만 27세 8개월 남짓의 신장 185cm, 체중 87kg인 남자인바, 피고인이 피해자의

반바지를 벗기려고 하자 피해자가 '안 하신다고 하셨잖아요' '하지 마세요'라고 하면서 계속해서 명시적인 거부 의사를 밝혔음에도, '괜찮다' '가만히 있어'라고 말하면서 피해자의 바지와 팬티를 벗기고 몸으로 피해자를 누르면서 간음하기에 이른 점, 피해자가 처음 만난 피고인의 요구에 순순히 응하여 성관계를 가진다는 것은 경험칙상 납득되지 않는 점, 피고인이 공소외인과 피해자 및 공소외인의 다른 친구 2명과 함께 모텔을 찾으러 다닐 때만 하여도 피해자는 피고인과 단둘이 모텔방에 남게 될 것을 예상하지 못했던 것으로 보이는 점, 술에 취한데다가 나이, 키, 체중에서 현저한 차이가 나는 피고인과 단둘이 모텔방에 있게 된 피해자로서는 피고인에게 압도당하여 정상적인 반항을 하기가 어려웠으리라고 보이는 점 등에 비추어, 피고인이 이 사건 당시 피해자와 성교를 위하여 피해자의 몸 위로 올라간 것 이외에 별다른 유형력을 행사하지 않았더라도, 피고인이 몸으로 짓누르고 있어서 저항할 수가 없었고 겁을 먹은 나머지 그 의사에 반하여 간음을 당하였다는 피해자의 진술은 이를 가볍게 배척할 수 없을 것으로 여겨진다.

그럼에도, 원심은 그 판시와 같은 이유만으로 피해자의 진술을 배척하고 피고인이 위력으로써 피해자를 간음한 사실에 대한 증명이 없다고 판단하였으니, 거기에는 채증법칙을 위반하여 사실을 오인하였거나 청소년의 성보호에 관한 법률 위반(청소년강간등)죄에 있어서의 위력의 개념에 관한 법리를 오해하여 판결에 영향을 미친 위법이 있다[대법원 2008. 7. 24., 선고, 2008도4069, 판결].

제7조의2(예비, 음모)

제7조의 죄를 범할 목적으로 예비 또는 음모한 사람은 3년 이하의 징역에 처한다.

[본조신설 2020. 6. 2.]

제8조(장애인인 아동·청소년에 대한 간음 등)

① 19세 이상의 사람이 13세 이상의 장애 아동·청소년(「장애인복지법」 제2조제1항에 따른 장애인으로서 신체적인 또는 정신적인 장애로 사물을 변별하거나 의사를 결정할 능력이 미약한 아동·청소년을 말한다. 이하 같다)을 간음하거나 13세 이상의 장애 아동·청소년으로 하여금 다른 사람을 간음하게 하는 경우에는 3년 이상의 유기징역에 처한다. *⟨개정 2020. 5. 19., 2020. 12. 8.⟩*

② 19세 이상의 사람이 13세 이상의 장애 아동·청소년을 추행한 경우 또는 13세 이상의 장애 아동·청소년으로 하여금 다른 사람을 추행하게 하는 경우에는 10년 이하의 징역 또는 5천만원 이하의 벌금에 처한다. *⟨개정 2020. 12. 8., 2021. 3. 23.⟩*

■ **관련판례 1**

【판시사항】

성폭력범죄의 처벌 등에 관한 특례법 제6조에서 규정하는 '신체적인 장애가 있는 사람'의 의미 및 신체적인 장애를 판단하는 기준 / 위 규정에서 처벌하는 '신체적인 장애가 있는 사람에 대한 강간·강제추행 등의 죄'가 성립하려면 행위자가 범행 당시 피해자에게 이러한 신체적인 장애가 있음을 인식하여야 하는지 여부(적극)

【판결요지】

성폭력범죄의 처벌 등에 관한 특례법(이하 '성폭력처벌법'이라고 한다) 제6조는 신체적인 장애가 있는 사람에 대하여 강간의 죄 또는 강제추행의 죄를 범하거나 위계 또는 위력으로써 그러한 사람을 간음한 사람을 처벌하고 있다. 2010. 4. 15. 제정된 당초의 성폭력처벌법 제6조는 '신체적인 장애 등으로 항거불능인 상태에 있는 여자 내지 사람'을 객체로 하는 간음, 추행만을 처벌하였으나, 2011. 11. 17.자 개정 이후 '신체적인 장애가 있는 여자 내지 사람'을 객체로 하는 강간, 강제추행 등도 처벌대상으로 삼고 있다. 이러한 개정 취지는 성폭력에 대한 인지능력, 항거능력, 대처능력 등이 비장애인보다 낮은 장애인을 보호하기 위하여 장애인에 대한 성폭력범죄를 가중처벌하는 데 있다.

장애인복지법 제2조는 장애인을 '신체적·정신적 장애로 오랫동안 일상생활이나 사회생활에서 상당한 제약을 받는 자'라고 규정하고 있고, 성폭력처벌법과 유사하게 장애인에 대한 성폭력범행의 특칙을 두고 있는 아동·청소년의 성보호에 관한 법률 제8조는 장애인복지법상 장애인 개념을 그대로 가져와 장애 아동·청소년의 의미를 밝히고 있다. 장애인차별금지 및 권리구제 등에 관한 법률 제2조는 장애를 '신체적·정신적 손상 또는 기능상실이 장기간에 걸쳐 개인의 일상 또는 사회생활에 상당한 제약을 초래하는 상태'라고 규정하면서, 그러한 장애가 있는 사람을 장애인이라고 규정하고 있다. 이와 같은 관련 규정의 내용을 종합하면, 성폭력처벌법 제6조에서 규정하는 '신체적인 장애가 있는 사람'이란 '신체적 기능이나 구조 등의 문제로 일상생활이나 사회생활에서 상당한 제약을 받는 사람'을 의미한다고 해석할 수 있다.

한편 장애와 관련된 피해자의 상태는 개인별로 그 모습과 정도에 차이가 있는데 그러한 모습과 정도가 성폭력처벌법 제6조에서 정한 신체적인 장애를 판단하는 본질적인 요소가 되므로, 신체적인 장애를 판단함에 있어서는 해당 피해자의 상태가 충분히 고려되어야 하고 비장애인의 시각과 기준에서 피해자의 상태를 판단하여 장애가 없다고 쉽게 단정해서는 안 된다.

아울러 본 죄가 성립하려면 행위자도 범행 당시 피해자에게 이러한 신체적인 장애가 있음을 인식하여야 한다*[대법원 2021. 2. 25., 선고, 2016도4404, 2016전도49, 판결]*.

■ **관련판례 2**

[1] 아동·청소년의 성보호에 관한 법률 제8조 제1항에서 정한 '사물을 변별할 능력', '의사를 결정할 능력'의 의미 및 위 각 능력이 미약한지 여부의 판단 기준

[2] 아동·청소년의 성보호에 관한 법률 제8조 제1항의 취지 및 위 조항이 장애인의 일반적인 성적 자기결정권을 과도하게 침해하는지 여부(소극)

【판결요지】

[1] 아동·청소년의 성보호에 관한 법률 제8조 제1항에서 말하는 '사물을 변별할 능력'이란 사물의 선악과 시비를 합리적으로 판단하여 정할 수 있는 능력을 의미하고, '의사를 결정할 능력'이란 사물을 변별한 바에 따라 의지를 정하여 자기의 행위를 통제할 수 있는 능력을 의미하는데, 이러한 사물변별능력이나 의사결정능력은 판단능력 또는 의지능력과 관련된 것으로서 사실의 인식능력이나 기억능력과는 반드시 일치하는 것은 아니다. 한편 위 각 능력이 미약한지 여부는 전문가의 의견뿐 아니라 아동·청소년의 평소 언행에 관한 제3자의 진술 등 객관적 증거, 공소사실과 관련된 아동·청소년의 언행 및 사건의 경위 등 여러 사정을 종합하여 판단할 수 있는데, 이때 해당 연령의 아동·청소년이 통상 갖추고 있는 능력에 비하여 어느 정도 낮은 수준으로서 그로 인하여 성적 자기결정권을 행사할 능력이 부족하다고 판단되면 충분하다.

[2] 아동·청소년의 성보호에 관한 법률 제8조 제1항은 일반 아동·청소년보다 판단능력이 미약하고 성적 자기결정권을 행사할 능력이 부족한 장애 아동·청소년을 대상으로 성적 행위를 한 자를 엄중하게 처벌함으로써 성적 학대나 착취로부터 장애 아동·청소년을 보호하기 위해 마련된 것으로 입법의 필요성과 정당성이 인정된다.

한편 비록 장애가 있더라도 성적 자기결정권을 완전하게 행사할 능력이 충분히 있다고 인정되는 경우에는 위 조항의 '사물을 변별하거나 의사

를 결정할 능력이 미약한 아동·청소년'에 해당하지 않게 되어, 이러한 아동·청소년과의 간음행위를 위 조항으로 처벌할 수 없으므로, 위 조항이 장애인의 일반적인 성적 자기결정권을 과도하게 침해한다고 볼 수 없다*[대법원 2015. 3. 20., 선고, 2014도17346, 판결]*.

■ 관련판례 3

【판시사항】

피고인들이 교복을 입은 여학생이 남성과 성행위를 하는 내용 등의 동영상을 인터넷 사이트에 업로드함으로써 영리를 목적으로 아동·청소년이용음란물을 판매·대여·배포하거나 공연히 전시 또는 상영하였다고 하여 아동·청소년의 성보호에 관한 법률 위반으로 기소된 사안에서, 위 동영상은 학생으로 연출된 사람이 성행위를 하는 것을 내용으로 하고 있어 '아동·청소년으로 인식될 수 있는 사람'이 등장하는 '아동·청소년이용음란물'에 해당한다고 보아야 하고, 해당 인물이 실제 성인이라고 하여 달리 볼 수 없다는 이유로 유죄를 선고한 사례

【판결요지】

피고인들이 교복을 입은 여학생이 남성과 성행위를 하는 내용 등의 동영상 32건을 인터넷 사이트 게시판에 업로드하여 불특정 다수의 사람들이 이를 다운로드받을 수 있도록 함으로써 영리를 목적으로 아동·청소년이용음란물을 판매·대여·배포하거나 공연히 전시 또는 상영하였다고 하여 아동·청소년의 성보호에 관한 법률 위반으로 기소된 사안에서, 위 동영상은 모두 교실과 대중교통수단 등의 장소에서 체육복 또는 교복을 입었거나 가정교사로부터 수업을 받는 등 학생으로 연출된 사람이 성행위를 하는 것을 내용으로 하고 있어 '아동·청소년으로 인식될 수 있는 사람'이 등장하는 '아동·청소년이용음란물'에 해당한다고 보아야 하고, 해당 인물이 실제 성인으로 알려져 있다고 하여 달리 볼 수 없다는 이유로 유죄를 선고한 사례*[수원지법 2013. 2. 20., 선고, 2012고단3926,4943, 판결 : 항소]*.

【판시사항】

甲이 乙과 공모하여 가출 청소년 丙을 유인하고 성매매 홍보용 나체사진을 찍은 후, 자신이 별건으로 체포되어 수감 중인 동안 丙이 乙의 관리 아래 성매수의 상대방이 된 대가로 받은 돈을 丙, 乙 및 甲의 처 등이 나누어 사용한 사안에서, 甲은 乙과 함께 미성년자유인죄, 구 청소년의 성보호에 관한 법률 위반죄의 책임을 진다고 본 원심판단을 수긍한 사례

【판결요지】

甲이 乙과 공모하여 가출 청소년 丙(여, 16세)에게 낙태수술비를 벌도록 해 주겠다고 유인하였고, 乙로 하여금 丙의 성매매 홍보용 나체사진을 찍도록 하였으며, 丙이 중도에 약속을 어길 경우 민형사상 책임을 진다는 각서를 작성하도록 한 후, 자신이 별건으로 체포되어 구치소에 수감 중인 동안 丙이 乙의 관리 아래 12회에 걸쳐 불특정 다수 남성의 성매수 행위의 상대방이 된 대가로 받은 돈을 丙, 乙 및 甲의 처 등이 나누어 사용한 사안에서, 丙의 성매매 기간 동안 甲이 수감되어 있었다 하더라도 위 甲은 乙과 함께 미성년자유인죄, 구 청소년의 성보호에 관한 법률(2009. 6. 9. 법률 제 9765호 아동·청소년의 성보호에 관한 법률로 전부 개정되기 전의 것) 위반 죄의 책임을 진다고 한 원심판단을 수긍한 사례[대법원 2010. 9. 9., 선고, 2010 도6924, 판결].

제8조의2(13세 이상 16세 미만 아동 · 청소년에 대한 간음 등)

① 19세 이상의 사람이 13세 이상 16세 미만인 아동 · 청소년(제8조에 따른 장애 아동 · 청소년으로서 16세 미만인 자는 제외한다. 이하 이 조에서 같다)의 궁박(窮迫)한 상태를 이용하여 해당 아동 · 청소년을 간음하거나 해당 아동 · 청소년으로 하여금 다른 사람을 간음하게 하는 경우에는 3년 이상의 유기징역에 처한다.

② 19세 이상의 사람이 13세 이상 16세 미만인 아동 · 청소년의 궁박한 상태를 이용하여 해당 아동 · 청소년을 추행한 경우 또는 해당 아동 · 청소년으로 하여금 다른 사람을 추행하게 하는 경우에는 10년 이하의 징역 또는 5천만원 이하의 벌금에 처한다. *(개정 2021. 3. 23.)*

[본조신설 2019. 1. 15.]

제9조(강간 등 상해 · 치상)

제7조의 죄를 범한 사람이 다른 사람을 상해하거나 상해에 이르게 한 때에는 무기징역 또는 7년 이상의 징역에 처한다.

제10조(강간 등 살인 · 치사)

① 제7조의 죄를 범한 사람이 다른 사람을 살해한 때에는 사형 또는 무기징역에 처한다.

② 제7조의 죄를 범한 사람이 다른 사람을 사망에 이르게 한 때에는 사형, 무기징역 또는 10년 이상의 징역에 처한다.

■ **관련판례 1**

【판시사항】

[1] 이미 성매매 의사를 가지고 있었던 아동·청소년에게 성을 팔도록 권유하는 행위도 아동·청소년의 성보호에 관한 법률 제10조 제2항에서 정한 '성을 팔도록 권유하는 행위'에 포함되는지 여부(적극)

[2] 피고인이 인터넷 채팅사이트를 통하여, 이미 성매매 의사를 가지고 성

매수자를 물색하고 있던 청소년 甲과 성매매 장소, 대가 등에 관하여 구체적 합의에 이른 다음 약속장소 인근에 도착하여 甲에게 전화로 요구 사항을 지시한 사안에서, 피고인의 행위가 아동·청소년의 성보호에 관한 법률 제10조 제2항에서 정한 '아동·청소년에게 성을 팔도록 권유하는 행위'에 해당한다고 본 원심판단을 수긍한 사례

【판결요지】

[1] 아동·청소년의 성보호에 관한 법률 제10조 제2항은 '아동·청소년의 성을 사기 위하여 아동·청소년을 유인하거나 성을 팔도록 권유한 자'를 처벌하도록 규정하고 있는데, 위 법률조항의 문언 및 체계, 입법 취지 등에 비추어, 아동·청소년이 이미 성매매 의사를 가지고 있었던 경우에도 그러한 아동·청소년에게 금품이나 그 밖의 재산상 이익, 직무·편의 제공 등 대가를 제공하거나 약속하는 등의 방법으로 성을 팔도록 권유하는 행위도 위 규정에서 말하는 '성을 팔도록 권유하는 행위'에 포함된다고 보아야 한다.

[2] 피고인이 인터넷 채팅사이트를 통하여, 이미 성매매 의사를 가지고 성매수 행위를 할 자를 물색하고 있던 청소년 甲(여, 16세)과 성매매 장소, 대가, 연락방법 등에 관하여 구체적인 합의에 이른 다음, 약속장소 인근에 도착하여 甲에게 전화를 걸어 '속바지를 벗고 오라'고 지시한 사안에서, 피고인의 일련의 행위가 아동·청소년의 성보호에 관한 법률 제10조 제2항에서 정한 '아동·청소년에게 성을 팔도록 권유하는 행위'에 해당한다고 본 원심판단을 수긍한 사례[대법원 2011. 11. 10., 선고, 2011도3934, 판결].

■ 관련판례 2

【판시사항】

강간 피해 당시 14세의 정신지체아가 범행일로부터 약 1년 5개월 후 담임 교사 등 주위 사람들에게 피해사실을 말하고 비로소 그들로부터 고소의 의

미와 취지를 설명듣고 고소에 이른 경우, 위 설명을 들은 때 고소능력이 생겼다고 본 사례

【이 유】

상고이유(상고이유서 제출기한이 경과한 후에 제출된 상고이유보충서의 기재는 상고이유를 보충하는 범위 안에서)를 판단한다.

1. 고소를 함에는 소송행위능력, 즉 고소능력이 있어야 하는바, 고소능력은 피해를 받은 사실을 이해하고 고소에 따른 사회생활상의 이해관계를 알아차릴 수 있는 사실상의 의사능력으로 충분하므로 민법상의 행위능력이 없는 자라도 위와 같은 능력을 갖춘 자에게는 고소능력이 인정되고(*대법원 1999. 2. 9. 선고 98도2074 판결, 대법원 2004. 4. 9. 선고 2004도664 판결 참조*), 범행 당시 피해자에게 고소능력이 없었다가 그 후에 비로소 고소능력이 생겼다면 그 고소기간은 고소능력이 생긴 때로부터 기산하여야 한다(*대법원 1987. 9. 22. 선고 87도1707 판결, 대법원 1995. 5. 9. 선고 95도696 판결 참조*).

   이 사건 공소사실은 친고죄인 청소년의 성보호에 관한 법률 제10조 제4항에 해당하는 범죄로서 이 사건 고소는 성폭력범죄의 처벌 및 피해자보호 등에 관한 법률 제19조 제1항에 따른 고소기간인 1년이 경과된 후에 제기되기는 하였으나, 원심은 그 설시의 증거를 종합하여 피해자가 이 사건 범행 당시인 2004. 4. 23.경 14세 4개월 남짓의 나이였으나, 이 사건 범행 후 약 1년 7개월 후에 실시된 면담 및 심리검사결과에 따르면 심리검사 당시의 피해자의 나이는 15세 11개월 남짓임에도 그 지능지수 49로 정신지체 수준에 해당하고 발달성숙도 및 사회적응성이 10세 1개월 수준에 불과하다는 것이고, 비록 피해자가 자발적인 의사표현이 가능하고 기본적인 대상 명명 및 인식능력을 갖추고 있으며 자신의 이름과 가족 이름을 비롯한 나이, 집주소, 전화번호 등과 같은 기본적인 신변사항에 대하여 정확히 보고할 정도의 능력이 있으나, 10단위 이하의 간단한 덧셈과 뺄셈만 가능하고 그 이상의 계산이 불가능하여 수 개념 형성이 미흡한 상태이고 간단한 읽기와 쓰기 정도의 문자해독

력을 가지고 있는 것에 불과하다는 것인바, 이러한 피해자의 정신 상태와 지적 능력, 이 사건 범행일시는 위 심리검사일로부터 약 1년 7개월 이전이어서 이 사건 범행 당시의 피해자의 정신능력은 심리검사 당시의 정신능력에 비하여 더 낮은 수준이었을 것으로 보이는 점에 비추어 보면, 이 사건 범행 당시의 피해자로서는 자신이 피해를 받은 사실을 이해하고 고소에 따른 사회생활상의 이해관계를 알아차릴 수 있는 사실상의 의사능력이 있었던 것으로 볼 수 없고, 이 사건 범행일로부터 약 1년 5개월 후인 2005. 9. 14. 피해자가 재학중이던 (이름 생략)학교(정신지체아 교육기관)의 기숙사 생활지도원과의 상담 중에 이 사건 범행사실을 말함으로써 담임교사와 할머니 등 주위 사람들에게 이 사건 범행사실이 알려지게 되어 피해자가 그들로부터 고소의 의미와 취지 등을 설명 듣고 그 무렵 비로소 고소능력이 생겨 그로부터 1년 내인 2006. 6. 5. 이 사건 고소에 이르게 된 것으로 봄이 타당하므로 이 사건 고소는 고소기간 내에 제기된 것으로 적법하다고 판단하였는바, 이러한 원심의 판단은 위 법리와 기록에 비추어 정당하고, 거기에 상고이유의 주장과 같은 고소에 관한 법리오해 등의 위법이 없다.

2. 원심은 그 설시의 증거를 종합하여 피고인이 판시와 같이 위력으로써 여자 청소년인 피해자를 간음한 사실을 인정하여 유죄로 판단하였는바, 이러한 원심의 사실인정과 판단은 사실심 법관의 합리적인 자유심증에 따른 것으로서 기록에 비추어 정당하고, 거기에 상고이유의 주장과 같은 심리미진 또는 채증법칙 위반 등의 위법이 없다*[대법원 2007. 10. 11., 선고, 2007도4962, 판결]*.

■ **관련판례 3**

【판시사항】

[1] 청소년의 성보호에 관한 법률 제10조 제4항에서 위계 또는 위력을 사용하여 여자 청소년을 간음한 자에 대한 법정형을 같은 조 제1항의 여

자 청소년을 강간한 자에 대한 법정형과 같게 정한 것이 형벌체계상의 균형을 잃은 자의적인 입법인지 여부(소극)

[2] 청소년의 성보호에 관한 법률 제10조 제4항에 정한 '위력'의 의미 및 위력 행사 여부의 판단 방법

【판결요지】

[1] 여자 청소년은 성인에 비하여 정신적, 육체적으로 성숙하지 아니한 상태에 있어, 여자 청소년에 대하여는 형법상의 강간죄가 요구하는 정도의 폭행·협박을 사용하지 않고 위계 또는 위력만으로도 간음죄를 범할 수 있고, 실제 그러한 범죄가 빈번하게 발생하고 있으며, 실무상 여자 청소년에 대한 간음죄의 구체적인 사안에 있어서 그 간음의 수단이 형법상의 강간죄가 요구하는 정도의 폭행·협박인지, 위계 또는 위력에 불과한지를 구분하기가 쉽지 아니하므로, 위계 또는 위력을 사용하여 여자 청소년을 간음한 자를 여자 청소년을 강간한 자와 동일하게 처벌하여야 할 형사정책적인 필요성이 있는 점, 위계 또는 위력이란 그 범위가 매우 넓기 때문에 강간죄가 요구하는 정도의 폭행, 협박에 비하여 그 피해가 상대적으로 경미하고 불법의 정도도 낮은 경우가 많지만, 구체적인 사안에 따라서는 강간죄가 요구하는 정도의 폭행, 협박이 사용된 경우보다 죄질이 나쁘고 중대한 경우도 있을 수 있고, 위계 또는 위력에 의한 간음죄라 하여도 범행의 동기와 범행 당시의 정황 및 보호법익에 대한 침해의 정도 등을 고려할 때 강간죄보다 무겁게 처벌하거나 동일하게 처벌하여야 할 필요가 있는 경우도 실무상 흔히 있어 위계 또는 위력에 의한 간음죄를 강간죄에 비하여 가볍게 처벌하는 것이 구체적인 경우에 있어서 오히려 불균형인 처벌결과를 가져올 염려가 없지 않은 점 등을 종합하여 보면, 위계 또는 위력을 사용하여 여자 청소년을 간음한 자에 대한 비난가능성의 정도가 여자 청소년을 강간한 자에 비하여 반드시 가볍다고 단정할 수 없으므로, 청소년의 성보호에 관한 법률 제10조 제4항이 위계 또는 위력을 사용하여 여자 청소년을 간음

한 자에 대한 법정형을 여자 청소년을 강간한 자에 대한 법정형과 동일하게 정하였다고 하여 이를 두고 형벌체계상의 균형을 잃은 자의적인 입법이라고 할 수는 없다.

[2] 청소년의 성보호에 관한 법률 위반(청소년 강간 등)죄에 있어서의 '위력'이란 피해자의 자유의사를 제압하기에 충분한 세력을 말하고 유형적이든 무형적이든 묻지 않으므로, 폭행·협박뿐 아니라 행위자의 사회적·경제적·정치적인 지위나 권세를 이용하는 것도 가능하며, '위력'으로써 간음하였는지 여부는 행사한 유형력의 내용과 정도 내지 이용한 행위자의 지위나 권세의 종류, 피해자의 연령, 행위자와 피해자의 이전부터의 관계, 그 행위에 이르게 된 경위, 구체적인 행위 태양, 범행 당시의 정황 등 제반 사정을 종합적으로 고려하여 판단하여야 한다*[대법원 2007. 8. 23., 선고, 2007도4818, 판결].*

■ 관련판례 4

【판시사항】

치킨 가게 업주가 아르바이트를 하기 위해 찾아온 15세 여학생의 엉덩이를 가볍게 친 행위가 형법의 강제추행죄에서 말하는 '추행'에 해당한다고 한 사례

【판결요지】

치킨 가게 업주가 아르바이트를 하기 위해 찾아온 15세 여학생의 엉덩이를 가볍게 친 행위가 순간적인 행위에 불과하더라도 피해자의 의사에 반하여 행하여진 유형력의 행사에 해당하고, 성적으로 중요한 의미를 갖는 여성의 엉덩이를 손으로 건드림으로써 객관적으로도 일반인에게 성적 수치심을 일으켰다고 봄이 상당하다는 이유로, 위와 같은 행위가 형법의 강제추행죄에서 말하는 '추행'에 해당한다고 한 사례*[광주지법 2006. 8. 11., 선고, 2006노737, 판결 : 상고].*

■ 관련판례 5

【판시사항】

청소년의성보호에관한법률 제10조 제4항에 정한 '위력'의 의미 및 위력 행사 여부의 판단 방법

【이유】

상고이유를 본다.

1. 공소사실의 요지

이 사건 공소사실의 요지는, 피고인이 2004. 1. 24. 02:00경 아들의 여자친구인 피해자 공소외 1(여, 17세)이 술에 취한 것을 이용하여 여관에서 잠을 재워 주겠다고 유인하는 방법으로 피해자를 간음할 것을 마음먹고, 모텔로 피해자를 데려간 다음, 침대 위에서 잠을 자자면서 술에 취한 피해자를 끌어안고 그 옷을 벗기려 하고 피해자가 하지 말라고 함에도 이를 무시하고 힘으로 피해자의 옷을 벗긴 후 울고 있는 피해자와 1회 성교하여 위력으로 여자 청소년을 간음하였다는 것이다.

2. 원심의 판단

원심판결 이유에 의하면 원심은, 그 채용 증거들을 종합하여 판시와 같은 사실을 인정한 다음, 피고인이 피해자와 성관계를 갖기는 하였으나 그 과정 전후에 걸쳐 나타난 정황들, 즉 ① 피고인이 샤워를 하거나 맥주를 사러 밖으로 나갔을 때에도 피해자는 모텔에 그대로 있었고 또 함께 맥주를 마신 점, ② 피고인이 안겨보라고 하자 피해자가 스스로 안긴 점, ③ 피고인이 성관계를 가지기 위해서 폭행, 협박을 하거나 힘으로 완전히 제압한 것도 아닌 점, ④ 피해자는 성관계 후 모텔을 나온 다음 바로 공소외 2를 만나 함께 여관에 들어가서 또 다시 성관계를 가진 점, ⑤ 피해자는 피고인과의 성관계 사실을 스스로 밝힌 것이 아니라 이모로부터 왜 외박을 하였느냐는 말을 듣고는 그러한 사실을 이야기한 점 등에 비추어 보면, 비록 피고인이 피해자보다 32살이나 많고 남자친구의 아버지였고, 피해자가 17세에 불과하다고 하더라도 심리적으로 위

축된 상태에서 겁을 먹은 나머지 성관계를 가졌다고도 보기 어려우므로 '피고인이 성관계를 가지려고 하기에 소리를 지르고 싶은 마음이 간절하였으나 갑작스럽고 위압적인 행동에 겁을 먹어서 적극적으로 반항하지 못하였고, 성관계를 할 때에도 계속 몸을 비틀며 거부하였으나 피고인의 힘에 눌려 더 이상 반항하지 못하였다'는 피해자의 진술 부분은 믿기 어렵고, 그 밖에 공소외 3, 공소외 4, 공소외 5의 수사기관에서의 진술은 모두 피해자로부터 들은 내용을 바탕으로 하는 것으로서 피해자의 진술을 배척하므로 역시 믿을 수 없다는 이유로, 공소사실을 유죄로 인정한 제1심판결을 파기하고 무죄를 선고하였다.

3. 이 법원의 판단

그러나 원심의 위와 같은 판단은 다음과 같은 이유로 이를 수긍할 수 없다.

가. 청소년의성보호에관한법률위반(청소년강간등)죄는 '위계 또는 위력으로써 여자 청소년을 간음하거나 청소년에 대하여 추행한' 것인바, 이 경우 위력이라 함은 피해자의 자유의사를 제압하기에 충분한 세력을 말하고, 유형적이든 무형적이든 묻지 않으므로 폭행·협박뿐 아니라 행위자의 사회적·경제적·정치적인 지위나 권세를 이용하는 것도 가능하며*(대법원 1998. 1. 23. 선고 97도2506 판결 참조)*, '위력으로써' 간음 또는 추행한 것인지 여부는 행사한 유형력의 내용과 정도 내지 이용한 행위자의 지위나 권세의 종류, 피해자의 연령, 행위자와 피해자의 이전부터의 관계, 그 행위에 이르게 된 경위, 구체적인 행위 태양, 범행 당시의 정황 등 제반 사정을 종합적으로 고려하여 판단하여야 한다.

나. 그런데 기록에 의하면, 피해자는 1986. 5. 13.생(이 사건 당시 만 17세 8개월 남짓) 여자 청소년으로, 2003. 6.경부터 피고인의 아들인 공소외 6(당시 만 20세)과 사귀기 시작하여 약 10여 차례에 걸쳐 성관계를 가진 바 있고, 2003. 7.경에는 피고인(이 사건 당시 만 49세 6개월 남짓, 키 172cm, 몸무게 57㎏)에게도 인사를 하여, 그 무렵부터 피고인은 피해자를 '애기야'라고, 피해자는 피고인을 '아버

지'라고 호칭하였으며(수사기록 54면), 그 후 피고인, 피해자 및 공소외 6은 이 사건이 일어나기 전까지 여러 차례에 걸쳐 피고인의 거주지인 서울 (이하 주소 생략)에서 함께 자기도 한 사실, 피해자는 이 사건 며칠 전 공소외 6으로부터 헤어지자는 말을 듣고서 미련이 남아 계속하여 공소외 6에게 만나자는 전화를 하였으나 거절당하자 이 사건 전날인 2004. 1. 23. 저녁에 2시간에 걸쳐서 친구들과 함께 맥주 약 4,000cc 가량을 마셨고, 그 후 피고인에게 세배를 드리러 가겠다고 전화연락을 하고 그날 22:00경 피고인의 집으로 피고인을 찾아간 사실, 피고인은 피해자에게 '공소외 6을 잘 설득할 터이니 걱정하지 말라'고 하면서 피고인의 집 부근에 있는 식당으로 피해자를 데리고 가 삼겹살과 소주 2병 가량을 함께 먹은 후 그날 23:00경 식당을 나와, 피해자로부터 피고인의 집으로 가서 자겠다는 말을 듣고서는 피해자에게 집에서 몸 좀 녹이고 있으라고 한 다음, 약속 때문에 다시 밖으로 나간 사실, 그 후 피고인은 집으로 돌아 와 자고 있던 피해자에게, 여기서 자면 아들이 오해할 수도 있으니 여관에 가서 자라고 하면서 2004. 1. 24. 02:00경 피고인의 집 부근에 있는 (상호 생략)모텔로 피해자를 데려 간 사실, 피고인은 모텔에 들어가서 샤워를 한 다음 피해자에게 맥주를 한 잔 하자고 하면서 다시 밖으로 나가서 맥주 등을 사 가지고 와서는 피해자와 함께 마시면서, 피고인은 '힘 내거라, 아들 공소외 6과 앞으로 만날 수 있게 잘 말해 보겠다.'라고 말하고 피해자는 '아버지, 고맙습니다.'라고 말하는 등 서로 대화를 나눈 사실(수사기록 41, 66, 67, 118면) 등은 쌍방의 진술이 대체로 일치하고, 다만 피고인으로부터 간음당한 경위에 대한 피해자의 다음과 같은 진술 즉, 피해자는 피고인과 위와 같은 대화를 나눈 다음 피고인에게 '안 가시냐'라고 물었음에도 피고인은 집으로 가지 않은 채 피해자에게 자자고 하면서 그냥 침대에 누워 피해자도 취한 상태에서 조금 떨어져 침대에 누웠는데, 이 때 피고인이 피해자에게 '애기야 안겨봐라'고 하자 피해자는 평소 아버지라 부르며 믿고

지내왔기에 의심 없이 피고인 옆으로 가 피고인에게 안겼고(수사기록 10, 11, 51, 60면), 그러자 피고인은 피해자를 껴안고 키스를 하면서 '이러지 마세요'라는 피해자의 말을 무시한 채 피해자의 팔목 부위를 저항하기 어려울 정도로 힘있게 꽉 잡았고, 울면서 눈을 감은 채 몸을 비트는 피해자의 청바지를 그 벨트부분을 잡고 힘으로 벗긴 다음 피해자를 간음하면서 '이제부터는 내가 너를 사랑해 줄께'라고 말하였으며(수사기록 11, 21, 22, 52, 119, 147면, 공판기록 91, 92면), 당시 피고인이 피해자를 때리거나 협박하지는 않았고 입을 막지도 않았으며, 팔목부위를 잡는 것 이외에는 무릎 등으로 피해자의 몸을 누르지는 않았으나, 피해자는 소리를 지르고 싶은 마음이 간절하였음에도 이성을 잃은 피고인에게 맞을까봐 겁이 나 적극적으로 반항하지 못하고 눈을 감은 채 피고인의 행동에 소극적으로 따를 수밖에 없었다(수사기록 11, 54, 62면, 공판기록 35, 38, 91, 92면)는 진술부분에 대하여는, 피고인이 이를 완강히 부인하면서 자신은 침대 옆에 앉아 불편한 자세로 잠을 잤을 뿐이라고 주장하고 있다.

다. 이 사건 간음경위에 대한 피해자의 진술이 비록 사소한 점에서 약간의 불일치한 부분이 있었다고 하더라도 위와 같이 매우 구체적인데다가 경찰 이래 원심 법정에 이르기까지 일관되어 있는 점, 피해자가 간음당한 그 날 새벽 04:00경 공소외 6의 친구인 공소외 3에게 전화를 걸어 '피고인으로부터 간음을 당했다.'라고 말하고 이는 공소외 3, 공소외 6의 진술과도 부합하는 점(수사기록 114, 116, 117, 127, 128면, 공판기록 36면), 그 무렵 피해자가 비록 피고인의 아들인 공소외 6으로부터 헤어지자는 말을 듣기는 하였으나 여전히 미련이 남아 있던 상태에서, 자신이 신뢰하고 그러한 자신을 위로하여 주던 피고인에 대하여 거짓진술로서 무고할 만한 특별한 사정이 기록상 전혀 나타나지 않는 점 등에 비추어, 피고인의 부인에도 불구하고 그날 밤 피해자와 피고인간에 성관계가 있었다는 피해자의 진술은 그 신빙성을 배척하기 어려워 보이고, 사정이 그러하다면, 피고인의 아들과 사귀면서 여러번 성관계까지 가진 바 있을 뿐만 아니라 헤어지자는 그 아들을 잊지 못하고 있던 피해자가 그 아버지인 피고인의 요구에 순순히 응하여 성관계를 가진다는 것은 경험칙상 도저히 납득되지 않는 점, 이 사건 당시 술에 취한데다가 아버지로 믿고 따르며 그의 도움이 절실히 필요한 피해자로서는 한번 안겨보라는 피고인의 요구에 응하기는 하였지만, 피고인이 갑자기 껴안고 키스를 하고 반항하는 자신의 팔목부위를 저항하기 어려운 정도로 힘있게 잡고 덤벼들 줄은 전혀 예상할 수 없었으므로 피해자로서는 순간적으로 피고인에게 압도당하여 정상적인 반항을 한다는 것이 어려웠던 것으로 보이는 점 등에 비추어 볼 때, 심리적으로 위축된 상태에서 당황하고 겁을 먹은 나머지 의사에 반하여 간음을 당하였다는 피해자의 진술은 이를 가볍게 배척할 수 없을 것으로 여겨진다.

라. 한편, 피해자 진술의 신빙성을 배척한 근거로 원심이 들고있는 정황 중 위 ①, ②의 점은 피해자가 그 때까지 피고인을 자기를 사랑해주는 친아버지처럼 신뢰하고 있었다는 사정을 간과한 점에서, 그 ④, ⑤의 점은 피해자가 위와같이 간음당한 그날 새벽 04:00경 공소외 6의 친구인 공소외 3에게 전화하여 피해사실을 알린 점과 그날 05:00경 컴퓨터 채팅으로 알고 지내던 공소외 2의 도움을 청하여 개봉전철역 부근에 있는 여관에 들어갔지만, 곧바로 잠을 잤으며, 그와 성관계를 가진 것은 그 다음날 15:00경 공소외 2의 요구에 의한 것인 점(수사기록 72, 115면)에서, 끝으로 원심이 들고있는 ③의 점에 대하여는, 앞서 본 바와 같이 피고인이 남자친구의 아버지로서 키가 큰 중년의 어른인 반면, 피해자는 다소 술에 취한 만 17세 가량의 여자 청소년에 불과한데다가 심야에 다른사람의 출입이 곤란한 모텔방에 피고인과 단 둘이만이 있게됨으로써 폭행·협박 등 물리력에 의하지 않더라도 이 사건과 같은 피고인의 돌발적인 행동에 제압당할 수밖에 없었다는 점을 간과한 점에서, 어느 것이나 피해자 진술의 신빙성을 배척할 사유로서는 부족한 것으로 보인다.

그럼에도 불구하고, 원심은 그 판시와 같은 이유만으로 피해자의 진술을 배척하고 피고인이 위력으로써 피해자를 간음한 사실에 대한 증명이 없다고 판단하였으니, 거기에는 채증법칙에 위반하여 사실을 오인하였거나 청소년의성보호에관한법률위반(청소년강간등)죄에 있어서의 위력의 개념에 관한 법리를 오해하여 판결에 영향을 미친 위법이 있다고 할 것이다. 이 점을 지적하는 상고이유의 주장은 이유 있다

[대법원 2005. 7. 29., 선고, 2004도5868, 판결].

■ 관련판례 6

【판시사항】

청소년의성보호에관한법률 제10조의 청소년에 대한 강간 및 강제추행 등의 죄가 친고죄인지 여부(적극)

【판결요지】

형법 제302조는 "미성년자 또는 심신미약자에 대하여 위계 또는 위력으로써 간음 또는 추행을 한 자는 5년 이상의 징역에 처한다."라고, 형법 제306조는 "제297조 내지 제300조와 제302조 내지 제305조의 죄는 고소가 있어야 공소를 제기할 수 있다."라고 각 규정하고 있음에 반하여 청소년의성보호에관한법률 제10조는 "① 여자 청소년에 대하여 형법 제297조(강간)의 죄를 범한 자는 5년 이상의 유기징역에 처한다. ② 청소년에 대하여 형법 제298조(강제추행)의 죄를 범한 자는 1년 이상의 유기징역 또는 500만 원이상 2천만 원 이하의 벌금에 처한다. ③ 청소년에 대하여 형법 제299조(준강간, 준강제추행)의 죄를 범한 자는 제1항 또는 제2항의 예에 의한다. ④ 위계 또는 위력으로써 여자 청소년을 간음하거나 청소년에 대하여 추행을 한 자는 제1항 또는 제2항의 예에 의한다. ⑤ 제1항 내지 제4항의 미수범은 처벌한다."라고만 규정할 뿐 고소에 관한 규정을 전혀 두지 아니하고 있기는 하나 위 법률 제10조가 위 형법상의 죄에 대하여 가중처벌하는 규정일 뿐 그 구성요건을 형법규정과 달리하지 아니하고 있는 점, 성폭력범죄

의처벌및피해자보호등에관한법률 제15조는 "제11조, 제13조 및 제14조의 죄는 고소가 있어야 공소를 제기할 수 있다."라고 규정하고 친고죄에 관한 규정을 두고 있으므로 그 외에는 비친고죄로 해석할 수 있으나, 청소년의성보호에관한법률에는 친고죄 여부에 대한 명시적 규정이 없으므로 위 법 제10조 위반죄를 친고죄라고 해석하는 것이 죄형법정주의의 원칙과 "이 법을 해석·적용함에 있어서는 국민의 권리가 부당하게 침해되지 아니하도록 주의하여야 한다."고 규정한 청소년의성보호에관한법률 제3조의 취지에도 부합하는 점, 청소년의성보호에관한법률의 제정취지는 청소년의 보호에 있는데 위 법 제10조를 비친고죄로 해석하여 성폭행을 당한 모든 청소년을 그의 의사에 불구하고 조사를 하게 되면 오히려 청소년의 보호에 역행하게 될 여지도 있게 되는 점 등에 비추어 보면 위 법률 제10조 위반죄에 대하여도 형법 제306조가 적용된다/대법원 2001. 6. 15., 선고, 2001도1017, 판결/.

■ **관련판례 7**

【판시사항】
청소년의성보호에관한법률 제10조 제1항 및 제2항의 청소년에 대한 강간 및 강제추행죄가 친고죄인지 여부(적극)

【판결요지】
형법 제297조, 제298조, 제306조의 규정을 종합하면, 강간 및 강제추행의 각 죄는 피해자의 고소가 있어야 공소를 제기할 수 있으며, 또한 형법상 강간 및 강제추행죄의 성질은 청소년의성보호에관한법률 제10조 제1항, 제2항에 의해 가중처벌되는 경우에도 그대로 유지되고, 특별법인 청소년의성보호에관한법률에 친고죄에 관한 형법 제297조, 제298조, 제306조의 적용을 배제한다는 명시적인 규정이 없으므로, 형법 제306조는 청소년의성보호에관한법률 제10조 제1항 및 제2항의 죄에도 그대로 적용된다/대법원 2001. 5. 15., 선고, 2001도1391, 판결/.

【판시사항】

[1] 청소년의성보호에관한법률 제10조와 형법 제297조, 제298조, 제299조 및 제302조의 관계

[2] 청소년에게 성교의 대가로 돈을 주겠다고 거짓말한 행위가 청소년의성보호에관한법률 제10조 제4항 소정의 위계에 해당하지 아니한다고 본 사례

【판결요지】

[1] 청소년의성보호에관한법률 제10조는 "① 여자 청소년에 대하여 형법 제297조(강간)의 죄를 범한 자는 5년 이상의 유기징역에 처한다. ② 청소년에 대하여 형법 제298조(강제추행)의 죄를 범한 자는 1년 이상의 유기징역 또는 500만 원 이상 2천만 원 이하의 벌금에 처한다. ③ 청소년에 대하여 형법 제299조(준강간, 준강제추행)의 죄를 범한 자는 제1항 또는 제2항의 예에 의한다. ④ 위계 또는 위력으로써 여자 청소년을 간음하거나 청소년에 대하여 추행을 한 자는 제1항 또는 제2항의 예에 의한다. ⑤ 제1항 내지 제4항의 미수범은 처벌한다."라고 규정하고 있고, 형법 제2편 제32장은 제297조에서 강간, 제298조에서 강제추행, 제299조에서 준강간, 준강제추행에 대하여 각 규정하고 있으며 제302조에서 "미성년자 또는 심신미약자에 대하여 위계 또는 위력으로써 간음 또는 추행을 한 자는 5년 이하의 징역에 처한다."라고 규정하고 있으므로, 청소년의성보호에관한법률 제10조는 형법 제297조, 제298조, 제299조 및 제302조의 죄에 대하여 피해자가 청소년인 경우에 이를 가중처벌하는 규정일 뿐이지 그 구성요건을 형법과 달리하는 규정은 아니다.

[2] 피고인이 청소년에게 성교의 대가로 돈을 주겠다고 거짓말하고 청소년이 이에 속아 피고인과 성교행위를 하였다고 하더라도, 사리판단력이 있는 청소년에 관하여는 그러한 금품의 제공과 성교행위 사이에 불가분의 관련성이 인정되지 아니하는 만큼 이로 인하여 청소년이 간음행위

자체에 대한 착오에 빠졌다거나 이를 알지 못하였다고 할 수 없다는 이유로 피고인의 행위가 청소년의성보호에관한법률 제10조 제4항 소정의 위계에 해당하지 아니한다고 본 사례*[대법원 2001. 12. 24., 선고. 2001도 5074, 판결].*

제11조(아동·청소년성착취물의 제작·배포 등)

① 아동·청소년성착취물을 제작·수입 또는 수출한 자는 무기징역 또는 5년 이상의 유기징역에 처한다. *(개정 2020. 6. 2.)*

② 영리를 목적으로 아동·청소년성착취물을 판매·대여·배포·제공하거나 이를 목적으로 소지·운반·광고·소개하거나 공연히 전시 또는 상영한 자는 5년 이상의 징역에 처한다. *(개정 2020. 6. 2.)*

③ 아동·청소년성착취물을 배포·제공하거나 이를 목적으로 광고·소개하거나 공연히 전시 또는 상영한 자는 3년 이상의 징역에 처한다. *(개정 2020. 6. 2.)*

④ 아동·청소년성착취물을 제작할 것이라는 정황을 알면서 아동·청소년을 아동·청소년성착취물의 제작자에게 알선한 자는 3년 이상의 징역에 처한다. *(개정 2020. 6. 2.)*

⑤ 아동·청소년성착취물을 구입하거나 아동·청소년성착취물임을 알면서 이를 소지·시청한 자는 1년 이상의 징역에 처한다. *(개정 2020. 6. 2.)*

⑥ 제1항의 미수범은 처벌한다

⑦ 상습적으로 제1항의 죄를 범한 자는 그 죄에 대하여 정하는 형의 2분의 1까지 가중한다. *(신설 2020. 6. 2.)*

[제목개정 2020. 6. 2.]

■ **관련판례 1**

【판시사항】

아동·청소년이 자신을 대상으로 음란물을 제작하는 데에 동의하였더라도 아동·청소년의 성보호에 관한 법률상 아동·청소년이용 음란물 제작죄를 구성하는지 여부(원칙적 적극)

【판결요지】

국가와 사회는 아동·청소년에 대하여 다양한 보호의무를 부담한다. 법원은 아동·청소년이 피해자인 사건에서 아동·청소년이 특별히 보호되어야 할 대상임을 전제로 판단해왔다. 아동복지법상 아동에 대한 성적 학대행위에 해당하는지 판단하는 경우 아동이 명시적인 반대의사를 표시하지 아니하였더라도 성적 자기결정권을 행사하여 자신을 보호할 능력이 부족한 상황에 기인한 것인지 가려보아야 하고, 아동복지법상 아동매매죄에서 설령 아동 자신이 동의하였더라도 유죄가 인정된다. 아동·청소년이 자신을 대상으로 음란물을 제작하는 데에 동의하였더라도 원칙적으로 아동·청소년의 성보호에 관한 법률상 아동·청소년이용 음란물 제작죄를 구성한다[대법원 2022. 7. 28., 선고, 2020도12419, 판결].

■ **관련판례 2**

【판시사항】

피고인이 아동·청소년이용음란물 및 아동·청소년성착취물인 동영상과 사진 파일을 인터넷을 통해 다운로드받아 컴퓨터 하드디스크에 저장하여 소지하였다는 아동·청소년의 성보호에 관한 법률 위반의 공소사실로 기소되었는데, 수사기관은 '피고인이 텔레그램 N번방 그룹 및 채널에서 N번방 운영진이 제작·배포한 아동·청소년이용음란물을 정보통신기기 내 저장시키는 방법으로 소지하였다.'는 혐의사실로 발부받은 압수·수색영장을 집행하여 피고인의 컴퓨터 하드디스크를 압수하였고, 여기에서 N번방과 관련 없이 아동·청소년이 등장하는 사진 및 동영상 등의 음란물 파일이 다수 발견되자 이를 선별·압수한 다음 그 전자정보를 복사한 CD 및 그 출력본을 공소사실에 대한 증거로 제출한 사안에서, 위 CD 및 그 출력본은 증거능력이 인정된다고 한 사례

【판결요지】

피고인이 아동·청소년이용음란물 및 아동·청소년성착취물인 동영상과 사진 파일을 인터넷을 통해 다운로드받아 컴퓨터 하드디스크에 저장하여 소지하였다는 아동·청소년의 성보호에 관한 법률 위반의 공소사실로 기소되었는데, 수사기관은 '피고인이 텔레그램 N번방 그룹 및 채널에서 N번방 운영진이 제작·배포한 아동·청소년이용음란물을 정보통신기기 내 저장시키는 방법

으로 소지하였다.'는 혐의사실로 발부받은 압수·수색영장을 집행하여 피고인의 컴퓨터 하드디스크를 압수하였고, 여기에서 N번방과 관련 없이 아동·청소년이 등장하는 사진 및 동영상 등의 음란물 파일이 다수 발견되자 이를 선별·압수한 다음 그 전자정보(이하 '무관정보'라 한다)를 복사한 CD 및 그 출력본을 공소사실에 대한 증거로 제출한 사안이다.

압수·수색영장 기재 혐의사실의 요지는 '피고인이 N번방 관련 아동·청소년이용음란물을 소지하고 있다.'는 것이고, 공소사실의 요지는 피고인이 그 외의 아동·청소년이용음란물 또는 아동·청소년성착취물을 소지하고 있다는 것으로 죄명 및 적용 법령이 유사 또는 동일한 동종의 범행에 해당하는 점, 범행 경위와 압수·수색영장 발부 및 집행의 경위 등에 비추어 압수·수색영장을 발부받을 당시 피고인이 N번방 이외에 별개의 아동·청소년이용음란물을 소지하고 있었다는 점을 전혀 예견할 수 없었다고 보기 어려운 점, 무관정보는 압수·수색영장 기재 혐의사실을 범한 동기, 즉 피고인의 성적 기호 내지 경향성을 입증하는 간접증거인 점, 무관정보를 취득하는 수법은 인터넷으로 동영상 또는 사진 파일을 다운로드하는 것이어서 압수·수색영장 기재 혐의사실의 수법과 동일한 점 등을 종합하면, 압수·수색영장 기재 혐의사실과 공소사실 기재 범죄사실 사이에 객관적 관련성이 인정되고, 무관정보는 압수·수색영장 기재 혐의사실에 대한 범행 동기와 경위, 범행 수단과 방법 등을 증명하기 위한 간접증거나 정황증거 등으로 사용될 수 있어 수사기관의 무관정보 압수절차에 위법이 없고, 따라서 무관정보를 저장한 CD 및 그 출력본은 증거능력이 인정된다는 이유로, 이와 달리 보아 공소사실을 무죄로 판단한 제1심판결에 사실오인 및 법리오해의 잘못이 있다고 한 사례이다 *[대구고법 2022. 5. 12., 선고, 2021노549, 판결 : 확정]*.

■ **관련판례 3**

【판시사항】

[1] 아동·청소년으로 하여금 스스로 자신을 대상으로 하는 음란물을 촬영

하게 하고 직접 촬영행위를 하지 않았더라도 구 아동·청소년의 성보호에 관한 법률 제11조 제1항의 처벌 대상인 아동·청소년이용음란물 '제작'에 해당하는 경우 및 그 기수 시기(=촬영을 마쳐 재생이 가능한 형태로 저장된 때)

[2] 구 아동·청소년의 성보호에 관한 법률 제11조 제1항의 처벌 대상인 '아동·청소년이용음란물 제작'에서 해당 영상을 직접 촬영할 것을 요하지 아니하는 취지

【이 유】

상고이유를 판단한다.

1. 관련 법리

가. 아동·청소년이용음란물 제작행위에 대한 처벌규정의 입법 경위

2000. 2. 3. 제정된 구「청소년의 성보호에 관한 법률」제2조 제1호는 청소년의 정의를 19세 미만의 남녀로 규정하면서 제8조 제1항에서 청소년이용음란물을 제작·수입·수출한 자를 5년 이상의 유기징역으로 처벌하도록 규정하였다. 구「청소년의 성보호에 관한 법률」은 2009. 6. 9.「아동·청소년의 성보호에 관한 법률」(이하 '청소년성보호법'이라고 한다)로 제명이 개정되었고, 2012. 12. 18. 전부 개정된 청소년성보호법 제11조 제1항에서 위 구법 제8조 제1항의 처벌규정이 유지되었는데, 다만 그 법정형이 무기징역 또는 5년 이상의 유기징역으로 상향되었다(이 사건 이후 2020. 6. 2. 개정된 청소년성보호법은 '아동·청소년이용음란물'을 '아동·청소년성착취물'로 변경함으로써 아동·청소년을 대상으로 하는 음란물은 그 자체로 아동·청소년에 대한 성착취 및 성학대를 의미한다는 점을 명확히 하였다).

나. 아동·청소년으로 하여금 스스로 자신을 대상으로 한 음란물을 촬영하게 한 경우 청소년성보호법 위반(음란물제작·배포등)죄의 성립 여부

1) 피고인이 아동·청소년으로 하여금 스스로 자신을 대상으로 하는 음란물을 촬영하게 한 경우 피고인이 직접 촬영행위를 하지 않았

더라도 그 영상을 만드는 것을 기획하고 촬영행위를 하게 하거나 만드는 과정에서 구체적인 지시를 하였다면, 특별한 사정이 없는 한 아동·청소년이용음란물 '제작'에 해당하고, 이러한 촬영을 마쳐 재생이 가능한 형태로 저장이 된 때에 제작은 기수에 이른다 *(대법원 2018. 1. 25. 선고 2017도18443 판결, 대법원 2018. 9. 13. 선고 2018도9340 판결 참조).*

2) 위에서 본 바와 같이 아동·청소년이용음란물의 제작에 있어서는 피고인이 해당 영상을 직접 촬영할 것을 요하지 않는 것으로 해석되는바, 그 취지는 ① 모바일기기의 보급이 일반화됨에 따라 아동·청소년이용음란물의 제작은 매우 용이한 현실, ② 현재 정보통신매체의 기술 수준에서는 단순히 촬영한 영상물이 존재한다는 것만으로도 즉시 대량 유포 및 대량 복제가 가능하고, 제작에 관여한 사람의 의도와 관계없이 무차별적으로 유통에 제공될 가능성이 있고, 음란물의 제작행위 자체에 그 유통의 위험성까지도 상당부분 내재되어 있는 점, ③ 청소년성보호법의 입법 목적, 아동·청소년이용음란물이 미치는 사회적 영향력이 크고 성에 대한 왜곡된 인식과 비정상적 가치관을 심어줄 수 있는 점, 아동·청소년이 사회공동체 내에서 책임 있는 인격체로 성장할 때까지 사회로부터 보호되어야 할 필요성과 아동·청소년의 '인간으로서의 존엄성' 역시 온전히 보호되어야 할 필요성이 있는 점, 제작행위에 관여된 피해 아동·청소년에게 영구히 씻을 수 없는 기록을 남기고 그러한 피해는 쉽사리 해결되기 어려운 점 등을 고려하면 아동·청소년이용음란물 제작행위는 인간의 존엄과 가치에 정면으로 반하는 범죄로서 죄질과 범정이 매우 무겁고 비난가능성 또한 대단히 높다는 점에서 찾을 수 있다*(헌법재판소 2019. 12. 27. 선고 2018헌바46 전원재판부 결정 참조)[대법원 2021. 3. 25., 선고, 2020도18285, 판결].*

【판시사항】

[1] 아동·청소년을 타인의 성적 침해 또는 착취행위로부터 보호하고자 하는 이유 / 아동·청소년이 타인의 기망이나 왜곡된 신뢰관계의 이용에 의하여 외관상 성적 결정 또는 동의로 보이는 언동을 한 경우 이를 아동·청소년의 온전한 성적 자기결정권의 행사에 의한 것이라고 평가할 수 있는지 여부(소극)

[2] '성적 자기결정권'의 의미와 내용 / 위계에 의한 간음죄를 비롯한 강간과 추행의 죄의 보호법익(=소극적인 성적 자기결정권)

【판결요지】

[1] 국가와 사회는 아동·청소년에 대하여 다양한 보호의무를 부담한다. 국가는 청소년의 복지향상을 위한 정책을 실시하고(헌법 제34조 제4항), 초·중등교육을 실시할 의무(교육기본법 제8조)를 부담한다. 사법 영역에서도 마찬가지여서 친권자는 미성년자를 보호하고 양육하여야 하고(민법 제913조), 미성년자가 법정대리인의 동의 없이 한 법률행위는 원칙적으로 그 사유에 제한 없이 취소할 수 있다(민법 제5조).

법원도 아동·청소년이 피해자인 사건에서 아동·청소년이 특별히 보호되어야 할 대상임을 전제로 판단해 왔다. 대법원은 아동복지법상 아동에 대한 성적 학대행위 해당 여부를 판단함에 있어 아동이 명시적인 반대의사를 표시하지 아니하였더라도 성적 자기결정권을 행사하여 자신을 보호할 능력이 부족한 상황에 기인한 것인지 가려보아야 한다는 취지로 판시하였고, 아동복지법상 아동매매죄에 있어서 설령 아동 자신이 동의하였더라도 유죄가 인정된다고 판시하였다. 아동·청소년이 자신을 대상으로 음란물을 제작하는 데에 동의하였더라도 원칙적으로 아동·청소년의 성보호에 관한 법률상 아동·청소년이용 음란물 제작죄를 구성한다는 판시도 같은 취지이다.

이와 같이 아동·청소년을 보호하고자 하는 이유는, 아동·청소년은 사회적·문화적 제약 등으로 아직 온전한 자기결정권을 행사하기 어려울 뿐만 아니라, 인지적·심리적·관계적 자원의 부족으로 타인의 성적 침해 또는 착취행위로부터 자신을 방어하기 어려운 처지에 있기 때문이다. 또한 아동·청소년은 성적 가치관을 형성하고 성 건강을 완성해 가는 과정에 있으므로 아동·청소년에 대한 성적 침해 또는 착취행위는 아동·청소년이 성과 관련한 정신적·신체적 건강을 추구하고 자율적 인격을 형성·발전시키는 데에 심각하고 지속적인 부정적 영향을 미칠 수 있다. 따라서 아동·청소년이 외관상 성적 결정 또는 동의로 보이는 언동을 하였더라도, 그것이 타인의 기망이나 왜곡된 신뢰관계의 이용에 의한 것이라면, 이를 아동·청소년의 온전한 성적 자기결정권의 행사에 의한 것이라고 평가하기 어렵다.

[2] 성적 자기결정권은 스스로 선택한 인생관 등을 바탕으로 사회공동체 안에서 각자가 독자적으로 성적 관념을 확립하고 이에 따라 사생활의 영역에서 자기 스스로 내린 성적 결정에 따라 자기책임하에 상대방을 선택하고 성관계를 가질 권리로 이해된다. 여기에는 자신이 하고자 하는 성행위를 결정할 권리라는 적극적 측면과 함께 원치 않는 성행위를 거부할 권리라는 소극적 측면이 함께 존재하는데, 위계에 의한 간음죄를 비롯한 강간과 추행의 죄는 소극적 성적 자기결정권을 침해하는 것을 내용으로 한다*[대법원 2020. 10. 29., 선고, 2018도16466, 판결]*.

■ **관련판례 5**

【판시사항】

아동·청소년의 성보호에 관한 법률 제2조 제5호에서 말하는 '아동·청소년으로 명백하게 인식될 수 있는 표현물'의 의미 및 이에 해당하는지 판단하는 기준

【이 유】

상고이유를 판단한다.

1. 아동·청소년의 성보호에 관한 법률(이하 '청소년성보호법'이라고 한다)의

입법 목적과 개정 연혁, 표현물의 특징 등에 비추어 보면, 청소년성보호법 제2조 제5호에서 말하는 '아동·청소년으로 명백하게 인식될 수 있는 표현물'이란 사회 평균인의 시각에서 객관적으로 보아 명백하게 청소년으로 인식될 수 있는 표현물을 의미하고, 개별적인 사안에서 표현물이 나타내고 있는 인물의 외모와 신체발육에 대한 묘사, 음성 또는 말투, 복장, 상황 설정, 영상물의 배경이나 줄거리 등 여러 사정을 종합적으로 고려하여 신중하게 판단하여야 한다*(대법원 2019. 5. 30. 선고 2015도863 판결, 대법원 2019. 6. 13. 선고 2017도4334 판결 등 참조).*

2. 원심판결 이유와 적법하게 채택하여 조사한 증거들, 특히 '닉네임 ○○○ ○○○○○○의 음란물자료', '닉네임 △△△△의 음란물자료'에 의하면, 이 사건 만화 동영상은 교복과 유사한 형태의 복장을 입은 표현물이 등장하여 성교 행위나 유사 성교 행위를 하는 내용을 포함하고 있고, 등장하는 표현물 중 일부의 외모가 상당히 어려 보이게 묘사된 사실을 알 수 있다.

위 사실관계를 앞서 본 법리에 비추어 살펴보면, 비록 이 사건 만화 동영상에 등장하는 일부 표현물의 특정 신체부위가 다소 성숙하게 묘사되어 있다고 하더라도 창작자가 외모나 복장, 배경 및 상황 설정 등으로 이 사건 만화 동영상에 등장하는 표현물에 부여한 특징들을 통해서 창작자가 표현물에 설정한 나이가 19세 미만으로서 사회 평균인의 시각에서 객관적으로 보아 명백하게 청소년으로 인식될 수 있는 표현물에 해당한다고 볼 여지가 있다.

3. 한편 기록에 의하면, 제1심은 수사보고서를 증거로 채택하여 조사하였는데, 위 수사보고는 이 사건 만화 동영상을 재생할 수 있는 파일 등이 저장된 CD(컴퓨터용 디스크)를 제출하여 첨부한다는 내용이고 실제로 CD가 그 보고서에 첨부되어 있다. 그러나 공판조서의 일부인 증거목록에 기재되어 있는 바와 같이 제1심은 위와 같은 CD가 첨부되어 있는 수사보고에 대한 증거조사를 형사소송법 제292조, 제292조의2에서 정한 증거서류나 증거물인 서면에 대한 증거조사 방식에 따라 '제시, 낭독

(내용고지, 열람)'의 방법에 의하여 한 것으로 되어 있을 뿐, 형사소송법 제292조의3에서 정한 컴퓨터용 디스크에 대한 증거조사 방식에 따라 증거조사를 하지는 않았음이 명백하다.

나아가 원심은 제1심이 적법하게 채택하여 조사한 증거들에 의하여 이 사건 만화 동영상이 청소년성보호법 제2조 제5호의 아동·청소년이용음란물에 해당하는지 여부를 판단하여 이에 해당하지 않는다고 보아 검사의 항소이유 주장을 배척하고 주위적 공소사실 부분을 무죄로 판단한 제1심판결을 그대로 유지하였다.

원칙적으로 증거의 채부는 법원의 재량에 의하여 판단할 것이지만, 형사사건의 실체를 규명하는 데 가장 직접적이고 핵심적인 증거는 법정에서 증거조사를 하기 곤란하거나 부적절한 경우 또는 다른 증거에 비추어 굳이 추가 증거조사를 할 필요가 없다는 등 특별한 사정이 없는 한 공개된 법정에서 그 증거방법에 가장 적합한 방식으로 증거조사를 하고, 이를 통해 형성된 유죄·무죄의 심증에 따라 사건의 실체를 규명하는 것이 형사사건을 처리하는 법원이 마땅히 취하여야 할 조치이고, 그것이 우리 형사소송법이 채택한 증거재판주의, 공판중심주의 및 그 한 요소인 실질적 직접심리주의의 정신에도 부합한다고 할 것이다(대법원 2011. 11. 10. 선고 2011도11115 판결 참조).

그렇다면 원심으로서는 위와 같이 이 사건 만화 동영상이 사회 평균인의 시각에서 객관적으로 보아 명백하게 청소년으로 인식될 수 있는 표현물에 해당할 여지가 있는 이상 그에 관하여 가장 관건이 되는 실체를 밝혀줄 수 있는 증거방법으로서 위 만화 동영상을 재생할 수 있는 파일이 저장된 CD에 대하여 적합한 방식에 의한 증거조사를 실시함으로써 위 만화 동영상이 청소년성보호법 제2조 제5호의 아동·청소년이용음란물에 해당하는지 여부를 더 면밀히 심리·판단하였어야 한다.

그런데도 원심은 판시와 같은 이유만을 들어 이 사건 만화 동영상이 아동·청소년이용음란물에 해당하지 않는다고 판단하였으니, 원심의 판단에 필요한 심리를 다하지 아니한 채 청소년성보호법 제2조 제5호의 아동·

청소년이용음란물에 관한 법리를 오해하여 판결에 영향을 미친 잘못이 있다. 이를 지적하는 취지의 상고이유 주장은 이유 있다[대법원 2019. 11. 28., 선고, 2015도12742, 판결].

■ 관련판례 6

【판시사항】

구 아동·청소년의 성보호에 관한 법률 제2조 제5호에서 말하는 '아동·청소년으로 인식될 수 있는 표현물'의 의미와 판단 기준

【판결요지】

구 아동·청소년의 성보호에 관한 법률(2012. 12. 18. 법률 제11572호로 전부 개정되기 전의 것)의 입법 목적과 개정 연혁, 표현물의 특징 등에 비추어 보면, 위 법률 제2조 제5호에서 말하는 '아동·청소년으로 인식될 수 있는 표현물'이란 사회 평균인의 시각에서 객관적으로 보아 명백하게 청소년으로 인식될 수 있는 표현물을 의미하고, 개별적인 사안에서 표현물이 나타내고 있는 인물의 외모와 신체발육에 대한 묘사, 음성 또는 말투, 복장, 상황 설정, 영상물의 배경이나 줄거리 등 여러 사정을 종합적으로 고려하여 신중하게 판단하여야 한다[대법원 2019. 5. 30., 선고, 2015도863, 판결].

■ 관련판례 7

【판시사항】

아동·청소년을 이용한 음란물 제작을 처벌하는 이유 및 아동·청소년의 동의가 있다거나 개인적인 소지·보관을 1차적 목적으로 제작하더라도 아동·청소년의 성보호에 관한 법률 제11조 제1항의 '아동·청소년이용음란물의 제작'에 해당하는지 여부(적극)

【판결요지】

아동·청소년의 성보호에 관한 법률(이하 '청소년성보호법'이라 한다)의 입법 목적은 아동·청소년을 대상으로 성적 행위를 한 자를 엄중하게 처벌함으로

써 성적 학대나 착취로부터 아동·청소년을 보호하고 아동·청소년이 책임 있고 건강한 사회구성원으로 성장할 수 있도록 하려는 데 있다. 아동·청소년이용음란물은 직접 피해자인 아동·청소년에게는 치유하기 어려운 정신적 상처를 안겨줄 뿐만 아니라, 이를 시청하는 사람들에게까지 성에 대한 왜곡된 인식과 비정상적 가치관을 조장한다. 따라서 아동·청소년을 이용한 음란물 '제작'을 원천적으로 봉쇄하여 아동·청소년을 성적 대상으로 보는 데서 비롯되는 잠재적 성범죄로부터 아동·청소년을 보호할 필요가 있다. 특히 인터넷 등 정보통신매체의 발달로 음란물이 일단 제작되면 제작 후 제작자의 의도와 관계없이 언제라도 무분별하고 무차별적으로 유통에 제공될 가능성이 있다. 이러한 점에 아동·청소년을 이용한 음란물 제작을 처벌하는 이유가 있다. 그러므로 아동·청소년의 동의가 있다거나 개인적인 소지·보관을 1차적 목적으로 제작하더라도 청소년성보호법 제11조 제1항의 '아동·청소년이용음란물의 제작'에 해당한다고 보아야 한다.

피고인이 직접 아동·청소년의 면전에서 촬영행위를 하지 않았더라도 아동·청소년이용음란물을 만드는 것을 기획하고 타인으로 하여금 촬영행위를 하게 하거나 만드는 과정에서 구체적인 지시를 하였다면, 특별한 사정이 없는 한 아동·청소년이용음란물 '제작'에 해당한다. 이러한 촬영을 마쳐 재생이 가능한 형태로 저장이 된 때에 제작은 기수에 이르고 반드시 피고인이 그와 같이 제작된 아동·청소년이용음란물을 재생하거나 피고인의 기기로 재생할 수 있는 상태에 이르러야만 하는 것은 아니다. 이러한 법리는 피고인이 아동·청소년으로 하여금 스스로 자신을 대상으로 하는 음란물을 촬영하게 한 경우에도 마찬가지이다[대법원 2018. 9. 13., 선고, 2018도9340, 판결].

■ 관련판례 8

【판시사항】

피고인이 음란사이트를 운영하면서 회원을 모집·관리하고 대량의 음란물을 유포하는 한편, 위 사이트에 불법 인터넷 도박 사이트의 광고를 게시하여

도박개장 범행을 방조하고, 타인의 접근매체를 불법 양수하여 차명계좌를 사용하는 방법으로 회원들 및 광고주들로부터 비트코인 등을 대가로 지급받았다는 내용의 정보통신망 이용촉진 및 정보보호 등에 관한 법률 위반(음란물유포) 등의 공소사실이 유죄로 인정된 사안에서, 가상화폐인 '비트코인'이 범죄수익은닉의 규제 및 처벌 등에 관한 법률에서 규정하는 '재산'에 해당하여 몰수의 대상이 된다는 이유로, 압수된 비트코인 중 범죄수익에 해당하는 부분에 대하여 몰수를 선고한 사례

【판결요지】

피고인이 해외에 서버를 둔 음란사이트를 운영하면서 회원을 모집·관리하고 대량의 음란물을 유포하는 한편, 위 사이트에 불법 인터넷 도박 사이트의 광고를 게시하여 도박개장 범행을 방조하고, 타인의 접근매체를 불법 양수하여 차명계좌를 사용하는 방법으로 회원들 및 광고주들로부터 비트코인 등을 대가로 지급받았다는 내용의 정보통신망 이용촉진 및 정보보호 등에 관한 법률 위반(음란물유포) 등의 공소사실이 유죄로 인정된 사안에서, 범죄수익은닉의 규제 및 처벌 등에 관한 법령상 몰수의 대상이 되는 범죄수익을 이루는 '재산'이란 사회통념상 경제적 가치가 인정되는 이익 일반을 의미하는데, '비트코인'은 예정된 발행량이 정해져 있고 P2P(Peer-To-Peer) 네트워크 및 블록체인 기술에 의하여 생성, 보관, 거래가 공인되는 가상화폐로서, 무한정 생성·복제·거래될 수 있는 디지털 데이터와는 차별화되는 점, 물리적 실체가 없이 전자화된 파일 형태로 되어있다는 사정만으로 재산적 가치가 인정되지 않는다고 단정할 수 없는 점, 수사기관은 피고인이 보유하고 있던 비트코인을 특정한 다음 위 비트코인을 수사기관이 생성한 전자지갑에 이체하여 보관하는 방법으로 압수하였고, 위와 같은 이체기록이 블록체인을 통해 공시되어 있으므로 비트코인의 블록체인 정보가 10분마다 갱신된다는 점만으로 수사기관에 의해 압수된 비트코인의 동일성이 상실되었다고 보기 어려운 점, 현실적으로 비트코인에 일정한 경제적 가치를 부여하는 것을 전제로 다양한 경제활동이 이루어지고 있는 점 등을 종합하면, 비트코인은 범

죄수익은닉의 규제 및 처벌 등에 관한 법률에서 규정하는 '재산'에 해당하여 몰수의 대상이 된다는 이유로, 이와 달리 본 제1심판결을 파기하고 압수된 비트코인 중 범죄수익에 해당하는 부분에 대하여 몰수를 선고한 사례[수원지법 2018. 1. 30., 선고, 2017노7120, 판결 : 상고].

■ 관련판례 9

【판시사항】

피고인이 아동·청소년인 피해자를 협박하여 스스로 아동·청소년의 성보호에 관한 법률 제2조 제4호의 어느 하나에 해당하는 행위 또는 그 밖의 성적 행위에 해당하는 아동·청소년 자신의 행위를 내용으로 하는 화상·영상 등을 생성하게 하고 이를 인터넷 사이트 운영자의 서버에 저장시켜 피고인의 휴대전화기에서 재생할 수 있도록 한 경우, 간접정범의 형태로 같은 법 제11조 제1항에서 정한 아동·청소년이용음란물을 제작하는 행위에 해당하는지 여부(적극)

【이 유】

상고이유를 판단한다.

1. '아동·청소년이용음란물' 제작에 해당하지 않는다는 상고이유 주장에 대하여

    형법 제34조 제1항은 "어느 행위로 인하여 처벌되지 아니하는 자 또는 과실범으로 처벌되는 자를 교사 또는 방조하여 범죄행위의 결과를 발생하게 한 자는 교사 또는 방조의 예에 의하여 처벌한다."라고 규정하고 있다. 따라서 피고인이 아동·청소년인 피해자를 협박하여 스스로 아동·청소년의 성보호에 관한 법률(이하 '청소년성보호법'이라고 한다) 제2조 제4호의 어느 하나에 해당하는 행위 또는 그 밖의 성적 행위에 해당하는 아동·청소년 자신의 행위를 내용으로 하는 화상·영상 등을 생성하게 하고 이를 인터넷 사이트 운영자의 서버에 저장시켜 피고인의 휴대전화기에서 재생할 수 있도록 하였다면, 간접정범의 형태로 청소년성보호법

제11조 제1항에서 정한 아동·청소년이용음란물을 제작하는 행위라고 보아야 한다.

원심은 그 판시와 같은 이유로, 피고인이 아동·청소년인 피해자로 하여금 음란한 동영상을 촬영하게 하고 이를 휴대전화기로 전송받은 피고인의 행위는 아동·청소년이용음란물을 제작하는 행위에 해당한다고 판단하였다.

앞서 본 법리와 기록에 비추어 살펴보면, 원심의 위와 같은 판단에 상고이유 주장과 같이 청소년성보호법 제11조 제1항에서 정한 아동·청소년이용음란물 제작에 관한 법리를 오해한 잘못이 없다.

2. 나머지 상고이유 주장에 대하여

관련 법리와 증거에 의하여 살펴보아도, 그 판시와 같은 이유를 들어 이 사건 공소사실을 유죄로 판단한 원심판결에 상고이유 주장과 같이 논리와 경험의 법칙을 위반하여 사실을 오인하거나, 청소년성보호법 제2조 제5호에서 정한 '아동·청소년이용음란물'에 관한 법리를 오해한 잘못이 없다*[대법원 2018. 1. 25., 선고, 2017도18443, 판결].*

■ 관련판례 10

【판시사항】

제작한 영상물이 객관적으로 아동·청소년이 등장하여 성적 행위를 하는 내용을 표현한 영상물에 해당하는 경우, 대상이 된 아동·청소년의 동의하에 촬영하거나 사적인 소지·보관을 1차적 목적으로 제작하더라도 구 아동·청소년의 성보호에 관한 법률 제8조 제1항의 '아동·청소년이용음란물'을 '제작'한 것에 해당하는지 여부(적극) / 위와 같은 영상물 제작행위에 위법성이 없다고 볼 수 있는 예외적인 경우 및 판단 기준

【판결요지】

구 아동·청소년의 성보호에 관한 법률(2012. 12. 18. 법률 제11572호로 전부 개정되기 전의 것, 이하 '구 아청법'이라 한다)은 제2조 제5호, 제4호

에 '아동·청소년이용음란물'의 의미에 관한 별도의 규정을 두면서도, 제8조 제1항에서 아동·청소년이용음란물을 제작하는 등의 행위를 처벌하도록 규정하고 있을 뿐 범죄성립의 요건으로 제작 등의 의도나 음란물이 아동·청소년의 의사에 반하여 촬영되었는지 여부 등을 부가하고 있지 아니하다.

여기에다가 아동·청소년을 대상으로 성적 행위를 한 자를 엄중하게 처벌함으로써 성적 학대나 착취로부터 아동·청소년을 보호하는 한편 아동·청소년이 책임 있고 건강한 사회구성원으로 성장할 수 있도록 하려는 구 아청법의 입법 목적과 취지, 정신적으로 미성숙하고 충동적이며 경제적으로도 독립적이지 못한 아동·청소년의 특성, 아동·청소년이용음란물은 직접 피해자인 아동·청소년에게는 치유하기 어려운 정신적 상처를 안겨줄 뿐 아니라, 이를 시청하는 사람들에게까지 성에 대한 왜곡된 인식과 비정상적 가치관을 조장하므로 이를 제작 단계에서부터 원천적으로 차단함으로써 아동·청소년을 성적 대상으로 보는 데서 비롯되는 잠재적 성범죄로부터 아동·청소년을 보호할 필요가 있는 점, 인터넷 등 정보통신매체의 발달로 인하여 음란물이 일단 제작되면 제작 후 사정의 변경에 따라, 또는 제작자의 의도와 관계없이 언제라도 무분별하고 무차별적으로 유통에 제공될 가능성을 배제할 수 없는 점 등을 더하여 보면, 제작한 영상물이 객관적으로 아동·청소년이 등장하여 성적 행위를 하는 내용을 표현한 영상물에 해당하는 한 대상이 된 아동·청소년의 동의하에 촬영한 것이라거나 사적인 소지·보관을 1차적 목적으로 제작한 것이라고 하여 구 아청법 제8조 제1항의 '아동·청소년이용음란물'에 해당하지 아니한다거나 이를 '제작'한 것이 아니라고 할 수 없다.

다만 아동·청소년인 행위자 본인이 사적인 소지를 위하여 자신을 대상으로 '아동·청소년이용음란물'에 해당하는 영상 등을 제작하거나 그 밖에 이에 준하는 경우로서, 영상의 제작행위가 헌법상 보장되는 인격권, 행복추구권 또는 사생활의 자유 등을 이루는 사적인 생활 영역에서 사리분별력 있는 사람의 자기결정권의 정당한 행사에 해당한다고 볼 수 있는 예외적인 경우에는 위법성이 없다고 볼 수 있다. 아동·청소년은 성적 가치관과 판단능력이 충분히 형성되지 아니하여 성적 자기결정권을 행사하고 자신을 보호할 능력이 부족한 경우가 대부분이므로 영상의 제작행위가 이에 해당하는지 여부는 아동·청소년의 나이와 지적·사회적 능력, 제작의 목적과 동기 및 경위, 촬영과정에서 강제력이나 위계 혹은 대가가 결부되었는지 여부, 아동·청소년의 동의나 관여가 자발적이고 진지하게 이루어졌는지 여부, 아동·청소년과 영상 등에 등장하는 다른 인물과의 관계, 영상 등에 표현된 성적 행위의 내용과 태양 등을 종합적으로 고려하여 신중하게 판단하여야 한다*[대법원 2015. 2. 12., 선고, 2014도11501,2014전도197, 판결]*.

■ **관련판례 11**

【판시사항】

구 아동·청소년의 성보호에 관한 법률 제2조 제5호에서 정한 '아동·청소년으로 인식될 수 있는 사람'의 의미

【이 유】

상고이유를 판단한다.

1. 형벌법규의 해석은 엄격하여야 하고, 명문의 형벌법규의 의미를 피고인에게 불리한 방향으로 지나치게 확장해석하거나 유추해석하는 것은 죄형법정주의의 원칙에 비추어 허용되지 않는다*(대법원 2011. 8. 25. 선고 2011도 7725 판결 등 참조)*.

   한편 구 아동·청소년의 성보호에 관한 법률(2012. 12. 18. 법률 제11572호로 전부 개정되기 전의 것, 이하 '아청법'이라 한다)은 아동·청소년대상 성범죄의 처벌과 절차에 관한 특례를 규정하고 피해아동·청소년을 위한 구제 및 지원절차를 마련하며 아동·청소년대상 성범죄자를 체계적으로 관리함으로써 아동·청소년을 성범죄로부터 보호하고 아동·청소년이 건강한 사회구성원으로 성장할 수 있도록 함을 목적으로 하여 제정된 법률로서(제1조), 제2조 제1호에서 "아동·청소년은 19세 미만의 자를 말한다. 다만, 19세에 도달하는 해의 1월 1일을 맞이한 자는 제외한다"고 규정하고, 제2조 제5호에서 "아동·청소년이용음란물은 아동·청소년 또는

아동·청소년으로 인식될 수 있는 사람이나 표현물이 등장하여 성교 행위 등 제2조 제4호의 어느 하나에 해당하는 행위를 하거나 그 밖의 성적 행위를 하는 내용을 표현하는 것으로서 필름·비디오물·게임물 또는 컴퓨터나 그 밖의 통신매체를 통한 화상·영상 등의 형태로 된 것을 말한다"고 규정하는 한편, 제8조 제4항에서 아동·청소년이용음란물을 배포하거나 공연히 전시 또는 상영한 자는 3년 이하의 징역 또는 2,000만 원 이하의 벌금에 처하도록 규정하고 있다.

위와 같은 아청법의 관련 규정 및 입법취지 등을 앞에서 본 형벌법규의 해석에 관한 법리에 비추어 보면, 아청법 제2조 제5호에서 규정하고 있는 '아동·청소년으로 인식될 수 있는 사람'은 '아동·청소년'과 대등한 개념으로서 그와 동일한 법적 평가를 받을 수 있는 사람을 의미하며, 따라서 해당 음란물의 내용과 함께 등장인물의 외모와 신체발육 상태, 영상물의 출처 및 제작 경위 등을 종합적으로 고려하여 사회 평균인의 입장에서 건전한 사회통념에 따라 객관적이고 규범적으로 평가할 때 명백하게 아동·청소년으로 인식될 수 있는 사람을 뜻한다고 해석함이 타당하다.

2. 원심판결 이유와 기록에 의하면, 원심 판시 이 사건 동영상의 파일명은 'Japan school girl.mpg'이고, 이 사건 동영상 중 일부를 캡처한 사진들에는 교복으로 보이는 옷을 입은 여성이 자신의 성기를 만지고 있는 모습 등이 나타나 있으나, 다른 한편 위 사진 속에 등장하는 여성의 외모나 신체발육 상태 등에 비추어 위 여성을 아청법에서 정한 아동·청소년으로 단정하기는 어려워 보인다. 이러한 사실관계를 앞서 본 법리에 비추어 살펴보면, 이 사건 동영상에 명백하게 아동·청소년으로 인식될 수 있는 사람이 등장한다고 보기 어려우므로, 이 사건 동영상을 아동·청소년이용음란물에 해당한다고 단정할 수 없다.

그럼에도 원심은, 아청법에서 정한 '아동·청소년으로 인식될 수 있는 사람'에 관하여 앞서 본 법리와 다른 전제 아래, 판시와 같은 이유만을 들어 이 사건 동영상이 아동·청소년이용음란물에 해당된다고 판단하였다. 따라서 이러한 원심의 판단에는 아청법에서의 아동·청소년이용음란물에 관한 법리를 오해하여 필요한 심리를 다하지 아니함으로써 판결에 영향을 미친 위법이 있다.

3. 원심판결 중 아청법 위반(음란물제작·배포등) 부분은 파기되어야 하는데, 원심이 유지한 제1심판결은 이 부분이 유죄로 인정된 나머지 범죄사실과 형법 제37조 전단의 경합범 관계에 있다는 이유로 하나의 형을 선고하였으므로, 나머지 상고이유에 관하여 판단할 필요 없이 원심판결은 전부 파기를 면할 수 없다 *[대법원 2014. 9. 26., 선고, 2013도12607, 판결].*

■ 관련판례 12

【판시사항】

전화방 업주인 피고인이 '아동·청소년으로 인식될 수 있는 사람'의 성행위 내용을 표현한 동영상을 제공함으로써 아동·청소년이용음란물을 공연히 전시 또는 상영하였다고 하여 구 아동·청소년의 성보호에 관한 법률 위반으로 기소된 사안에서, 동영상에 등장하는 인물들이 명백하게 아동·청소년으로 인식될 수 있는 사람에 해당한다고 보기 어렵다는 이유로 무죄를 인정한 원심판단을 정당하다고 한 사례

【이 유】

상고이유를 판단한다.

원심판결의 이유를 관련 법리와 기록에 비추어 살펴보면, 원심이 그 판시와 같은 사정을 들어 이 사건 동영상에 등장하는 인물들이 명백하게 아동·청소년으로 인식될 수 있는 사람에 해당한다고 보기 어렵다는 이유로 이 사건 공소사실 중 아동·청소년의 성보호에 관한 법률 위반(음란물제작·배포등)의 점에 대하여 무죄로 판단한 것은 정당하고, 거기에 상고이유의 주장과 같이 구 아동·청소년의 성보호에 관한 법률(2012. 12. 18. 법률 제11572호로 전부 개정되기 전의 것)에서의 '아동·청소년이용음란물'의 개념에 관한 법리를 오해하거나 논리와 경험의 법칙을 위반하고 자유심증주의의 한계를 벗어나는 등의 위법이 없다 *[대법원 2014. 9. 26., 선고, 2013도12511, 판결].*

【판시사항】

구 아동·청소년의 성보호에 관한 법률 제2조 제5호의 '아동·청소년으로 인식될 수 있는 사람이 등장하는 아동·청소년이용음란물'에 해당하는지 판단하는 기준

【이 유】

상고이유를 판단한다.

구 아동·청소년의 성보호에 관한 법률(2012. 12. 18. 법률 제11572호로 전부 개정되기 전의 것, 이하 '구 아청법'이라 한다) 제2조 제1호는 "아동·청소년은 19세 미만의 자를 말한다. 다만, 19세에 도달하는 해의 1월 1일을 맞이한 자는 제외한다."라고 규정하고, 같은 법 제2조 제5호에서 "아동·청소년이용음란물"을 '아동·청소년 또는 아동·청소년으로 인식될 수 있는 사람이나 표현물이 등장하여 제4호의 어느 하나에 해당하는 행위를 하거나 그 밖의 성적 행위를 하는 내용을 표현하는 것으로서 필름·비디오물·게임물 또는 컴퓨터나 그 밖의 통신매체를 통한 화상·영상 등의 형태로 된 것'으로 정의하면서, 위 법 제8조 제4항에서 아동·청소년이용음란물을 배포하거나 공연히 전시 또는 상영한 자는 3년 이하의 징역 또는 2천만 원 이하의 벌금에 처하도록 규정하고 있다.

그런데 ① 국가형벌권의 자의적인 행사로부터 개인의 자유와 권리를 보호하기 위하여 형벌법규는 엄격히 해석되어야 하고 명문의 형벌 법규의 의미를 피고인에게 불리한 방향으로 지나치게 확장해석하거나 유추해석하는 것은 죄형법정주의 원칙에 어긋나는 것으로 허용되지 않는 점, ② 구 아청법 제2조 제5호의 아동·청소년이용음란물 정의 규정 중 '아동·청소년으로 인식될 수 있는 사람이나 표현물'이라는 문언이 다소 모호한 측면이 있고, 일선 수사기관의 자의적 판정으로 뜻하지 않게 처벌의 범위가 지나치게 넓어질 우려가 있게 되자, 그 의미를 분명히 하기 위해서 2012. 12. 18. 법률 제11572호로 구 아청법을 개정하면서 '명백하게'라는 문구를 추가하여 '아동·청소년으로 명백하게 인식될 수 있는 사람이나 표현물'이라고 규정한 점 등

구 아청법의 입법 목적과 개정 연혁, 그리고 법 규범의 체계적 구조 등에 비추어 보면, 구 아청법 제2조 제5호의 '아동·청소년으로 인식될 수 있는 사람이 등장하는 아동·청소년이용음란물'이라고 하기 위해서는 그 주된 내용이 아동·청소년의 성교행위 등을 표현하는 것이어야 할 뿐만 아니라, 그 등장인물의 외모나 신체발육 상태, 영상물의 출처나 제작 경위, 등장인물의 신원 등에 대하여 주어진 여러 정보 등을 종합적으로 고려하여 사회 평균인의 시각에서 객관적으로 관찰할 때 외관상 의심의 여지없이 명백하게 아동·청소년으로 인식되는 경우라야 하고, 등장인물이 다소 어려 보인다는 사정만으로 쉽사리 '아동·청소년으로 인식될 수 있는 사람이 등장하는 아동·청소년이용음란물'이라고 단정해서는 아니 된다.

원심은, 이 사건 공소사실 중 피고인이 2012. 10. 16.부터 2013. 4. 9.까지 불특정 다수의 고객으로 하여금 공소외인 등이 관리하는 'DNG 음란물 서버'에 접속할 수 있게 하는 방법으로 '원조교제 로리 여학생' 등이라는 제목의 아동·청소년이용음란물인 이 사건 각 동영상을 공연히 전시 또는 상영하였다는 부분에 대하여, 이 사건 각 동영상의 제목이 등장인물이 아동·청소년인 것과 같은 인상을 주고, 일부 장면에 교복 등 통상 아동·청소년이 착용하는 의복을 입고 등장하는 사실 등은 인정되나, 이 사건 각 동영상의 제목과 특정 장면을 캡처한 10장 미만씩의 사진만으로는 이 사건 각 동영상에 등장하는 인물이 아동·또는 청소년으로 명백히 인식될 수 있는 사람이라는 점에 대한 증명이 부족하여 위 각 동영상이 구 아청법 제2조 제5호 소정의 "아동·청소년이용음란물"이라고 볼 수 없다는 취지로 판단한 다음, 제1심판결을 파기하고 위 공소사실에 대하여는 무죄를 선고하였다.

원심판결의 이유를 원심이 적법하게 채택한 증거에 비추어 살펴보면, 원심의 위와 같은 판단은 앞서 본 위 법리에 따른 것으로 정당하고, 거기에 상고이유의 주장과 같이 구 아청법 제2조 제5호 소정의 "아동·청소년이용음란물"에 관한 법리를 오해하거나 논리와 경험의 법칙을 위반하고, 자유심증주의의 한계를 벗어나 사실을 인정한 잘못이 없다*[대법원 2014. 9. 25., 선고, 2014도5750, 판결].*

■ 관련판례 14

【판시사항】

구 아동·청소년의 성보호에 관한 법률 제2조 제5호의 '아동·청소년으로 인식될 수 있는 사람이 등장하는 아동·청소년이용음란물'인지 판단하는 기준

【판결요지】

국가형벌권의 자의적인 행사로부터 개인의 자유와 권리를 보호하기 위하여 형벌법규는 엄격히 해석되어야 하고 명문의 형벌법규의 의미를 피고인에게 불리한 방향으로 지나치게 확장해석하거나 유추해석하는 것은 죄형법정주의 원칙에 어긋나는 것으로 허용되지 않는 점, 구 아동·청소년의 성보호에 관한 법률(2012. 12. 18. 법률 제11572호로 전부 개정되기 전의 것; 이하 '구 아청법'이라고 한다) 제2조 제5호의 아동·청소년이용음란물 정의 규정 중 '아동·청소년으로 인식될 수 있는 사람이나 표현물'이라는 문언이 다소 모호한 측면이 있고, 일선 수사기관의 자의적 판정으로 뜻하지 않게 처벌의 범위가 지나치게 넓어질 우려가 있게 되자, 그 의미를 분명히 하기 위해서 2012. 12. 18. 법률 제11572호로 구 아청법을 개정하면서 '명백하게'라는 문구를 추가하여 '아동·청소년으로 명백하게 인식될 수 있는 사람이나 표현물'이라고 규정한 점 등 구 아청법의 입법 목적과 개정 연혁, 그리고 법 규범의 체계적 구조 등에 비추어 보면, 구 아청법 제2조 제5호의 '아동·청소년으로 인식될 수 있는 사람이 등장하는 아동·청소년이용음란물'이라고 하기 위해서는 주된 내용이 아동·청소년의 성교행위 등을 표현하는 것이어야 할 뿐만 아니라, 등장인물의 외모나 신체발육 상태, 영상물의 출처나 제작 경위, 등장인물의 신원 등에 대하여 주어진 여러 정보 등을 종합적으로 고려하여 사회 평균인의 시각에서 객관적으로 관찰할 때 외관상 의심의 여지 없이 명백하게 아동·청소년으로 인식되는 경우라야 하고, 등장인물이 다소 어려 보인다는 사정만으로 쉽사리 '아동·청소년으로 인식될 수 있는 사람이 등장하는 아동·청소년이용음란물'이라고 단정해서는 아니 된다*[대법원 2014. 9. 24., 선고, 2013도4503, 판결].*

■ 관련판례 15

【판시사항】

구 아동·청소년의 성보호에 관한 법률 제2조 제5호에서 정한 '아동·청소년 이용음란물'에 해당하기 위한 요건

【판결요지】

형벌법규의 해석은 엄격하여야 하고, 명문규정의 의미를 피고인에게 불리한 방향으로 지나치게 확장해석하거나 유추해석하는 것은 허용되지 않는다는 죄형법정주의의 원칙과 구 아동·청소년의 성보호에 관한 법률(2011. 9. 15. 법률 제11047호로 개정되기 전의 것) 제2조 제4호, 제5호, 제8조 제1항, 구 아동·청소년의 성보호에 관한 법률(2012. 12. 18. 법률 제11572호로 전부 개정되기 전의 것) 제2조 제4호, 제5호, 제8조 제1항의 문언 및 법정형 그 밖에 위 규정들의 연혁 등에 비추어 보면, 위 법률들 제2조 제5호에서 말하는 '아동·청소년이용음란물'은 '아동·청소년'이나 '아동·청소년 또는 아동·청소년으로 인식될 수 있는 사람이나 표현물'이 등장하여 그 아동·청소년 등이 제2조 제4호 각 목의 행위나 그 밖의 성적 행위를 하거나 하는 것과 같다고 평가될 수 있는 내용을 표현하는 것이어야 한다*[대법원 2013. 9. 12., 선고, 2013도502, 판결]*.

■ 관련판례 16

【판시사항】

甲이 乙과 공모하여 가출 청소년 丙을 유인하고 성매매 홍보용 나체사진을 찍은 후, 자신이 별건으로 체포되어 수감 중인 동안 丙이 乙의 관리 아래 성매수의 상대방이 된 대가로 받은 돈을 丙, 乙 및 甲의 처 등이 나누어 사용한 사안에서, 甲은 乙과 함께 미성년자유인죄, 구 청소년의 성보호에 관한 법률 위반죄의 책임을 진다고 본 원심판단을 수긍한 사례

【판결요지】

甲이 乙과 공모하여 가출 청소년 丙(여, 16세)에게 낙태수술비를 벌도록 해

주겠다고 유인하였고, 乙로 하여금 丙의 성매매 홍보용 나체사진을 찍도록 하였으며, 丙이 중도에 약속을 어길 경우 민형사상 책임을 진다는 각서를 작성하도록 한 후, 자신이 별건으로 체포되어 구치소에 수감 중인 동안 丙이 乙의 관리 아래 12회에 걸쳐 불특정 다수 남성의 성매수 행위의 상대방이 된 대가로 받은 돈을 丙, 乙 및 甲의 처 등이 나누어 사용한 사안에서, 丙의 성매매 기간 동안 甲이 수감되어 있었다 하더라도 위 甲은 乙과 함께 미성년자유인죄, 구 청소년의 성보호에 관한 법률(2009. 6. 9. 법률 제9765호 아동·청소년의 성보호에 관한 법률로 전부 개정되기 전의 것) 위반죄의 책임을 진다고 한 원심판단을 수긍한 사례*[대법원 2010. 9. 9., 선고, 2010도6924, 판결]*.

제12조(아동 · 청소년 매매행위)

① 아동 · 청소년의 성을 사는 행위 또는 아동 · 청소년성착취물을 제작하는 행위의 대상이 될 것을 알면서 아동 · 청소년을 매매 또는 국외에 이송하거나 국외에 거주하는 아동 · 청소년을 국내에 이송한 자는 무기징역 또는 5년 이상의 징역에 처한다. *(개정 2020. 6. 2.)*

② 제1항의 미수범은 처벌한다.

■ 관련판례

【판시사항】

[1] 반의사불벌규정인 청소년의 성보호에 관한 법률 제16조 단서에 정한 '피해자의 명시한 의사'의 해석 방법

[2] 수회에 걸쳐 청소년 성매매 알선을 한 경우, 청소년의 성보호에 관한 법률 제12조 제2항 제3호 위반죄의 죄수 및 공소사실의 기재 방법

【판결요지】

[1] 미성년자의 법률행위의 효력을 제한하는 원리, 종래 친고죄로 해석되거나 규정되어 있던 것을 반의사불벌죄로 개정한 취지 및 청소년의 성보호에 관한 법률 제3조의 규정내용 등을 고려하면, 법정대리인의 사망 기타의 사유로 인하여 그 동의를 얻을 수 없는 등의 특별한 사정이 없는 한 위 법률 제16조 단서에 규정된 '피해자의 명시한 의사'는 법정대리인의 동의가 있는 경우로 제한 해석하는 것이 타당하다.

[2] 청소년의 성보호에 관한 법률 제12조 제2항 제3호 위반죄는같은 조 제1항 제2호 위반죄와는 달리 원칙적으로 각 알선행위마다 1개의 '성을 사는 행위의 알선죄'가 성립한다고 봄이 상당하므로, 각 알선행위의 일시·장소와 방법을 명시하여 다른 사실과 구별이 가능하도록 공소사실을 기재하여야 한다*[서울중앙지법 2009. 2. 16., 선고, 2009고합12, 판결 : 확정].*

제13조(아동 · 청소년의 성을 사는 행위 등)

① 아동 · 청소년의 성을 사는 행위를 한 자는 1년 이상 10년 이하의 징역 또는 2천만원 이상 5천만원 이하의 벌금에 처한다.

② 아동 · 청소년의 성을 사기 위하여 아동 · 청소년을 유인하거나 성을 팔도록 권유한 자는 3년 이하의 징역 또는 3천만원 이하의 벌금에 처한다. *(개정 2021. 3. 23.)*

③ 16세 미만의 아동 · 청소년 및 장애 아동 · 청소년을 대상으로 제1항 또는 제2항의 죄를 범한 경우에는 그 죄에 정한 형의 2분의 1까지 가중처벌한다. *(신설 2020. 5. 19., 2020. 12. 8.)*

■ **관련판례 1**

【판시사항】

아동·청소년의 성을 사는 행위를 알선하는 행위를 업으로 하여 아동·청소년의 성보호에 관한 법률 제15조 제1항 제2호의 위반죄가 성립하기 위하여, 알선행위로 아동·청소년의 성을 사는 행위를 한 사람이 행위의 상대방이 아동·청소년임을 인식하여야 하는지 여부(소극)

【판결요지】

아동·청소년의 성보호에 관한 법률(이하 '청소년성보호법'이라고 한다)은 성매매의 대상이 된 아동·청소년을 보호·구제하려는 데 입법 취지가 있고, 청소년성보호법에서 '아동·청소년의 성매매 행위'가 아닌 '아동·청소년의 성을 사는 행위'라는 용어를 사용한 것은 아동·청소년은 보호대상에 해당하고 성매매의 주체가 될 수 없어 아동·청소년의 성을 사는 사람을 주체로 표현한 것이다. 그리고 아동·청소년의 성을 사는 행위를 알선하는 행위를 업으로 하는 사람이 알선의 대상이 아동·청소년임을 인식하면서 알선행위를 하였다면, 알선행위로 아동·청소년의 성을 사는 행위를 한 사람이 행위의 상대방이 아동·청소년임을 인식하고 있었는지는 알선행위를 한 사람의 책임에 영향을 미칠 이유가 없다.

따라서 아동·청소년의 성을 사는 행위를 알선하는 행위를 업으로 하여 청소년성보호법 제15조 제1항 제2호의 위반죄가 성립하기 위해서는 알선행위를 업으로 하는 사람이 아동·청소년을 알선의 대상으로 삼아 그 성을 사는 행위를 알선한다는 것을 인식하여야 하지만, 이에 더하여 알선행위로 아동·청소년의 성을 사는 행위를 한 사람이 행위의 상대방이 아동·청소년임을 인식하여야 한다고 볼 수는 없다*[대법원 2016. 2. 18., 선고, 2015도15664, 판결].*

■ 관련판례 2

【판시사항】

아동·청소년의 성보호에 관한 법률 위반(성매수등) 범행에 대하여 벌금 200만 원의 약식명령이 발령되자 피고인이 정식재판을 청구하였는데, 제1심 및 원심이 벌금 200만 원을 선고하면서 20시간의 성폭력 치료프로그램 이수명령을 병과한 사안에서, 약식명령에서 정한 벌금형과 동일한 벌금형을 선고하면서 새로 이수명령을 병과한 것은 전체적·실질적으로 볼 때 피고인에게 불이익하게 변경한 것이어서 허용되지 않는다고 한 사례

【이 유】

1. 상고이유에 대한 판단

   원심판결 이유를 원심이 적법하게 채택한 증거들에 비추어 살펴보면, 원심이 그 판시와 같은 이유를 들어 피고인에 대한 이 사건 공소사실이 유죄로 인정된다고 판단한 것은 정당하고, 거기에 상고이유 주장과 같이 논리와 경험의 법칙을 위반하고 자유심증주의의 한계를 벗어나는 등의 위법이 없다.

2. 직권판단

   가. 약식명령에 대하여 피고인이 정식재판을 청구한 사건에 대하여는 약식명령의 형보다 중한 형을 선고하지 못한다(형사소송법 제457조의2). 이때 그 형이 피고인에게 불이익하게 변경되었는지 여부에 관한 판단은 형법상 형의 경중을 기준으로 하되 이를 개별적·형식적으로 고찰할 것이 아니라 주문 전체를 고려하여 피고인에게 실질적으로 불

이익한지 아닌지를 보아 판단하여야 한다(대법원 2010. 2. 11. 선고 2009도12967 판결 등 참조).

나. 기록에 의하면 이 사건 범행은 피고인이 청소년의 성을 사는 행위를 하였다는 것으로서 피고인에 대하여 벌금 200만 원의 약식명령이 발령되자 피고인이 정식재판을 청구하였고, 제1심은 피고인에 대하여 약식명령과 동일한 벌금 200만 원을 선고하면서 아동·청소년의 성보호에 관한 법률 제21조 제2항을 적용하여 피고인에게 20시간의 성폭력 치료프로그램의 이수를 명하는 이수명령을 병과하였으며, 이에 피고인이 항소하였다.

원심은, 제1심판결 중 피고인이 신상정보 등록대상자라고 판단한 부분에 법리오해가 있다는 이유로 제1심판결을 직권으로 파기하고 다시 판결하면서 제1심과 동일하게 벌금 200만 원을 선고하고 피고인에게 20시간의 성폭력 치료프로그램의 이수를 명하는 이수명령을 병과하였다.

다. 아동·청소년의 성보호에 관한 법률 제21조 제2항은 '법원은 아동·청소년대상 성범죄를 범한 자에 대하여 유죄판결을 선고하는 경우에는 500시간의 범위에서 재범예방에 필요한 수강명령 또는 성폭력 치료프로그램의 이수명령을 병과하여야 한다'고 규정하고 있다. 이러한 이수명령은 이른바 범죄인에 대한 사회내 처우의 한 유형으로서 형벌 그 자체가 아니라 보안처분의 성격을 가지는 것이지만, 성폭력 치료프로그램의 의무적 이수를 받도록 함으로써 실질적으로는 신체적 자유를 제한하는 것이 된다.

이를 앞서 본 법리와 종합하여 보면, 벌금 200만 원의 약식명령에 대하여 피고인만이 정식재판을 청구한 이 사건에서 제1심 및 원심이 약식명령에서 정한 벌금형과 동일한 벌금형을 선고하면서 새로 이수명령을 병과한 것은 전체적·실질적으로 볼 때 피고인에게 불이익하게 변경한 것이므로 허용되지 않는다고 할 것이다.

3. 결론

그러므로 원심판결 및 제1심판결 중 피고인에 대한 부분을 모두 파기하고,

이 사건은 이 법원이 판결하기에 충분하다고 인정되므로 형사소송법 제396 조 제1항에 의하여 다음과 같이 직접 판결한다.

피고인의 항소이유의 요지는, 피고인은 이 사건 당시 성매수를 위해 김○○ (여, 15세)을 만나러 나간 사실은 있으나 김○○을 만나지 못한 채 숙소로 돌아와 청소년의 성을 사는 행위를 한 사실이 없음에도 불구하고 제1심은 사실을 오인하여 이 사건 공소사실을 유죄로 인정한 잘못이 있다는 것이다. 그러나 앞서 본 바와 같이 이 사건 공소사실을 유죄로 인정할 수 있으므로 이 부분 항소이유 주장은 이유 없다.

다만 직권으로 살피건대, 제1심판결은 위에서 본 바와 같은 이유 및 제1심 판결 중 피고인이 신상정보등록대상자라고 판단한 부분에 법리오해가 있다 는 원심의 직권판단과 같은 이유로 더 이상 유지될 수 없으므로 이를 파기 한다.

이 법원이 인정하는 피고인에 대한 범죄사실 및 그에 대한 증거의 요지는 제1심판결의 각 해당란 기재와 같으므로 형사소송법 제399조, 제369조에 의하여 이를 그대로 인용한다.

법률에 비추건대, 피고인의 행위는 구 아동·청소년의 성보호에 관한 법률 (2012. 12. 18. 법률 제11572호로 개정되기 전의 것) 제10조 제1항에 해당하는바, 정해진 형 중 벌금형을 선택하여 피고인을 벌금 200만 원에 처하고, 피고인이 벌금을 납입하지 아니하는 경우 형법 제70조, 제69조 제 2항에 의하여 50,000원을 1일로 환산한 기간 동안 피고인을 노역장에 유 치하기로 하여 관여 대법관의 일치된 의견으로 주문과 같이 판결한다[대법원 2014. 8. 20., 선고, 2014도3390, 판결].

■ 관련판례 3

【판시사항】

약식명령에 대해 피고인이 정식재판을 청구하여 제1심이 동일한 벌금형을 선고한 데 대하여 피고인만이 항소한 사안에서, 원심이 제1심과 동일한 벌금형을 선고하면서 성폭력 치료프로그램 이수명령을 병과한 것은 전체적·실질적으로 볼 때 피고인에게 불이익하게 변경한 것이어서 허용되지 않는다는 등의 이유로 원심판결을 파기하고 피고인의 항소를 기각한 사례

【이 유】

1. 상고이유에 대한 판단

　피고인의 상고이유 주장은, 피고인은 이 사건 공소사실 기재와 같이 고의적으로 추행행위를 한 적이 없는데도 불구하고 원심이 잘못된 사실인정을 함으로써 피고인을 유죄로 판단하였으니, 원심판결이 위법하다는 취지이다.

　그러나 사실의 인정과 그 전제로 이루어지는 증거의 취사선택 및 평가는 자유심증주의의 한계를 벗어나지 않는 한 사실심법원의 전권에 속한다. 원심판결 이유를 기록에 비추어 살펴보아도 그 판시와 같은 제반 사정에 비추어 피고인이 피해자를 추행한 사실을 인정할 수 있다고 판단한 원심의 사실인정에 자유심증주의의 한계를 벗어난 잘못을 발견할 수 없다. 따라서 위와 같은 상고이유 주장은 원심법원의 전권에 속하는 사항을 비난하는 것에 불과하므로 받아들일 수 없다.

2. 직권판단

　가. 약식명령에 대하여 피고인이 정식재판을 청구한 사건에 대하여는 약식명령의 형보다 중한 형을 선고하지 못한다(형사소송법 제457조의2). 또한 피고인만이 항소한 사건에 대하여는 원심판결의 형보다 중한 형을 선고하지 못한다(형사소송법 제368조). 이때 그 형이 피고인에게 불이익하게 변경되었는지 여부에 관한 판단은 형법상 형의 경중을 기준으로 하되 이를 개별적·형식적으로 고찰할 것이 아니라 주문 전체를 고려하여 피고인에게 실질적으로 불이익한지 아닌지를 보아 판단하여야 한다(대법원 2010. 2. 11. 선고 2009도12967 판결 등 참조).

　나. 기록에 의하면 이 사건 범행은 피고인이 19세 미만인 아동·청소년을 대상으로 하는 성범죄를 저질렀다는 것으로서 피고인에 대하여 벌금 500

만 원의 약식명령이 발령되자 피고인이 정식재판을 청구하였고, 이에 제
1심도 피고인에게 벌금 500만 원을 선고하자 피고인만이 항소하였다.

원심은, 「아동·청소년의 성보호에 관한 법률」(이하 '법률') 제13조 제1
항을 들어 피고인에게 벌금 이상의 형을 선고할 경우 특별한 사정이 없
는 한 300시간의 범위에서 재범예방에 필요한 성폭력 치료프로그램의
이수명령을 필요적으로 병과하여야 하고, 다만 피고인에게 형법 제10조
의 심신장애자 등 이수명령을 부과할 수 없는 특별한 사정이 있는 경우
에 한하여 이수명령을 병과하지 아니할 수 있는데, 이 사건의 경우 피
고인에게 그러한 사정이 있다고 보기 어려우므로 이수명령의 선고를 누
락한 제1심판결은 위법하다고 하여 제1심판결을 직권으로 파기하였다.
원심은 나아가, 위 '이수명령'은 형벌 그 자체가 아니라 보안처분의 성
격을 가지는 것이므로, 피고인만이 정식재판을 청구하고 항소한 이 사건
에 있어서 원심이 새로이 이수명령을 병과한다고 하더라도 불이익변경
금지의 원칙에 위반되지 않는다고 하면서, 제1심과 동일한 벌금 500만
원을 선고하고, 아울러 40시간의 성폭력 치료프로그램 이수를 명하는
이수명령을 병과하였다.

다. 법률 제13조 제1항은 '법원은 아동·청소년대상 성범죄를 범한 자에
대하여 유죄판결을 선고하면서 300시간의 범위에서 재범예방에 필요
한 수강명령 또는 성폭력 치료프로그램의 이수명령을 병과하여야 한
다'고 규정하고 있다. 이러한 이수명령은 이른바 범죄인에 대한 사회
내 처우의 한 유형으로서 형벌 그 자체가 아니라 보안처분의 성격을
가지는 것이지만, 성폭력 치료프로그램의 의무적 이수를 받도록 함으
로써 실질적으로는 신체적 자유를 제한하는 것이 된다.

이를 앞서 본 법리와 종합하여 보면, 벌금 500만 원의 약식명령에
대하여 피고인만이 정식재판을 청구하고, 제1심판결이 동일한 벌금
500만 원을 선고한 데에 대하여 피고인만이 항소한 이 사건에서 원
심이 제1심판결에서 정한 벌금형과 동일한 벌금형을 선고하면서 새
로 이수명령을 병과한 것은 전체적·실질적으로 볼 때 피고인에게 불

이익하게 변경한 것이므로 허용되지 않는다고 할 것이다. 뿐만 아니라 피고인이 정식재판을 청구한 이 사건에서 약식명령에서 정한 벌금형과 동일한 벌금형을 선고하면서 이수명령을 병과하지 않은 제1심의 조치가 결과적으로는 위법하다고 할 수도 없다. 그럼에도 원심이 제1심판결이 위법하다고 하여 파기한 것은 그 점에서도 잘못되었다.

3. 결론

이에 원심판결을 파기하되, 이 사건은 소송기록과 원심에 이르기까지 조사된 증거들에 의하여 상고법원에서 바로 판결하기에 충분하다고 인정되므로 형사소송법 제396조에 의하여 대법원이 직접 판결을 하기로 한다. 제1심판결에 대한 피고인의 항소이유 주장의 요지는 피고인이 추행한 사실이 없을 뿐만 아니라, 당시 피고인이 심신미약의 상태에 있었음에도 불구하고 피고인을 유죄로 인정하는 한편 심신미약을 인정하지 않았으니 이는 위법하다는 것이다. 그러나 앞서 본 바와 같이 피고인이 피해자를 추행한 사실을 인정할 수 있으므로 이 부분 항소이유 주장은 이유 없고, 제1심이 적법하게 채택한 증거들 및 기록에 비추어 보더라도 이 사건 범행 당시 피고인이 심신미약의 상태에 있었다고 보이지 아니하므로 이 부분 항소이유 주장 역시 이유 없다. 따라서 피고인의 항소는 이유 없어 이를 기각하기로 하여, 관여 대법관의 일치된 의견으로 주문과 같이 판결한다 *[대법원 2012. 9. 27., 선고, 2012도8736, 판결].*

■ **관련판례 4**

【판시사항】

아동·청소년의 성보호에 관한 법률 제2조 제2호 (다)목의 아동·청소년대상 성범죄를 범한 자라고 하기 위해서는 성범죄의 대상이 아동·청소년이라는 사실을 인식하여야 하는지 여부(소극)

【이 유】

상고이유를 판단한다.

아동·청소년의 성보호에 관한 법률(이하 '법'이라 한다) 제2조 제2호 (가)목은 ' 제7조부터 제12조까지의 죄(제8조 제4항의 죄는 제외한다)'를, 같은 호 (다)목은 '아동·청소년에 대한 「형법」제297조부터 제301조까지, 제301조의2, 제302조, 제303조, 제305조 및 제339조의 죄'를 각 '아동·청소년대상 성범죄'의 하나로 규정하고 있고, 법 제7조 제1항은 "여자 아동·청소년에 대하여 「형법」제297조의 죄를 범한 자는 5년 이상의 유기징역에 처한다."고 규정하고 있으며, 법 제7조 제3항은 "아동·청소년에 대하여 「형법」제298조의 죄를 범한 자는 1년 이상의 유기징역 또는 500만 원 이상 2천만 원 이하의 벌금에 처한다."고 규정하고 있다. 한편 법 제13조 제1항 본문은 "법원은 아동·청소년대상 성범죄를 범한 자에 대하여 유죄판결을 선고하면서 300시간의 범위에서 재범예방에 필요한 수강명령 또는 성폭력 치료프로그램의 이수명령(이하 '이수명령'이라 한다)을 병과하여야 한다."고 규정하고 있고, 법 제33조 제1항 본문은 "아동·청소년대상 성범죄로 유죄판결이 확정된 자 또는 제38조 제1항 제5호에 따라 공개명령이 확정된 자는 신상정보 등록대상자(이하 '등록대상자'라 한다)가 된다."고 규정하고 있다. 위와 같이 법 제7조에서 아동·청소년에 대한 강간·강제추행 등을 가중하여 처벌하는 별도의 규정을 두고 있는 점을 비롯하여 법의 입법 취지 및 경위에 비추어 볼 때, 법 제2조 제2호 (다)목의 아동·청소년대상 성범죄를 범한 자라 함은 성범죄의 대상이 아동·청소년이라는 사실을 인식하였는지 여부에 관계없이 아동·청소년에 대한 형법 제297조부터 제301조까지, 제301조의2, 제302조, 제303조, 제305조 및 제339조의 죄를 범한 자를 의미한다고 할 것이다.

원심판결 이유와 기록에 의하면, 원심은 그 판시와 같은 이유를 들어 이 사건 피해자 공소외 1(여, 16세), 공소외 2(여, 17세)에 대한 각 강제추행의 공소사실이 인정된다고 하면서, 피고인이 법 제2조 제2호 (다)목의 '아동·청소년에 대한 형법 제298조의 죄'를 범한 자에 해당하는 것으로 보아 피고인에게 법 제13조에 따라 성폭력 치료프로그램의 이수명령을 병과하고, 법 제33조 제2항에 따라 신상정보 등록대상자라는 사실과 신상정보 제출의무가 있음을 알려 주었다.

앞서 본 법리와 기록에 비추어 살펴보면, 원심의 위와 같은 조치는 정당한 것으로 수긍할 수 있고, 거기에 상고이유로 주장하는 바와 같이 법 제13조를 위반하는 등의 위법이 없다*[대법원 2011. 12. 8., 선고, 2011도8163, 판결].*

제14조(아동·청소년에 대한 강요행위 등)

① 다음 각 호의 어느 하나에 해당하는 자는 5년 이상의 유기징역에 처한다.

1. 폭행이나 협박으로 아동·청소년으로 하여금 아동·청소년의 성을 사는 행위의 상대방이 되게 한 자

2. 선불금(先拂金), 그 밖의 채무를 이용하는 등의 방법으로 아동·청소년을 곤경에 빠뜨리거나 위계 또는 위력으로 아동·청소년으로 하여금 아동·청소년의 성을 사는 행위의 상대방이 되게 한 자

3. 업무·고용이나 그 밖의 관계로 자신의 보호 또는 감독을 받는 것을 이용하여 아동·청소년으로 하여금 아동·청소년의 성을 사는 행위의 상대방이 되게 한 자

4. 영업으로 아동·청소년을 아동·청소년의 성을 사는 행위의 상대방이 되도록 유인·권유한 자

② 제1항제1호부터 제3호까지의 죄를 범한 자가 그 대가의 전부 또는 일부를 받거나 이를 요구 또는 약속한 때에는 7년 이상의 유기징역에 처한다.

③ 아동·청소년의 성을 사는 행위의 상대방이 되도록 유인·권유한 자는 7년 이하의 징역 또는 5천만원 이하의 벌금에 처한다.

④ 제1항과 제2항의 미수범은 처벌한다.

제15조(알선영업행위 등)

① 다음 각 호의 어느 하나에 해당하는 자는 7년 이상의 유기징역에 처한다. *〈개정 2021. 3. 23.〉*

1. 아동·청소년의 성을 사는 행위의 장소를 제공하는 행위를 업으로 하는 자

2. 아동·청소년의 성을 사는 행위를 알선하거나 정보통신망(「정보통신망 이용촉진 및 정보보호 등에 관한 법률」 제2조제1항제1호의 정

보통신망을 말한다. 이하 같다)에서 알선정보를 제공하는 행위를 업으로 하는 자

3. 제1호 또는 제2호의 범죄에 사용되는 사실을 알면서 자금·토지 또는 건물을 제공한 자

4. 영업으로 아동·청소년의 성을 사는 행위의 장소를 제공·알선하는 업소에 아동·청소년을 고용하도록 한 자

② 다음 각 호의 어느 하나에 해당하는 자는 7년 이하의 징역 또는 5천만원 이하의 벌금에 처한다.

1. 영업으로 아동·청소년의 성을 사는 행위를 하도록 유인·권유 또는 강요한 자

2. 아동·청소년의 성을 사는 행위의 장소를 제공한 자

3. 아동·청소년의 성을 사는 행위를 알선하거나 정보통신망에서 알선정보를 제공한 자

4. 영업으로 제2호 또는 제3호의 행위를 약속한 자

③ 아동·청소년의 성을 사는 행위를 하도록 유인·권유 또는 강요한 자는 5년 이하의 징역 또는 3천만원 이하의 벌금에 처한다.

■ **관련판례 1**

【판시사항】

아동·청소년의 성을 사는 행위를 알선하는 행위를 업으로 하여 아동·청소년의 성보호에 관한 법률 제15조 제1항 제2호의 위반죄가 성립하기 위하여, 알선행위로 아동·청소년의 성을 사는 행위를 한 사람이 행위의 상대방이 아동·청소년임을 인식하여야 하는지 여부(소극)

【판결요지】

아동·청소년의 성보호에 관한 법률(이하 '청소년성보호법'이라고 한다)은 성매매의 대상이 된 아동·청소년을 보호·구제하려는 데 입법 취지가 있고, 청소년성보호법에서 '아동·청소년의 성매매 행위'가 아닌 '아동·청소년의 성을 사는

행위'라는 용어를 사용한 것은 아동·청소년은 보호대상에 해당하고 성매매의 주체가 될 수 없어 아동·청소년의 성을 사는 사람을 주체로 표현한 것이다. 그리고 아동·청소년의 성을 사는 행위를 알선하는 행위를 업으로 하는 사람이 알선의 대상이 아동·청소년임을 인식하면서 알선행위를 하였다면, 알선행위로 아동·청소년의 성을 사는 행위를 한 사람이 행위의 상대방이 아동·청소년임을 인식하고 있었는지는 알선행위를 한 사람의 책임에 영향을 미칠 이유가 없다. 따라서 아동·청소년의 성을 사는 행위를 알선하는 행위를 업으로 하여 청소년성보호법 제15조 제1항 제2호의 위반죄가 성립하기 위해서는 알선행위를 업으로 하는 사람이 아동·청소년을 알선의 대상으로 삼아 그 성을 사는 행위를 알선한다는 것을 인식하여야 하지만, 이에 더하여 알선행위로 아동·청소년의 성을 사는 행위를 한 사람이 행위의 상대방이 아동·청소년임을 인식하여야 한다고 볼 수는 없다[대법원 2016. 2. 18., 선고, 2015도15664, 판결].

■ **관련판례 2**

【판시사항】

청소년유해업소인 유흥주점의 업주가 종업원을 고용하는 경우 대상자의 연령을 확인하여야 하는 의무의 내용 및 성을 사는 행위를 알선하는 행위를 업으로 하는 자가 알선영업행위를 위하여 아동·청소년인 종업원을 고용하는 경우에도 같은 법리가 적용되는지 여부(적극)

【판결요지】

청소년 보호법의 입법목적 등에 비추어 볼 때, 유흥주점과 같은 청소년유해업소의 업주에게는 청소년 보호를 위하여 청소년을 당해 업소에 고용하여서는 아니 될 매우 엄중한 책임이 부여되어 있으므로, 유흥주점의 업주가 당해 유흥업소에 종업원을 고용하는 경우에는 주민등록증이나 이에 유사한 정도로 연령에 관한 공적 증명력이 있는 증거에 의하여 대상자의 연령을 확인하여야 한다. 만일 대상자가 제시한 주민등록증상의 사진과 실물이 다르다는 의심이 들면 청소년이 자신의 신분과 연령을 감추고 유흥업소 취업을 감행하는 사례가 적지 않은 유흥업계의 취약한 고용실태 등에 비추어 볼 때, 업주로서는 주민등록증상의 사진과 실물을 자세히 대조하거나 주민등록증상의 주소 또는 주민등록번호를 외워보도록 하는 등 추가적인 연령확인조치를 취하여야 하고, 대상자가 신분증을 분실하였다는 사유로 연령 확인에 응하지 아니하는 등 고용대상자의 연령확인이 당장 용이하지 아니한 경우라면 대상자의 연령을 공적 증명에 의하여 확실히 확인할 수 있는 때까지 채용을 보류하거나 거부하여야 할 의무가 있다. 이러한 법리는, 성매매와 성폭력행위의 대상이 된 아동·청소년의 보호·구제를 목적으로 하는 아동·청소년의 성보호에 관한 법률의 입법취지 등에 비추어 볼 때, 성을 사는 행위를 알선하는 행위를 업으로 하는 자가 알선영업행위를 위하여 아동·청소년인 종업원을 고용하는 경우에도 마찬가지로 적용된다고 보아야 한다. 따라서 성을 사는 행위를 알선하는 행위를 업으로 하는 자가 성매매알선을 위한 종업원을 고용하면서 고용대상자에 대하여 아동·청소년의 보호를 위한 위와 같은 연령확인의무의 이행을 다하지 아니한 채 아동·청소년을 고용하였다면, 특별한 사정이 없는 한 적어도 아동·청소년의 성을 사는 행위의 알선에 관한 미필적 고의는 인정된다고 봄이 타당하다*[대법원 2014. 7. 10., 선고, 2014도 5173, 판결].*

제15조의2(아동 · 청소년에 대한 성착취 목적 대화 등)

① 19세 이상의 사람이 성적 착취를 목적으로 정보통신망을 통하여 아동 · 청소년에게 다음 각 호의 어느 하나에 해당하는 행위를 한 경우에는 3년 이하의 징역 또는 3천만원 이하의 벌금에 처한다.

1. 성적 욕망이나 수치심 또는 혐오감을 유발할 수 있는 대화를 지속적 또는 반복적으로 하거나 그러한 대화에 지속적 또는 반복적으로 참여시키는 행위

2. 제2조제4호 각 목의 어느 하나에 해당하는 행위를 하도록 유인 · 권유하는 행위

② 19세 이상의 사람이 정보통신망을 통하여 16세 미만인 아동 · 청소년에게 제1항 각 호의 어느 하나에 해당하는 행위를 한 경우 제1항과 동일한 형으로 처벌한다.

[본조신설 2021. 3. 23.]

제16조(피해자 등에 대한 강요행위)

폭행이나 협박으로 아동 · 청소년대상 성범죄의 피해자 또는 「아동복지법」 제3조제3호에 따른 보호자를 상대로 합의를 강요한 자는 7년 이하의 유기징역에 처한다.

■ **관련판례 1**

【판시사항】

[1] 성폭력범죄의 처벌 등에 관한 특례법 제11조 위반죄가 아동·청소년의 성보호에 관한 법률 제7조 제4항, 제3항, 형법 제299조 위반죄에 대하여 특별법 관계에 있는지 여부(소극)

[2] 아동·청소년의 성보호에 관한 법률 제7조 제4항, 제3항, 형법 제299조 위반죄로 기소된 공소사실이 반의사불벌죄에 해당하는지 여부(소극)

【이 유】

상고이유를 판단한다.

1. 피고사건에 관하여

가. 「성폭력범죄의 처벌 등에 관한 특례법」(2012. 12. 18. 법률 제
11556호로 전부 개정되기 전의 것. 이하 '성폭력특례법'이라 한다)
제11조 위반죄의 구성요건과 「아동·청소년의 성보호에 관한 법률」
(2012. 12. 18. 법률 제11572호로 전부 개정되기 전의 것. 이하
'아동성보호법'이라 한다) 제7조 제4항, 제3항, 형법 제299조 위반
죄의 구성요건을 비교하여 보면, 위 각 죄는 그 행위의 객체와 태양,
범행의 대상이 아동·청소년이라는 점에 대한 인식 요부 등에 차이가
있고, 성폭력특례법 제11조 위반죄의 구성요건이 아동성보호법 제7
조 제4항, 제3항, 형법 제299조 위반죄의 구성요건의 모든 요소를
포함하는 외에 다른 요소를 구비하는 경우에 해당하지도 아니하므로,
전자가 후자에 대하여 특별법의 관계에 있다고 볼 수 없다. 따라서
성폭력특례법 제11조 위반죄(아동성보호법 제16조 단서는 아동·청소
년을 대상으로 한 성폭력특례법 제11조 위반죄를 반의사불벌죄로 규
정하고 있다)가 아니라 아동성보호법 제7조 제4항, 제3항, 형법 제
299조 위반죄로 기소된 공소사실은 반의사불벌죄에 해당하지 않는다
(대법원 2012. 8. 30. 선고 2012도6503 판결 등 참조).

이와 같은 법리와 법률 규정에 비추어 보면, 검사가 피고인 겸 피부
착명령청구자(이하 '피고인'이라 한다)를 성폭력특례법 제11조 위반
죄가 아니라 아동성보호법 제7조 제4항, 제3항, 형법 제299조 위반
죄로 기소한 이 사건에서 원심이 피고인에 대하여 유죄를 인정한 제
1심판결을 그대로 유지한 것은 정당하고, 거기에 상고이유의 주장과
같은 아동성보호법 제16조나 형사소송법 제327조 제6호에 관한 법
령 위반의 위법이 없다.

나. 원심판결 이유를 기록에 비추어 살펴보면 원심이 그 판시와 같은 사

정을 들어 피고인의 심신미약 주장을 배척한 것은 정당하고, 거기에 상고이유의 주장과 같은 위법이 없다.

그리고 형사소송법 제383조 제4호에 의하면 사형, 무기 또는 10년 이상의 징역이나 금고가 선고된 사건에서만 양형부당을 사유로 한 상고가 허용되므로, 피고인에 대하여 그보다 가벼운 형이 선고된 이 사건에서 형의 양정이 부당하다는 주장은 적법한 상고이유가 되지 못하고, 피해자의 처벌불원 의사표시, 피고인의 반성, 추행 정도의 경미성, 전자장치 부착명령의 가혹함 등 양형에 영향을 미친 사실을 오인하였다는 주장 역시 형의 양정이 부당하는 취지에 불과하므로 적법한 상고이유가 되지 못한다.

또한 상고이유 중 공개·고지명령이 부당하다는 취지의 주장은 피고인이 이를 항소이유로 주장하거나 원심이 직권으로 심판대상으로 삼은 바가 없는 것을 상고이유에서 비로소 주장하는 것이어서 적법한 상고이유가 되지 못한다. 나아가 기록에 비추어 살펴보더라도 원심판결에 상고이유의 주장과 같은 위법이 없다.

2. 부착명령청구사건에 관하여

원심판결 이유를 원심이 유지한 제1심이 적법하게 채택한 증거들에 비추어 살펴보면, 원심이 그 판시와 같은 이유로 피고인이 성폭력범죄를 다시 범할 위험성이 있다고 보아 피고인에 대하여 3년간 위치추적 전자장치의 부착을 명한 제1심판결을 그대로 유지한 것은 정당하고, 거기에 상고이유의 주장과 같은 위법이 없다*[대법원 2013. 4. 26., 선고, 2013도2024,2013전도43, 판결]*.

■ **관련판례 2**

【판시사항】

[1] 구 청소년의 성보호에 관한 법률 제16조에 규정된 반의사불벌죄의 경우 의사능력 있는 피해 청소년이 단독으로 처벌불원의 의사표시 등을

할 수 있는지 여부(적극) 및 그 의사능력의 의미와 의사표시의 요건

[2] 피고인의 증인신청을 불허하고 검사 작성의 각 수사보고서의 기재를 주요 근거로 삼아 피해자들의 처벌희망 의사표시의 철회를 무효로 판단한 원심판결에 법리오해 또는 심리미진의 위법이 있다고 한 사례

【이 유】

상고이유를 판단한다.

1. 피고사건 부분

이 사건 각 수사보고서는 검사가 참고인인 피해자 공소외 1, 2와의 전화통화 내용을 기재한 서류로서 형사소송법 제313조 제1항 본문에 정한 '피고인 아닌 자의 진술을 기재한 서류'인 전문증거에 해당하나, 그 진술자의 서명 또는 날인이 없을 뿐만 아니라 공판준비기일이나 공판기일에서 진술자의 진술에 의해 성립의 진정함이 증명되지도 않았으므로 증거능력이 없다(대법원 1999. 2. 26. 선고 98도2742 판결, 대법원 2007. 9. 20. 선고 2007도4105 판결 등 참조).

그러나 반의사불벌죄에서 피고인 또는 피의자의 처벌을 희망하지 않는다는 의사표시 또는 처벌희망 의사표시 철회의 유무나 그 효력 여부에 관한 사실은 엄격한 증명의 대상이 아니라 증거능력이 없는 증거나 법률이 규정한 증거조사방법을 거치지 아니한 증거에 의한 증명, 이른바 자유로운 증명의 대상이다(대법원 1999. 2. 9. 선고 98도2074 판결, 대법원 1999. 5. 14. 선고 99도947 판결 등 참조).

원심이 증거능력이 없는 이 사건 각 수사보고서를 피해자들의 처벌희망 의사표시 철회의 효력 여부를 판단하는 증거로 사용한 것 자체는 위와 같은 법리에 따른 것으로서 정당하고, 거기에 상고이유의 주장과 같은 수사보고서의 증거능력 등에 관한 법리오해의 위법은 없다.

한편, 다른 반의사불벌죄와 마찬가지로 구 청소년의 성보호에 관한 법률 (2009. 6. 9. 법률 제9765호 아동·청소년의 성보호에 관한 법률로 전부 개정되기 전의 것) 제16조에 규정된 반의사불벌죄의 경우에도 피해

자인 청소년에게 의사능력이 있는 이상 단독으로 피고인 또는 피의자의 처벌을 희망하지 않는다는 의사표시 또는 처벌희망 의사표시의 철회를 할 수 있고, 법정대리인의 동의가 있어야 하는 것은 아니다. 다만, 피해자인 청소년의 의사능력은 그 나이, 지능, 지적 수준, 발달성숙도 및 사회적응력 등에 비추어 그 범죄의 의미, 피해를 당한 정황, 처벌을 희망하지 않는다는 의사표시 또는 처벌희망 의사표시의 철회가 가지는 의미·내용·효과를 이해하고 알아차릴 수 있는 능력을 말하고, 그 의사표시는 흠이 없는 진실한 것이어야 하므로, 법원으로서는 위와 같은 의미에서 피해자인 청소년에게 의사능력이 있는지 여부 및 그러한 의사표시가 진실한 것인지 여부를 세밀하고 신중하게 조사·판단하여야 한다 (*대법원 2009. 11. 19. 선고 2009도6058 전원합의체 판결 참조*).

원심판결 이유 및 원심이 유지한 제1심판결 이유에 의하면, 원심은 그 채용 증거들에 의하여 인정되는 다음과 같은 사정들, 즉 피해자 공소외 2는 1994. 12. 29.생으로 만13세인 2008년 겨울과 만 14세인 2009년 봄경에 피고인으로부터 강간을 당하였고, 피해자 공소외 1은 1995. 3. 25.생으로 만 14세인 2009년 여름과 2009. 8.경 피고인으로부터 강제추행을 당하였는데, 같이 생활하던 원생들이 피고인으로부터 강간 내지 강제추행을 당하였다는 것을 '창 길잡이의 집'의 사회복지사에게 이야기하는 과정에서 사건화되어 공소외 1은 2009. 9. 15.경 경찰조사를 받으면서 피고인의 처벌을 원한다고 진술하였고, 위 피해자들은 2009. 9. 26.경 피고인의 처벌을 원한다는 내용의 고소장을 경찰에 각 제출한 점, 공소외 1의 어머니는 공소외 1을 위 복지시설에 맡긴 후부터 현재까지 그 소재를 알 수 없고, 공소외 2 역시 현재 연락되는 가족이 없는 점, 공소외 1은 위 고소장을 제출한 후 불과 2개월 만에 아무런 사정변경이 없음에도 2009. 11. 26. 합의 및 탄원서를 작성해 주었는데, 피고인 측의 성인여자 2명(피고인의 여동생과 제수)이 학교 앞에서 하교하는 공소외 1을 기다렸다가 음식점으로 데리고 가 위 합의 및 탄원서를 작성하도록 유도한 것으로 보이고, 그 문구도 위 2명이 불러

주는 대로 작성한 것인 점, 공소외 1은 제1심판결 선고일 무렵에도 여전히 피고인의 처벌을 원하고 있다고 한 점, 공소외 2는 2009. 12. 31. 합의 및 탄원서를 작성해 주었는데, 피고인 측에서 공소외 2에게 위 합의 및 탄원서를 작성해 줄 것을 요구하면서 그 내용을 먼저 적어 주고 이를 따라 적게 한 것인 점, 공소외 2는 위 합의 및 탄원서를 작성할 때 여전히 피고인의 처벌을 원하여 자신의 주민등록번호를 적으면서 뒷자리 숫자 7개를 일부러 허위로 적었고, 제1심판결 선고일 무렵에도 피고인의 처벌을 원하고 있다고 한 점, 공소외 1과 공소외 2는 모두 위 합의 및 탄원서의 작성과 관련하여 아무런 경제적 보상을 받지 아니한 점 등에 비추어 볼 때, 공소외 1과 공소외 2가 피고인에 대한 처벌희망 의사표시를 철회할·당시 진실한 의사표시로서 위와 같은 처벌희망 의사표시를 철회하였다고 볼 수 없다고 판단하였다.

그러나 위와 같은 원심의 판단은 다음과 같은 이유로 수긍하기 어렵다. 이 사건 기록에 나타난 위 피해자들의 나이, 지능, 지적 수준, 발달성숙도 및 사회적응력 등에 비추어 위 피해자들은 처벌희망 의사표시의 철회가 가지는 의미나 효과 등을 잘 이해하고 있었던 것으로 보이는 점, 적어도 이 사건 합의 및 탄원서 작성 당시 피고인 측으로부터 자유로운 의사결정을 불가능하게 할 정도의 폭행, 협박이나 강압 등이 있었다고는 보기 어려운 점 등의 사정을 종합하면, 원심이 든 앞서 본 여러 사정을 고려하더라도, 위 피해자들의 처벌희망 의사표시의 철회를 무효라고 쉽사리 단정하기는 어렵다. 더구나 처벌희망 의사표시의 철회의 효력 여부는 형벌권의 존부를 심판하는 데 구비되어야 할 소송조건에 관한 것이어서 피고인이 증인신청 등의 방법으로 처벌희망 의사표시의 철회가 유효하다고 다투는 경우에는 원심으로서는 검사가 일방적으로 작성한 수사보고서의 기재만으로 그 철회가 효력이 없다고 섣불리 인정할 것이 아니라 직접 위 피해자들을 증인으로 심문하는 등의 방법을 통해 처벌희망 의사표시 철회의 효력 여부를 세밀하고 신중하게 조사·판단하여야 한다.

그럼에도 불구하고, 원심은 이러한 조치에 이르지 않은 채 피고인의 증인신청을 불허하고 이 사건 각 수사보고서의 기재를 주요한 근거로 삼아 위 피해자들의 처벌희망 의사표시의 철회를 무효로 판단하였으니 원심판결에는 처벌희망 의사표시의 철회의 효력에 관한 법리를 오해하였거나 필요한 심리를 다하지 않아 판결에 영향을 미친 위법이 있다. 이 점을 지적하는 상고이유의 주장은 이유 있다.

2. 부착명령사건 부분

특정 성폭력범죄자에 대한 위치추적 전자장치 부착에 관한 법률 제9조 제6항은 성폭력범죄의 피고사건의 판결에 대하여 상소가 있는 때에는 부착명령사건의 판결에 대하여도 상소가 있는 것으로 보도록 규정하고, 같은 조 제2항 제2호는 피고사건에 대하여 무죄, 면소, 공소기각의 판결 또는 결정을 하는 때에는 판결로 부착명령 청구를 기각하도록 규정하고 있으므로, 앞서 본 원심의 피고사건 중 위 제1항에서 문제된 부분에 관한 위법사유는 부착명령사건의 부착명령 원인사실에도 그대로 적용된다.

3. 결론

그러므로 원심판결의 피고인에 대한 피고사건 중 피해자 공소외 2에 대한 2008년 겨울경 및 2009년 봄경의 각 강간의 점과 피해자 공소외 1에 대한 2009년 여름경 및 2009년 8월경의 각 강제추행의 점을 유죄로 인정한 부분은 모두 파기되어야 할 것인바, 원심은 이 부분을 피고인에 대한 나머지 각 죄와 형법 제37조 전단의 경합범으로 처단하여 하나의 형을 선고하였으므로, 원심판결 중 피고인에 대한 피고사건 전부를 파기하여야 하고, 피고인에 대한 부착명령사건 부분도 파기하여야 한다. 따라서 피고인의 나머지 상고이유에 대한 판단을 생략한 채, 원심판결 중 피고인에 대한 부분을 파기하고 이 부분 사건을 다시 심리·판단하게 하기 위하여 원심법원에 환송하기로 하여, 관여 대법관의 일치된 의견으로 주문과 같이 판결한다[*대법원 2010. 10. 14., 선고, 2010도5610,2010전도 31, 판결*].

【판시사항】

구 청소년의 성보호에 관한 법률 제7조 제4항에 정한 청소년대상 성범죄의 피해자(13세)를 대신하여 그 법정대리인인 부(父)가 피고인에 대하여 처벌불원의사를 표시한 사안에서, 여러 사정을 종합할 때 그 의사표시에 피해자 본인의 의사가 포함되어 있다고 보아 공소를 기각한 원심판결을 수긍한 사례

【이 유】

상고이유를 본다.

반의사불벌죄에 있어서 피해자가 처벌을 희망하지 아니하는 의사표시나 처벌을 희망하는 의사표시의 철회를 하였다고 인정하기 위해서는 피해자의 진실한 의사가 명백하고 믿을 수 있는 방법으로 표현되어야 하는바(대법원 2001. 6. 15. 선고 2001도1809 판결 참조), 피해자가 나이 어린 미성년자인 경우 그 법정대리인이 피고인 등에 대하여 밝힌 처벌불원의 의사표시에 피해자 본인의 의사가 포함되어 있는지는 대상 사건의 유형 및 내용, 피해자의 나이, 합의의 실질적인 주체 및 내용, 합의 전후의 정황, 법정대리인 및 피해자의 태도 등을 종합적으로 고려하여 판단하여야 할 것이다.

이러한 법리에 따라 이 사건에 대하여 보건대, 기록에 의하여 인정되는 다음과 같은 사정, 즉 피해자의 법정대리인 부 공소외인은 이 사건 발생 다음날인 2008. 11. 4. 피고인을 피해자에 대한 강간죄로 고소한 후 이 사건 공소제기 후로서 제1심판결 선고 전인 2009. 2. 12. 제1심법원에 피고인에 대하여 처벌을 원하지 않는다는 의사를 표시하였는바, 이 사건은 13세인 중학교 1학년 여자 청소년을 대상으로 한 구 청소년의 성보호에 관한 법률(2009. 6. 9. 법률 제9765호로 전부 개정되기 전의 것, 이하 '구 청소년성보호법'이라고 한다) 제7조 제4항 소정의 청소년대상 성범죄로서 같은 법 제16조에 의하여 피해자의 명시한 의사에 반하여 처벌할 수 없는 점, 비록 피고인에 대하여 처벌을 원하지 않는다는 내용으로 제1심법원에 제출된 합의서의 형식이 피해자를 대리하여 그 법정대리인인 부 공소외인이 작성명의

인으로 되어 있기는 하나 그 내용은 피해자 본인이 피고인의 처벌을 원하지 않는다는 것인 점, 한편 피해자는 수사기관 및 법원에 위 공소외인과 함께 출석하여 위 공소외인이 지켜보는 가운데 진술하는 등 이 사건 수사 및 재판 과정에서 법정대리인인 부의 실질적인 보호를 받은 것으로 보이는 점, 달리 그러한 합의가 피해자의 의사에 반하는 것이었다거나 피해자에게 불이익한 것이라는 등의 사정을 찾아볼 수 없고, 피해자가 그러한 합의에 대하여 어떠한 이의도 제기하지 않고 있는 사정 등을 종합하여 보면, 위와 같은 피고인에 대한 처벌불원의 의사표시에는 피해자 본인의 의사가 포함되어 있다고 볼 수 있다.

따라서 이 사건 공소제기 이후 제1심판결 선고 전에 피해자의 피고인에 대한 처벌희망의 의사표시가 철회되었다고 보아 이 사건 공소를 기각한 원심판결은 결과적으로 정당하다*[대법원 2010. 5. 13., 선고, 2009도5658, 판결]*.

■ 관련판례 4

【판시사항】

[1] 청소년의 성보호에 관한 법률 제16조에 규정된 반의사불벌죄에서 피해 청소년이 처벌불원 여부 등의 의사표시를 하는 데에 법정대리인의 동의가 필요한지 여부(소극)

[2] 피해자가 제1심 법정에서 피고인들에 대한 처벌희망 의사표시를 철회할 당시 나이가 14세 10개월이었더라도 그 철회의 의사표시가 의사능력이 있는 상태에서 행해졌다면 법정대리인의 동의가 없었더라도 유효하다는 이유로, 피고인들에 대한 공소사실 중 청소년의 성보호에 관한 법률 위반의 점의 공소를 기각한 원심의 판단을 수긍한 사례

【판결요지】

[1] [다수의견] 형사소송법상 소송능력이라 함은 소송당사자가 유효하게 소송행위를 할 수 있는 능력, 즉 피고인 또는 피의자가 자기의 소송상의 지위와 이해관계를 이해하고 이에 따라 방어행위를 할 수 있는 의사능

력을 의미한다. 의사능력이 있으면 소송능력이 있다는 원칙은 피해자 등 제3자가 소송행위를 하는 경우에도 마찬가지라고 보아야 한다. 따라서 반의사불벌죄에 있어서 피해자의 피고인 또는 피의자에 대한 처벌을 희망하지 않는다는 의사표시 또는 처벌을 희망하는 의사표시의 철회는, 위와 같은 형사소송절차에 있어서의 소송능력에 관한 일반원칙에 따라, 의사능력이 있는 피해자가 단독으로 이를 할 수 있고, 거기에 법정대리인의 동의가 있어야 한다거나 법정대리인에 의해 대리되어야만 한다고 볼 것은 아니다. 나아가 청소년의 성보호에 관한 법률이 형사소송법과 다른 특별한 규정을 두고 있지 않는 한, 위와 같은 반의사불벌죄에 관한 해석론은 청소년의 성보호에 관한 법률의 경우에도 그대로 적용되어야 한다. 그러므로 청소년의 성보호에 관한 법률 제16조에 규정된 반의사불벌죄라고 하더라도, 피해자인 청소년에게 의사능력이 있는 이상, 단독으로 피고인 또는 피의자의 처벌을 희망하지 않는다는 의사표시 또는 처벌희망 의사표시의 철회를 할 수 있고, 거기에 법정대리인의 동의가 있어야 하는 것으로 볼 것은 아니다.

[대법관 김영란의 반대의견] 미성년자인 피고인이나 피의자에 대하여는 그 의사능력이 불완전하다는 입법적·현실적 평가가 전제되어 있는바, 이는 피해자 등 제3자가 소송행위를 하는 데에 대하여도 마찬가지라고 보아야 한다. 그런데 청소년대상 성폭력범죄의 피해자는 정도의 차이는 있으나 지능, 지적 수준, 발달성숙도나 사회적응력이 성인의 그것에 미치지 못할 것이고, 이에 따라 자신에게 가해진 범행의 의미, 피해를 당한 정황, 처벌을 희망하지 않는다는 의사표시 또는 처벌희망 의사표시의 철회가 가지는 의미·내용·효과에 대한 이해 및 인식 능력 또한 마찬가지로 부족하다고 보아야 한다. 따라서 청소년 대상 성폭력범죄의 피해 청소년이 피고인 또는 피의자에 대하여 처벌을 원하지 않는다는 의사표시를 하거나 처벌희망 의사표시를 철회하는 데에 대하여는 그 의사능력의 불완전성이 보완될 수 있도록 하여야 한다. 청소년의 성보호에 관한 법률에서의 반의사불벌죄는 피해자의 고소 없이도 수사가 개시되

도록 하여 처벌의 실효성을 제고함으로써 청소년을 보다 두텁게 보호하려는 데에 그 취지가 있을 뿐, 처벌의 유무를 오로지 청소년인 피해자 본인의 의사에만 맡기고 친권자 등 법정대리인의 후견적 역할을 배제하려고 하는 데에 그 취지가 있는 것은 아니다. 형사소송법 등에서 친고죄와 달리 반의사불벌죄에 대하여는 법정대리인이 관여할 수 있는 규정을 명시적으로 두고 있지 않다는 이유만으로 일률적으로 피해 청소년이 그와 같이 중요한 의미를 갖는 소송행위를 단독으로 결정하도록 내버려두는 것은 헌법이 요구하는 국가의 책무인 청소년에 대한 보호를 방기하는 결과로 될 것이다. 피해 청소년의 그와 같은 소송행위에 대하여 법정대리인이 관여한다는 의미는 불완전한 피해 청소년의 소송능력을 완성할 수 있도록 한다는 것일 뿐, 법정대리인에게 피고인 또는 피의자에 대한 형사처벌 여부를 결정할 새로운 권한을 부여한다거나 소극적 소송조건의 요건을 강화함으로써 피고인 또는 피의자에 대한 가벌성의 범위를 넓히는 것도 아니므로, 이를 두고 죄형법정주의의 파생원칙인 유추해석금지의 원칙에 어긋나는 법률 해석이라 할 것은 아니다.

[2] 피해자가 제1심 법정에서 피고인들에 대한 처벌희망 의사표시를 철회할 당시 비록 14세 10개월의 어린 나이였다고는 하나, 피해자의 의사표시가 당해 사건 범행의 의미, 본인이 피해를 당한 정황, 자신이 하는 처벌희망 의사표시 철회의 의미 및 효과 등을 충분히 이해하고 분별할 수 있는 등 의사능력이 있는 상태에서 행해졌다면 법정대리인의 동의가 없었더라도 그 철회의 의사표시는 유효하다는 이유로, 피고인들에 대한 공소사실 중 청소년의 성보호에 관한 법률 위반의 점의 공소를 기각한 원심의 판단을 수긍한 사례[대법원 2009. 11. 19., 선고, 2009도6058, 전원합의체 판결].

■ 관련판례 5

【판시사항】

[1] 반의사불벌규정인 청소년의 성보호에 관한 법률 제16조 단서에 정한

'피해자의 명시한 의사'의 해석 방법

[2] 수회에 걸쳐 청소년 성매매 알선을 한 경우, 청소년의 성보호에 관한 법률 제12조 제2항 제3호 위반죄의 죄수 및 공소사실의 기재 방법

【판결요지】

[1] 미성년자의 법률행위의 효력을 제한하는 원리, 종래 친고죄로 해석되거나 규정되어 있던 것을 반의사불벌죄로 개정한 취지 및 청소년의 성보호에 관한 법률 제3조의 규정내용 등을 고려하면, 법정대리인의 사망 기타의 사유로 인하여 그 동의를 얻을 수 없는 등의 특별한 사정이 없는 한 위 법률 제16조 단서에 규정된 '피해자의 명시한 의사'는 법정대리인의 동의가 있는 경우로 제한 해석하는 것이 타당하다.

[2] 청소년의 성보호에 관한 법률 제12조 제2항 제3호 위반죄는
같은 조 제1항 제2호 위반죄와는 달리 원칙적으로 각 알선행위마다 1개의 '성을 사는 행위의 알선죄'가 성립한다고 봄이 상당하므로, 각 알선행위의 일시·장소와 방법을 명시하여 다른 사실과 구별이 가능하도록 공소사실을 기재하여야 한다[서울중앙지법 2009. 2. 16., 선고, 2009고합12, 판결 : 확정].

제17조 삭제 *(2020. 6. 9.)*

제18조(신고의무자의 성범죄에 대한 가중처벌)

제34조제2항 각 호의 기관·시설 또는 단체의 장과 그 종사자가 자기의 보호·감독 또는 진료를 받는 아동·청소년을 대상으로 성범죄를 범한 경우에는 그 죄에 정한 형의 2분의 1까지 가중처벌한다.

제19조(「형법」상 감경규정에 관한 특례)

음주 또는 약물로 인한 심신장애 상태에서 아동·청소년대상 성폭력범죄를 범한 때에는 「형법」 제10조제1항·제2항 및 제11조를 적용하지 아니할 수 있다.

제20조(공소시효에 관한 특례)

① 아동·청소년대상 성범죄의 공소시효는 「형사소송법」 제252조제1항에도 불구하고 해당 성범죄로 피해를 당한 아동·청소년이 성년에 달한 날부터 진행한다.

② 제7조의 죄는 디엔에이(DNA)증거 등 그 죄를 증명할 수 있는 과학적인 증거가 있는 때에는 공소시효가 10년 연장된다.

③ 13세 미만의 사람 및 신체적인 또는 정신적인 장애가 있는 사람에 대하여 다음 각 호의 죄를 범한 경우에는 제1항과 제2항에도 불구하고 「형사소송법」 제249조부터 제253조까지 및 「군사법원법」 제291조부터 제295조까지에 규정된 공소시효를 적용하지 아니한다. *(개정 2019. 1. 15., 2020. 5. 19.)*

1. 「형법」 제297조(강간), 제298조(강제추행), 제299조(준강간, 준강제추행), 제301조(강간등 상해·치상), 제301조의2(강간등 살인·치사) 또는 제305조(미성년자에 대한 간음, 추행)의 죄

2. 제9조 및 제10조의 죄

3. 「성폭력범죄의 처벌 등에 관한 특례법」 제6조제2항, 제7조제2항·제5항, 제8조, 제9조의 죄

④ 다음 각 호의 죄를 범한 경우에는 제1항과 제2항에도 불구하고 「형사소송법」 제249조부터 제253조까지 및 「군사법원법」 제291조부터 제295조까지에 규정된 공소시효를 적용하지 아니한다. *(개정 2021. 3. 23.)*

1. 「형법」 제301조의2(강간등 살인·치사)의 죄(강간등 살인에 한정한다)
2. 제10조제1항 및 제11조제1항의 죄
3. 「성폭력범죄의 처벌 등에 관한 특례법」 제9조제1항의 죄

제21조(형벌과 수강명령 등의 병과)

① 법원은 아동·청소년대상 성범죄를 범한 「소년법」 제2조의 소년에 대하여 형의 선고를 유예하는 경우에는 반드시 보호관찰을 명하여야 한다.

② 법원은 아동·청소년대상 성범죄를 범한 자에 대하여 유죄판결을 선고하거나 약식명령을 고지하는 경우에는 500시간의 범위에서 재범예방에 필요한 수강명령 또는 성폭력 치료프로그램의 이수명령(이하 "이수명령"이라 한다)을 병과(倂科)하여야 한다. 다만, 수강명령 또는 이수명령을 부과할 수 없는 특별한 사정이 있는 경우에는 그러하지 아니하다. *(개정 2018. 1. 16.)*

③ 아동·청소년대상 성범죄를 범한 자에 대하여 제2항의 수강명령은 형의 집행을 유예할 경우에 그 집행유예기간 내에서 병과하고, 이수명령은 벌금 이상의 형을 선고하거나 약식명령을 고지할 경우에 병과한다. 다만, 이수명령은 아동·청소년대상 성범죄자가 「전자장치 부착 등에 관한 법률」 제9조의2제1항제4호에 따른 성폭력 치료 프로그램의 이수명령을 부과받은 경우에는 병과하지 아니한다. *(개정 2018. 1. 16., 2020. 2. 4.)*

④ 법원이 아동·청소년대상 성범죄를 범한 사람에 대하여 형의 집행을 유예하는 경우에는 제2항에 따른 수강명령 외에 그 집행유예기간 내에서 보호관찰 또는 사회봉사 중 하나 이상의 처분을 병과할 수 있다.

⑤ 제2항에 따른 수강명령 또는 이수명령은 형의 집행을 유예할 경우에는 그 집행유예기간 내에, 벌금형을 선고할 경우에는 형 확정일부터 6개월 이내에, 징역형 이상의 실형(實刑)을 선고할 경우에는 형기 내에 각각 집행한다. 다만, 수강명령 또는 이수명령은 아동·청소년 대상 성범죄를 범한 사람이 「성폭력범죄의 처벌 등에 관한 특례법」 제16조에 따른 수강명령 또는 이수명령을 부과받은 경우에는 병과하지 아니한다.

⑥ 제2항에 따른 수강명령 또는 이수명령이 형의 집행유예 또는 벌금형과 병과된 경우에는 보호관찰소의 장이 집행하고, 징역형 이상의 실형과 병과된 경우에는 교정시설의 장이 집행한다. 다만, 징역형 이상의 실형과 병과된 수강명령 또는 이수명령을 모두 이행하기 전에 석방 또는 가석방되거나 미결구금일수 산입 등의 사유로 형을 집행할 수 없게 된 경우에는 보호관찰소의 장이 남은 수강명령 또는 이수명령을 집행한다.

⑦ 제2항에 따른 수강명령 또는 이수명령은 다음 각 호의 내용으로 한다.

1. 일탈적 이상행동의 진단·상담
2. 성에 대한 건전한 이해를 위한 교육
3. 그 밖에 성범죄를 범한 사람의 재범예방을 위하여 필요한 사항

⑧ 보호관찰소의 장 또는 교정시설의 장은 제2항에 따른 수강명령 또는 이수명령 집행의 전부 또는 일부를 여성가족부장관에게 위탁할 수 있다.

⑨ 보호관찰, 사회봉사, 수강명령 및 이수명령에 관하여 이 법에 규정한 사항 외의 사항에 대하여는 「보호관찰 등에 관한 법률」을 준용한다.

■ 관련판례 1

【판시사항】

2018. 12. 11. 법률 제15904호로 개정되어 2019. 6. 12. 시행된 장애인복지법의 시행 전에 아동·청소년 대상 성범죄를 범한 피고인에 대하여, 제1심이 개정법 시행일 이전에 유죄를 인정하여 징역 7년과 80시간의 성폭력

치료프로그램 이수명령, 아동·청소년 관련기관 등에 10년간의 취업제한명령을 선고하였고, 이에 대하여 피고인만이 양형부당으로 항소하였는데, 개정법 시행일 이후에 판결을 선고한 원심이 제1심판결을 직권으로 파기하고 유죄를 인정하면서 제1심보다 가벼운 징역 6년과 80시간의 성폭력 치료프로그램 이수명령, 아동·청소년 관련기관 등에 10년간의 취업제한명령과 함께 개정법 부칙 제2조와 개정법 제59조의3 제1항 본문에 따라 장애인복지시설에 10년간의 취업제한명령을 선고한 사안에서, 원심판결에 불이익변경금지원칙을 위반한 잘못이 없다고 한 사례

【이 유】

상고이유를 판단한다.

1. 항소심 심판범위에 관한 법리오해 주장

    이 사건에서 피고인만이 양형부당으로 항소하였는데, 원심은 2018. 12. 11. 법률 제15904호로 개정되어 2019. 6. 12. 시행된 장애인복지법(이하 '개정법'이라 한다) 부칙 제2조에 따라 개정법 제59조의3을 적용하여 부수처분인 취업제한명령에 관한 심리·판단을 하기 위하여, 이 사건 공소사실을 유죄로 인정한 제1심판결 중 피고사건 부분을 파기하고, 피고인에 대하여 제1심보다 가벼운 징역 6년과 80시간의 성폭력 치료프로그램 이수명령, 10년간 아동·청소년 관련기관 등에 취업제한명령을 선고하면서 동시에 장애인복지시설에도 10년간 취업제한을 명하였다. 관련 법리와 기록에 비추어 살펴보면, 원심의 판단에 형사소송법 제364조 제2항에서 정한 직권심판에 관한 법리를 오해한 잘못이 없다.

2. 불이익변경금지원칙 위반 주장

    가. 불이익변경금지원칙을 적용할 때에는 주문을 개별적·형식적으로 고찰할 것이 아니라 전체적·실질적으로 고찰하여 판단하여야 한다(대법원 2013. 12. 12. 선고 2012도7198 판결 등 참조).

    나. 제1심판결이 항소제기 없이 그대로 확정되었다면 개정법 부칙 제3조 제1항 제1호의 특례 규정에 따라 피고인은 5년간 장애인복지시설에

대한 취업이 제한되었을 것이다. 원심은 피고인만이 항소를 제기한 이 사건에서 개정법 시행 후인 2019. 7. 25. 판결을 선고하면서 개정법 시행 전에 성범죄를 범한 피고인에 대하여 징역 7년 등을 선고한 제1심보다 가벼운 징역 6년 등을 선고하면서 동시에 개정법 부칙 제2조와 개정법 제59조의3 제1항 본문에 따라 장애인복지시설에 10년간의 취업제한명령을 선고하였다.

다. 위에서 본 법리에 비추어 살펴보면, 원심은 제1심이 선고한 징역형을 1년 단축하면서 제1심판결이 그대로 확정되었을 경우보다 더 긴 기간 동안 장애인복지시설에 대한 취업제한을 명한 것이므로, 원심판결이 제1심판결보다 전체적·실질적으로 피고인에게 더 불이익한 판결이라고 할 수 없다. 원심판결에 불이익변경금지원칙을 위반하여 판결에 영향을 미친 잘못이 없다*[대법원 2019. 10. 17., 선고, 2019도11609, 판결]*.

■ 관련판례 2

【판시사항】

피고인이 성폭력범죄의 처벌 등에 관한 특례법 위반(통신매체이용음란) 등 공소사실 기재 각 범행을 저지른 범행일이 피해자가 19세에 도달하는 연도의 1월 1일 이후인데도, 원심이 피고인에게 아동·청소년의 성보호에 관한 법률 제21조 제2항, 제4항을 적용하여 수강명령과 사회봉사명령을 병과한 사안에서, 피고인은 아동·청소년대상 성범죄를 저지른 자에 해당한다고 볼 수 없는데도 위 규정을 적용한 원심판결에 법리오해의 잘못이 있다고 한 사례

【이 유】

1. 상고이유를 판단한다.

가. 원심은, 피고인이 아동·청소년의 성보호에 관한 법률(이하 '청소년성보호법'이라고 한다) 제2조 제1호에서 정한 아동·청소년인 피해자를 상대로 같은 조 제2호에서 정한 아동·청소년대상 성범죄를 저질렀다

고 판단하고, 피고인에게 구 성폭력범죄의 처벌 등에 관한 특례법 (2016. 12. 20. 법률 제14412호로 개정되기 전의 것, 이하 '구 성폭력처벌법'이라고 한다) 제16조 제2항, 제4항을 적용하여 수강명령과 사회봉사명령을 병과한 제1심판결에 대하여, 직권으로 그 법령의 적용 중 '구 성폭력처벌법 제16조 제2항, 제4항' 부분을 청소년성보호법 제21조 제2항, 제4항'으로 경정하였다.

나. 그러나 청소년성보호법 제2조 제1호에서 "아동·청소년이란 19세 미만의 자를 말한다. 다만, 19세에 도달하는 연도의 1월 1일을 맞이한 자는 제외한다."라고 규정하고 있고, 기록상 피고인이 이 사건 공소사실 기재 각 범행을 저지른 범행일이 피해자가 19세에 도달하는 연도의 1월 1일 이후임을 알 수 있으므로, 피고인은 아동·청소년대상 성범죄를 저지른 자에 해당한다고 볼 수 없다.

다. 그런데도 피고인에게 수강명령과 사회봉사명령을 병과함에 있어 청소년성보호법 제21조 제2항, 제4항을 적용한 원심판결에는 청소년성보호법에서 정한 아동·청소년에 관한 법리를 오해하여 판결에 영향을 미친 잘못이 있다.

2. 직권으로 판단한다.

가. 구 성폭력범죄처벌법 제45조 제1항은 법무부장관이 보존·관리하여야 할 모든 신상정보 등록대상자의 등록정보에 관하여 획일적으로 20년의 등록기간을 부과하였으나, 법률 제14412호로 개정·시행된 성폭력범죄의 처벌 등에 관한 특례법(이하 '개정 성폭력처벌법'이라고 한다) 제45조 제1항은 종전의 규정과는 달리 그 등록기간을 신상정보 등록의 원인이 된 성범죄에 대한 선고형에 따라 구분하여, 사형, 무기징역·무기금고형 또는 10년 초과의 징역·금고형을 선고받은 사람은 30년(제1호), 3년 초과 10년 이하의 징역·금고형을 선고받은 사람은 20년(제2호), 3년 이하의 징역·금고형을 선고받은 사람 등은 15년(제3호), 벌금형을 선고받은 사람은 10년(제4호) 등으로 나누어 정하고 있다.

그리고 개정 성폭력처벌법 제45조 제2항은 신상정보 등록의 원인이 된 성범죄와 다른 범죄가 형법 제37조 전단에 따라 경합되어 형법 제38조에 따라 형이 선고된 경우에는 그 선고형 전부를 신상정보 등록의 원인이 된 성범죄로 인한 선고형으로 보도록 규정하되, 같은 조 제4항에서 법원은 제2항이 적용되어 제1항 각호에 따라 등록기간이 결정되는 것이 부당하다고 인정하는 경우에는 판결로 제1항 각호의 기간 중 더 단기의 기간을 등록기간으로 정할 수 있도록 규정하였다. 한편 위 개정법률 부칙 제6조 제2항은 "제45조 제4항의 개정규정은 이 법 시행 당시 재판이 계속 중인 사건에 대해서도 적용한다."라고 규정하고 있다.

나. 원심은 판시와 같은 이유로, 이 사건 각 공연음란의 공소사실과 등록 대상 성범죄에 해당하는 이 사건 성폭력범죄의 처벌 등에 관한 특례 법 위반(통신매체이용음란)의 공소사실을 유죄로 인정하고, 위 각 죄 가 형법 제37조 전단의 경합범 관계에 있다고 보아 하나의 징역형을 선고하였다.

그런데 개정 성폭력처벌법이 원심판결 선고 후에 시행됨으로써 이 사 건에 개정 성폭력처벌법 제45조 제4항이 적용되는 결과, 피고인에 대한 신상정보 등록기간이 제1심판결의 선고형에 따라 같은 조 제1 항 각호에서 정한 기간으로 결정되는 것이 부당하다고 인정되는지를 추가로 심리하여 위 각호의 기간 중 더 단기의 기간을 등록기간으로 정할지 여부를 심판하여야 할 필요가 생겼으므로, 이러한 점에서도 원심판결은 더 이상 유지할 수 없게 되었다[대법원 2017. 5. 11., 선고, 2016도7480, 판결].

제21조의2(재범여부 조사)

① 법무부장관은 제21조제2항에 따라 수강명령 또는 이수명령을 선고 받아 그 집행을 마친 사람에 대하여 그 효과를 평가하기 위하여 아동·청소년대상 성범죄 재범여부를 조사할 수 있다.

② 법무부장관은 제1항에 따른 재범여부 조사를 위하여 수강명령 또는 이수명령의 집행을 마친 때부터 5년 동안 관계 기관의 장에게 그 사람에 관한 범죄경력자료 및 수사경력자료를 요청할 수 있다.

[본조신설 2016. 5. 29.]

제22조(판결 전 조사)

① 법원은 피고인에 대하여 제21조에 따른 보호관찰, 사회봉사, 수강명령 또는 이수명령을 부과하거나 제56조에 따른 취업제한 명령을 부과하기 위하여 필요하다고 인정하면 그 법원의 소재지 또는 피고인의 주거지를 관할하는 보호관찰소의 장에게 피고인의 신체적·심리적 특성 및 상태, 정신성적 발달과정, 성장배경, 가정환경, 직업, 생활환경, 교우관계, 범행동기, 병력(病歷), 피해자와의 관계, 재범위험성 등 피고인에 관한 사항의 조사를 요구할 수 있다. *(개정 2018. 1. 16.)*

② 제1항의 요구를 받은 보호관찰소의 장은 지체 없이 이를 조사하여 서면으로 해당 법원에 알려야 한다. 이 경우 필요하다고 인정하면 피고인이나 그 밖의 관계인을 소환하여 심문하거나 소속 보호관찰관에게 필요한 사항을 조사하게 할 수 있다.

③ 법원은 제1항의 요구를 받은 보호관찰소의 장에게 조사진행상황에 관한 보고를 요구할 수 있다

제23조(친권상실청구 등)

① 아동·청소년대상 성범죄 사건을 수사하는 검사는 그 사건의 가해자가 피해아동·청소년의 친권자나 후견인인 경우에 법원에 「민법」 제924조의 친권상실선고 또는 같은 법 제940조의 후견인 변경 결정을 청구하여야 한다. 다만, 친권상실선고 또는 후견인 변경 결정을

하여서는 아니 될 특별한 사정이 있는 경우에는 그러하지 아니하다.

② 다음 각 호의 기관·시설 또는 단체의 장은 검사에게 제1항의 청구를 하도록 요청할 수 있다. 이 경우 청구를 요청받은 검사는 요청받은 날부터 30일 내에 해당 기관·시설 또는 단체의 장에게 그 처리 결과를 통보하여야 한다. *(개정 2019. 1. 15.)*

1. 「아동복지법」 제10조의2에 따른 아동권리보장원 또는 같은 법 제45조에 따른 아동보호전문기관

2. 「성폭력방지 및 피해자보호 등에 관한 법률」 제10조의 성폭력피해상담소 및 같은 법 제12조의 성폭력피해자보호시설

3. 「청소년복지 지원법」 제29조제1항에 따른 청소년상담복지센터 및 같은 법 제31조제1호에 따른 청소년쉼터

③ 제2항 각 호 외의 부분 후단에 따라 처리 결과를 통보받은 기관·시설 또는 단체의 장은 그 처리 결과에 대하여 이의가 있을 경우 통보받은 날부터 30일 내에 직접 법원에 제1항의 청구를 할 수 있다.

제24조(피해아동·청소년의 보호조치 결정)

법원은 아동·청소년대상 성범죄 사건의 가해자에게 「민법」 제924조에 따라 친권상실선고를 하는 경우에는 피해아동·청소년을 다른 친권자 또는 친족에게 인도하거나 제45조 또는 제46조의 기관·시설 또는 단체에 인도하는 등의 보호조치를 결정할 수 있다. 이 경우 그 아동·청소년의 의견을 존중하여야 한다.

제25조(수사 및 재판 절차에서의 배려)

① 수사기관과 법원 및 소송관계인은 아동·청소년대상 성범죄를 당한 피해자의 나이, 심리 상태 또는 후유장애의 유무 등을 신중하게 고려하여 조사 및 심리·재판 과정에서 피해자의 인격이나 명예가 손상되거나 사적인 비밀이 침해되지 아니하도록 주의하여야 한다.

② 수사기관과 법원은 아동·청소년대상 성범죄의 피해자를 조사하거나 심리·재판할 때 피해자가 편안한 상태에서 진술할 수 있는 환경을

조성하여야 하며, 조사 및 심리 · 재판 횟수는 필요한 범위에서 최소한으로 하여야 한다.

③ 수사기관과 법원은 제2항에 따른 조사나 심리 · 재판을 할 때 피해아동 · 청소년이 13세 미만이거나 신체적인 또는 정신적인 장애로 의사소통이나 의사표현에 어려움이 있는 경우 조력을 위하여 「성폭력범죄의 처벌 등에 관한 특례법」 제36조부터 제39조까지를 준용한다. 이 경우 "성폭력범죄"는 "아동 · 청소년대상 성범죄"로, "피해자"는 "피해아동 · 청소년"으로 본다. 〈신설 2020. 12. 8.〉

제25조의2 (아동 · 청소년대상 디지털 성범죄의 수사 특례)

① 사법경찰관리는 다음 각 호의 어느 하나에 해당하는 범죄(이하 "디지털 성범죄"라 한다)에 대하여 신분을 비공개하고 범죄현장(정보통신망을 포함한다) 또는 범인으로 추정되는 자들에게 접근하여 범죄행위의 증거 및 자료 등을 수집(이하 "신분비공개수사"라 한다)할 수 있다.

1. 제11조 및 제15조의2의 죄

2. 아동 · 청소년에 대한 「성폭력범죄의 처벌 등에 관한 특례법」 제14조제2항 및 제3항의 죄

② 사법경찰관리는 디지털 성범죄를 계획 또는 실행하고 있거나 실행하였다고 의심할 만한 충분한 이유가 있고, 다른 방법으로는 그 범죄의 실행을 저지하거나 범인의 체포 또는 증거의 수집이 어려운 경우에 한정하여 수사 목적을 달성하기 위하여 부득이한 때에는 다음 각 호의 행위(이하 "신분위장수사"라 한다)를 할 수 있다.

1. 신분을 위장하기 위한 문서, 도화 및 전자기록 등의 작성, 변경 또는 행사

2. 위장 신분을 사용한 계약 · 거래

3. 아동 · 청소년성착취물 또는 「성폭력범죄의 처벌 등에 관한 특례법」 제14조제2항의 촬영물 또는 복제물(복제물의 복제물을 포함한다)의 소지, 판매 또는 광고

③ 제1항에 따른 수사의 방법 등에 필요한 사항은 대통령령으로 정한다.
[본조신설 2021. 3. 23.]

제25조의3(아동 · 청소년대상 디지털 성범죄 수사 특례의 절차)

① 사법경찰관리가 신분비공개수사를 진행하고자 할 때에는 사전에 상급 경찰관서 수사부서의 장의 승인을 받아야 한다. 이 경우 그 수사기간은 3개월을 초과할 수 없다.

② 제1항에 따른 승인의 절차 및 방법 등에 필요한 사항은 대통령령으로 정한다.

③ 사법경찰관리는 신분위장수사를 하려는 경우에는 검사에게 신분위장수사에 대한 허가를 신청하고, 검사는 법원에 그 허가를 청구한다.

④ 제3항의 신청은 필요한 신분위장수사의 종류 · 목적 · 대상 · 범위 · 기간 · 장소 · 방법 및 해당 신분위장수사가 제25조의2제2항의 요건을 충족하는 사유 등의 신청사유를 기재한 서면으로 하여야 하며, 신청사유에 대한 소명자료를 첨부하여야 한다.

⑤ 법원은 제3항의 신청이 이유 있다고 인정하는 경우에는 신분위장수사를 허가하고, 이를 증명하는 서류(이하 "허가서"라 한다)를 신청인에게 발부한다.

⑥ 허가서에는 신분위장수사의 종류 · 목적 · 대상 · 범위 · 기간 · 장소 · 방법 등을 특정하여 기재하여야 한다.

⑦ 신분위장수사의 기간은 3개월을 초과할 수 없으며, 그 수사기간 중 수사의 목적이 달성되었을 경우에는 즉시 종료하여야 한다.

⑧ 제7항에도 불구하고 제25조의2제2항의 요건이 존속하여 그 수사기간을 연장할 필요가 있는 경우에는 사법경찰관리는 소명자료를 첨부하여 3개월의 범위에서 수사기간의 연장을 검사에게 신청하고, 검사는 법원에 그 연장을 청구한다. 이 경우 신분위장수사의 총 기간은 1년을 초과할 수 없다.
[본조신설 2021. 3. 23.]

제25조의4 (아동·청소년대상 디지털 성범죄에 대한 긴급 신분위장수사)

① 사법경찰관리는 제25조의2제2항의 요건을 구비하고, 제25조의3제3항부터 제8항까지에 따른 절차를 거칠 수 없는 긴급을 요하는 때에는 법원의 허가 없이 신분위장수사를 할 수 있다.

② 사법경찰관리는 제1항에 따른 신분위장수사 개시 후 지체 없이 검사에게 허가를 신청하여야 하고, 사법경찰관리는 48시간 이내에 법원의 허가를 받지 못한 때에는 즉시 신분위장수사를 중지하여야 한다.

③ 제1항 및 제2항에 따른 신분위장수사 기간에 대해서는 제25조의3제7항 및 제8항을 준용한다.

[본조신설 2021. 3. 23.]

제25조의5 (아동·청소년대상 디지털 성범죄에 대한 신분비공개수사 또는 신분위장수사로 수집한 증거 및 자료 등의 사용제한)

사법경찰관리가 제25조의2부터 제25조의4까지에 따라 수집한 증거 및 자료 등은 다음 각 호의 어느 하나에 해당하는 경우 외에는 사용할 수 없다.

1. 신분비공개수사 또는 신분위장수사의 목적이 된 디지털 성범죄나 이와 관련되는 범죄를 수사·소추하거나 그 범죄를 예방하기 위하여 사용하는 경우

2. 신분비공개수사 또는 신분위장수사의 목적이 된 디지털 성범죄나 이와 관련되는 범죄로 인한 징계절차에 사용하는 경우

3. 증거 및 자료 수집의 대상자가 제기하는 손해배상청구소송에서 사용하는 경우

4. 그 밖에 다른 법률의 규정에 의하여 사용하는 경우

[본조신설 2021. 3. 23.]

제25조의6 (국가경찰위원회와 국회의 통제)

① 「국가경찰과 자치경찰의 조직 및 운영에 관한 법률」 제16조제1항에 따른 국가수사본부장(이하 "국가수사본부장"이라 한다)은 신분비공개수사가 종료된 즉시 대통령령으로 정하는 바에 따라 같은 법 제7조

제1항에 따른 국가경찰위원회에 수사 관련 자료를 보고하여야 한다.

② 국가수사본부장은 대통령령으로 정하는 바에 따라 국회 소관 상임위원회에 신분비공개수사 관련 자료를 반기별로 보고하여야 한다.

[본조신설 2021. 3. 23.]

제25조의7 (비밀준수의 의무)

① 제25조의2부터 제25조의6까지에 따른 신분비공개수사 또는 신분위장수사에 대한 승인·집행·보고 및 각종 서류작성 등에 관여한 공무원 또는 그 직에 있었던 자는 직무상 알게 된 신분비공개수사 또는 신분위장수사에 관한 사항을 외부에 공개하거나 누설하여서는 아니 된다.

② 제1항의 비밀유지에 관하여 필요한 사항은 대통령령으로 정한다.

[본조신설 2021. 3. 23.]

제25조의8 (면책)

① 사법경찰관리가 신분비공개수사 또는 신분위장수사 중 부득이한 사유로 위법행위를 한 경우 그 행위에 고의나 중대한 과실이 없는 경우에는 벌하지 아니한다.

② 제1항에 따른 위법행위가 「국가공무원법」 제78조제1항에 따른 징계사유에 해당하더라도 그 행위에 고의나 중대한 과실이 없는 경우에는 징계 요구 또는 문책 요구 등 책임을 묻지 아니한다.

③ 신분비공개수사 또는 신분위장수사 행위로 타인에게 손해가 발생한 경우라도 사법경찰관리는 그 행위에 고의나 중대한 과실이 없는 경우에는 그 손해에 대한 책임을 지지 아니한다.

[본조신설 2021. 3. 23.]

제25조의9 (수사 지원 및 교육)

상급 경찰관서 수사부서의 장은 신분비공개수사 또 신분위장수사를 승인하거나 보고받은 경우 사법경찰관리에게 수사에 필요한 인적·물적 지원을 하고, 전문지식과 피해자 보호를 위한 수사방법 및 수사절차 등에 관한 교육을 실시하여야 한다.
[본조신설 2021. 3. 23.]

제26조(영상물의 촬영·보존 등)

① 아동·청소년대상 성범죄 피해자의 진술내용과 조사과정은 비디오녹화기 등 영상물 녹화장치로 촬영·보존하여야 한다.

② 제1항에 따른 영상물 녹화는 피해자 또는 법정대리인이 이를 원하지 아니하는 의사를 표시한 때에는 촬영을 하여서는 아니 된다. 다만, 가해자가 친권자 중 일방인 경우는 그러하지 아니하다.

③ 제1항에 따른 영상물 녹화는 조사의 개시부터 종료까지의 전 과정 및 객관적 정황을 녹화하여야 하고, 녹화가 완료된 때에는 지체 없이 그 원본을 피해자 또는 변호사 앞에서 봉인하고 피해자로 하여금 기명날인 또는 서명하게 하여야 한다.

④ 검사 또는 사법경찰관은 피해자가 제1항의 녹화장소에 도착한 시각, 녹화를 시작하고 마친 시각, 그 밖에 녹화과정의 진행경과를 확인하기 위하여 필요한 사항을 조서 또는 별도의 서면에 기록한 후 수사기록에 편철하여야 한다.

⑤ 검사 또는 사법경찰관은 피해자 또는 법정대리인이 신청하는 경우에는 영상물 촬영과정에서 작성한 조서의 사본을 신청인에게 교부하거나 영상물을 재생하여 시청하게 하여야 한다.

⑥ 제1항부터 제4항까지의 절차에 따라 촬영한 영상물에 수록된 피해자의 진술은 공판준비기일 또는 공판기일에 피해자 또는 조사과정에 동석하였던 신뢰관계에 있는 자의 진술에 의하여 그 성립의 진정함이 인정된 때에는 증거로 할 수 있다.

⑦ 누구든지 제1항에 따라 촬영한 영상물을 수사 및 재판의 용도 외에 다른 목적으로 사용하여서는 아니 된다.

【판시사항】

피고인이 위력으로써 13세 미만 미성년자인 피해자 甲(女, 12세)에게 유사성행위와 추행을 하였다는 성폭력범죄의 처벌 등에 관한 특례법 위반의 공소사실에 대하여, 원심이 甲의 진술과 조사 과정을 촬영한 영상물과 속기록을 중요한 증거로 삼아 유죄로 인정하였는데, 피고인은 위 영상물과 속기록을 증거로 함에 동의하지 않았고, 조사 과정에 동석하였던 신뢰관계인에 대한 증인신문이 이루어졌을 뿐 원진술자인 甲에 대한 증인신문은 이루어지지 않은 사안에서, 위 영상물과 속기록을 유죄의 증거로 삼은 원심판결에 법리오해 또는 심리미진의 잘못이 있다고 한 사례

【이 유】

상고이유를 판단한다.

1. 「성폭력범죄의 처벌 등에 관한 특례법」(이하 '성폭력처벌법'이라 한다) 제30조는 제1항에서 "성폭력범죄의 피해자가 19세 미만이거나 신체적인 또는 정신적인 장애로 사물을 변별하거나 의사를 결정할 능력이 미약한 경우에는 피해자의 진술 내용과 조사 과정을 비디오녹화기 등 영상물 녹화장치로 촬영·보존하여야 한다."라고 정하고, 제6항에서 "제1항에 따라 촬영한 영상물에 수록된 피해자의 진술은 공판준비기일 또는 공판기일에 피해자나 조사 과정에 동석하였던 신뢰관계에 있는 사람 또는 진술조력인의 진술에 의하여 그 성립의 진정함이 인정된 경우에 증거로 할 수 있다."라고 정한다. 「아동·청소년의 성보호에 관한 법률」(이하 '청소년성보호법'이라 한다) 제26조는 제1항에서 "아동·청소년대상 성범죄 피해자의 진술 내용과 조사 과정은 비디오녹화기 등 영상물 녹화장치로 촬영·보존하여야 한다."라고 정하고, 제2항에서 제4항까지 영상물 녹화의 방식과 절차를 정하며, 제6항에서 "제1항부터 제4항까지의 절차에 따라 촬영한 영상물에 수록된 피해자의 진술은 공판준비기일 또는 공판기일에 피해자 또는 조사 과정에 동석하였던 신뢰관계에 있는 자의 진

술에 의하여 그 성립의 진정함이 인정된 때에는 증거로 할 수 있다."라고 정한다.

헌법재판소는 2021. 12. 23. 선고 2018헌바524 사건에서 "성폭력처벌법(2012. 12. 18. 법률 제11556호로 전부 개정된 것) 제30조 제6항 중 '제1항에 따라 촬영한 영상물에 수록된 피해자의 진술은 공판준비기일 또는 공판기일에 조사 과정에 동석하였던 신뢰관계에 있는 사람 또는 진술조력인의 진술에 의하여 그 성립의 진정함이 인정된 경우에 증거로 할 수 있다.'는 부분 가운데 19세 미만 성폭력범죄 피해자에 관한 부분은 헌법에 위반된다."라고 결정하였다(이하 위 결정을 '이 사건 위헌결정', 위헌결정이 선고된 법률 조항을 '이 사건 위헌 법률 조항'이라 한다). 그 이유는 다음과 같다.

자기에게 불리하게 진술한 증인에 대하여 반대신문의 기회를 부여해야 한다는 절차적 권리의 보장은 피고인의 '공정한 재판을 받을 권리'의 핵심적인 내용을 이룬다. 피고인의 반대신문권을 보장하면서도 미성년 피해자를 보호할 수 있는 조화로운 방법을 상정할 수 있는데도, 피고인의 반대신문권을 실질적으로 배제하여 피고인의 방어권을 과도하게 제한하는 이 사건 위헌 법률 조항은 피해의 최소성, 법익의 균형성 요건을 충족하지 못하여 과잉금지 원칙을 위반하고 피고인의 공정한 재판을 받을 권리를 침해한다.

2. 이 사건 공소사실 요지는 피고인 겸 피부착명령청구자(이하 '피고인'이라 한다)가 12세인 피해자에 대하여 성폭력처벌법 제7조 제5항, 제2항 제1호, 제2호(13세 미만 미성년자에 대한 위력 유사성행위), 성폭력처벌법 제7조 제5항, 제3항(13세 미만 미성년자에 대한 위력 추행)에 해당하는 죄를 범했다는 것이다. 원심은 피해자의 진술과 조사 과정을 촬영한 영상물과 속기록(이하 '이 사건 영상물'과 '이 사건 속기록'이라 한다)을 중요한 증거로 삼아 이 사건 공소사실을 전부 유죄로 인정한 제1심판결을 유지하였다.

기록에 따르면 피고인은 이 사건 영상물과 속기록을 증거로 할 수 있음을 동의하지 않았고, 제1심에서는 '조사 과정에 동석하였던 신뢰관계에 있는 사람'에 해당하는 공소외인을 증인으로 신문하여 영상물이 진정하게 성립하였다는 진술이 이루어졌을 뿐이며, 원진술자인 피해자에 대한 증인신문은 이루어지지 않은 사실을 알 수 있다.

3. 이 사건 위헌결정의 효력은 결정 당시 법원에 계속 중이던 이 사건에도 미친다. 따라서 이 사건 위헌 법률 조항은 이 사건 영상물의 증거능력을 인정하는 근거가 될 수 없다. 이 사건 속기록의 증거능력을 인정할 근거도 없다.

이 사건 공소사실은 청소년성보호법 제26조 제1항의 아동·청소년대상 성범죄에 해당하므로, 청소년성보호법 제26조 제6항에 따라 이 사건 영상물의 증거능력이 인정될 여지가 있다. 그러나 청소년성보호법 제26조 제6항 중 이 사건 위헌 법률 조항과 동일한 내용을 규정하고 있는 부분은 이 사건 위헌결정의 심판대상이 되지 않았지만 이 사건 위헌 법률 조항에 대한 위헌결정 이유와 마찬가지로 과잉금지 원칙에 위반될 수 있다.

원심으로서는 청소년성보호법의 위 조항이 위헌인지 여부 또는 그 적용에 따른 위헌적 결과를 피하기 위하여 피해자를 증인으로 소환하여 진술을 듣고 피고인에게 반대신문권을 행사할 기회를 부여할 필요가 있는지 여부 등에 관하여 심리·판단했어야 한다.

그런데도 원심은 이와 같은 심리에 이르지 않은 채 이 사건 영상물과 속기록을 유죄의 증거로 삼아 이 사건 공소사실을 유죄로 인정한 제1심판결을 그대로 유지하였다. 원심판결에는 영상물과 속기록의 증거능력에 관한 법리를 오해하거나, 필요한 심리를 다하지 않아 판결에 영향을 미친 잘못이 있다. 이를 지적하는 상고이유 주장은 정당하다/대법원 2022. 4. 14., 선고, 2021도14530, 2021전도143, 판결/.

■ 관련판례 2

【판시사항】

수사기관이 참고인을 조사하는 과정에서 형사소송법 제221조 제1항에 따라

작성한 영상녹화물이 공소사실을 직접 증명할 수 있는 독립적인 증거로 사용될 수 있는지 여부(원칙적 소극)

【판결요지】

2007. 6. 1. 법률 제8496호로 개정되기 전의 형사소송법에는 없던 수사기관에 의한 피의자 아닌 자(이하 '참고인'이라 한다) 진술의 영상녹화를 새로 정하면서 그 용도를 참고인에 대한 진술조서의 실질적 진정성립을 증명하거나 참고인의 기억을 환기시키기 위한 것으로 한정하고 있는 현행 형사소송법의 규정 내용을 영상물에 수록된 성범죄 피해자의 진술에 대하여 독립적인 증거능력을 인정하고 있는 성폭력범죄의 처벌 등에 관한 특례법 제30조 제6항 또는 아동·청소년의 성보호에 관한 법률 제26조 제6항의 규정과 대비하여 보면, 수사기관이 참고인을 조사하는 과정에서 형사소송법 제221조 제1항에 따라 작성한 영상녹화물은, 다른 법률에서 달리 규정하고 있는 등의 특별한 사정이 없는 한, 공소사실을 직접 증명할 수 있는 독립적인 증거로 사용될 수는 없다고 해석함이 타당하다*[대법원 2014. 7. 10., 선고, 2012도5041, 판결].*

제27조(증거보전의 특례)

① 아동·청소년대상 성범죄의 피해자, 그 법정대리인 또는 경찰은 피해자가 공판기일에 출석하여 증언하는 것에 현저히 곤란한 사정이 있을 때에는 그 사유를 소명하여 제26조에 따라 촬영된 영상물 또는 그 밖의 다른 증거물에 대하여 해당 성범죄를 수사하는 검사에게 「형사소송법」제184조제1항에 따른 증거보전의 청구를 할 것을 요청할 수 있다.

② 제1항의 요청을 받은 검사는 그 요청이 상당한 이유가 있다고 인정하는 때에는 증거보전의 청구를 하여야 한다.

제28조(신뢰관계에 있는 사람의 동석)

① 법원은 아동·청소년대상 성범죄의 피해자를 증인으로 신문하는 경우에 검사, 피해자 또는 법정대리인이 신청하는 경우에는 재판에 지장을 줄 우려가 있는 등 부득이한 경우가 아니면 피해자와 신뢰관계에 있는 사람을 동석하게 하여야 한다.

② 제1항은 수사기관이 제1항의 피해자를 조사하는 경우에 관하여 준용한다.

③ 제1항 및 제2항의 경우 법원과 수사기관은 피해자와 신뢰관계에 있는 사람이 피해자에게 불리하거나 피해자가 원하지 아니하는 경우에는 동석하게 하여서는 아니 된다.

■ **법령해석례**

【질의요지】

청소년에 대하여 「형법」제299조에 따른 준강제추행의 죄를 범한 자가 구 「청소년의 성보호에 관한 법률」(2005. 12. 29. 법률 제7801호로 개정되어 2006. 6. 30. 시행된 것을 말함)이 아닌 「형법」을 적용법령으로 하여 유죄의 확정판결을 받은 경우에도 구 「청소년의 성보호에 관한 법률」제28

조제1항에 따른 취업제한이 적용되는지?

【회답】

청소년에 대하여 「형법」 제299조에 따른 준강제추행의 죄를 범한 자가 구 「청소년의 성보호에 관한 법률」(2005. 12. 29. 법률 제7801호로 개정되어 2006. 6. 30. 시행된 것을 말함)이 아닌 「형법」을 적용법령으로 하여 유죄의 확정판결을 받은 경우에도 구 「청소년의 성보호에 관한 법률」 제28조제1항에 따른 취업제한이 적용된다고 할 것입니다.

【이유】

구 「청소년의 성보호에 관한 법률」(2005. 12. 29. 법률 제7801호로 개정되어 2006. 6. 30. 시행된 것으로서 이하 "구 청소년성보호법"이라 함) 제28조제1항에서는 같은 법 제20조제2항 각 호의 어느 하나에 해당하는 죄를 범한 자는 그 형이 확정된 후 5년 동안 청소년관련 교육기관 등에 취업하거나 이를 운영할 수 없다고 규정하고 있고, 같은 법 제20조제2항제6호에서는 같은 법 제10조의 규정을 위반한 자를 규정하고 있으며, 같은 법 제10조제3항에서는 청소년에 대하여 「형법」 제299조에 따른 준강제추행의 죄를 범한 자는 1년 이상의 징역 또는 500만원 이상 2천만원 이하의 벌금에 처한다고 규정하고 있는바, 청소년에 대하여 「형법」 제299조에 따른 준강제추행의 죄를 범한 자가 구 청소년성보호법 제10조제3항이 아닌 「형법」 제299조를 적용법령으로 하여 유죄의 확정판결을 받은 경우에도 구 청소년성보호법 제28조제1항에 따라 취업제한이 적용되는지가 문제됩니다.

먼저, 법률의 문언 자체가 비교적 명확한 개념으로 구성되어 있다면 원칙적으로 더 이상 다른 해석방법은 활용할 필요가 없거나 제한될 수밖에 없는데 *(대법원 2009. 4. 23. 선고 2006다81035 판결 참조)*, 이 사안에서 취업제한의 근거규정인 구 청소년성보호법 제20조제2항제6호에 "제10조의 규정을 위반한 자"라고 규정되어 있고, 같은 법 제10조제3항에는 "청소년에 대하여 「형법」 제299조의 죄를 저지른 자"로 규정하고 있으므로, 청소년에 대하여 형법 제299조에 따른 준강제추행의 죄를 범한 자는 취업제한의 대상에 해당

된다고 보는 것이 법문언에 충실한 해석이라고 할 것입니다.

그리고, 구 청소년성보호법 제28조제1항에 따른 청소년 대상 성범죄자의 취업제한제도는 청소년대상 성범죄의 상당수가 청소년 관련 교육기관 등 종사자에 의해 이루어지는 사례가 적지 아니한 현실에서 성범죄의 재범방지 차원에서 성범죄자는 청소년을 직접적·항시적으로 보호하는 직종에 일정기간 취업을 제한함으로써 잠재적 피해자와의 접촉 가능성을 조기에 차단하는 조치가 필요하다는 취지에서 신설된 점(국회 정무위원회 「청소년의 성보호에 관한 법률」 일부개정법률안 심사보고서 참조)을 고려하면, 「형법」을 적용법령으로 하여 판결이 확정된 경우라 하더라도 그 범죄사실이 청소년에 대한 성범죄인 경우에는 일정 기간 청소년 대상 교육기관에 대한 취업을 제한하는 것이 구 청소년성보호법 제28조제1항의 입법취지에 부합한다고 할 것입니다.

따라서, 청소년에 대하여 「형법」 제299조에 따른 준강제추행의 죄를 범한 자가 구 청소년성보호법이 아닌 「형법」을 적용 법령으로 하여 유죄의 확정 판결을 받은 경우에도 구 청소년성보호법 제28조제1항에 따른 취업제한이 적용된다고 할 것입니다.

제29조(서류·증거물의 열람·등사)

아동·청소년대상 성범죄의 피해자, 그 법정대리인 또는 변호사는 재판장의 허가를 받아 소송계속 중의 관계 서류 또는 증거물을 열람하거나 등사할 수 있다.

제30조(피해아동·청소년 등에 대한 변호사선임의 특례)

① 아동·청소년대상 성범죄의 피해자 및 그 법정대리인은 형사절차상 입을 수 있는 피해를 방어하고 법률적 조력을 보장하기 위하여 변호사를 선임할 수 있다.

② 제1항에 따른 변호사에 관하여는 「성폭력범죄의 처벌 등에 관한 특례법」 제27조제2항부터 제6항까지를 준용한다.

제31조(비밀누설 금지)

① 아동·청소년대상 성범죄의 수사 또는 재판을 담당하거나 이에 관여하는 공무원 또는 그 직에 있었던 사람은 피해아동·청소년의 주소·성명·연령·학교 또는 직업·용모 등 그 아동·청소년을 특정할 수 있는 인적사항이나 사진 등 또는 그 아동·청소년의 사생활에 관한 비밀을 공개하거나 타인에게 누설하여서는 아니 된다. *(개정 2020. 5. 19.)*

② 제45조 및 제46조의 기관·시설 또는 단체의 장이나 이를 보조하는 자 또는 그 직에 있었던 자는 직무상 알게 된 비밀을 타인에게 누설하여서는 아니 된다.

③ 누구든지 피해아동·청소년의 주소·성명·연령·학교 또는 직업·용모 등 그 아동·청소년을 특정하여 파악할 수 있는 인적사항이나 사진 등을 신문 등 인쇄물에 싣거나 「방송법」 제2조제1호에 따른 방송(이하 "방송"이라 한다) 또는 정보통신망을 통하여 공개하여서는 아니 된다. *(개정 2020. 5. 19.)*

④ 제1항부터 제3항까지를 위반한 자는 7년 이하의 징역 또는 5천만원 이하의 벌금에 처한다. 이 경우 징역형과 벌금형은 병과할 수 있다.

제32조(양벌규정)

법인의 대표자나 법인 또는 개인의 대리인, 사용인, 그 밖의 종업원이 그 법인 또는 개인의 업무에 관하여 제11조제3항·제5항, 제14조제3항, 제15조제2항·제3항 또는 제31조제3항의 어느 하나에 해당하는 위반행위를 하면 그 행위자를 벌하는 외에 그 법인 또는 개인에게도 해당 조문의 벌금형을 과(科)하고, 제11조제1항·제2항·제4항·제6항, 제12조, 제14조제1항·제2항·제4항 또는 제15조제1항의 어느 하나에 해당하는 위반행위를 하면 그 행위자를 벌하는 외에 그 법인 또는 개인을 5천만원 이하의 벌금에 처한다. 다만, 법인 또는 개인이 그 위반행위를 방지하기 위하여 해당 업무에 관하여 상당한 주의와 감독을 게을리하지 아니한 경우에는 그러하지 아니하다.

■ **관련판례 1**

【원심판결】

전주지방법원 군산지원 2009. 7. 10. 선고 2009고합64 판결

【주 문】

원심판결을 파기한다.

피고인을 징역 1년 6월에 처한다.

피고인에 대한 열람정보를 5년간 열람에 제공한다.

【이 유】

1. 항소이유의 요지

   이 사건 범행의 경위와 동기, 피해 정도, 특히 피고인과 피해자 가족 사이의 관계 및 합의에 이른 과정 등 등 여러 사정에 비추어 보면, 원심이 선고한 형(징역 1년 6월, 집행유예 3년, 160시간의 사회봉사와 40시간의 성폭력치료강의수강 명령)은 너무 가벼워서 부당하다.

2. 판 단

   가. 이 사건 범행은, 피고인이 평소 피해자 가족과 친분관계를 유지하며

경제적으로 어려운 그들에게 거주지를 마련해 주는 등의 편의를 제공하여 오던 중, 학교수업을 마치고 귀가하던 피해자를 피고인의 차에 태워 피해자의 집으로 가다가 피해자의 치마 속으로 피고인의 오른손을 넣어 다리를 만지는 방법으로 피해자를 강제로 추행하고, 위와 같은 친분관계로 인해 피해자의 집을 스스럼없이 왕래하던 차에 피해자가 혼자 있는 틈을 이용하여 피해자 집 안방과 피해자 방에서 피해자가 반항하지 못하도록 한 후 피해자의 옷 위로 가슴을 만지고 피해자의 음부에 손가락을 집어넣어 피해자를 강제로 추행함으로써 피해자를 2차례에 걸쳐 강제로 추행한 것이다.

나. 우선 이 사건에는 피고인이 이 사건 범행을 모두 인정하면서 잘못을 반성하고 있는 점, 피해자의 아버지에게 피해 배상(5,000,000원)을 하고 합의가 이루어진 점, 피고인에게 아무런 전과가 없는 점 등 피고인에게 유리하게 참작한 만한 사정이 있다.

다. 하지만, 이 사건에는 아래와 같이 피고인에게 불리한 양형자료가 적지 않다.

(1) 먼저 피고인의 이 사건 범행 경위와 상황을 구체적으로 살펴보면 다음과 같다.

기록에 의하면, ① 피고인은 2009. 4. 10. 15:00경 군산시 회현면에 있는 회현저수지 부근의 도로에서 (차량번호 생략) 리베로 화물차를 운행하여 가던 중, 피해자가 학교수업을 마치고 귀가하다가 피고인의 차량을 보고 손을 흔들며 태워 달라고 하자, 피해자를 위 화물차 조수석에 태우고 가게 되었는데, 이러한 상황을 이용하여 피해자에게 10,000원을 준 다음 피해자의 치마 속으로 오른손을 집어넣어 다리를 만짐으로써 피해자를 강제로 추행하였던 사실, ② 2009. 4. 16. 16:30경에는 피해자의 집에서 피해자가 혼자 있는 상황을 이용하여 피해자의 요구에 따라 피해자에게 9,000원을 준 다음 피해자를 따라 안방으로 들어가 피해자의 음부 등을 만졌고, 이에 대하여 피해자가 하지 말라고 말하면서 피해자의 방으로 들어가 문을 잠그자, 피고인은 피해자의 방 앞에서 10,000원을 줄 테니 문을 열라고 하면서 피해자를 회유하였으며, 피해자가 그 말을 듣고 문을 열어주자 피해자의 방으로 들어가 왼손으로 피해자의 어깨를 잡아 반항하지 못하도록 한 후, 오른손으로 피해자의 옷 위로 가슴을 만지고 피해자의 음부에 손가락을 집어넣는 등의 방법으로 피해자를 강제로 추행하였던 사실, ③ 한편 피해자는 그 무렵 3급의 지적 장애자로서 중학교 1학년에 재학중이었지만 정신연령은 6세 10개월 정도, 사회연령은 6세 5개월 정도였고 학급성적도 최하위 수준에 머물고 있었으며, 병원의 진료가 필요하였음에도 불구하고 피해자 부모가 진료비 부담 등을 이유로 피해자를 병원에 데리고 가지 않아 별다른 치료를 받지 못하고 있었던 사실, ④ 그리고 피해자의 아버지는 기초생활수급자로서 면사무소에서 제공하는 근로작업 등에 종사하며 어렵게 생계를 유지하고 있었고, 피고인과 피해자의 아버지는 약 5~6년 전부터 알고 지내는 사이로서 평소 절친하게 지내왔으며, 피해자가 이사건 범행 당시 거주하던 집도 피고인의 소개로 무료로 거주하고 있던 상태였던 사실이 인정된다.

이러한 사실관계에 의하면, 이 사건에서 피고인은 13세 미만의 미성년자를 강제로 추행함으로써 '성폭력범죄의 처벌 및 피해자보호 등에 관한 법률' 제8조의2 제3항에 해당하는 범죄를 저질렀다는 것으로 공소가 제기되었지만, 피고인이 저지른 범행 중 2차 범행은 사실은 유사 성교행위에 해당하는 것으로서 그 범행 행태가 상당히 불량할 뿐만 아니라, 이 사건에서 공소가 제기된 범죄보다 훨씬 더 높은 법정형이 규정된 같은 조 제2항 제2호에 가까운 사안에 해당한다. 여기에다가 피고인은 피해자 가족과의 친분관계로 인해 피해자가 피고인을 신뢰하는 상황을 이용하여 범행을 저질렀을 뿐만 아니라, 정신적으로 상당한 장애가 있는 피해자를 돈으로 회유하면서 이 사건 범행에 나아갔는데, 이러한 범행 경위나 수

법, 피고인과 피해자의 관계 및 피해자의 정신적 상태 등을 참작하여 보더라도 그 죄질이 나쁘다고 하지 않을 수 없다.

(2) 또한 피고인은 2명의 여대생(24세 및 21세)과 고등학교 남학생(18세) 자녀를 둔 가장으로서 윤리적으로나 도덕적으로도 어린 피해자를 보호함이 마땅함에도 불구하고 오히려 범행 당시 불과 12세로서 자신의 자녀들보다 훨씬 어리고 정신적인 장애까지 있는 피해자를 범행대상으로 삼았을 뿐만 아니라, 범행도 2차례에 걸쳐 저질렀다. 그리고 범행 현장에서 피해자의 아버지에게 발각되자 그에게 수차례에 걸쳐 "미안해, 미안해"라고 하면서 사과하는 태도를 취하였음에도 불구하고, 경찰에서는 그 태도를 바꿔 피해자를 안아준 사실만 있었을 뿐이지 추행한 사실이 없고 피해자에게 장애가 있다는 사실도 몰랐다는 등의 입장을 취하며 범행을 전면적으로 부인하였고, 피해자의 아버지와 합의하게 된 이유에 대하여도 동네 사람들 입에 오르내리는 것이 싫어 조용히 합의하게 된 것이라는 것이라고 주장하면서 자신의 입장을 호도하기에 급급하였다가, 그 후 조사를 거듭 받는 과정에서 비로소 종전의 태도를 바꿔 이 사건 범행의 대부분을 인정하기에 이르렀는데, 이러한 범행 전후의 정황 등에 비추어 보더라도 피고인에 대한 비난가능성은 상당히 크다고 하지 않을 수 없다.

(3) 한편 이 사건에서 피고인은 피해자 아버지와 합의를 하였고, 피고인과 변호인은 이 점을 상당히 중요한 양형자료로 내세우고 있다. 그러나 그 합의는 정상적인 판단을 할 수 있는 피해자 본인과 사이에 직접 이루어진 것이 아닌 점, 그리고 피해자의 아버지 역시 지적 능력이 낮은 상태에서 평소 피고인과의 친분관계나 어려운 경제적 형편 등으로 인해 이 사건 범행 직후 피해자에게 쉽게 회유되었던 것으로 보이는 점, 그리하여 그는 합의서의 내용이나 의미조차 제대로 알지 못한 채 피고인에게 합의서를 작성하도록 하는가 하면, 피고인으로부터 합의금 명목으로 금전을 받았

다가 반환하고 다시 이를 돌려받는 등의 부적절한 태도를 취하기도 하였으며, 피해자의 담임교사 등으로부터 피해자의 장애상태 및 치료 필요성 등에 관한 안내를 받고서도 이에 대하여 미온적인 태도를 취하여 왔고, 피해자의 의붓어머니도 이 사건 범행이 발생하기 1~2개월 전에 피해자의 아버지와 재혼을 함으로써 피해자의 부모들에 대하여 사실상 적절한 보호자로서의 역할을 기대하기 어려운 사정도 보이는 점, 그리고 재산범죄나 과실범죄 등과는 달리 성폭력범죄에 있어 피해자 측과의 합의만으로 양형을 함부로 좌우하기는 곤란한 점 등에 비추어 보면, 이 사건에서 피해자 측과 이루어진 합의에 그다지 큰 비중을 둘 것도 아니라고 판단된다.

(4) 그리고 피고인과 변호인은 술에 취한 상태에서 이 사건 범행이 우발적으로 일어난 것이라고 애써 변명을 하고 있지만, 2차례에 걸쳐 피해자를 강제로 추행한 범행을 두고 술에 취하여 우발적으로 저지른 것이라고 보기는 어려울 뿐만 아니라, "심신장애"의 상태에 있었다는 특별하고도 예외적인 사정이 없는 한 술을 마시고 범행에 나아간 것은 피고인이 이를 자초한 후 이에 편승하여 범행을 저지른 것이라는 점에서 피고인에게 유리하게 참작할 사정이 아니라 오히려 불리한 양형자료라고 볼 수도 있으므로, 피고인과 변호인의 이 부분 주장 역시 그대로 수긍하기가 어렵다.

(5) 또한 대법원 양형위원회의 양형기준에 따르면, 13세 미만의 피해자를 대상으로 한 강제추행 등의 성범죄에 대하여 기본적으로 징역 2년 내지 4년의 양형을 정하고 있고, 감경요소가 있는 경우에는 징역 1년 내지 3년, 가중요소가 있는 경우에는 징역 3년 내지 6년의 양형을 각기 정하고 있는데, 피고인의 경우에는 피고인이 초범이며 그 잘못을 반성하고 피해자 측과 합의가 이루어진 점 등의 감경요소가 있는 반면, 피해자에게 유사 성교행위까지 하였을 뿐만 아니라, 인적 신뢰관계를 이용하여 범행에 나아갔고,

장애인으로서 나이가 상당히 어려 범행에 취약한 피해자를 상대로 2차례에 걸쳐 반복적으로 범행을 저지른 점 등의 가중요소가 존재하는 점, 특히 위 양형기준에 따르면, 이 사건의 권고형량은 징역 1년 6월 내지 4년 6월(처벌불원을 특별양형인자로 보고 처단형의 하단을 적용한 후, 경합범 가중을 한 것)이지만, 집행유예 참작사유 평가와 관련하여서는 긍정적인 참작사유와 부정적인 참작사유가 공존하는 경우에 주된 긍정적 참작사유가 부정적 참작사유보다 2개 이상 많은 사안 등에 대하여 집행유예를 권고하고 있는데, 앞서 든 사정을 종합해 보면 이 사건의 경우에는 집행유예 권고사안에 해당하는 것으로 볼 수 없다.

라. 결국 이와 사정들과 함께 그 밖에 피고인의 나이, 직업과 경력, 성행, 환경, 피해자와의 관계, 이 사건 범행의 동기, 그 경위와 결과, 범행 후의 정황, 등 양형의 조건이 되는 여러 정상과 위 양형기준을 종합하여 보면, 원심이 피고인에게 집행유예의 선처를 한 것은 형이 너무 가벼워 부당한 경우에 해당한다고 판단된다. 따라서 검사의 주장은 이유 있다.

3. 결 론

그렇다면, 검사의 항소는 이유 있으므로 형사소송법 제364조 제6항에 의하여 원심판결을 부분을 파기하고 변론을 거쳐 다음과 같이 판결한다.

【범죄사실 및 증거의 요지】

이 법원이 인정하는 범죄사실 및 그에 대한 증거의 요지는, 모두 원심판결의 각 해당란 기재와 같으므로 형사소송법 제369조에 따라 이를 그대로 인용한다.

【법령의 적용】

1. 범죄사실에 대한 해당법조 및 형의 선택

각 '성폭력범죄의 처벌 및 피해자보호 등에 관한 법률' 제8조의2 제3항, 형법 제298조(각 징역형 선택)

1. 경합범가중

형법 제37조 전단, 제38조 제1항 제2호, 제50조{범정이 더 무거운

2009. 4. 16.자 성폭력범죄의처벌및피해자보호등에관한법률위반(13세
미만미성년자강간등)죄에 정한 형에 경합범가중}
1. 작량감경
　　형법 제53조, 제55조 제1항 제3호(앞서 든 양형이유 중 유리한 정상 참작)
1. 열람명령
　　청소년의 성보호에 관한 법률 제37조 제1항 제1호

【신상정보 제출의무】

피고인의 이 사건 범죄사실에 대해 유죄판결이 확정되는 경우 피고인은 '청
소년의 성보호에 관한 법률' 제32조 제1항의 신상정보 등록대상자에 해당
하므로, 피고인으로서는 같은 법 제33조에 따라 주소지를 관할하는 경찰관
서의 장 또는 수용된 교정시설의 장에 신상정보를 제출할 의무가 있다.
이상과 같은 이유로 주문과 같이 판결한다.

[광주고등법원 2009. 10. 9., 선고, 2009노133, 판결]

■ 관련판례 2

【주 문】

피고인을 징역 3년에 처한다.
이 판결 선고일 전의 구금일수 99일을 위 형에 산입한다.
피고인에 대한 열람정보를 5년간 열람에 제공한다.

【이 유】

【범죄사실】

피고인은 2008. 9. 21. 15:00경 부산 연제구 ○○동(지번 및 동호수 생
략)에 있는 공소외 1의 집 거실에서 피해자 이○○(여, 5세)을 보고 강제
로 추행할 마음을 먹고, 그 곳 베란다로 피해자를 데리고 들어갔다.
피고인은 위 일시경 위 베란다에서 강제로 피해자의 바지와 팬티를 벗기고
손가락을 피해자의 음부에 집어넣었으며 계속하여 피고인의 바지와 팬티를

벗은 후 피해자로 하여금 피고인의 성기를 손으로 만지게 하였다.

이로써 피고인은 13세 미만의 미성년자인 피해자를 강제로 추행하였다.

【증거의 요지】

1. 증인 공소외 1(대법원 판결의 박○○), 공소외 2의 각 법정 진술

1. 피고인에 대한 검찰 피의자신문조서의 일부 진술기재

1. 피고인에 대한 각 경찰 피의자신문조서의 각 일부 진술기재

1. 공소외 1, 2에 대한 각 경찰 진술조서의 각 진술기재

1. 피고인에 대한 경찰 진술조서의 일부 진술기재

1. 영상녹화 씨디(CD) 중 이○○의 진술영상

1. 범행현장 사진의 영상

1. 이○○ 작성의 피해자 메모의 기재

【법령의 적용】

1. 범죄사실에 대한 해당법조 및 형의 선택

　성폭력범죄의 처벌 및 피해자보호 등에 관한 법률 제8조의2 제3항, 형법 제298조(징역형 선택)

1. 미결구금일수의 산입

　형법 제57조

1. 열람명령

　청소년의 성보호에 관한 법률 제37조 제1항 제1호

【피고인 및 변호인의 주장에 대하여】

1. 주장의 요지

　가. 피고인은 피해자를 추행한 사실이 없다.

　나. 설사 피고인이 피해자를 추행하였다 하더라도 피고인은 피해자에게 피해자의 반항을 억압할 정도의 폭행이나 협박을 한 사실이 없으므로 이 사건 범죄사실을 성폭력범죄의 처벌 및 피해자보호 등에 관한 법률 제8조의2 제3항으로 의율할 수 없다.

2. 판단

가. 피해자에 대한 추행 여부

    (1) 이 사건 범죄사실에 대한 직접적 증거로는 영상녹화 된 피해자 이○○의 진술이 있는바, 이에 따르면 피해자는 2002. 12.생으로 범행 당시 만 5세를 넘긴 정도이긴 하나 어린이집을 다니면서 이미 한글을 모두 깨우쳐 글로써 그 의사를 표현할 수 있고 그림 또한 그릴 수 있으며, 좋고 싫음에 대한 구별이나 나쁜 행위에 대한 변식능력, 기억력 등도 같은 또래 이상의 능력을 보이는 점, 피해자는 범행경위에 대하여 또렷한 기억으로 이를 묘사하고 있으며 그 내용 또한 구체적인 점, 피해자가 경찰 조사시 피고인의 성기에 대해 '왕고추'로 표현하며 글과 그림으로 묘사하고 있고, 이는 5세의 피해자가 실제 보지 아니하고는 묘사하기 어려운 점 등에 비추어 신빙성이 있다.

    (2) 나아가 위에서 든 각 증거에 의하면, ① 위 범죄 일시·장소에서 피해자의 할아버지인 공소외 3은 같은 성당에 다니는 교우들인 피고인, 공소외 2, 4와 고스톱을 쳤는데 피해자의 할아버지인 공소외 3을 제외한 나머지 위 3명 중 안경을 낀 사람은 피고인과 공소외 2이고, 당시 피고인만 반팔 와이셔츠 차림에 검은 색 바지의 정장차림이었고 공소외 2, 4는 모두 캐주얼 복장을 하고 있었던 사실, ② 피고인과 공소외 2가 위 범죄 일시·장소에서 담배를 핀 적이 있으나 공소외 2는 1회 담배를 피웠고, 피고인은 4-5회 담배를 피우며 재떨이가 놓인 베란다 쪽으로 수시로 드나든 사실, ③ 고스톱 게임 중 피고인이 피해자에게 1,000원짜리를 주는 등으로 하여 피해자가 피고인을 따라 다녔고, 피고인이 담배를 피우기 위해 베란다에 나갈 때도 피해자가 따라 나갔으며, 공소외 2가 담배를 피우러 베란다에 나갔을 때는 피해자가 공소외 2를 따라 나간 적이 없는 사실, ④ 고스톱 게임을 하던 중 피해자와 함께 화장실에 들어간 사람은 피고인뿐인 사실 등이 인정되고, 이에 따르면 피해자가 범인으로 지목한 자의 행적, 즉

'할아버지인 공소외 3과 함께 고스톱 게임을 한 사람들 중 양복을 입고, 안경을 꼈으며, 위 일시·장소에서 담배를 핀 할아버지로부터 위 범죄사실과 같은 추행을 당하고, 추행 직후 그와 함께 화장실에 들어가 손을 씻었다'는 것과 피고인의 사고장소에서의 행적이 정확히 일치하는 점, 거기다가 피고인은 경찰에서 수사받을 당시 피고인이 베란다에 담배를 피우러 나갔을 때 피해자가 피고인을 따라 베란다로 왔는데 그 때 귀엽다고 안아준 적이 있다고 진술하였고, 베란다에서 담배를 피운 후 피해자와 함께 화장실에서 손을 씻은 적이 있다고 진술한 점 및 피고인의 평소 주량이 소주 1병인데 범행 당일 소주 2병을 피고인과 공소외 3이 나눠 마신 뒤 수시로 베란다를 드나들며 고스톱 게임에 제대로 참여하지 않은 점 등 위에서 든 증거에 의하여 알 수 있는 여러 사정을 아울러 고려하면, 피고인이 피해자를 추행한 사실이 넉넉히 인정된다. 피고인 및 그 변호인의 주장은 이유 없다.

나. 성폭력범죄의 처벌 및 피해자보호 등에 관한 법률 제8조의2 제3항 적용 여부

(1) 형법 제298조의 강제추행죄는 상대방에 대하여 폭행 또는 협박을 가하여 항거를 곤란하게 한 뒤에 추행행위를 하는 경우뿐 아니라 폭행행위 자체가 추행행위라고 인정되는 경우도 포함되는 것이며, 이 경우에 있어서의 폭행은 반드시 상대방의 의사를 억압할 정도의 것임을 요하지 않고 상대방의 의사에 반하는 유형력의 행사가 있는 이상 그 힘의 대소강약을 불문한다(대법원 2002. 4. 26. 선고 2001도2417 판결 등 참조).

(2) 앞서 본 바와 같이 위 각 증거에 의하여 피고인이 피해자의 바지와 팬티를 벗기고 손가락을 피해자의 음부에 집어넣는 등의 행위를 한 사실이 인정되고, 앞서 살핀 바와 같이 이○○은 좋고 싫은 것, 옳은 것과 그렇지 않은 것에 대한 충분한 변식능력이 있을 뿐만 아니라, 위에서 든 증거에 의하면 이 사건 범행 당시에도 피고인의 위와

같은 행위에 대해 싫다는 의사표시까지 한 사실이 인정된다. 사정이 이러하다면, 피고인이 피해자의 바지와 팬티를 벗기고 손가락을 피해자의 음부에 집어넣는 등의 행위는 충분히 피해자의 의사에 반하는 유형력의 행사로는 볼 수 있으므로 피고인의 행위는 형법 제298조에서 말하는 폭행에 해당하고, 피고인에 대해 성폭력범죄의 처벌 및 피해자보호 등에 관한 법률 제8조의2 제3항을 적용할 수 있다.

(3) 따라서 위 주장도 받아들이지 아니한다.

【양형의 이유 등】

1. 피고인이 만 5세의 피해자를 강제추행함으로써 피해자가 상당한 정신적 충격과 혼란감을 느꼈을 것임이 넉넉히 인정되고, 이러한 피해는 장기적으로 피해자의 정신상태나 일상생활에 부정적 영향을 미칠 수 있다는 점에서 보면 그 죄질이 매우 나쁘다.

   더구나 앞서 본 바와 같이 증거에 의하여 이 사건 범죄사실이 그대로 인정됨에도 불구하고 피고인은 수사기관 이래 이 법정에 이르기까지 자신의 잘못을 반성하고 뉘우치기는커녕 끝까지 자신의 범행을 부인하고 있고, 이에 나아가 피해자 측 가족이 자신을 모함한다는 내용으로 주위에 알려 피해자 측에게 더 큰 정신적 충격을 가한 점 등 범행 이후의 정황까지 아울러 고려하면 엄벌에 처하지 않을 수 없다. 다만, 피고인은 2003. 7.경 도로교통법위반(음주운전)으로 벌금형을 선고받은 이외 별다른 범죄전력이 없는 점 및 이 사건 범행의 내용, 피해의 정도 등 제반 사정을 고려하여 형기를 정한다.

2. 피고인에 대한 이 사건 범죄사실에 대해 유죄판결이 확정되는 경우 피고인은 청소년의 성보호에 관한 법률 제32조 제1항의 신상정보 등록대상자에 해당하므로 같은 법 제33조에 따라 관할기관에 신상정보를 제출할 의무가 있다.

이상의 이유로 주문과 같이 판결한다.

[부산지방법원 2009. 5. 1., 선고, 2009고합76, 판결]

> ## 제33조(내국인의 국외범 처벌)
> 국가는 국민이 대한민국 영역 외에서 아동·청소년대상 성범죄를 범하여 「형법」 제3조에 따라 형사처벌하여야 할 경우에는 외국으로부터 범죄정보를 신속히 입수하여 처벌하도록 노력하여야 한다.

■ **관련판례**

【판시사항】

아동·청소년의 성보호에 관한 법률 제2조 제2호 (다)목의 아동·청소년대상 성범죄를 범한 자라고 하기 위해서는 성범죄의 대상이 아동·청소년이라는 사실을 인식하여야 하는지 여부(소극)

【이 유】

상고이유를 판단한다.

아동·청소년의 성보호에 관한 법률(이하 '법'이라 한다) 제2조 제2호 (가)목은 ' 제7조부터 제12조까지의 죄(제8조 제4항의 죄는 제외한다)'를, 같은 호 (다)목은 '아동·청소년에 대한 「형법」제297조부터 제301조까지, 제301조의2, 제302조, 제303조, 제305조 및 제339조의 죄'를 각 '아동·청소년대상 성범죄'의 하나로 규정하고 있고, 법 제7조 제1항은 "여자 아동·청소년에 대하여 「형법」제297의 죄를 범한 자는 5년 이상의 유기징역에 처한다."고 규정하고 있으며, 법 제7조 제3항은 "아동·청소년에 대하여 「형법」제298조의 죄를 범한 자는 1년 이상의 유기징역 또는 500만 원 이상 2천만 원 이하의 벌금에 처한다."고 규정하고 있다. 한편 법 제13조 제1항 본문은 "법원은 아동·청소년대상 성범죄를 범한 자에 대하여 유죄판결을 선고하면서 300시간의 범위에서 재범예방에 필요한 수강명령 또는 성폭력 치료프로그램의 이수명령(이하 '이수명령'이라 한다)을 병과하여야 한다."고 규정하고 있고, 법 제33조 제1항 본문은 "아동·청소년대상 성범죄로 유죄판결이 확정된 자 또는 제38조 제1항 제5호에 따라 공개명령이 확정된 자는 신상정보 등록대상자(이하 '등록대상자'라 한다)가 된다."고 규정하고 있다. 위와 같이 법 제7조에서 아동·청소년에 대한 강간·강제추행 등을 가중하여 처벌하는 별도의 규정을 두고 있는 점을 비롯하여 법의 입법 취지 및 경위에 비추어 볼 때, 법 제2조 제2호 (다)목의 아동·청소년대상 성범죄를 범한 자라 함은 성범죄의 대상이 아동·청소년이라는 사실을 인식하였는지 여부에 관계없이 아동·청소년에 대한 형법 제297조부터 제301조까지, 제301조의2, 제302조, 제303조, 제305조 및 제339조의 죄를 범한 자를 의미한다고 할 것이다.

원심판결 이유와 기록에 의하면, 원심은 그 판시와 같은 이유를 들어 이 사건 피해자 공소외 1(여, 16세), 공소외 2(여, 17세)에 대한 각 강제추행의 공소사실이 인정된다고 하면서, 피고인이 법 제2조 제2호 (다)목의 '아동·청소년에 대한 형법 제298조의 죄'를 범한 자에 해당하는 것으로 보아 피고인에게 법 제13조에 따라 성폭력 치료프로그램의 이수명령을 병과하고, 법 제33조 제2항에 따라 신상정보 등록대상자라는 사실과 신상정보 제출의무가 있음을 알려 주었다.

앞서 본 법리와 기록에 비추어 살펴보면, 원심의 위와 같은 조치는 정당한 것으로 수긍할 수 있고, 거기에 상고이유로 주장하는 바와 같이 법 제13조를 위반하는 등의 위법이 없다*[대법원 2011. 12. 8., 선고, 2011도8163, 판결].*

제3장 아동·청소년대상 성범죄의 신고·응급조치와 피해아동·청소년의 보호·지원

제34조(아동·청소년대상 성범죄의 신고)

① 누구든지 아동·청소년대상 성범죄의 발생 사실을 알게 된 때에는 수사기관에 신고할 수 있다.

② 다음 각 호의 어느 하나에 해당하는 기관·시설 또는 단체의 장과 그 종사자는 직무상 아동·청소년대상 성범죄의 발생 사실을 알게 된 때에는 즉시 수사기관에 신고하여야 한다. *〈개정 2014. 1. 21., 2018. 1. 16., 2019. 11. 26., 2020. 12. 8.〉*

1. 「유아교육법」 제2조제2호의 유치원

2. 「초·중등교육법」 제2조의 학교, 같은 법 제28조와 같은 법 시행령 제54조에 따른 위탁 교육기관 및 「고등교육법」 제2조의 학교

2의2. 특별시·광역시·특별자치시·도·특별자치도 교육청 또는 「지방교육자치에 관한 법률」 제34조에 따른 교육지원청이 「초·중등교육법」 제28조에 따라 직접 설치·운영하거나 위탁하여 운영하는 학생상담지원시설 또는 위탁 교육시설

2의3. 「제주특별자치도 설치 및 국제자유도시 조성을 위한 특별법」 제223조에 따라 설립된 국제학교

3. 「의료법」 제3조의 의료기관

4. 「아동복지법」 제3조제10호의 아동복지시설 및 같은 법 제37조에 따른 통합서비스 수행기관

5. 「장애인복지법」 제58조의 장애인복지시설

6. 「영유아보육법」 제2조제3호의 어린이집

7. 「학원의 설립·운영 및 과외교습에 관한 법률」 제2조제1호의 학원 및 같은 조 제2호의 교습소

8. 「성매매방지 및 피해자보호 등에 관한 법률」 제9조의 성매매피해자 등을 위한 지원시설 및 같은 법 제17조의 성매매피해상담소

9. 「한부모가족지원법」 제19조에 따른 한부모가족복지시설

10. 「가정폭력방지 및 피해자보호 등에 관한 법률」 제5조의 가정폭력 관련 상담소 및 같은 법 제7조의 가정폭력피해자 보호시설

11. 「성폭력방지 및 피해자보호 등에 관한 법률」 제10조의 성폭력피해 상담소 및 같은 법 제12조의 성폭력피해자보호시설

12. 「청소년활동 진흥법」 제2조제2호의 청소년활동시설

13. 「청소년복지 지원법」 제29조제1항에 따른 청소년상담복지센터 및 같은 법 제31조제1호에 따른 청소년쉼터

13의2. 「학교 밖 청소년 지원에 관한 법률」 제12조에 따른 학교 밖 청소년 지원센터

14. 「청소년 보호법」 제35조의 청소년 보호 · 재활센터

15. 「국민체육진흥법」 제2조제9호가목 및 나목의 체육단체

16. 「대중문화예술산업발전법」 제2조제7호에 따른 대중문화예술기획업 자가 같은 조 제6호에 따른 대중문화예술기획업 중 같은 조 제3호 에 따른 대중문화예술인에 대한 훈련 · 지도 · 상담 등을 하는 영업 장(이하 "대중문화예술기획업소"라 한다)

③ 다른 법률에 규정이 있는 경우를 제외하고는 누구든지 신고자 등의 인적사항이나 사진 등 그 신원을 알 수 있는 정보나 자료를 출판물 에 게재하거나 방송 또는 정보통신망을 통하여 공개하여서는 아니 된다.

■ **관련판례 1**

【판시사항】

구 청소년의 성보호에 관한 법률 또는 구 아동·청소년의 성보호에 관한 법 률하에서 신상정보 등록대상자가 된 자가 구 아동·청소년의 성보호에 관한 법률 시행 이후에 정당한 사유 없이 변경된 신상정보를 제출하지 아니한 경 우, 신상정보 제출의무를 최초로 부담하게 된 시점에 상관없이 구 아동·청

소년의 성보호에 관한 법률 제48조 제3항 제1호를 적용하여 처벌할 수 있는지 여부(적극)

【판결요지】

구 청소년의 성보호에 관한 법률(2009. 6. 9. 법률 제9765호 아동·청소년의 성보호에 관한 법률로 전부 개정되기 전의 것, 이하 '구법'이라고 한다) 하에서 신상정보 등록대상자가 되었다가 구법이 구 아동·청소년의 성보호에 관한 법률(2011. 9. 15. 법률 제11047호로 개정되기 전의 것, 이하 '아청법'이라고 한다)로 전부 개정된 이후에 변경된 신상정보를 제출하지 아니한 경우에는, 구법의 벌칙규정이 적용될 여지는 없고 단지 행위시법인 아청법 제48조 제3항 제1호에 따라 피고인을 형사처벌할 수 있는지 여부만이 문제되는데[즉, 아청법 부칙(2009. 6. 9.) 제5조에서는 아청법 시행 당시 구법에 따른 등록정보 열람자의 비밀준수 및 위반시 벌칙에 관하여 아청법 제42조의 개정규정이 아닌 구법 제41조 제2항 및 제45조 제1항을 적용하도록 명시적으로 규정한 반면, 신상정보 등록대상자가 정당한 사유 없이 변경정보를 제출하지 아니한 경우에 적용되는 벌칙에 대해서는 위 부칙에서 별도 규정을 두고 있지 않은데, 법해석의 기본원칙에 따라 위 부칙 규정을 해석하면 변경된 신상정보를 제출하지 아니한 행위에 적용할 법령은 구법이 아닌 행위시법인 아청법으로 보아야 한다],

아청법 제48조 제3항 제1호는 신상정보 등록대상자가 정당한 사유 없이 변경정보를 제출하지 아니한 행위를 범죄의 구성요건으로 정하면서 법문상 마치 이와 같은 행위가 아청법 제34조 제2항을 위반할 것을 전제로 하는 것처럼 규정되어 있기는 하나, 이는 아청법 제34조 제1항이 구법 제33조 제1항과 달리 신상정보 등록대상자에게 신상정보로서 '신체정보(키와 몸무게)'를 추가로 제출하도록 규정함으로써, 구법하에서 제출하여야 할 신상정보와 비교할 때 신상정보 등록대상자의 의무를 가중하는 방향으로 법이 개정된 데 따른 것으로[즉, 구법하에서 신상정보 등록대상자가 된 자의 경우에는 아청법이 시행된 이후에도 아청법 제34조 제1항에 따라 '신체정보(키와 몸무게)'를 추가로 제출할 의무는 없고, 따라서 당해 신상정보 등록대상자가 이를 제출하지 아니하였다는 이유로 아청법 제48조 제3항 제1호에 따라 처벌할 수 없다는 취지로 해석된다], 구법하에서 신상정보 등록대상자가 된 자가 정당한 사유 없이 변경정보를 제출하지 아니한 행위를 종전에 처벌하였던 것이 부당하였다는 반성적 고려에 따라 아청법의 시행을 계기로 이들에게 적용될 해당 벌칙 규정을 폐지함으로써, 변경된 신상정보를 제출하지 아니하는 행위를 더 이상 처벌하지 않겠다는 의미로는 해석할 수 없으므로, 아청법이 시행된 이후에 구법 또는 아청법하에서 신상정보 등록대상자가 된 자가 정당한 사유 없이 변경정보를 제출하지 아니한 경우에는 신상정보 제출의무를 최초로 부담하게 된 시점이 언제인지에 상관없이 아청법 제48조 제3항 제1호에 의해 처벌할 수 있다고 보는 것이 타당하다. 만약 이와 같이 해석하지 아니하고, 아청법 제48조 제3항 제1호의 문언을 토대로 구법하에서 신상정보 등록대상자가 된 자들의 신상정보 미제출행위를 아청법하에서 처벌할 수 없다고 보는 경우에는, 입법의 공백으로 말미암아 종전에 처벌이 가능하였던 행위를 더 이상 형사처벌하지 못하는 사태가 야기되어 구법하에서 청소년대상 성범죄자에 대한 신상정보 등록제도가 제도 구현을 위한 강제력을 일거에 상실하게 될 뿐만 아니라, 성범죄 피해자에게 평생 씻을 수 없는 상처를 안김과 동시에 우리 사회에 막대한 해악을 끼치는 아동·청소년대상 성범죄를 미연에 예방하고자 하는 입법 목적과도 상충하는 결과가 야기된다[*광주고법 2012. 7. 18., 선고, (제주)2012노12,2012전노2, 판결 : 확정*].

■ 관련판례 2
【원심판결】
춘천지방법원 속초지원 2010. 7. 2. 선고 2010고합11, 2010전고2(병합) 판결
【주 문】
원심판결을 파기한다.
피고인을 징역 9년에 처한다.

피고인에 대한 공개정보를 5년간 정보통신망을 이용하여 공개한다.

피부착명령청구자에게 6년간 위치추적 전자장치의 부착을 명한다.

【이 유】

1. 피고사건

　가. 항소이유의 요지

　　(1) 사실오인

　　　피고인 겸 피부착명령청구자(이하 '피고인'이라고 한다)는 2010. 4. 7. 피해자를 1회 강간하였을 뿐 그 이외에 공소사실과 같이 2010. 2. 17.부터 2010. 4. 9.까지 30회에 걸쳐 피해자를 강간한 사실이 없는데도, 원심은 사실을 오인하여 이를 유죄로 인정하였다.

　　(2) 양형부당

　　　원심의 선고형은 지나치게 무거워서 부당하다.

　나. 판단

　　(1) 사실오인 주장에 대하여

　　　(가) 공소사실에 부합하는 증거(피해자 진술)의 내용

　　　　이 사건 공소사실 전부에 부합하는 직접증거로는 피해자 공소외 1에 대한 각 경찰진술조서가 있는바, 피해자는 경찰 조사에서, ① 피고인의 최초범행인 2010. 2. 17. 범행에 대하여는 "2월 말일 밤 11시에 집에서 아빠가 나의 바지와 팬티를 벗긴 후 아빠의 성기를 내 성기에 삽입한 후 바로 화장실로 가셨고, 그로 인해 내 성기가 간지럽고 어떨때는 뭔가 이물질이 들어오는 것처럼 찢어지는 것 같은 느낌이 들었다. 그 다음날 아빠가 전화해서 비밀로 하라고 하고, 머리자르러 갔을 때는 차안에서 나에게 재밌냐고 그랬다. 머리 자른 날이 실제로는 2월 17일이라는 사실은 그 후에 엄마로부터 들어서 알았다"는 취지로 진술하고, ② 마지막 범행인 2010. 4. 9. 범행에 대하여는 "밤 10시 쯤 엄마가 자고 있을 때 등이 가려워서 아빠한테 긁어달라고 했는데 갑자기 아빠가 성기를 내 성기에 삽입하였다. 내가 이불을 잡고 아파하면서 몸이 흔들리는 걸 동생인 공소외 2가 보고 엄마를 깨워서 엄마가 알게 되었다"는 취지로 진술하고, ③ 그 외의 범행에 대하여 "2월 말부터 4월말까지 아빠가 거의 매일 성기를 내 성기에 삽입하였다. 그 횟수는 수십번 정도이다", "내가 3월 12일부터 17일까지 생리를 하였는데 그 기간 동안에는 아빠가 성기 삽입을 안했고, 그 직후 아빠가 장염에 걸려서 약 2주간 아팠을 때도 성기 삽입을 안했다"는 취지로 진술하고, ④ 구체적으로 "3월달에 엄마와 공소외 2가 비디오방에 씨디 빌리러 갔을 때 나도 따라가고 싶었으나 엄마가 집에 있으라 해서 너무나 무서웠다. 그 날도 아빠가 옷을 벗기고 성기를 내 성기에 삽입하였다", "3월 셋째주인가 넷째주인가 밤 10시쯤 숙제마치고 아빠 다리를 주물러드렸는데 아빠가 불을 끄라고 한 후 성기를 내 성기에 삽입했다가 빼기를 반복하여 너무 아팠다", "그 외에 엄마가 주방에 있는 탁자 위에서 공부하실 때 아빠가 막 일어나서 내 배 위에 올라가서 성기를 내 성기에 삽입한 후 막 흔들었다"는 취지로 진술하였다.

(나) 피해자 진술의 신빙성에 관한 판단

① 피해자는 1998. 1. 17.생 여자 아동으로서 이 사건 범행 당시 초등학교 6학년에 재학 중이었으므로 자신이 과거에 겪은 일을 가감하거나 왜곡함이 없이 독립하여 진술할 수 있을 정도로 사물을 변별할 능력을 갖추고 있다고 보이는 점, ② 2009. 4. 9. 피고인의 범행을 목격한 피해자의 동생 공소외 2가 피해자의 어머니인 공소외 3에게 알려 경찰에 신고함으로써 2009. 4. 11. 경찰조사가 이루어졌으므로, 이 사건 각 범행시점과 피해자가 최초로 피해 진술을 한 시점이 비교적 근접하고 있어 피해자의 기억이 변형된 상태에서 진술이 이루

어졌을 가능성이 희박한 점, ③ 사건 발생 후 피해자의 진술이 이루어지기까지의 과정에서 최초로 피해자의 피해사실을 청취한 보호자 등이나 수사관들이 사실이 아닌 정보를 주거나 반복적인 신문 등을 통하여 특정한 답변을 유도하는 등으로 아동의 기억에 변형을 가져올 여지가 있었다고 볼 아무런 정황이나 자료를 찾아보기 어렵고, 오히려 아동행동진술 분석가 양계령은 피해자의 경찰 진술내용에 대하여, 피해자가 경험한 사건에 대해 믿을 수 있는 진술을 하였고 진술에 있어서 외부의 영향을 적게 받아 암시에 대한 영향도 낮은 것으로 평가되었으므로, 전반적인 진술의 왜곡 가능성이 매우 낮고 진술의 신빙성은 높다고 분석한 점, ④ 피해자는 2009. 4. 11. 병원에서 진료를 받은 결과, 질 입구의 처녀막 조직이 조금밖에 남아 있지 않았고, 정황상 오랜 기간 동안 삽입 성교 있었음을 배제할 수 없다는 진단을 받은 점, ⑤ 공소외 2도 "2009. 4. 9. 밤 11시경에 피해자가 이불을 꼭잡고 아프다고 인상을 쓰고 있었고 피고인이 그 뒤에 붙어서 이불을 덮고 있는 것을 목격하여 엄마 옆구리를 쳐서 엄마를 깨웠고, 엄마가 피해자의 팬티가 벗겨져 있는 것을 발견하였다", "2월 달에도 피고인이 피해자의 브래지어를 위로 올리고 피해자의 가슴을 만자고 엉덩이를 만지는 것을 보았다"는 취지로 진술하고, 공소외 3도 "2009. 4. 9. 공소외 2가 저를 깨워서 일어났는데 피해자가 끙끙 앓고 있는 것 같은 느낌이 들어 피해자를 보니 바지가 벗겨져 있었다"고 진술하여 피해자의 일부 범행에 대한 진술에 부합하는 점, ⑥ 피고인은 수사과정에서는 범행을 부인하였으나 원심 법정 제1회 공판기일에서 이 사건 각 범행을 모두 인정한 점 등을 종합하여 보면, 피해자의 진술에 신빙성이 매우 높다고 판단되므로(대법원 2008. 7. 10. 선고 2006도2520 판결 참조), 피고인이 이 사건 각 범행을 저질렀다고 넉넉히 인정된다. 따라서 피고인의 위 주장은 받아들일 수 없다.

(2) 양형부당 주장에 대하여

이 사건 각 범행은 피고인이 자신의 성적 욕구를 만족시키기 위하여 12세에 불과한 초등학생이자 친딸인 피해자를 그녀가 잠을 자고 있는 항거불능 상태를 이용하여 수십차례에 걸쳐 지속적으로 간음하여 상해를 입게 하였을 뿐만 아니라, 심지어 피고인의 작은 딸이 지켜보는 상황에서 피해자를 강간하기까지 한 사안으로서 그 죄질 및 범정이 매우 불량한 점, 피해자는 이 사건 범행으로 인하여 평생 동안 치유하기 어려운 깊은 정신적 상처를 안고 살아갈 수밖에 없는 점, 그럼에도 피고인은 피해자로부터 용서를 받지 못하고 오히려 피해자 및 피고인의 아내가 피고인에 대하여 강력한 처벌을 탄원하고 있는 점 등을 고려해 보면, 피고인을 장기간 사회로부터 격리시키는 엄중한 처벌이 불가피하다.

그러나, 피고인은 종전에는 도로교통법위반으로 1회 벌금형을 선고받은 전력 이외에는 별다른 전과가 없는 점, 이 사건 각 범행 이전에는 음식점에서 일하면서 가족들을 부양해 왔던 점, 피고인이 이 사건 범행을 반성하는 것으로 보이는 점, 그밖에 피고인의 연령, 성행, 환경, 범행의 동기 및 수단, 결과, 범행 후의 정황 등 이 사건 변론에 나타난 모든 양형조건과 대법원 양형위원회에서 정한 양형기준의 권고형량 범위를 종합적으로 고려하면, 원심이 선고한 형은 지나치게 무거워서 부당하다. 따라서 피고인의 위 주장은 받아들이기로 한다.

(3) 공개명령에 관한 직권 판단

원심은, 피고인이 아동·청소년의 성보호에 관한 법률 제38조 제1항 본문에서 규정한 신상정보 공개대상자에 해당하기는 하나, 피고인과 피해자의 신분관계에 비추어 피고인의 신상정보 공개로 인하여 피해자의 정상적인 생활에 악영향을 미칠 가능성이 있어 같은 법조 단서의 "신상정보를 공개하여서는 아니 될 특별한 사정이 있다고 판단되는 경우"에 해당한다는 이유로 공개명령을 하지 않았다.

그러나 ① 아동·청소년의 성보호에 관한 법률 제19조 제3항은 "누구든지 피해아동·청소년의 주소·성명·연령·학교 또는 직업·용모 등 그 아동·청소년을 특정하여 파악할 수 있는 인적사항이나 사진 등을 정보통신망 등을 통하여 공개하여서는 아니된다"고 규정하고 있고 그에 따라 여성가족부장관이 공개명령을 집행함에 있어서는 판결문의 범죄사실 중 피해자를 특정할 수 있는 부분(피해자가 피고인의 친딸이라는 사실 등)은 제외하는 방법으로 성범죄의 요지를 작성하여 공개하고 있으므로, 피해자가 피고인의 친딸이라는 이유만으로 본건을 다른 성폭력범죄사건과 달리 볼 이유는 없는 점, ② 피고인에 대한 신상정보가 공개됨으로써 피고인 뿐만 아니라 그 가족들의 명예 등 인격권, 사생활의 비밀의 자유라는 기본권을 제한하게 되는 것은 사실이나, 신상정보 공개는 현존하는 아동·청소년 성범죄의 위험으로부터 사회를 지키고 일반인들이 아동·청소년 성범죄의 충동으로부터 자신을 제어하기 위한 공익적 목적에 의하여 도입된 것이고, 그 기본권 제한의 방법도 이미 공개된 형사재판에서 유죄가 확정된 형사판결이라는 공적 기록의 내용 중 일부를 공개하는 것이며, 스스로 중범죄를 범하여 형벌을 받기에 이른 피고인에게는 위 기본권의 보장 정도에 있어 일반인들과는 차이를 둘 수 밖에 없어 그들의 인격권 및 사생활의 비밀의 자유도 본질적인 부분이 아닌 한 넓게 제한될 여지가 있다는 면에서 보면 공익 목적을 위하여 신상정보 공개라는 방법으로 피고인 또는 그 가족의 기본권을 제한하는 것이 과잉금지의 원칙에 위배된다고 볼 수는 없는 점 *(헌법재판소 2003. 6. 26. 선고 2002헌가14 결정 참조)*, ③ 12세의 여자 아동을 30여회에 걸쳐 지속적으로 강간하여 상해까지 입힌 이 사건 범행의 내용 및 피고인의 연령, 성행, 환경, 범행 후의 정황 등에 비추어 보면 피고인에게 재범의 위험성이 인정되는 점 등의 사정을 종합해 보면, 이 사건이 아동·청소년의 성보호에 관한 법률 제38조 제1항 단서의 "신상정보를 공개하여서는 아니 될 특별한 사정이 있다고 판단되는 경우"에 해당한다고는 볼 수 없으므로, 같은 항 본문에 따라 공개명령을 선고하여야 한다.

그럼에도 불구하고 원심은 공개명령을 선고하지 않았는바, 원심판결 중 이 부분에는 법령의 적용을 잘못하여 판결에 영향을 미친 위법이 있다(피고인만이 항소한 이 사건의 당심에서 공개명령을 추가한다고 하더라도, 주형을 포함하여 제1심의 선고형과 당심의 선고형을 전체적·실질적으로 고찰하여 보면 당심의 선고형이 피고인에게 불이익한 변경에 해당한다고 볼 수는 없다).

2. 부착명령사건

피고인이 피고사건에 관하여 항소를 제기한 이상, 특정 범죄자에 대한 위치추적 전자장치 부착 등에 관한 법률 제9조 제8항에 의하여 부착명령사건에 관하여도 항소를 제기한 것으로 의제되나, 피고인의 항소장이나 항소이유서에 이에 대한 불복이유의 기재는 없다.

직권으로 살피건대, 원심은 이 사건 부착명령 원인사실에 대하여 특정 범죄자에 대한 위치추적 전자장치 부착 등에 관한 법률 제9조 제1항, 제2조 제2호 가목을 적용하여 피고인에 대하여 5년 동안 위치추적 전자장치의 부착을 명하였다.

그러나 특정 범죄자에 대한 위치추적 전자장치 부착 등에 관한 법률 제9조 제1항 단서에 의하면 13세 미만의 사람에 대하여 특정범죄를 저지른 경우로서 법정형 중 징역형의 하한이 3년 이상의 유기징역인 이 사건에 있어서는 위치추적 전자장치 부착기간이 6년 이상 20년 이하가 되어야 한다.

그럼에도 불구하고 원심은 피고인에 대하여 위치추적 전자장치 부착기간을 5년으로 정하고 말았으니, 원심판결 중 부착명령사건 부분에는 법령

의 적용을 잘못하여 판결에 영향을 미친 위법이 있다{피고인만이 부착
명령사건에 관하여 항소한 것으로 간주되는 이 사건의 당심에서 위치추
적 전자장치 부착기간을 확대한다고 하더라도, 제1심에서 피고사건과 부
착명령사건이 이미 병합되어 하나의 판결로 선고되었으므로 병합심판된
제1심의 선고형 전체와 당심의 선고형 전체를 비교하여 피고인에 대한
불이익변경 여부를 판단해야 할 것인바*(대법원 2004. 11. 11. 선고 2004도
6784 판결의 취지 참조)*, 피고사건의 주형을 포함하여 제1심의 선고형 전부
와 당심의 선고형 전부를 전체적·실질적으로 고찰하여 보면 당심의 선
고형이 피고인에게 불이익한 변경에 해당한다고 볼 수는 없다}.

3. 결론

원심판결 중 피고사건 부분에 대한 피고인의 항소는 정당한 이유가 있
고, 원심판결 중 피고사건 및 부착명령사건 부분에는 직권파기사유가 있
으므로 형사소송법 제364조 제2항, 제6항, 특정 범죄자에 대한 위치추
적 전자장치 부착 등에 관한 법률 제35조에 따라 원심판결을 파기하고
변론을 거쳐 다시 다음과 같이 판결한다.

【범죄사실 및 부착명령 원인사실과 증거의 요지】

이 법원이 인정하는 범죄사실 및 부착명령 원인사실과 그에 대한 증거의 요
지는 원심판결의 각 해당란 기재와 같으므로 형사소송법 제369조에 따라
이를 그대로 인용한다.

【법령의 적용】

1. 범죄사실에 대한 해당법조 및 형의 선택

각 구 성폭력범죄의 처벌 및 피해자보호 등에 관한 법률 (2010. 4.
15. 성폭력범죄의 처벌 등에 관한 특례법이 시행되기 전의 것) 제9조
제1항, 제8조의2 제4항, 형법 제299조(각 유기징역형 선택)

1. 경합범가중

형법 제37조 전단, 제38조 제1항 제2호, 제50조{범정이 가장 무거운
2010. 2. 17.자 성폭력범죄의처벌및피해자보호등에관한법률위반(강간등

치상)죄에 정한 형에 경합범가중}

1. 공개명령

   아동·청소년의 성보호에 관한 법률 제38조 제1항 제1호

1. 위치추적 전자장치 부착명령

   특정 범죄자에 대한 위치추적 전자장치 부착 등에 관한 법률 제9조 제1
   항 제2호, 제2항, 제5조 제1항 제4호

【신상정보 제출의무】

이 사건 범죄사실에 관하여 유죄판결이 확정되는 경우 피고인은 아동·청소년
의 성보호에 관한 법률 제33조에 의하여 신상정보 등록대상자에 해당하게
되므로, 같은 법 제34조에 따라 관할기관에 신상정보를 제출할 의무가 있다.

[서울고등법원 2010. 12. 1., 선고, (춘천)2010노87,(춘천)2010전노9(병합), 판결]

제35조(신고의무자에 대한 교육)

① 관계 행정기관의 장은 제34조제2항 각 호의 기관·시설 또는 단체 의 장과 그 종사자의 자격취득 과정에 아동·청소년대상 성범죄 예 방 및 신고의무와 관련된 교육내용을 포함시켜야 한다.
② 여성가족부장관은 제34조제2항 각 호의 기관·시설 또는 단체의 장 과 그 종사자에 대하여 성범죄 예방 및 신고의무와 관련된 교육을 실시할 수 있다.
③ 제2항의 교육에 필요한 사항은 대통령령으로 정한다.

제36조(피해아동·청소년의 보호)

아동·청소년대상 성범죄를 저지른 자가 피해아동·청소년과 「가정폭력 범죄의 처벌 등에 관한 특례법」 제2조제2호의 가정구성원인 관계에 있 는 경우로서 피해아동·청소년을 보호할 필요가 있는 때에는 같은 법 제5조, 제8조, 제29조 및 제49조부터 제53조까지의 규정을 준용한다.

■ **관련판례**

【판시사항】

[1] 아동·청소년 대상 성범죄를 범한 피고인에 대한 등록정보의 공개 여부 및 공개기간에 관하여 규정한 '아동·청소년의 성보호에 관한 법률' 제 38조의 취지 및 해석
[2] 아동·청소년 대상 성범죄를 범한 피고인에 대하여 유죄판결과 함께 공 개명령을 선고하면서 공개기간을 특정하지 아니한 원심판결 중 '공개명 령'에 관한 부분을 직권파기하고 공개기간을 5년으로 특정하여 다시 판 결을 선고한 사례

【판결요지】

[1] 종래 구 청소년의 성보호에 관한 법률(2009. 6. 9. 법률 제9765호 아동·청소년의 성보호에 관한 법률로 전부 개정되기 전의 것) 제37조

가 열람명령 대상자에 대하여 열람정보를 5년간 열람에 제공하도록 하되 청소년대상 성범죄 사건에 대하여 벌금형을 선고하거나 피고인이 청소년인 경우에는 그러하지 아니하다고 규정하고 있는 데 반하여, 아동·청소년의 성보호에 관한 법률 제38조는 아동·청소년 대상 성범죄를 저지른 피고인에 대한 공개정보를 등록기간인 20년(사실은 형의 실효 등에 관한 법률 제7조 제1호에서 정한 10년이 상한이다) 동안 공개하도록 함으로써 피고인의 프라이버시를 침해하는 정도가 종래 열람명령의 경우보다 훨씬 커진 반면, 신상정보를 공개하여서는 아니 될 특별한 사정이 있다고 판단되는 경우에는 등록정보를 공개하지 아니할 수 있도록 함으로써 공개명령을 할 것인지 여부의 판단에 재량을 부여하였다. 그 취지는 종래 열람명령의 경우와는 달리 공개명령의 경우 등록정보의 공개 여부 및 공개기간에 관하여 아동·청소년 대상 성범죄 사건의 판결을 선고하는 법원에서 피고인의 연령, 성행, 환경, 재범의 위험성 등 제반 정상을 참작하여 이를 정할 수 있도록 한 것이다. 즉 특별한 사정이 있는 경우에 공개명령의 면제가 가능하도록 규정한 마당에 공개기간을 형의 실효 등에 관한 법률 제7조에서 정한 5년 또는 10년으로 한정한다면 5년 미만 또는 5년 초과 10년 미만의 공개기간을 명할 수 없게 되어 불합리하므로 그 기간은 본형의 기간에 따라 5년 이하 또는 10년 이하로 정할 수 있다고 해석하여야 한다. 또 공개명령의 집행 단계에서 재범의 위험성이 감소되었을 경우 그 기간을 단축할 수 있는 장치가 마련되어 있지 않기 때문에 보안처분의 성격을 갖는 공개명령의 선고시에 보안처분의 목적과 수단에 있어서 비례원칙을 확보하여야 할 필요성이 있고, 이러한 사정을 감안하여 보면 더욱 위와 같이 해석하여야 한다.

[2] 피고인이 지적장애 2급인 청소년 甲(여, 14세)을 폭행 또는 위력으로 추행하였다는 내용으로 기소된 사안에서, 아동·청소년 대상 성범죄를 범한 피고인에 대하여 유죄판결과 함께 공개명령을 선고하는 경우에는 제반 사정을 참작하여 공개명령의 기간을 특정하여 선고하여야 함에도, 원심이 공개기간을 특정하지 아니한 채 피고인에 대한 공개정보를 정보

통신망을 이용하여 공개한다고만 선고한 것은 주문이 불명확하여 위법
하다는 이유로, 원심판결 중 공개명령에 관한 부분을 직권파기하고 공
개기간을 5년으로 특정하여 다시 판결을 선고한 사례*[서울고법 2010. 12.
16., 선고, 2010노2933, 판결 : 확정].*

제37조(피해아동 · 청소년 등의 상담 및 치료)

① 국가는 피해아동 · 청소년 등의 신체적 · 정신적 회복을 위하여 제46조의 상담시설 또는 「성폭력방지 및 피해자보호 등에 관한 법률」 제27조의 성폭력 전담의료기관으로 하여금 다음 각 호의 사람에게 상담이나 치료프로그램(이하 "상담 · 치료프로그램"이라 한다)을 제공하도록 요청할 수 있다.

1. 피해아동 · 청소년
2. 피해아동 · 청소년의 보호자 및 형제 · 자매
3. 그 밖에 대통령령으로 정하는 사람

② 제1항에 따라 상담 · 치료프로그램 제공을 요청받은 기관은 정당한 이유 없이 그 요청을 거부할 수 없다.

제38조(성매매 피해아동 · 청소년에 대한 조치 등)

① 「성매매알선 등 행위의 처벌에 관한 법률」 제21조제1항에도 불구하고 제13조제1항의 죄의 상대방이 된 아동 · 청소년에 대하여는 보호를 위하여 처벌하지 아니한다. *(개정 2020. 5. 19.)*

② 검사 또는 사법경찰관은 성매매 피해아동 · 청소년을 발견한 경우 신속하게 사건을 수사한 후 지체 없이 여성가족부장관 및 제47조의2에 따른 성매매 피해아동 · 청소년 지원센터를 관할하는 특별시장 · 광역시장 · 특별자치시장 · 도지사 · 특별자치도지사(이하 "시 · 도지사"라 한다)에게 통지하여야 한다. *(개정 2020. 5. 19.)*

③ 여성가족부장관은 제2항에 따른 통지를 받은 경우 해당 성매매 피해아동 · 청소년에 대하여 다음 각 호의 어느 하나에 해당하는 조치를 하여야 한다. *(개정 2020. 5. 19.)*

1. 제45조에 따른 보호시설 또는 제46조에 따른 상담시설과의 연계
2. 제47조의2에 따른 성매매 피해아동 · 청소년 지원센터에서 제공하는 교육 · 상담 및 지원 프로그램 등의 참여

④ 삭제 *(2020. 5. 19.)*
[제목개정 2020. 5. 19.]

■ 관련판례 1

【판시사항】

아동·청소년 대상 성폭력범죄가 성폭력범죄의 처벌 등에 관한 특례법 제32조 제1항에 정하여진 등록대상 성폭력범죄에도 해당하는 경우, 같은 법 제37조 및 제41조에 의한 공개명령 및 고지명령의 대상이 되는지 여부(소극)

【이 유】

1. 상고이유(상고이유서 제출기간이 경과한 후에 제출된 탄원서의 기재는 상고이유를 보충하는 범위에서)를 판단한다.

   원심판결 및 원심 채택의 증거들에 비추어 살펴보면, 원심이 그 판시와 같은 이유로 원심 공동피고인 1의 진술에 신빙성이 있다고 하여 피고인에 대한 이 사건 공소사실을 유죄로 인정한 것은 수긍할 수 있다. 거기에 상고이유의 주장과 같이 논리와 경험의 법칙에 반하여 사실을 잘못 인정하거나 증거재판주의에 관한 법리를 오해하는 등의 위법이 있다고 할 수 없다.

2. 직권으로 살펴본다.

   가. '성폭력범죄의 처벌 등에 관한 특례법'(2010. 4. 15. 법률 제10258호로 제정·공포된 것. 이하 '성폭력특례법'이라고 한다) 제41조 제1항 제1호는 공개명령의 대상자 중 같은 법 제32조 제1항에 정하여진 "등록대상 성폭력범죄를 저지른 자"에 대하여 고지명령을 하도록 정하고 있다. 그리고 공개명령의 대상자에 관하여 같은 법 제37조 제1항은 그 제1호에서 같은 법 제32조 제1항에 정하여진 "등록대상 성폭력범죄를 저지른 자"가 그 대상자가 된다고 하면서도 '아동·청소년의 성보호에 관한 법률'(2010. 4. 15. 법률 제10260호로 개정된 것. 이하 '법률 제10260호 아동성보호법'이라고 한다) 제38

조에 따른 공개대상자는 제외하도록 정하고 있다.

이와 같이 성폭력특례법은 신상정보의 공개명령 및 고지명령의 대상에서 아동·청소년 대상 성폭력범죄를 저지른 자를 제외함으로써 그 대상을 성인 대상 성폭력범죄를 저지른 자로 제한하고 있고, 아동·청소년 대상 성폭력범죄를 저지른 자에 대하여는 법률 제10260호 아동성보호법 제38조 및 제38조의2 등에 별도로 공개명령 및 고지명령의 대상으로 정하고 있다.

따라서 비록 아동·청소년 대상 성폭력범죄가 성폭력특례법 제32조 제1항에 정하여진 등록대상 성폭력범죄에 해당한다고 하더라도, 법률 제10260호 아동성보호법 제38조 및 제38조의2 등에 의하여 공개명령 및 고지명령의 적용대상이 되는지 여부만이 문제될 뿐이고 성폭력특례법 제37조 및 제41조에 의한 공개명령 및 고지명령의 대상이 되지 아니한다(대법원 2012. 1. 12. 선고 2011도15062 판결 참조).

그런데 원래 '아동·청소년의 성보호에 관한 법률'(2009. 6. 9. 법률 제9765호로 전문개정된 것. 이하 '법률 제9765호 아동성보호법'이라고 한다) 제38조 제1항 제1호는 공개명령의 대상자 중 하나로 "13세 미만의 아동·청소년에 대하여 아동·청소년대상 성폭력범죄를 저지른 자"를 정하고 있었는데, 법률 제10260호 아동성보호법은 이를 "아동·청소년 대상 성폭력범죄를 저지른 자"로 개정하였다. 또한 법률 제10260호 아동성보호법 제38조의2 제1항 제1호는 법률 제10260호 아동성보호법 제38조의 공개명령의 대상자 중 "아동·청소년 대상 성폭력범죄를 저지른 자"에 대하여는 아울러 고지명령을 선고하도록 정하고 있다.

한편 법률 제9765호 아동성보호법의 부칙 제1조는 "이 법은 2010년 1월 1일부터 시행한다"고 정하고, 부칙 제3조 제1항은 "제33조, 제34조, 제38조 및 제39조의 개정규정은 이 법 시행 후 최초로 아동·청소년대상 성범죄를 범하고 유죄판결이 확정된 자부터 적용한다. 다만, 이 법 시행 당시 종전의 규정에 따른 신상정보 등록대상자의 등록 및 열람 등에 관하여는 종전의 규정을 따른다"고 정하고 있다. 또한 법률 제10260호 아동성보호법의 부칙 제1조는 "이 법은 공포한 날부터 시행한다. 다만 제31조의2, 제38조의2 및 제38조의3의 개정규정은 2011년 1월 1일부터 시행한다"고 정하고, 부칙 제4조는 "제38조의2 및 제38조의3의 개정규정은 같은 개정규정 시행 후 최초로 아동·청소년대상 성범죄를 범하여 고지명령을 선고받은 고지대상자부터 적용한다"고 정하고 있다. 나아가 '아동·청소년의 성보호에 관한 법률'(2010. 7. 23. 법률 제10391호로 개정된 것)은 앞에서 본 법률 제9765호 아동성보호법의 부칙 제3조에 제4항을 신설하여 "제1항에도 불구하고 이 법 시행 당시 법률 제7801호 청소년의성보호에관한법률 일부개정법률 또는 법률 제8634호 청소년의 성보호에 관한 법률 전부개정법률을 위반하고 확정판결을 받지 아니한 자에 대한 공개명령에 관하여는 제38조에 따른다"고 정하고 있으며, 법률 제7801호 청소년의 성보호에 관한 법률의 부칙 제1조는 "이 법은 공포 후 6월이 경과한 날부터 시행한다"고 정하여 그 시행일이 2006. 6. 30.이다.

나. 이 사건에 관하여 보건대, 이 사건 공소사실은 2004. 2. 1.에 저질러진 범행으로서 그 대상이 청소년보호법 제2조 제1호가 정하는 17세의 청소년이다. 따라서 이는 '청소년의 성보호에 관한 법률'(2005. 12. 29. 법률 제7801호로 개정되기 전의 것) 제20조 제2항 제7호, 제2조 제1호의 범죄에 해당한다. 앞서 본 법리에 의하면 이는 성폭력특례법은 물론 아동성보호법상의 공개명령 및 고지명령의 대상이 되지 아니한다고 할 것이다(대법원 2012. 3. 29. 선고 2011도17241 판결). 그럼에도 불구하고 성폭력특례법 제37조, 제41조의 적용범위에 관한 해석을 달리하여 이 사건 공소사실이 성폭력특례법 제37조, 제41조의 공개명령 및 고지명령의 대상이 된다고 한 원심판결은 성폭력특례법 제37조, 제41조의 적용범위에 관한 법리를 오해하여 판결 결과에 영향을 미친 위법이 있다. 결국 원심판결 중 공개명령 및 고지명령

부분은 파기를 면할 수 없다.

다. 한편 성폭력특례법 제37조, 제41조에 규정된 공개명령 및 고지명령
은 등록대상 성폭력범죄 사건의 판결과 동시에 선고하는 부수처분이
므로 그 공개명령 및 고지명령의 전부 또는 일부가 위법한 경우 나
머지 피고사건 부분에 위법이 없더라도 그 부분까지 전부 파기하여야
한다[대법원 2012. 12. 27., 선고, 2012도13177, 판결].

■ 관련판례 2

【판시사항】

[1] 아동·청소년 대상 성폭력범죄의 경우, 아동·청소년의 성보호에 관한 법
률 제38조의2 규정이 시행된 2011. 1. 1. 이후에 범죄를 저지른 자에
대하여만 고지명령을 선고할 수 있는지 여부(적극)

[2] 피고인이 아동·청소년 대상 성폭력범죄를 범하여 구 성폭력범죄의 처벌
및 피해자보호 등에 관한 법률 위반으로 기소된 사안에서, 17세 청소
년들을 상대로 저지른 2008. 11. 4.자 및 2009. 8. 29.자 특수강간
범행에 관하여 피고인이 공개명령의 대상이 되는지는 구 아동·청소년의
성보호에 관한 법률 부칙 제3조 제4항에서 정하는 바에 따라 공개명령
의 요건이 충족되었는지를 심리하여 판단하여야 하고, 또한 위 범행은
고지명령을 규정한 아동·청소년의 성보호에 관한 법률 제38조의2 규정
이 시행되기 이전의 범죄에 해당하여 같은 법 부칙 제1조, 제4조에 따
라 고지명령의 대상이 되지 않는데도, 이와 달리 본 원심판결에 법리오
해 등 위법이 있다고 한 사례

【판결요지】

[1] 2010. 4. 15. 신설된 아동·청소년의 성보호에 관한 법률(이하 '법률
제10260호 아동성보호법'이라 한다) 제38조의2는
제1항 제1호에서 같은 법 제38조의 공개명령 대상자 중 '아동·청소년
대상 성폭력범죄를 저지른 자'에 대하여 고지명령도 함께 선고하도록

규정하고 있는데, '법률 제10260호 아동성보호법' 부칙(2010. 4. 15.) 제1조는 "이 법은 공포한 날부터 시행한다. 다만 제31조의2, 제38조의2 및 제38조의3의 개정규정은 2011년 1월 1일부터 시행한다."고 규정하고 있고, 위 부칙 제4조는 "제38조의2 및 제38조의3의 개정규정은 같은 개정규정 시행 후 최초로 아동·청소년 대상 성범죄를 범하여 고지명령을 선고받은 고지대상자부터 적용한다."고 규정하고 있다. 따라서 아동·청소년 대상 성폭력범죄의 경우, '법률 제10260호 아동성보호법' 제38조의2 규정이 시행된 2011. 1. 1. 이후에 범죄를 저지른 자에 대하여만 고지명령을 선고할 수 있다.

[2] 피고인이 아동·청소년 대상 성폭력범죄를 범하여 구 성폭력범죄의 처벌 및 피해자보호 등에 관한 법률(2010. 4. 15. 법률 제10258호 성폭력범죄의 피해자보호 등에 관한 법률로 개정되기 전의 것) 위반으로 기소된 사안에서, 17세의 청소년들을 상대로 저지른 2008. 11. 4.자 및 2009. 8. 29.자 특수강간 범행은 성폭력범죄의 처벌 등에 관한 특례법(이하 '성폭력특례법'이라 한다) 제32조 제1항에서 정한 등록대상 성폭력범죄에 해당하지만, 범행 당시 시행되던 구 청소년의 성보호에 관한 법률(2009. 6. 9. 법률 제9765호 아동·청소년의 성보호에 관한 법률로 전부 개정되기 전의 것) 제2조 제3호, 제2호 (나)목에 규정된 청소년 대상 성폭력범죄에도 해당하므로, 이에 관하여 피고인이 공개명령의 대상이 되는지는 구 아동·청소년의 성보호에 관한 법률(2010. 7. 23. 법률 제10391호로 개정되기 전의 것) 부칙(2009. 6. 9.) 제3조 제4항(2010. 7. 23. 법률 제10391호로 개정된 것)에서 정하는 바에 따라 공개명령의 요건이 충족되었는지를 심리하여 판단하여야 하고, 또한 위 각 범행은 고지명령을 규정한 아동·청소년의 성보호에 관한 법률(이하 '법률 제10260호 아동성보호법'이라 한다) 제38조의2 규정이 시행되기 이전의 범죄에 해당하여 '법률 제10260호 아동성보호법' 부칙(2010. 4. 15.) 제1조, 제4조에 따라 고지명령의 대상이 되지 않는데도, 이와 달리 피고인이 성폭력특례법 제37조, 제41조의 공개명령 및

고지명령의 대상이 된다고 본 원심판결에 성폭력특례법 제37조, 제41조의 적용범위에 관한 법리를 오해하여 필요한 심리를 다하지 아니한 위법이 있다고 한 사례[대법원 2012. 11. 15., 선고, 2012도10410,2012전도189, 판결].

■ 관련판례 3

【판시사항】

[1] 아동·청소년의 성보호에 관한 법률 제38조 제1항에 따라 등록정보 공개대상자가 저지른 아동·청소년대상 성범죄에 대하여 3년 이하의 징역이나 금고를 선고할 경우, 5년을 초과하는 기간 동안 등록정보 공개를 명할 수 있는지 여부(소극)

[2] 아동·청소년의 성보호에 관한 법률 제38조 제1항에 따른 공개명령의 전부 또는 일부가 위법하여 이 부분 원심판결을 파기하는 경우, 위법이 없는 피고사건 부분까지 전부 파기하여야 하는지 여부(적극)

[3] 아동·청소년대상 성범죄의 피고사건에 대한 원심판단이 위법하여 이 부분을 파기하는 경우, 부착명령청구사건 부분도 함께 파기하여야 하는지 여부(적극)

【이 유】

1. 피고사건에 관하여

가. 원심판결 이유를 기록에 비추어 살펴보면, 원심이 그 판시와 같은 사정을 들어 피고인 겸 피부착명령청구자(이하 '피고인'이라 한다)의 심신장애에 관한 주장을 배척한 것은 정당하고, 거기에 상고이유의 주장과 같이 심신장애에 관한 법리를 오해한 위법이 없다.

그리고 원심판결에 심리미진이나 사실오인의 위법이 있다는 취지의 상고이유 주장은, 피고인이 이를 항소이유로 삼거나 원심이 직권으로 심판대상으로 삼은 바가 없는 것을 상고이유에서 비로소 주장하는 것으로서 적법한 상고이유가 되지 못하고, 나아가 직권으로 살펴보아도 원심판결에 상고이유 주장과 같은 위법이 없다.

나. 직권으로 판단한다.

아동·청소년의 성보호에 관한 법률(이하 '아동성보호법'이라 한다) 제38조 제2항은, 같은 조 제1항에 따른 등록정보의 공개기간은 「형의 실효 등에 관한 법률」(이하 '형실효법'이라 한다) 제7조에 따른 기간을 초과하지 못하도록 규정하고 있고, 형실효법 제7조 제1항은 '수형인이 자격정지 이상의 형을 받지 아니하고 형의 집행을 종료하거나 그 집행이 면제된 날부터 다음 각 호의 구분에 따른 기간이 경과한 때에 그 형은 실효된다'고 규정하면서 3년을 초과하는 징역·금고에 대하여는 10년(제1호), 3년 이하의 징역·금고에 대하여는 5년(제2호), 벌금에 대하여는 2년(제3호)을 형이 실효되는 기간으로 각 규정하고 있다. 따라서 법원이 아동성보호법 제38조 제1항에 따라 공개대상자가 저지른 아동·청소년대상 성범죄에 대하여 3년 이하의 징역이나 금고를 선고할 때에는 5년을 초과하는 기간 동안의 등록정보 공개를 명할 수는 없다고 보아야 한다 *(대법원 2011. 3. 10. 선고 2010도17564, 2010전도172 판결 등 참조)*.

그런데도 원심은 아동·청소년대상 성범죄를 포함한 판시 범죄사실에 대하여 징역 3년을 선고하면서도 피고인에 대한 정보를 10년간 공개할 것을 명한 제1심판결을 그대로 유지하였으므로, 이 부분 원심판결에는 공개명령의 기간에 관한 법리를 오해하여 판결에 영향을 미친 위법이 있다.

따라서 원심판결 중 공개명령 부분은 파기를 면할 수 없고, 공개명령은 법원이 아동·청소년대상 성범죄 사건의 판결과 동시에 선고하는 부수처분으로서 공개명령의 전부 또는 일부가 위법한 경우 나머지 피고사건 부분에 위법이 없더라도 그 부분까지 전부 파기할 수밖에 없다 *(대법원 2011. 3. 10. 선고 2010도17564, 2010전도172 판결 등 참조)*.

2. 부착명령청구사건에 관하여

피고인이 피고사건의 판결에 대하여 상고를 제기한 이상, 특정 범죄자에 대한 위치추적 전자장치 부착 등에 관한 법률(이하 '전자장치부착법'이라고 한다) 제9조 제8항의 규정에 의하여 부착명령청구사건의 판결에 대하여도 상고를 제기한 것으로 의제된다. 비록 부착명령청구사건에 관하여 상고장에 그 이유의 기재가 없고 상고이유서에도 이에 대한 불복이유의 기재를 찾아볼 수 없으나, 전자장치부착법 제9조 제5항은 부착명령청구사건의 판결은 특정범죄사건의 판결과 동시에 선고하여야 한다고 규정하고 있고, 같은 법 제9조 제4항 제3호, 제4호, 제28조 제1항은 특정범죄사건에 대하여 벌금형, 선고유예 또는 집행유예를 선고하는 때에는 부착명령청구를 기각하여야 하고 다만 특정범죄를 범한 자에 대하여 형의 집행을 유예하면서 보호관찰을 명할 때에는 보호관찰기간의 범위 내에서 기간을 정하여 준수사항의 이행 여부 확인 등을 위하여 전자장치를 부착할 것을 명할 수 있도록 규정하고 있는 점 등에 비추어 볼 때, 원심의 피고사건에 대한 판단이 위법하여 원심판결 중 피고사건에 관한 부분을 파기하는 경우에는 그와 함께 심리되어 동시에 판결이 선고되어야 하는 부착명령청구사건에 관한 부분 역시 파기하지 않을 수 없다*[대법원 2012. 6. 28., 선고, 2012도5291,2012전도112, 판결]*.

■ 관련판례 4

【판시사항】

[1] 아동·청소년의 성보호에 관한 법률에서 정한 공개명령 및 고지명령 제도의 의의와 법적 성격(=일종의 보안처분)

[2] 아동·청소년의 성보호에 관한 법률 제38조 제1항 단서, 제38조의2 제1항 단서에서 공개명령 또는 고지명령 선고의 예외사유로 규정한 '피고인이 아동·청소년인 경우'의 판단 기준 시점(=사실심 판결 선고시)

【판결요지】

[1] 아동·청소년의 성보호에 관한 법률(이하 '아동·청소년성보호법'이라고 한다)이 정한 공개명령 절차는 아동·청소년대상 성범죄자의 신상정보를

일정기간 동안 정보통신망을 이용하여 공개하도록 하는 조치를 취함으로써 필요한 절차를 거친 사람은 누구든지 인터넷을 통해 공개명령 대상자의 공개정보를 열람할 수 있도록 하는 제도이다. 또한 위 법률이 정한 고지명령 절차는 아동·청소년대상 성폭력범죄자의 신상정보 등을 공개명령기간 동안 고지명령 대상자가 거주하는 지역의 일정한 주민 등에게 고지하도록 하는 조치를 취함으로써 일정한 지역 주민 등이 인터넷을 통해 열람하지 않고도 고지명령 대상자의 고지정보를 알 수 있게 하는 제도이다. 위와 같은 공개명령 및 고지명령 제도는 아동·청소년대상 성폭력범죄 등을 효과적으로 예방하고 그 범죄로부터 아동·청소년을 보호함을 목적으로 하는 일종의 보안처분으로서, 그 목적과 성격, 운영에 관한 법률의 규정 내용 및 취지 등을 종합해 보면, 공개명령 및 고지명령 제도는 범죄행위를 한 자에 대한 응보 등을 목적으로 그 책임을 추궁하는 사후적 처분인 형벌과 구별되어 그 본질을 달리한다.

[2] 아동·청소년의 성보호에 관한 법률 제38조 제1항 단서, 제38조의2 제1항 단서는 '아동·청소년대상 성범죄 사건에 대하여 벌금형을 선고하거나 피고인이 아동·청소년인 경우, 그 밖에 신상정보를 공개하여서는 아니 될 특별한 사정이 있다고 판단되는 경우'를 공개명령 또는 고지명령 선고에 관한 예외사유로 규정하고 있는데, 공개명령 및 고지명령의 성격과 본질, 관련 법률의 내용과 취지 등에 비추어 공개명령 등의 예외사유로 규정되어 있는 위 '피고인이 아동·청소년인 경우'에 해당하는지는 사실심 판결의 선고시를 기준으로 판단하여야 한다[대법원 2012. 5. 24., 선고, 2012도2763, 판결].

■ **관련판례 5**

【판시사항】

[1] 아동·청소년의 성보호에 관한 법률 제38조 제1항, 제38조의2 제1항 각 단서에서 정한 '신상정보를 공개하여서는 아니될 특별한 사정' 유무를 판단하는 기준

[2] 피고인이 청소년(여, 16세)을 대상으로 강제추행상해의 성폭력범죄를 저지른 사안에서, 제반 사정을 종합할 때 '신상정보를 공개하여서는 아니될 특별한 사정'이 있다고 본 원심판단을 수긍한 사례

【판결요지】

[1] 아동·청소년의 성보호에 관한 법률 제38조 제1항, 제38조의2 제1항 각 단서에서 공개명령과 고지명령의 예외사유의 하나로 규정된 '그 밖에 신상정보를 공개하여서는 아니될 특별한 사정이 있다고 판단되는 경우'에 해당하는지는 피고인의 연령, 직업, 재범위험성 등 행위자의 특성, 당해 범행의 종류, 동기, 범행과정, 결과 및 죄의 경중 등 범행의 특성, 공개명령 또는 고지명령으로 인하여 피고인이 입는 불이익의 정도와 예상되는 부작용, 그로 인해 달성할 수 있는 아동·청소년 대상 성범죄의 예방 효과 및 성범죄로부터의 아동·청소년 보호 효과 등을 종합적으로 고려하여 판단하여야 한다.

[2] 피고인이 청소년인 피해자(여, 16세)를 대상으로 강제추행상해의 성폭력범죄를 저지른 사안에서, 피고인이 24세 학생으로서 초범이고, 피고인의 범행이 주취 중 우발적으로 범해진 것으로 보여 성폭행의 습벽이 있다고 인정하기 어려운 점, 피고인이 사회적 유대관계가 분명하고 깊이 반성하고 있는 등 피고인에게 재범의 위험성이 있다고 보기 어려워 공개·고지명령이라는 보안처분을 부과할 필요성이 크지 않은 점, 추행의 정도가 중하지 아니하고 피해자도 피고인의 처벌이나 피고인의 신상정보가 공개·고지되는 것을 원하지 아니하고 있는 점 등을 종합할 때, 피고인에게 '신상정보를 공개하여서는 아니될 특별한 사정'이 있다고 본 원심판단을 수긍한 사례[대법원 2012. 1. 27., 선고, 2011도14676, 판결].

■ 관련판례 6

【판시사항】

[1] 아동·청소년 대상 성폭력범죄를 저지른 자가 성폭력범죄의 처벌 등에 관한

특례법 제32조 제1항에 규정된 등록대상 성폭력범죄를 범한 자에도 해당하는 경우, 같은 법 제41조에 의한 고지명령의 대상이 되는지 여부(소극)

[2] 피고인이 위력으로 청소년인 피해자(여, 14세)를 간음하였다고 하여 아동·청소년의 성보호에 관한 법률 위반(강간등)으로 기소된 사안에서, 위 범행이 아동·청소년 대상 성폭력범죄에도 해당되는 이상 성폭력범죄의 처벌 등에 관한 특례법 제41조에 의한 고지명령을 선고할 수 없다고 한 사례

【판결요지】

[1] 성폭력범죄의 처벌 등에 관한 특례법(이하 '성폭법'이라 한다)은 신상정보 고지명령의 대상에서 아동·청소년 대상 성폭력범죄를 저지른 자를 제외함으로써 대상을 성인 대상 성폭력범죄를 저지른 자로 제한하고 있고, 대상 범죄가 행하여진 시기에 대해서도 신상정보 고지명령에 관한 규정 시행 후에 범한 범죄로 한정하는 부칙 규정을 두고 있는 아동·청소년의 성보호에 관한 법률(이하 '아청법'이라 한다)과 달리 아무런 제한을 두고 있지 아니한 점, 아청법이 아동·청소년 대상 성폭력범죄에 대하여 신상정보 고지명령을 도입한 것은 아동·청소년 대상 성범죄를 미연에 예방하고자 함에 입법취지가 있는 데 비하여, 성폭법이 성인 대상 성폭력범죄에 대하여 신상정보 고지명령을 도입한 것은 아동·청소년 대상 성범죄를 미연에 예방하고자 함은 물론 성인 대상 성범죄의 재범을 방지하고자 함에도 입법취지가 있는 점, 신상정보 고지명령을 담당하는 행정기관에 관하여도 성폭법은 형사정책 등 법무에 관한 사무를 관장하는 법무부로 정하고 있는 데 비하여, 아청법은 아동·청소년의 보호 등 아동·청소년에 관한 사무를 관장하는 여성가족부로 정하고 있는 점 등에 비추어 보면, 아청법 제38조 제1항 제1호에 규정된 아동·청소년 대상 성폭력범죄를 저지른 자에 대해서는 범죄가 행하여진 시기에 따라 아청법 제38조의2에 의한 고지명령의 대상이 되는지만이 문제될 뿐, 비록 성폭법 제32조 제1항에 규정된 등록대상 성폭력범죄를 저지른 자에 해당되더라도 같은 법 제41조에 의한 고지명령의 대상이 되지 아니한다고 해석하여야 한다.

[2] 피고인이 위력으로 청소년인 피해자(여, 14세)를 간음하였다고 하여 아동·청소년의 성보호에 관한 법률(이하 '아청법'이라 한다) 위반(강간등)으로 기소된 사안에서, 위 범행이 성폭력범죄의 처벌 등에 관한 특례법(이하 '성폭법'이라 한다) 제32조 제1항에 규정된 등록대상 성폭력범죄에 해당하더라도 아청법 제38조 제1항 제1호에 규정된 아동·청소년 대상 성폭력범죄에도 해당되는 이상 성폭법 제41조에 의한 고지명령의 대상이 되지 아니하므로, 피고인에게 성폭법 제41조에 의한 고지명령을 선고할 수 없다고 한 사례*[대법원 2011. 11. 24., 선고, 2011도12296, 판결].*

■ 관련판례 7

【판시사항】

아동·청소년의 성보호에 관한 법률 부칙 제3조 제4항에 따라 적용되는 공개명령에 관한 '제38조'가2010. 4. 15. 법률 제10261호로 개정되기 전 구 아동·청소년의 성보호에 관한 법률 제38조를 의미하는 것으로 해석하여야 하는지 여부(적극)

【판결요지】

구 아동·청소년의 성보호에 관한 법률(2010. 4. 15. 법률 제10260호로 개정되기 전의 것, 이하 '구법'이라고 한다) 부칙(2009. 6. 9.) 제3조 제1항 단서가 '종전의 규정에 따른 신상정보 등록대상자의 등록 및 열람 등에 관하여는 종전 규정에 의한다'고 규정하고 있다가 2010. 7. 23. 부칙 개정을 통하여 단서 부분을 삭제하고 새로 부칙 제3조 제4항을 두어 공개명령을 하도록 하면서 공개명령에 관한 '제38조'의 적용에 관한 구법 부칙 제3조 제1항의 본문 규정은 그대로 두었으므로 부칙에서 말하는 '제38조'는 '구법 제38조'를 말하는 것이 분명하고, 따라서 조문 체계상 같은 부칙 제3조 제4항에서 말하는 '제38조'도 당연히 '구법 제38조'를 의미한다고 보는 것이 논리적이며, 이러한 해석이 새로운 부칙 규정을 제정하여 아동·청소년의 성보호에 관한 법률(2010. 4. 15. 법률 제10260호로 개정된 것) 제38조의 적용

시기를 정하지 아니하고 굳이 구법 부칙 조항의 개정 형식을 취한 아동·청소년의 성보호에 관한 법률의 개정(2010. 7. 23. 법률 제10391호) 의도에도 부합한다[서울고법 2011. 7. 21., 선고, 2011노1393,2011전노174, 판결 : 상고].

■ 관련판례 8

【판시사항】

피고인이 13세 미만의 친딸을 강간한 사안에서, 피해자가 피고인의 친딸이라는 사정이 '아동·청소년의 성보호에 관한 법률' 제38조 제1항 단서의 공개명령 예외사유에 해당하지 아니한다고 본 원심의 조치를 정당하다고 한 사례

【판결요지】

피고인이 13세 미만의 친딸을 강간한 사안에서, 법령에 의하여 공개명령을 집행하는 과정에서 피해자를 특정할 수 있는 내용을 표기하지 아니하도록 되어 있는 사정을 감안하면 피해자가 피고인의 친딸이라는 이유만으로 다른 성폭력범죄 사건과 달리 취급하여 피고인의 신상정보를 공개하지 아니할 이유가 없다고 보아
'아동·청소년의 성보호에 관한 법률' 제38조 제1항 본문에 따라 공개명령을 선고한 원심의 조치를 정당하다고 한 사례[대법원 2011. 4. 14., 선고, 2010도16939,2010전도159, 판결].

■ 관련판례 9

【판시사항】

아동·청소년을 상대로 한 구 성폭력범죄의 처벌 및 피해자보호 등에 관한 법률 위반죄나 형법의 강간죄 등으로 공소제기되어 유죄판결을 선고할 경우에도, 피고인이 아동·청소년의 성보호에 관한 법률 부칙 제3조 제4항에 의한 '신상정보 공개명령'의 대상이 되는지 여부(적극)

【판결요지】

아동·청소년의 성보호에 관한 법률(이하 '법'이라고 한다) 부칙(2009. 6.

9.) 제3조 제4항(2010. 7. 23. 법률 제10391호로 개정된 것)의 문언, 그리고 위 부칙 조항이 구 청소년의 성보호에 관한 법률(2009. 6. 9. 법률 제9765호 아동·청소년의 성보호에 관한 법률로 전부 개정되기 전의 것)에 따라 신상정보의 열람대상이었던 성범죄자에 대하여 신상정보 공개명령 제도를 소급적용하도록 한 것은, 위 열람 제도만으로는 아동·청소년 대상 성범죄자에 대한 정보를 알기 어려우므로 위 열람대상자에 대한 신상정보를 공개함으로써 아동·청소년 대상 성범죄를 미연에 예방하고자 하는 데 그 입법 취지가 있는 점 등에 비추어, 위 부칙 제3조 제4항은 법 시행 당시 '법률 제7801호 청소년의 성보호에 관한 법률 일부 개정법률 또는 법률 제8634호 청소년의 성보호에 관한 법률 전부 개정법률에 규정된 범죄(위반행위)를 범하여 열람결정 또는 열람명령의 대상이 되는 자 중에서 그때까지 아직 확정판결을 받지 아니한 자' 일반에 대하여 법 제38조에 따라 공개명령을 할 수 있게 규정하였다고 해석하는 것이 타당하다. 따라서 구 청소년의 성보호에 관한 법률 자체의 위반죄가 아닌 같은 법률이 규율하는 아동·청소년을 상대로 한 구 성폭력범죄의 처벌 및 피해자보호 등에 관한 법률(2010. 4. 15. 법률 제10258호 성폭력범죄의 피해자보호 등에 관한 법률로 개정되기 전의 것) 위반죄나 형법상 강간죄 등으로 공소제기되어 유죄판결을 선고할 경우에도 위 부칙 제3조 제4항이 적용된다*[대법원 2011. 3. 24., 선고, 2010도16448,2010전도153, 판결]*.

제39조 삭제 *(2020. 5. 19.)*

제40조 삭제 *(2020. 5. 19.)*

제41조(피해아동 · 청소년 등을 위한 조치의 청구)

검사는 성범죄의 피해를 받은 아동 · 청소년을 위하여 지속적으로 위해의 배제와 보호가 필요하다고 인정하는 경우 법원에 제1호의 보호관찰과 함께 제2호부터 제5호까지의 조치를 청구할 수 있다. 다만, 「전자장치 부착 등에 관한 법률」 제9조의2제1항제2호 및 제3호에 따라 가해자에게 특정지역 출입금지 등의 준수사항을 부과하는 경우에는 그러하지 아니하다. *(개정 2020. 2. 4., 2020. 12. 8.)*

1. 가해자에 대한 「보호관찰 등에 관한 법률」에 따른 보호관찰
2. 피해를 받은 아동 · 청소년의 주거 등으로부터 가해자를 분리하거나 퇴거하는 조치
3. 피해를 받은 아동 · 청소년의 주거, 학교, 유치원 등으로부터 100미터 이내에 가해자 또는 가해자의 대리인의 접근을 금지하는 조치
4. 「전기통신기본법」 제2조제1호의 전기통신이나 우편물을 이용하여 가해자가 피해를 받은 아동 · 청소년 또는 그 보호자와 접촉을 하는 행위의 금지
5. 제45조에 따른 보호시설에 대한 보호위탁결정 등 피해를 받은 아동 · 청소년의 보호를 위하여 필요한 조치

제42조(피해아동 · 청소년 등에 대한 보호처분의 판결 등)

① 법원은 제41조에 따른 보호처분의 청구가 이유 있다고 인정할 때에는 6개월의 범위에서 기간을 정하여 판결로 보호처분을 선고하여야 한다.
② 제41조 각 호의 보호처분은 병과할 수 있다.
③ 검사는 제1항에 따른 보호처분 기간의 연장이 필요하다고 인정하는 경우 법원에 그 기간의 연장을 청구할 수 있다. 이 경우 보호처분 기간의 연장 횟수는 3회 이내로 하고, 연장기간은 각각 6개월 이내

로 한다.

④ 보호처분 청구사건의 판결은 아동·청소년대상 성범죄 사건의 판결과 동시에 선고하여야 한다.

⑤ 피해자 또는 법정대리인은 제41조제1호 및 제2호의 보호처분 후 주거 등을 옮긴 때에는 관할 법원에 보호처분 결정의 변경을 신청할 수 있다.

⑥ 법원은 제1항에 따른 보호처분을 결정한 때에는 검사, 피해자, 가해자, 보호관찰관 및 보호처분을 위탁받아 행하는 보호시설의 장에게 각각 통지하여야 한다. 다만, 보호시설이 민간에 의하여 운영되는 기관인 경우에는 그 시설의 장으로부터 수탁에 대한 동의를 받아야 한다.

⑦ 보호처분 결정의 집행에 관하여 필요한 사항은 「가정폭력범죄의 처벌 등에 관한 특례법」 제43조를 준용한다.

제43조(피해아동·청소년 등에 대한 보호처분의 변경과 종결)

① 검사는 제42조에 따른 보호처분에 대하여 그 내용의 변경 또는 종결을 법원에 청구할 수 있다.

② 법원은 제1항에 따른 청구가 있는 경우 해당 보호처분이 피해를 받은 아동·청소년의 보호에 적절한지 여부에 대하여 심사한 후 보호처분의 변경 또는 종결이 필요하다고 인정하는 경우에는 이를 변경 또는 종결하여야 한다.

■ **관련판례**

【판시사항】

구 청소년의 성보호에 관한 법률 또는 구 아동·청소년의 성보호에 관한 법률하에서 신상정보 등록대상자가 된 자가 구 아동·청소년의 성보호에 관한 법률 시행 이후에 정당한 사유 없이 변경된 신상정보를 제출하지 아니한 경우, 신상정보 제출의무를 최초로 부담하게 된 시점에 상관없이 구 아동·청소년의 성보호에 관한 법률 제48조 제3항 제1호를 적용하여 처벌할 수 있는지 여부(적극)

【판결요지】

구 청소년의 성보호에 관한 법률(2009. 6. 9. 법률 제9765호 아동·청소년의 성보호에 관한 법률로 전부 개정되기 전의 것, 이하 '구법'이라고 한다) 하에서 신상정보 등록대상자가 되었다가 구법이 구 아동·청소년의 성보호에 관한 법률(2011. 9. 15. 법률 제11047호로 개정되기 전의 것, 이하 '아청법'이라고 한다)로 전부 개정된 이후에 변경된 신상정보를 제출하지 아니한 경우에는, 구법의 벌칙규정이 적용될 여지는 없고 단지 행위시법인 아청법 제48조 제3항 제1호에 따라 피고인을 형사처벌할 수 있는지 여부만이 문제되는데[즉, 아청법 부칙(2009. 6. 9.) 제5조에서는 아청법 시행 당시 구법에 따른 등록정보 열람자의 비밀준수 및 위반시 벌칙에 관하여 아청법 제42조의 개정규정이 아닌 구법 제41조 제2항 및 제45조 제1항을 적용하도록 명시적으로 규정한 반면, 신상정보 등록대상자가 정당한 사유 없이 변경정보를 제출하지 아니한 경우에 적용되는 벌칙에 대해서는 위 부칙에서 별도 규정을 두고 있지 않은데, 법해석의 기본원칙에 따라 위 부칙 규정을 해석하면 변경된 신상정보를 제출하지 아니한 행위에 적용할 법령은 구법이 아닌 행위시법인 아청법으로 보아야 한다], 아청법 제48조 제3항 제1호는 신상정보 등록대상자가 정당한 사유 없이 변경정보를 제출하지 아니한 행위를 범죄의 구성요건으로 정하면서 법문상 마치 이와 같은 행위가 아청법 제34조 제2항을 위반할 것을 전제로 하는 것처럼 규정되어 있기는 하나, 이는 아청법 제34조 제1항이 구법 제33조 제1항과 달리 신상정보 등록대상자에게 신상정보로서 '신체정보(키와 몸무게)'를 추가로 제출하도록 규정함으로써, 구법하에서 제출하여야 할 신상정보와 비교할 때 신상정보 등록대상자의 의무를 가중하는 방향으로 법이 개정된 데 따른 것으로[즉, 구법하에서 신상정보 등록대상자가 된 자의 경우에는 아청법이 시행된 이후에도 아청법 제34조 제1항에 따라 '신체정보(키와 몸무게)'를 추가로 제출할 의무는 없고, 따라서 당해 신상정보 등록대상자가 이를 제출하지 아니하였다는 이유로 아청법 제48조 제3항 제1호에 따라 처벌할 수 없다는 취지로 해석된다], 구법하에서 신상정보 등록대상자가 된 자가 정당한 사유 없이 변경정보를 제출하지 아니한 행위를 종전에 처벌하였던 것이 부당하였다는 반성적 고려에 따라 아청법의 시행을 계기로 이들에게 적용될 해당 벌칙 규정을 폐지함으로써, 변경된 신상정보를 제출하지 아니하는 행위를 더 이상 처벌하지 않겠다는 의미로는 해석할 수 없으므로, 아청법이 시행된 이후에 구법 또는 아청법하에서 신상정보 등록대상자가 된 자가 정당한 사유 없이 변경정보를 제출하지 아니한 경우에는 신상정보 제출의무를 최초로 부담하게 된 시점이 언제인지에 상관없이 아청법 제48조 제3항 제1호에 의해 처벌할 수 있다고 보는 것이 타당하다. 만약 이와 같이 해석하지 아니하고, 아청법 제48조 제3항 제1호의 문언을 토대로 구법하에서 신상정보 등록대상자가 된 자들의 신상정보 미제출행위를 아청법하에서 처벌할 수 없다고 보는 경우에는, 입법의 공백으로 말미암아 종전에 처벌이 가능하였던 행위를 더 이상 형사처벌하지 못하는 사태가 야기되어 구법하에서 청소년대상 성범죄자에 대한 신상정보 등록제도가 제도 구현을 위한 강제력을 일거에 상실하게 될 뿐만 아니라, 성범죄 피해자에게 평생 씻을 수 없는 상처를 안김과 동시에 우리 사회에 막대한 해악을 끼치는 아동·청소년대상 성범죄를 미연에 예방하고자 하는 입법 목적과도 상충하는 결과가 야기된다 [광주고법 2012. 7. 18., 선고, (제주)2012노12,2012전노2, 판결 : 확정].

제44조(가해아동·청소년의 처리)

① 10세 이상 14세 미만의 아동·청소년이 제2조제2호나목 및 다목의 죄와 제7조의 죄를 범한 경우에 수사기관은 신속히 수사하고, 그 사건을 관할 법원 소년부에 송치하여야 한다.

② 14세 이상 16세 미만의 아동·청소년이 제1항의 죄를 범하여 그 사건이 관할 법원 소년부로 송치된 경우 송치받은 법원 소년부 판사는 그 아동·청소년에게 다음 각 호의 어느 하나에 해당하는 보호처분을 할 수 있다.

1. 「소년법」 제32조제1항 각 호의 보호처분
2. 「청소년 보호법」 제35조의 청소년 보호·재활센터에 선도보호를 위탁하는 보호처분

③ 사법경찰관은 제1항에 따른 가해아동·청소년을 발견한 경우 특별한 사정이 없으면 그 사실을 가해아동·청소년의 법정대리인 등에게 통지하여야 한다.

④ 판사는 제1항 및 제2항에 따라 관할 법원 소년부에 송치된 가해아동·청소년에 대하여 「소년법」 제32조제1항제4호 또는 제5호의 처분을 하는 경우 재범예방에 필요한 수강명령을 하여야 한다.

⑤ 검사는 가해아동·청소년에 대하여 소년부 송치 여부를 검토한 결과 소년부 송치가 적절하지 아니한 경우 가해아동·청소년으로 하여금 재범예방에 필요한 교육과정이나 상담과정을 마치게 하여야 한다.

⑥ 제5항에 따른 교육과정이나 상담과정에 관하여 필요한 사항은 대통령령으로 정한다.

■ **관련판례**

【판시사항】

甲 보육원에서 사회복지사로 근무하는 乙이 강제추행죄로 벌금형을 선고받고 확정되자, 관할 시장이 甲 보육원에 대하여 乙의 해임을 요구한 사안에서, 구 아동·청소년의 성보호에 관한 법률 제44조 제1항 제9호가 乙의 평

등권을 침해하거나 과잉금지의 원칙을 위반한다고 볼 수 없고, 그에 근거한 해임요구도 위법하지 않다고 한 사례

【판결요지】

甲 보육원에서 사회복지사로 근무하는 乙이 강제추행죄로 벌금형을 선고받고 확정되자, 관할 시장이 甲 보육원에 대하여 구 아동·청소년의 성보호에 관한 법률(2012. 2. 1. 법률 제11287호로 개정되기 전의 것, 이하 '법'이라 한다) 제44조 제1항 등을 근거로 乙을 해임할 것을 요구한 사안에서, 아동복지시설의 종사자는 아동에 대한 보호, 감독을 담당하고 있는 사람들로서 그 시설의 특성상 성적인 측면에서 고도의 건전성을 갖출 것이 요구되는 등의 측면에서 볼 때, 법 제44조 제1항 제9호가 다른 법률과 달리 벌금형의 하한을 두지 않은 채 성범죄를 범하여 벌금형을 선고받은 자를 근무제한 사유로 규정하고 있는 데에는 합리적인 근거가 있으므로 乙의 평등권을 침해하지 않고, 아동을 성범죄로부터 보호하여 건강한 사회구성원으로 성장할 수 있도록 하기 위한 입법 목적이 정당하고, 아동복지시설의 아동을 성범죄로부터 보호하고자 하는 공공복리는 성범죄로 처벌받은 자로 하여금 일정 기간 아동복지시설 종사자로 근무할 수 없도록 하는 사익에 비해 중대하고도 절실하다고 볼 수 있어 법익의 균형성이 인정되는 등 과잉금지의 원칙을 위반하여 乙의 기본권을 침해한다고 볼 수 없으므로, 그에 근거한 해임요구도 위법하지 않다고 한 사례*[수원지법 2013. 10. 10., 선고, 2013구합11315, 판결 : 항소].*

제45조(보호시설)

「성매매방지 및 피해자보호 등에 관한 법률」제9조제1항제2호의 청소년 지원시설, 「청소년복지 지원법」제29조제1항에 따른 청소년상담복지센터 및 같은 법 제31조제1호에 따른 청소년쉼터 또는 「청소년 보호법」제35조의 청소년 보호·재활센터는 다음 각 호의 업무를 수행할 수 있다. *(개정 2020. 5. 19.)*

1. 제46조제1항 각 호의 업무
2. 성매매 피해아동·청소년의 보호·자립지원
3. 장기치료가 필요한 성매매 피해아동·청소년의 다른 기관과의 연계 및 위탁

제46조(상담시설)

① 「성매매방지 및 피해자보호 등에 관한 법률」제17조의 성매매피해상담소 및 「청소년복지 지원법」제29조제1항에 따른 청소년상담복지센터는 다음 각 호의 업무를 수행할 수 있다. *(개정 2020. 5. 19.)*

1. 제7조부터 제18조까지의 범죄 신고의 접수 및 상담
2. 성매매 피해아동·청소년과 병원 또는 관련 시설과의 연계 및 위탁
3. 그 밖에 아동·청소년 성매매 등과 관련한 조사·연구

② 「성폭력방지 및 피해자보호 등에 관한 법률」제10조의 성폭력피해상담소 및 같은 법 제12조의 성폭력피해자보호시설은 다음 각 호의 업무를 수행할 수 있다. *(개정 2020. 5. 19.)*

1. 제7조, 제8조, 제8조의2, 제9조부터 제11조까지 및 제16조의 범죄에 대한 신고의 접수 및 상담
2. 아동·청소년대상 성폭력범죄로 인하여 정상적인 생활이 어렵거나 그 밖의 사정으로 긴급히 보호를 필요로 하는 피해아동·청소년을 병원이나 성폭력피해자보호시설로 데려다 주거나 일시 보호하는 업무
3. 피해아동·청소년의 신체적·정신적 안정회복과 사회복귀를 돕는 업무
4. 가해자에 대한 민사상·형사상 소송과 피해배상청구 등의 사법처리 절차에 관하여 대한변호사협회·대한법률구조공단 등 관계 기관에

필요한 협조와 지원을 요청하는 업무

5. 아동·청소년대상 성폭력범죄의 가해아동·청소년과 그 법정대리인에 대한 교육·상담 프로그램의 운영

6. 아동·청소년 관련 성보호 전문가에 대한 교육

7. 아동·청소년대상 성폭력범죄의 예방과 방지를 위한 홍보

8. 아동·청소년대상 성폭력범죄 및 그 피해에 관한 조사·연구

9. 그 밖에 피해아동·청소년의 보호를 위하여 필요한 업무

제46조(상담시설)

① 「성매매방지 및 피해자보호 등에 관한 법률」 제17조의 성매매피해상담소 및 「청소년복지 지원법」 제29조제1항에 따른 청소년상담복지센터는 다음 각 호의 업무를 수행할 수 있다. *(개정 2020. 5. 19.)*

1. 제7조부터 제18조까지의 범죄 신고의 접수 및 상담

2. 성매매 피해아동·청소년과 병원 또는 관련 시설과의 연계 및 위탁

3. 그 밖에 아동·청소년 성매매 등과 관련한 조사·연구

② 「성폭력방지 및 피해자보호 등에 관한 법률」 제10조의 성폭력피해상담소 및 같은 법 제12조의 성폭력피해자보호시설은 다음 각 호의 업무를 수행할 수 있다. *(개정 2020. 5. 19.)*

1. 제7조, 제8조, 제8조의2, 제9조부터 제11조까지 및 제16조의 범죄에 대한 신고의 접수 및 상담

2. 아동·청소년대상 성폭력범죄로 인하여 정상적인 생활이 어렵거나 그 밖의 사정으로 긴급히 보호를 필요로 하는 피해아동·청소년을 병원이나 성폭력피해자보호시설로 데려다 주거나 일시 보호하는 업무

3. 피해아동·청소년의 신체적·정신적 안정회복과 사회복귀를 돕는 업무

4. 가해자에 대한 민사상·형사상 소송과 피해배상청구 등의 사법처리 절차에 관하여 대한변호사협회·대한법률구조공단 등 관계 기관에 필요한 협조와 지원을 요청하는 업무

5. 아동·청소년대상 성폭력범죄의 가해아동·청소년과 그 법정대리인

에 대한 교육 · 상담 프로그램의 운영

6. 아동 · 청소년 관련 성보호 전문가에 대한 교육
7. 아동 · 청소년대상 성폭력범죄의 예방과 방지를 위한 홍보
8. 아동 · 청소년대상 성폭력범죄 및 그 피해에 관한 조사 · 연구
9. 그 밖에 피해아동 · 청소년의 보호를 위하여 필요한 업무

제47조(아동 · 청소년대상 성교육 전문기관의 설치 · 운영)

① 국가와 지방자치단체는 아동 · 청소년의 건전한 성가치관 조성과 성범죄 예방을 위하여 아동 · 청소년대상 성교육 전문기관(이하 "성교육 전문기관"이라 한다)을 설치하거나 해당 업무를 전문단체에 위탁할 수 있다.

② 제1항에 따른 위탁 관련 사항, 성교육 전문기관에 두는 종사자 등 직원의 자격 및 설치기준과 운영에 관하여 필요한 사항은 대통령령으로 정한다.

제47조의2(성매매 피해아동 · 청소년 지원센터의 설치)

① 여성가족부장관 또는 시 · 도지사 및 시장 · 군수 · 구청장(자치구의 구청장을 말한다. 이하 같다)은 성매매 피해아동 · 청소년의 보호를 위하여 성매매 피해아동 · 청소년 지원센터(이하 "성매매 피해아동 · 청소년 지원센터"라 한다)를 설치 · 운영할 수 있다.

② 성매매 피해아동 · 청소년 지원센터는 다음 각 호의 업무를 수행한다.

1. 제12조부터 제15조까지의 범죄에 대한 신고의 접수 및 상담
2. 성매매 피해아동 · 청소년의 교육 · 상담 및 지원
3. 성매매 피해아동 · 청소년을 병원이나 「성매매방지 및 피해자보호 등에 관한 법률」 제9조에 따른 지원시설로 데려다 주거나 일시 보호하는 업무
4. 성매매 피해아동 · 청소년의 신체적 · 정신적 치료 · 안정회복과 사회복귀를 돕는 업무
5. 성매매 피해아동 · 청소년의 법정대리인을 대상으로 한 교육 · 상담프

로그램 운영

6. 아동 · 청소년 성매매 등에 관한 조사 · 연구

7. 그 밖에 성매매 피해아동 · 청소년의 보호 및 지원을 위하여 필요한 업무로서 대통령령으로 정하는 업무

③ 국가와 지방자치단체는 제2항에 따른 성매매 피해아동 · 청소년 지원센터의 업무에 대하여 예산의 범위에서 그 경비의 일부를 보조하여야 한다.

④ 성매매 피해아동 · 청소년 지원센터의 운영은 여성가족부령으로 정하는 바에 따라 비영리법인 또는 단체에 위탁할 수 있다.

[본조신설 2020. 5. 19.]

제48조 삭제 *(2020. 5. 19.)*

제4장 성범죄로 유죄판결이 확정된 자의 신상정보 공개와 취업제한 등

제49조(등록정보의 공개)

① 법원은 다음 각 호의 어느 하나에 해당하는 자에 대하여 판결로 제4항의 공개정보를 「성폭력범죄의 처벌 등에 관한 특례법」 제45조제1항의 등록기간 동안 정보통신망을 이용하여 공개하도록 하는 명령(이하 "공개명령"이라 한다)을 등록대상 사건의 판결과 동시에 선고하여야 한다. 다만, 피고인이 아동 · 청소년인 경우, 그 밖에 신상정보를 공개하여서는 아니 될 특별한 사정이 있다고 판단하는 경우에는 그러하지 아니하다. 〈개정 2019. 11. 26., 2020. 5. 19.〉

1. 아동 · 청소년대상 성범죄를 저지른 자

2. 「성폭력범죄의 처벌 등에 관한 특례법」 제2조제1항제3호 · 제4호, 같은 조 제2항(제1항제3호 · 제4호에 한정한다), 제3조부터 제15조까지의 범죄를 저지른 자

3. 제1호 또는 제2호의 죄를 범하였으나 「형법」 제10조제1항에 따라 처벌할 수 없는 자로서 제1호 또는 제2호의 죄를 다시 범할 위험성이 있다고 인정되는 자

② 제1항에 따른 등록정보의 공개기간(「형의 실효 등에 관한 법률」 제7조에 따른 기간을 초과하지 못한다)은 판결이 확정된 때부터 기산한다. 〈개정 2016. 5. 29., 2019. 11. 26.〉

③ 다음 각 호의 기간은 제1항에 따른 공개기간에 넣어 계산하지 아니한다. 〈신설 2019. 11. 26.〉

1. 공개명령을 받은 자(이하 "공개대상자"라 한다)가 신상정보 공개의 원인이 된 성범죄로 교정시설 또는 치료감호시설에 수용된 기간. 이 경우 신상정보 공개의 원인이 된 성범죄와 다른 범죄가 「형법」 제37조(판결이 확정되지 아니한 수개의 죄를 경합범으로 하는 경우로 한정한다)에 따라 경합되어 같은 법 제38조에 따라 형이 선고된 경

우에는 그 선고형 전부를 신상정보 공개의 원인이 된 성범죄로 인한 선고형으로 본다.

2. 제1호에 따른 기간 이전의 기간으로서 제1호에 따른 기간과 이어져 공개대상자가 다른 범죄로 교정시설 또는 치료감호시설에 수용된 기간

3. 제1호에 따른 기간 이후의 기간으로서 제1호에 따른 기간과 이어져 공개대상자가 다른 범죄로 교정시설 또는 치료감호시설에 수용된 기간

④ 제1항에 따라 공개하도록 제공되는 등록정보(이하 "공개정보"라 한다)는 다음 각 호와 같다. 〈개정 2019. 11. 26., 2020. 2. 4., 2020. 12. 8.〉

1. 성명

2. 나이

3. 주소 및 실제거주지(「도로명주소법」 제2조제3호에 따른 도로명 및 같은 조 제5호에 따른 건물번호까지로 한다)

4. 신체정보(키와 몸무게)

5. 사진

6. 등록대상 성범죄 요지(판결일자, 죄명, 선고형량을 포함한다)

7. 성폭력범죄 전과사실(죄명 및 횟수)

8. 「전자장치 부착 등에 관한 법률」에 따른 전자장치 부착 여부

⑤ 공개정보의 구체적인 형태와 내용에 관하여는 대통령령으로 정한다. 〈개정 2019. 11. 26.〉

⑥ 공개정보를 정보통신망을 이용하여 열람하고자 하는 자는 실명인증 절차를 거쳐야 한다. 〈개정 2019. 11. 26.〉

⑦ 실명인증, 공개정보 유출 방지를 위한 기술 및 관리에 관한 구체적인 방법과 절차는 대통령령으로 정한다. 〈개정 2019. 11. 26.〉

■ 관련판례 1

【판시사항】

성폭력범죄의 처벌 등에 관한 특례법 제47조 제1항, 제49조 제1항에 의하여 적용되는 아동·청소년의 성보호에 관한 법률 제49조 제1항, 제50조 제

1항 각 단서에서 공개명령과 고지명령의 예외사유의 하나로 규정한 '신상정보를 공개하여서는 아니 될 특별한 사정이 있다고 판단되는 경우'에 해당하는지 판단하는 기준 / 위와 같은 공개명령과 고지명령의 예외사유를 각각 별개로 판단하여야 하는지 여부(소극)

【이 유】

상고이유를 판단한다.

성폭력범죄의 처벌 등에 관한 특례법 제47조 제1항, 제49조 제1항에 의하여 적용되는 아동·청소년의 성보호에 관한 법률 제49조 제1항, 제50조 제1항 각 단서에서 공개명령과 고지명령의 예외사유의 하나로 규정한 '신상정보를 공개하여서는 아니 될 특별한 사정이 있다고 판단되는 경우'에 해당하는지는 피고인의 연령, 직업, 재범위험성 등 행위자의 특성, 당해 범행의 종류, 동기, 범행과정, 결과 및 그 죄의 경중 등 범행의 특성, 공개명령 또는 고지명령으로 인하여 피고인이 입는 불이익의 정도와 예상되는 부작용, 그로 인해 달성할 수 있는 등록대상 성폭력범죄의 예방 효과 및 등록대상 성폭력범죄로부터의 피해자 보호 효과 등을 종합적으로 고려하여 판단하여야 한다*(대법원 2012. 2. 23. 선고 2011도16863 판결 등 참조).* 한편, 위 규정의 내용과 취지에 비추어 보면, 위와 같은 공개명령과 고지명령의 예외사유를 각각 별개로 판단하여야 하는 것은 아니고, 공개명령과 고지명령의 예외사유가 있는지 여부에 대한 판단 근거와 이유가 공통되는 경우에는 함께 판단할 수 있다고 보아야 한다.

원심은 그 판시와 같은 이유로 피고인에게 신상정보를 공개·고지하여서는 안 될 특별한 사정이 없다고 판단하여 피고인에게 2년간 신상정보의 공개·고지명령을 선고하였다.

위에서 본 법리에 비추어 피고인의 연령, 직업, 전과 및 범행의 종류, 동기, 범행과정, 결과 등 기록에 나타난 제반 사정을 종합적으로 고려하면, 피고인이 주장하는 정상을 참작하더라도 원심의 위와 같은 판단은 정당하고, 상고이유 주장과 같이 공개·고지명령에 관한 법리를 오해한 잘못이 없다*[대법원 2016. 11. 10., 선고, 2016도14230, 판결].*

■ 관련판례 2

【판시사항】

'아동·청소년' 대상 성폭력범죄가 2012. 12. 18. 법률 제11556호로 전부 개정되어 2013. 6. 19. 시행된 '성폭력범죄의 처벌 등에 관한 특례법' 등에서 정한 등록대상 성폭력범죄에도 해당하는 경우, 같은 법 등의 규정에 따른 공개명령 및 고지명령의 대상이 되는지 여부(소극)

【판결요지】

2010. 4. 15. 법률 제10258호 '성폭력범죄의 처벌 등에 관한 특례법'은 신상정보의 공개명령 및 고지명령의 대상에서 '아동·청소년 대상 성폭력범죄를 저지른 자'를 제외함으로써 그 적용 범위를 '성인 대상 성폭력범죄를 범한 자'로 제한하였으며, '아동·청소년의 성보호에 관한 법률'(2009. 6. 9. 법률 제9765호로 전부 개정된 것, 이하 '법률 제9765호 아동성보호법'이라고 한다), '아동·청소년의 성보호에 관한 법률'(2010. 4. 15. 법률 제10260호로 개정된 것)이 별도로 '아동·청소년 대상 성폭력범죄를 저지른 자'를 공개명령 및 고지명령의 대상으로 규정하였다.

그리고 '성폭력범죄의 처벌 등에 관한 특례법'(2012. 12. 18. 법률 제11556호로 전부 개정되어 2013. 6. 19. 시행된 것, 이하 '법률 제11556호 성폭력특례법'이라고 한다) 제47조 제1항, 제49조 제1항은 등록대상 성폭력범죄의 공개명령 및 고지명령에 관하여는 '아동·청소년의 성보호에 관한 법률'(2012. 12. 18. 법률 제11572호로 전부 개정되어 2013. 6. 19. 시행된 것, 이하 '법률 제11572호 아동성보호법'이라고 한다)에 의하도록 정하고 있다. 그러므로 아동·청소년 대상 성폭력범죄의 경우, 법률 제11572호 아동성보호법이 시행된 이후의 범행뿐만 아니라 그 이전 범행이라도 그것이 법률 제11556호 성폭력특례법 등에서 정한 등록대상 성폭력범죄에 해당하는지 여부와는 관계없이 법률 제9765호 아동성보호법 등이 규정하고 있는 공개명령 및 고지명령의 대상이 될 수 있는지만 문제 될 뿐, 법률 제11556호 성폭력특례법 등의 규정에 따른 공개명령 및 고지명령의 대상이 되지는 아니한다[대법원 2014.3.27., 선고, 2013도13095, 판결].

제50조(등록정보의 고지)

① 법원은 공개대상자 중 다음 각 호의 어느 하나에 해당하는 자에 대하여 판결로 제49조에 따른 공개명령 기간 동안 제4항에 따른 고지정보를 제5항에 규정된 사람에 대하여 고지하도록 하는 명령(이하 "고지명령"이라 한다)을 등록대상 성범죄 사건의 판결과 동시에 선고하여야 한다. 다만, 피고인이 아동·청소년인 경우, 그 밖에 신상정보를 고지하여서는 아니 될 특별한 사정이 있다고 판단하는 경우에는 그러하지 아니하다. 〈개정 2020. 5. 19.〉

1. 아동·청소년대상 성범죄를 저지른 자
2. 「성폭력범죄의 처벌 등에 관한 특례법」 제2조제1항제3호·제4호, 같은 조 제2항(제1항제3호·제4호에 한정한다), 제3조부터 제15조까지의 범죄를 저지른 자
3. 제1호 또는 제2호의 죄를 범하였으나 「형법」 제10조제1항에 따라 처벌할 수 없는 자로서 제1호 또는 제2호의 죄를 다시 범할 위험성이 있다고 인정되는 자

② 고지명령을 선고받은 자(이하 "고지대상자"라 한다)는 공개명령을 선고받은 자로 본다.

③ 고지명령은 다음 각 호의 기간 내에 하여야 한다.

1. 집행유예를 선고받은 고지대상자는 신상정보 최초 등록일부터 1개월 이내
2. 금고 이상의 실형을 선고받은 고지대상자는 출소 후 거주할 지역에 전입한 날부터 1개월 이내
3. 고지대상자가 다른 지역으로 전출하는 경우에는 변경정보 등록일부터 1개월 이내

④ 제1항에 따라 고지하여야 하는 고지정보는 다음 각 호와 같다. 〈개정 2019. 11. 26.〉

1. 고지대상자가 이미 거주하고 있거나 전입하는 경우에는 제49조제4항의 공개정보. 다만, 제49조제4항제3호에 따른 주소 및 실제거주

지는 상세주소를 포함한다.

2. 고지대상자가 전출하는 경우에는 제1호의 고지정보와 그 대상자의 전출 정보

⑤ 제4항의 고지정보는 고지대상자가 거주하는 읍·면·동의 아동·청소년의 친권자 또는 법정대리인이 있는 가구, 「영유아보육법」에 따른 어린이집의 원장, 「유아교육법」에 따른 유치원의 장, 「초·중등교육법」 제2조에 따른 학교의 장, 읍·면사무소와 동 주민자치센터의 장(경계를 같이 하는 읍·면 또는 동을 포함한다), 「학원의 설립·운영 및 과외교습에 관한 법률」 제2조의2에 따른 학교교과교습학원의 장과 「아동복지법」 제52조제1항제8호에 따른 지역아동센터 및 「청소년활동 진흥법」 제10조제1호에 따른 청소년수련시설의 장에게 고지한다. (개정 2014. 1. 21.)

■ 관련판례 1

【판시사항】

성폭력범죄의 처벌 등에 관한 특례법 제47조 제1항, 제49조 제1항에 의하여 적용되는 아동·청소년의 성보호에 관한 법률 제49조 제1항, 제50조 제1항 각 단서에서 공개명령과 고지명령의 예외사유의 하나로 규정한 '신상정보를 공개하여서는 아니 될 특별한 사정이 있다고 판단되는 경우'에 해당하는지 판단하는 기준 / 위와 같은 공개명령과 고지명령의 예외사유를 각각 별개로 판단하여야 하는지 여부(소극)

【이 유】

상고이유를 판단한다.

성폭력범죄의 처벌 등에 관한 특례법 제47조 제1항, 제49조 제1항에 의하여 적용되는 아동·청소년의 성보호에 관한 법률 제49조 제1항, 제50조 제1항 각 단서에서 공개명령과 고지명령의 예외사유의 하나로 규정한 '신상정보를 공개하여서는 아니 될 특별한 사정이 있다고 판단되는 경우'에 해당하

는지는 피고인의 연령, 직업, 재범위험성 등 행위자의 특성, 당해 범행의 종류, 동기, 범행과정, 결과 및 그 죄의 경중 등 범행의 특성, 공개명령 또는 고지명령으로 인하여 피고인이 입는 불이익의 정도와 예상되는 부작용, 그로 인해 달성할 수 있는 등록대상 성폭력범죄의 예방 효과 및 등록대상 성폭력범죄로부터의 피해자 보호 효과 등을 종합적으로 고려하여 판단하여야 한다(*대법원 2012. 2. 23. 선고 2011도16863 판결 등 참조*). 한편, 위 규정의 내용과 취지에 비추어 보면, 위와 같은 공개명령과 고지명령의 예외사유를 각각 별개로 판단하여야 하는 것은 아니고, 공개명령과 고지명령의 예외사유가 있는지 여부에 대한 판단 근거와 이유가 공통되는 경우에는 함께 판단할 수 있다고 보아야 한다.

원심은 그 판시와 같은 이유로 피고인에게 신상정보를 공개·고지하여서는 안 될 특별한 사정이 없다고 판단하여 피고인에게 2년간 신상정보의 공개·고지명령을 선고하였다.

위에서 본 법리에 비추어 피고인의 연령, 직업, 전과 및 범행의 종류, 동기, 범행과정, 결과 등 기록에 나타난 제반 사정을 종합적으로 고려하면, 피고인이 주장하는 정상을 참작하더라도 원심의 위와 같은 판단은 정당하고, 상고이유 주장과 같이 공개·고지명령에 관한 법리를 오해한 잘못이 없다*[대법원 2016. 11. 10., 선고, 2016도14230, 판결].*

■ 관련판례 2

【판시사항】

[1] '아동·청소년' 대상 성폭력범죄가 2012. 12. 18. 법률 제11556호로 전부 개정되어 2013. 6. 19. 시행된 '성폭력범죄의 처벌 등에 관한 특례법' 등에서 정한 등록대상 성폭력범죄에도 해당하는 경우, 같은 법 등의 규정에 따른 공개명령 및 고지명령의 대상이 되는지 여부(소극)

[2] '성폭력범죄의 처벌 등에 관한 특례법' 제42조 제1항에 의하여 새로이 공개명령 및 고지명령의 대상이 된 성폭력범죄(같은 법 제11조 내지

제15조에 정한 것)가 '아동·청소년'을 대상으로 이루어진 경우, 같은 법 부칙(2012. 12. 18.) 제4조 제1항이 적용되는지 여부(소극)

【판결요지】

[1] 2010. 4. 15. 법률 제10258호 '성폭력범죄의 처벌 등에 관한 특례법'은 신상정보의 공개명령 및 고지명령의 대상에서 '아동·청소년 대상 성폭력범죄를 저지른 자'를 제외함으로써 그 적용 범위를 '성인 대상 성폭력범죄를 범한 자'로 제한하였으며, '아동·청소년의 성보호에 관한 법률'(2009. 6. 9. 법률 제9765호로 전부 개정된 것, 이하 '법률 제9765호 아동성보호법'이라고 한다), '아동·청소년의 성보호에 관한 법률'(2010. 4. 15. 법률 제10260호로 개정된 것)이 별도로 '아동·청소년 대상 성폭력범죄를 저지른 자'를 공개명령 및 고지명령의 대상으로 규정하였다.

그리고 '성폭력범죄의 처벌 등에 관한 특례법'(2012. 12. 18. 법률 제11556호로 전부 개정되어 2013. 6. 19. 시행된 것, 이하 '법률 제11556호 성폭력특례법'이라고 한다) 제47조 제1항, 제49조 제1항은 등록대상 성폭력범죄의 공개명령 및 고지명령에 관하여는 '아동·청소년의 성보호에 관한 법률'(2012. 12. 18. 법률 제11572호로 전부 개정되어 2013. 6. 19. 시행된 것, 이하 '법률 제11572호 아동성보호법'이라고 한다)에 의하도록 정하고 있다.

그러므로 아동·청소년 대상 성폭력범죄의 경우, 법률 제11572호 아동성보호법이 시행된 이후의 범행뿐만 아니라 그 이전 범행이라도 그것이 법률 제11556호 성폭력특례법 등에서 정한 등록대상 성폭력범죄에 해당하는지 여부와는 관계없이 법률 제9765호 아동성보호법 등이 규정하고 있는 공개명령 및 고지명령의 대상이 될 수 있는지만 문제 될 뿐, 법률 제11556호 성폭력특례법 등의 규정에 따른 공개명령 및 고지명령의 대상이 되지는 아니한다.

[2] '성폭력범죄의 처벌 등에 관한 특례법'(2012. 12. 18. 법률 제11556

호로 전부 개정되어 2013. 6. 19. 시행된 것, 이하 '법률 제11556호 성폭력특례법'이라고 한다)은 제42조 제1항에서 과거 공개명령 및 고지명령의 대상이 되는 성폭력범죄가 아니었던 일정한 유형의 범죄(같은 법 제11조 내지 제15조에 정한 것)를 공개명령 및 고지명령의 대상이 되는 성폭력범죄로 새로이 규정하는 한편, 부칙 제4조 제1항으로 "이 법 시행 후 제11조부터 제15조(제14조의 미수범만을 말한다)까지의 개정규정의 범죄로 유죄판결이 확정된 자에 대하여는 제42조부터 제50조까지의 개정규정을 적용한다."고 정하여, 위 각 범죄(이하 신설된 제12조는 제외한다)의 범행 시점이 법률 제11556호 성폭력특례법의 시행 이전이라 하더라도 그 시행 이후 유죄판결을 선고할 때에는 개정된 규정에 따라 공개명령 및 고지명령을 할 수 있는 근거를 두고 있는데, 아동·청소년을 상대로 한 위 각 범죄는 그와 별도로 2012. 2. 1. 법률 제11287호로 개정되어 2012. 8. 2. 시행된 '아동·청소년의 성보호에 관한 법률'에서 이미 공개명령 및 고지명령의 대상으로 규정하고 있었던 점 등을 고려하면, 이는 위 각 범죄가 아동·청소년을 대상으로 이루어진 경우에는 적용되지 않는다고 보아야 한다*[대법원 2014. 3. 27., 선고, 2013도13095, 판결].*

제51조(고지명령의 집행)

① 고지명령의 집행은 여성가족부장관이 한다.

② 법원은 고지명령의 판결이 확정되면 판결문 등본을 판결이 확정된 날부터 14일 이내에 법무부장관에게 송달하여야 하며, 법무부장관은 제50조제3항에 따른 기간 내에 고지명령이 집행될 수 있도록 최초등록 및 변경등록 시 고지대상자, 고지기간 및 같은 조 제4항 각 호에 규정된 고지정보를 지체 없이 여성가족부장관에게 송부하여야 한다.

③ 법무부장관은 고지대상자가 출소하는 경우 출소 1개월 전까지 다음 각 호의 정보를 여성가족부장관에게 송부하여야 한다.

1. 고지대상자의 출소 예정일

2. 고지대상자의 출소 후 거주지 상세주소

④ 여성가족부장관은 제50조제4항에 따른 고지정보를 관할구역에 거주하는 아동·청소년의 친권자 또는 법정대리인이 있는 가구, 「영유아보육법」에 따른 어린이집의 원장 및 「유아교육법」에 따른 유치원의 장과 「초·중등교육법」 제2조에 따른 학교의 장, 읍·면사무소와 동 주민자치센터의 장, 「학원의 설립·운영 및 과외교습에 관한 법률」 제2조의2에 따른 학교교과교습학원의 장과 「아동복지법」 제52조제1항제8호에 따른 지역아동센터 및 「청소년활동 진흥법」 제10조제1호에 따른 청소년수련시설의 장에게 우편으로 송부하고, 읍·면 사무소 또는 동(경계를 같이 하는 읍·면 또는 동을 포함한다) 주민자치센터 게시판에 30일간 게시하는 방법으로 고지명령을 집행한다. 〈개정 2014. 1. 21.〉

⑤ 여성가족부장관은 제4항에 따른 고지명령의 집행 이후 관할구역에 출생신고·입양신고·전입신고가 된 아동·청소년의 친권자 또는 법정대리인이 있는 가구 및 관할구역에 설립·설치된 「영유아보육법」에 따른 어린이집의 원장, 「유아교육법」에 따른 유치원의 장 및 「초·중등교육법」 제2조에 따른 학교의 장, 「학원의 설립·운영 및 과외교습에 관한 법률」 제2조의2에 따른 학교교과교습학원의 장과

「아동복지법」 제52조제1항제8호에 따른 지역아동센터 및 「청소년활동 진흥법」 제10조제1호에 따른 청소년수련시설의 장으로서 고지대상자의 고지정보를 우편으로 송부받지 못한 자에 대하여 제50조제4항에 따른 고지정보를 우편으로 송부하여야 한다. *(개정 2014. 1. 21.)*

⑥ 여성가족부장관은 고지명령의 집행에 관한 업무 중 제4항 및 제5항에 따른 우편송부 및 게시판 게시 업무를 고지대상자가 실제 거주하는 읍·면사무소의 장 또는 동 주민자치센터의 장에게 위임할 수 있다.

⑦ 제6항에 따른 위임을 받은 읍·면사무소의 장 또는 동 주민자치센터의 장은 우편송부 및 게시판 게시 업무를 집행하여야 한다.

⑧ 여성가족부장관은 제4항에 따른 고지 외에도 그 밖의 방법에 의하여 고지명령을 집행할 수 있다.

⑨ 고지명령의 집행 및 고지절차 등에 필요한 사항은 여성가족부령으로 정한다.

■ **관련판례**

【판시사항】

2012. 12. 18. 법률 제11572호로 전부 개정된 '아동·청소년의 성보호에 관한 법률' 시행 후에도 여전히 2011. 1. 1. 이후 '아동·청소년 대상 성폭력범죄를 저지른 자'에 대하여만 판결과 동시에 고지명령을 선고할 수 있는지 여부(적극)

【판결요지】

'아동·청소년의 성보호에 관한 법률'(2010. 4. 15. 법률 제10260호로 개정된 것. 이하 '법률 제10260호 아동성보호법'이라고 한다)은 고지명령 제도에 관한 제38조의2, 제38조의3을 신설하였는데, 그 법률 부칙 제1조는 "이 법은 공포한 날부터 시행한다. 다만 제31조의2, 제38조의2 및 제38조의3의 개정규정은 2011년 1월 1일부터 시행한다"고 규정하였으며, 부칙 제4조는 "제38조의2 및 제38조의3의 개정규정은 같은 개정규정 시행 후 최초로 아동·청소년 대상 성범죄를 범하여 고지명령을 선고받은 고지대상자부터 적용한다"고 정하였다.

아울러 '아동·청소년의 성보호에 관한 법률'(2012. 12. 18. 법률 제11572호로 전부 개정되어 2013. 6. 19. 시행된 것. 이하 '법률 제11572호 아동성보호법'이라고 한다) 역시 부칙 제8조 제1항이 "제50조 제1항, 제51조의 개정규정은 2008년 4월 16일부터 2010년 12월 31일 사이에 제2조 제2호의 개정규정의 아동·청소년 대상 성범죄(제11조 제5항의 개정규정의 죄는 제외한다)를 범하고 유죄판결(벌금형은 제외한다)이 확정되어 종전의 규정에 따라 공개명령을 받은 사람에 대하여도 적용하되, 공개기간이 종료된 자는 제외한다"고 규정하고, 제2항은 "이 경우 검사는 여성가족부장관의 요청을 받아 제1항에 규정된 사람에 대하여 제1심판결을 한 법원에 고지명령을 청구한다"고 정하고 있을 뿐, 2011. 1. 1. 이전에 아동·청소년 대상 성폭력범죄를 범하고 아직 유죄판결이 확정되지 아니한 자에 대하여는 위와 같이 일정한 요건 아래 그 유죄판결 확정 후 고지명령을 청구하는 절차 이외에 곧바로 판결과 동시에 고지명령을 선고할 수 있는 근거를 따로 두고 있지 아니하다.

이러한 규정 내용 및 법률 개정의 연혁 등에 비추어 보면, 법률 제11572호 아동성보호법이 시행된 뒤에도 여전히 법률 제10260호 아동성보호법 부칙 규정이 정한 대로 2011. 1. 1. 이후 '아동·청소년 대상 성폭력범죄를 저지른 자'에 대하여만 판결과 동시에 고지명령을 선고할 수 있다고 보아야 한다[대법원 2014. 2. 13., 선고, 2013도14349,2013전도275, 판결].

제51조의2(고지정보의 정정 등)

① 누구든지 제51조에 따라 집행된 고지정보에 오류가 있음을 발견한 경우 여성가족부장관에게 그 정정을 요청할 수 있다.

② 여성가족부장관은 제1항에 따른 고지정보의 정정요청을 받은 경우 법무부장관에게 그 사실을 통보하고, 법무부장관은 고지정보의 진위와 변경 여부를 확인하기 위하여 고지대상자의 주소지를 관할하는 경찰관서의 장에게 직접 대면 등의 방법으로 진위와 변경 여부를 확인하도록 요구할 수 있다.

③ 법무부장관은 제2항에 따라 고지정보에 오류가 있음을 확인한 경우 대통령령으로 정하는 바에 따라 변경정보를 등록한 후 여성가족부장관에게 그 결과를 송부하고, 여성가족부장관은 제51조제4항에 따른 방법으로 집행된 고지정보에 정정 사항이 있음을 알려야 한다.

④ 여성가족부장관은 제3항에 따른 처리 결과를 제1항에 따라 고지정보의 정정을 요청한 자에게 알려야 한다.

⑤ 제1항에 따른 고지정보 정정 요청의 방법 및 절차, 제2항에 따른 법무부장관에 대한 통보, 조회 또는 정보 제공의 요청, 확인 요구 방법 및 절차, 제4항에 따른 처리 결과 통지 방법 등에 필요한 사항은 대통령령으로 정한다.

[본조신설 2018. 1. 16.]

제52조(공개명령의 집행)

① 공개명령은 여성가족부장관이 정보통신망을 이용하여 집행한다.

② 법원은 공개명령의 판결이 확정되면 판결문 등본을 판결이 확정된 날부터 14일 이내에 법무부장관에게 송달하여야 하며, 법무부장관은 제49조제2항에 따른 공개기간 동안 공개명령이 집행될 수 있도록 최초등록 및 변경등록 시 공개대상자, 공개기간 및 같은 조 제4항 각 호에 규정된 공개정보를 지체 없이 여성가족부장관에게 송부하여

야 한다. *〈개정 2019. 11. 26.〉*
③ 공개명령의 집행·공개절차·관리 등에 관한 세부사항은 대통령령으로 정한다.

■ 관련판례

【판시사항】

구 청소년의 성보호에 관한 법률 또는 구 아동·청소년의 성보호에 관한 법률하에서 신상정보 등록대상자가 된 자가 구 아동·청소년의 성보호에 관한 법률 시행 이후에 정당한 사유 없이 변경된 신상정보를 제출하지 아니한 경우, 신상정보 제출의무를 최초로 부담하게 된 시점에 상관없이 구 아동·청소년의 성보호에 관한 법률 제48조 제3항 제1호를 적용하여 처벌할 수 있는지 여부(적극)

【판결요지】

구 청소년의 성보호에 관한 법률(2009. 6. 9. 법률 제9765호 아동·청소년의 성보호에 관한 법률로 전부 개정되기 전의 것, 이하 '구법'이라고 한다)하에서 신상정보 등록대상자가 되었다가 구법이 구 아동·청소년의 성보호에 관한 법률(2011. 9. 15. 법률 제11047호로 개정되기 전의 것, 이하 '아청법'이라고 한다)로 전부 개정된 이후에 변경된 신상정보를 제출하지 아니한 경우에는, 구법의 벌칙규정이 적용될 여지는 없고 단지 행위시법인 아청법 제48조 제3항 제1호에 따라 피고인을 형사처벌할 수 있는지 여부만이 문제되는데[즉, 아청법 부칙(2009. 6. 9.) 제5조에서는 아청법 시행 당시 구법에 따른 등록정보 열람자의 비밀준수 및 위반시 벌칙에 관하여 아청법 제42조의 개정규정이 아닌 구법 제41조 제2항 및 제45조 제1항을 적용하도록 명시적으로 규정한 반면, 신상정보 등록대상자가 정당한 사유 없이 변경정보를 제출하지 아니한 경우에 적용되는 벌칙에 대해서는 위 부칙에서 별도 규정을 두고 있지 않은데, 법해석의 기본원칙에 따라 위 부칙 규정을 해석하면 변경된 신상정보를 제출하지 아니한 행위에 적용할 법령은 구법이 아닌 행위시법인 아청법으로 보아야 한다],

아청법 제48조 제3항 제1호는 신상정보 등록대상자가 정당한 사유 없이 변경정보를 제출하지 아니한 행위를 범죄의 구성요건으로 정하면서 법문상 마치 이와 같은 행위가 아청법 제34조 제2항을 위반할 것을 전제로 하는 것처럼 규정되어 있기는 하나, 이는 아청법 제34조 제1항이 구법 제33조 제1항과 달리 신상정보 등록대상자에게 신상정보로서 '신체정보(키와 몸무게)'를 추가로 제출하도록 규정함으로써, 구법하에서 제출하여야 할 신상정보와 비교할 때 신상정보 등록대상자의 의무를 가중하는 방향으로 법이 개정된 데 따른 것으로[즉, 구법하에서 신상정보 등록대상자가 된 자의 경우에는 아청법이 시행된 이후에도 아청법 제34조 제1항에 따라 '신체정보(키와 몸무게)'를 추가로 제출할 의무는 없고, 따라서 당해 신상정보 등록대상자가 이를 제출하지 아니하였다는 이유로 아청법 제48조 제3항 제1호에 따라 처벌할 수 없다는 취지로 해석된다], 구법하에서 신상정보 등록대상자가 된 자가 정당한 사유 없이 변경정보를 제출하지 아니한 행위를 종전에 처벌하였던 것이 부당하였다는 반성적 고려에 따라 아청법의 시행을 계기로 이들에게 적용될 해당 벌칙 규정을 폐지함으로써, 변경된 신상정보를 제출하지 아니하는 행위를 더 이상 처벌하지 않겠다는 의미로는 해석할 수 없으므로, 아청법이 시행된 이후에 구법 또는 아청법하에서 신상정보 등록대상자가 된 자가 정당한 사유 없이 변경정보를 제출하지 아니한 경우에는 신상정보 제출의무를 최초로 부담하게 된 시점이 언제인지에 상관없이 아청법 제48조 제3항 제1호에 의해 처벌할 수 있다고 보는 것이 타당하다. 만약 이와 같이 해석하지 아니하고, 아청법 제48조 제3항 제1호의 문언을 토대로 구법하에서 신상정보 등록대상자가 된 자들의 신상정보 미제출행위를 아청법하에서 처벌할 수 없다고 보는 경우에는, 입법의 공백으로 말미암아 종전에 처벌이 가능하였던 행위를 더 이상 형사처벌하지 못하는 사태가 야기되어 구법하에서 청소년대상 성범죄자에 대한 신상정보 등록제도가 제도 구현을 위한 강제력을 일거에 상실하게 될 뿐만 아니라, 성범죄 피해자에게 평생 씻을 수 없는 상처를 안김과 동시에 우리 사회에 막대한 해악을 끼치는 아동·청소년대상 성범죄를 미연에 예방하고자 하는 입법 목적과도 상충하는 결과가 야기된다[광주고법 2012. 7. 18., 선고, (제주)2012노12,2012전노2, 판결 : 확정].

제53조(계도 및 범죄정보의 공표)

① 여성가족부장관은 아동·청소년대상 성범죄의 발생추세와 동향, 그 밖에 계도에 필요한 사항을 연 2회 이상 공표하여야 한다.

② 여성가족부장관은 제1항에 따른 성범죄 동향 분석 등을 위하여 성범죄로 유죄판결이 확정된 자에 대한 자료를 관계 행정기관에 요청할 수 있다.

제53조의2(아동·청소년성착취물 관련 범죄 실태조사)

① 여성가족부장관은 아동·청소년성착취물과 관련한 범죄 예방과 재발방지 등을 위하여 정기적으로 아동·청소년성착취물 관련 범죄에 대한 실태조사를 하여야 한다.

② 제1항에 따른 실태조사의 주기, 방법과 내용 등에 관하여 필요한 사항은 여성가족부령으로 정한다.

[본조신설 2020. 12. 8.]

제54조(비밀준수)

등록대상 성범죄자의 신상정보의 공개 및 고지 업무에 종사하거나 종사하였던 자는 직무상 알게 된 등록정보를 누설하여서는 아니 된다.

제55조(공개정보의 악용금지)

① 공개정보는 아동·청소년 등을 등록대상 성범죄로부터 보호하기 위하여 성범죄 우려가 있는 자를 확인할 목적으로만 사용되어야 한다.

② 공개정보를 확인한 자는 공개정보를 활용하여 다음 각 호의 행위를 하여서는 아니 된다.

1. 신문·잡지 등 출판물, 방송 또는 정보통신망을 이용한 공개

2. 공개정보의 수정 또는 삭제

③ 공개정보를 확인한 자는 공개정보를 등록대상 성범죄로부터 보호할 목적 외에 다음 각 호와 관련된 목적으로 사용하여 공개대상자를 차별하여서는 아니 된다. *(개정 2018. 1. 16.)*

1. 고용(제56조제1항의 아동·청소년 관련기관등에의 고용은 제외한다)
2. 주택 또는 사회복지시설의 이용
3. 교육기관의 교육 및 직업훈련

제56조(아동·청소년 관련기관등에의 취업제한 등)

① 법원은 아동·청소년대상 성범죄 또는 성인대상 성범죄(이하 "성범죄"라 한다)로 형 또는 치료감호를 선고하는 경우에는 판결(약식명령을 포함한다. 이하 같다)로 그 형 또는 치료감호의 전부 또는 일부의 집행을 종료하거나 집행이 유예·면제된 날(벌금형을 선고받은 경우에는 그 형이 확정된 날)부터 일정기간(이하 "취업제한 기간"이라 한다) 동안 다음 각 호에 따른 시설·기관 또는 사업장(이하 "아동·청소년 관련기관등"이라 한다)을 운영하거나 아동·청소년 관련기관등에 취업 또는 사실상 노무를 제공할 수 없도록 하는 명령(이하 "취업제한 명령"이라 한다)을 성범죄 사건의 판결과 동시에 선고(약식명령의 경우에는 고지)하여야 한다. 다만, 재범의 위험성이 현저히 낮은 경우, 그 밖에 취업을 제한하여서는 아니 되는 특별한 사정이 있다고 판단하는 경우에는 그러하지 아니한다. *〈개정 2013. 3. 23., 2014. 1. 21., 2016. 1. 19., 2016. 5. 29., 2018. 1. 16., 2018. 3. 13., 2019. 11. 26., 2020. 6. 2., 2020. 12. 8., 2021. 1. 12.〉*

1. 「유아교육법」 제2조제2호의 유치원
2. 「초·중등교육법」 제2조의 학교, 같은 법 제28조와 같은 법 시행령 제54조에 따른 위탁 교육기관 및 「고등교육법」 제2조의 학교
2의2. 특별시·광역시·특별자치시·도·특별자치도 교육청 또는 「지방교육자치에 관한 법률」 제34조에 따른 교육지원청이 「초·중등교육법」 제28조에 따라 직접 설치·운영하거나 위탁하여 운영하는 학생상담지원시설 또는 위탁 교육시설
2의3. 「제주특별자치도 설치 및 국제자유도시 조성을 위한 특별법」 제

223조에 따라 설립된 국제학교

3. 「학원의 설립·운영 및 과외교습에 관한 법률」 제2조제1호의 학원, 같은 조 제2호의 교습소 및 같은 조 제3호의 개인과외교습자(아동·청소년의 이용이 제한되지 아니하는 학원·교습소로서 교육부장관이 지정하는 학원·교습소 및 아동·청소년을 대상으로 하는 개인과외교습자를 말한다)

4. 「청소년 보호법」 제35조의 청소년 보호·재활센터

5. 「청소년활동 진흥법」 제2조제2호의 청소년활동시설

6. 「청소년복지 지원법」 제29조제1항에 따른 청소년상담복지센터 및 같은 법 제31조제1호에 따른 청소년쉼터

6의2. 「학교 밖 청소년 지원에 관한 법률」 제12조의 학교 밖 청소년 지원센터

7. 「영유아보육법」 제2조제3호의 어린이집

8. 「아동복지법」 제3조제10호의 아동복지시설 및 같은 법 제37조에 따른 통합서비스 수행기관

9. 「성매매방지 및 피해자보호 등에 관한 법률」 제9조제1항제2호의 청소년 지원시설과 같은 법 제17조의 성매매피해상담소

10. 「주택법」 제2조제3호의 공동주택의 관리사무소. 이 경우 경비업무에 직접 종사하는 사람에 한정한다.

11. 「체육시설의 설치·이용에 관한 법률」 제3조에 따라 설립된 체육시설 중 아동·청소년의 이용이 제한되지 아니하는 체육시설로서 문화체육관광부장관이 지정하는 체육시설

12. 「의료법」 제3조의 의료기관. 이 경우 「의료법」 제2조에 따른 의료인에 한정한다.

13. 「게임산업진흥에 관한 법률」에 따른 다음 각 목의 영업을 하는 사업장
    가. 「게임산업진흥에 관한 법률」 제2조제7호의 인터넷컴퓨터게임시설제공업

나.「게임산업진흥에 관한 법률」제2조제8호의 복합유통게임제공업

14.「경비업법」제2조제1호의 경비업을 행하는 법인. 이 경우 경비업무에 직접 종사하는 사람에 한정한다.

15. 영리의 목적으로 「청소년기본법」제3조제3호의 청소년활동의 기획·주관·운영을 하는 사업장(이하 "청소년활동기획업소"라 한다)

16. 대중문화예술기획업소

17. 아동·청소년의 고용 또는 출입이 허용되는 다음 각 목의 어느 하나에 해당하는 기관·시설 또는 사업장(이하 이 호에서 "시설등"이라 한다)으로서 대통령령으로 정하는 유형의 시설등

　가. 아동·청소년과 해당 시설등의 운영자·근로자 또는 사실상 노무 제공자 사이에 업무상 또는 사실상 위력 관계가 존재하거나 존재할 개연성이 있는 시설등

　나. 아동·청소년이 선호하거나 자주 출입하는 시설등으로서 해당 시설등의 운영 과정에서 운영자·근로자 또는 사실상 노무 제공자에 의한 아동·청소년대상 성범죄의 발생이 우려되는 시설등

18. 가정을 방문하거나 아동·청소년이 찾아오는 방식 등으로 아동·청소년에게 직접교육서비스를 제공하는 사람을 모집하거나 채용하는 사업장(이하 "가정방문 등 학습교사 사업장"이라 한다). 이 경우 아동·청소년에게 직접교육서비스를 제공하는 업무에 종사하는 사람에 한정한다.

19.「장애인 등에 대한 특수교육법」제11조의 특수교육지원센터 및 같은 법 제28조에 따라 특수교육 관련서비스를 제공하는 기관·단체

20.「지방자치법」제161조에 따른 공공시설 중 아동·청소년이 이용하는 시설로서 행정안전부장관이 지정하는 공공시설

21.「지방교육자치에 관한 법률」제32조에 따른 교육기관 중 아동·청소년을 대상으로 하는 교육기관

22.「어린이 식생활안전관리 특별법」제21조제1항의 어린이급식관리지원센터

② 제1항에 따른 취업제한 기간은 10년을 초과하지 못한다. 〈신설 2018. 1. 16.〉

③ 법원은 제1항에 따라 취업제한 명령을 선고하려는 경우에는 정신건강의학과 의사, 심리학자, 사회복지학자, 그 밖의 관련 전문가로부터 취업제한 명령 대상자의 재범 위험성 등에 관한 의견을 들을 수 있다. 〈신설 2018. 1. 16.〉

④ 제1항 각 호(제10호는 제외한다)의 아동·청소년 관련기관등의 설치 또는 설립 인가·신고를 관할하는 지방자치단체의 장, 교육감 또는 교육장은 아동·청소년 관련기관등을 운영하려는 자에 대한 성범죄 경력 조회를 관계 기관의 장에게 요청하여야 한다. 다만, 아동·청소년 관련기관등을 운영하려는 자가 성범죄 경력 조회 회신서를 지방자치단체의 장, 교육감 또는 교육장에게 직접 제출한 경우에는 성범죄 경력 조회를 한 것으로 본다. 〈개정 2016. 5. 29., 2018. 1. 16.〉

⑤ 아동·청소년 관련기관등의 장은 그 기관에 취업 중이거나 사실상 노무를 제공 중인 자 또는 취업하려 하거나 사실상 노무를 제공하려는 자(이하 "취업자등"이라 한다)에 대하여 성범죄의 경력을 확인하여야 하며, 이 경우 본인의 동의를 받아 관계 기관의 장에게 성범죄의 경력 조회를 요청하여야 한다. 다만, 취업자등이 성범죄 경력 조회 회신서를 아동·청소년 관련기관등의 장에게 직접 제출한 경우에는 성범죄 경력 조회를 한 것으로 본다. 〈개정 2016. 5. 29., 2018. 1. 16.〉

⑥ 제4항 및 제5항에 따라 성범죄 경력 조회 요청을 받은 관계 기관의 장은 성범죄 경력 조회 회신서를 발급하여야 한다. 〈신설 2016. 5. 29., 2018. 1. 16.〉

⑦ 제1항제22호의 어린이급식관리지원센터의 장이 제5항에 따라 취업 중인 자에 대하여 성범죄 경력 조회를 한 경우, 그 취업 중인 자가 직무를 집행함에 있어서 다른 아동·청소년 관련기관등에 사실상 노무를 제공하는 경우에는 제5항에도 불구하고 다른 아동·청소년 관련기관등의 장이 성범죄 경력 조회를 한 것으로 본다. 〈신설 2019. 11. 26.〉

⑧ 제4항부터 제6항까지에 따른 성범죄경력 조회의 요청 절차·범위

등에 관하여 필요한 사항은 대통령령으로 정한다. *〈개정 2016. 5. 29.,*
2018. 1. 16., 2019. 11. 26.〉

[제목개정 2018. 1. 16.]

[2018. 1. 16. 법률 제15352호에 의하여 2013헌마585(2016. 3. 31.), 2015헌마
98(2016. 4. 28.), 2015헌마359(2016. 7. 28.), 2015헌마914(2016. 7. 28.),
2014헌마709(2016. 10. 27.) 등 헌법재판소에서 위헌 결정된 이 조 제1항을 개정함.]

■ **관련판례 1**

【판시사항】

원심이 아동복지법 위반(아동에 대한 음행강요·매개·성희롱 등)으로 기소된
피고인에 대하여 취업제한 명령의 면제요건에 해당되지 않는다고 보아 아
동·청소년 관련기관 등과 장애인복지시설에 각각 2년간 취업제한명령을 선
고한 제1심판결을 그대로 유지한 사안에서, 원심판단을 수긍한 사례

【이 유】

상고이유를 판단한다.

원심은 그 판시와 같은 이유로 피고인이 취업제한 명령의 면제요건에 해당
되지 않는다고 보아 아동·청소년 관련기관 등과 장애인복지시설에 각각 2년
간 취업제한명령을 선고한 제1심판결을 그대로 유지하였다.

구 「아동·청소년의 성보호에 관한 법률」(2020. 6. 2. 법률 제17338호로
개정되기 전의 것, 이하 '청소년성보호법'이라 한다) 제49조 제1항 단서 및
제50조 제1항 단서에서 정한 등록정보의 공개·고지명령의 면제요건 중 '그
밖에 신상정보를 공개하여서는 아니 될 특별한 사정이 있다고 판단하는 경
우'와 청소년성보호법 제56조 제1항 단서 및 구 장애인복지법(2020. 12.
29. 법률 제17791호로 개정되기 전의 것) 제59조의3 제1항 단서에서 정
한 취업제한 명령의 면제요건인 '그 밖에 취업을 제한하여서는 아니 되는
특별한 사정이 있다고 판단하는 경우'는 문언의 형식·내용에 비슷한 점이
있기는 하나, 등록정보의 공개·고지명령과 취업제한 명령의 입법 취지·목적

및 이로 인하여 달성하려는 효과, 피고인에게 미치는 불이익의 정도 및 예상되는 부작용 등에 차이가 있어 동일한 의미로 해석할 수 없고, 나아가 피고인의 연령·성행·환경·전과, 이 사건 범행의 동기·수단과 결과, 범행 후의 정황 등 기록에 나타난 여러 사정을 종합적으로 고려해 보더라도 위와 같은 원심의 판단에 취업제한 명령의 면제요건에 관한 법리를 오해하여 판결에 영향을 미친 잘못이 없다[대법원 2022. 7. 14. 선고 2022도5117 판결].

■ 관련판례 2

【판시사항】

[1] 피고인만이 항소한 사건에서 불이익변경 여부의 판단 기준과 방법 / 아동·청소년의 성보호에 관한 법률 제56조 제1항에서 정한 '취업제한 명령'의 성격(=보안처분)

[2] 2018. 1. 16. 법률 제15352호로 개정된 아동·청소년의 성보호에 관한 법률의 시행 전에 성범죄를 범한 피고인에 대하여, 제1심이 개정법 시행일 이전에 유죄를 인정하여 벌금 500만 원과 40시간의 성폭력 치료프로그램 이수명령을 선고하였고, 이에 대하여 피고인만 항소하였는데, 개정법 시행일 이후에 판결을 선고한 원심이 개정법 부칙 제3조와 개정법 제56조 제1항에 따라 판결 선고와 동시에 취업제한 명령을 선고하여야 한다는 이유로 제1심판결을 직권으로 파기하고 유죄를 인정하면서 제1심과 동일한 형과 함께 3년간의 취업제한 명령을 선고한 사안에서, 원심의 판단에 불이익변경금지원칙에 관한 법리오해의 잘못이 있다고 한 사례

【이 유】

상고이유를 판단한다.

1. 피고사건 부분에 관한 판단

　　원심은 그 판시와 같은 이유를 들어 이 사건 공소사실을 유죄로 판단하였다. 원심판결 이유를 관련 법리와 적법하게 채택된 증거에 비추어 살

펴보면, 원심의 판단에 필요한 심리를 다하지 않은 채 논리와 경험의 법칙을 위반하여 자유심증주의의 한계를 벗어나거나 업무상위력 등에 의한 강제추행죄에서의 업무상 위력에 관한 법리를 오해한 잘못이 없다.

2. 취업제한 명령 부분에 관한 판단

가. 취업제한 명령에 관한 규정의 개정 경과

    (1) 구 아동·청소년의 성보호에 관한 법률(2018. 1. 16. 법률 제15352호로 개정되기 전의 것) 제56조 제1항은 아동·청소년대상 성범죄 또는 성인대상 성범죄(이하 '성범죄'라고 한다)로 형 또는 치료감호를 선고받아 확정된 자는 그 형 또는 치료감호의 전부 또는 일부의 집행을 종료하거나 집행이 유예·면제된 날부터 10년 동안 아동·청소년 관련기관 등을 운영하거나 아동·청소년 관련기관 등에 취업 또는 사실상 노무를 제공할 수 없다고 정하고 있었다(이하 '종전 규정'이라고 한다).

    (2) 헌법재판소는 성범죄 전력에 기초하여 어떠한 예외도 없이 일률적으로 10년의 취업제한을 부과한 종전 규정이 직업선택의 자유를 침해한다고 위헌결정을 하였다(헌법재판소 2016. 4. 28. 선고 2015헌마98 전원재판부 결정 등 참조). 이에 따라 2018. 1. 16. 법률 제15352호로 개정된 아동·청소년의 성보호에 관한 법률(이하 '개정법'이라고 한다) 제56조 제1항(이하 '개정규정'이라고 한다)에 의하면, 법원은 성범죄로 형 또는 치료감호를 선고하는 경우에는 판결로 그 형 또는 치료감호의 전부 또는 일부의 집행을 종료하거나 집행이 유예·면제된 날부터 일정 기간(이하 '취업제한 기간'이라고 한다) 동안 아동·청소년 관련기관 등을 운영하거나 아동·청소년 관련기관 등에 취업 또는 사실상 노무를 제공할 수 없도록 하는 명령(이하 '취업제한 명령'이라고 한다)을 성범죄 사건의 판결과 동시에 선고하여야 한다고 정하면서, 다만 재범의 위험성이 현저히 낮은 경우, 그 밖에 취업을 제한해서는 안 되는 특별한 사정이 있다고 판단하는 경우에는 취업제한 명령

을 선고하지 않을 수 있는 예외를 인정하였다.

(3) 한편 개정법의 시행일과 적용 범위 등에 관하여 개정법 부칙은 다음과 같이 정하고 있다. 개정법은 공포 후 6개월이 경과한 날부터 시행한다(제1조). 개정규정은 개정법 시행 전에 성범죄를 범하고 확정판결을 받지 않은 사람에 대해서도 적용한다(제3조). 종전 규정에 따라 취업제한을 받는 사람의 취업제한 기간은 종전 규정에도 불구하고 확정된 주형의 범위에 따라 5년·3년·1년으로 구분하여 정한 기간[① 3년 초과의 징역 또는 금고형이나 치료감호를 선고받아 그 형이 확정된 사람: 그 형 또는 치료감호의 전부 또는 일부의 집행을 종료하거나 집행이 유예·면제된 날(이하 같다)부터 5년, ② 3년 이하의 징역 또는 금고형이나 치료감호를 선고받아 그 형이 확정된 사람: 3년, ③ 벌금형을 선고받아 그 형이 확정된 사람: 1년]으로 하되, 종전 규정을 적용하는 것이 유리한 경우에는 종전의 규정에 따른다(제4조 제1항 제3호 각 목). 또한 헌법재판소의 위헌결정 후 개정법 시행일 전까지 성범죄로 형 또는 치료감호를 선고받아 그 형이 확정된 사람에 대하여도 부칙 제4조 제1항 제3호 각 목의 구분에 따른 기간 동안 취업을 제한한다(제5조).

나. 인정 사실

기록에 의하면, 아래와 같은 사실을 알 수 있다.

(1) 이 사건 공소사실의 요지는 "피고인이 2017. 7. 11. 피해자의 차량 뒷좌석에서 피해자의 손을 잡고 피해자의 허벅지와 가슴을 만지고, 입맞춤을 2회 하는 등 업무 관계로 인하여 자기의 보호, 감독을 받는 피해자를 위력으로 추행하였다."라는 것이다.

(2) 제1심은 개정법 시행 전인 2018. 6. 14. 이 사건 공소사실을 유죄로 인정하면서 피고인에게 벌금 500만 원을 선고하고 40시간의 성폭력 치료프로그램 이수를 명하였다. 이에 대하여 피고인만 사실오인과 양형부당을 이유로 항소하였다.

(3) 개정법 시행 후인 2019. 3. 14. 판결을 선고한 원심은 개정법 부칙 제3조와 개정규정에 따라 피고인에 대하여는 판결 선고와 동시에 취업제한 명령을 선고하여야 한다는 이유로 제1심판결을 직권으로 파기하고, 이 사건 공소사실을 유죄로 인정하면서 피고인에게 제1심과 동일한 형(벌금 500만 원, 40시간의 성폭력 치료프로그램 이수명령)과 함께 3년간의 취업제한 명령을 선고하였다.

다. 판단

(1) 피고인만이 항소한 사건에 대하여는 제1심판결의 형보다 중한 형을 선고하지 못한다(형사소송법 제368조). 이때 그 형이 피고인에게 불이익하게 변경되었는지 여부에 관한 판단은 형법상 형의 경중을 기준으로 하되 이를 개별적·형식적으로 고찰할 것이 아니라 주문 전체를 고려하여 피고인에게 실질적으로 불이익한지 아닌지를 보아 판단하여야 한다(대법원 2012. 9. 27. 선고 2012도8736 판결 등 참조). 한편 개정규정에서 정한 취업제한 명령은 범죄인에 대한 사회 내 처우의 한 유형으로서 형벌 그 자체가 아니라 보안처분의 성격을 가지는 것이지만, 아동·청소년 관련기관 등을 운영하거나 아동·청소년 관련기관 등에 취업 또는 사실상 노무를 제공할 수 없도록 함으로써 실질적으로는 직업선택의 자유를 제한하는 것이 된다.

(2) 위에서 본 개정규정과 개정법 부칙 규정의 내용과 취지 등에 따르면, 개정법 시행 전에 피고인에 대하여 벌금 500만 원과 40시간의 성폭력 치료프로그램 이수명령을 선고한 제1심판결에 대하여 검사와 피고인이 항소하지 않아 제1심판결이 그대로 확정되었다면, 개정법 부칙 제5조 및 제4조 제1항 제3호 (다)목의 특례규정이 적용됨에 따라 아동·청소년 관련기관 등에 관한 취업제한 기간은 1년이 된다.

그런데도 피고인만이 항소한 이 사건에서 개정법 시행일 이후에 개정법 부칙 제3조에 따라 판결을 선고한 원심은 개정법 시행 전에 성범죄를 범한 피고인에 대하여 제1심과 동일한 형과 함께 3년간의 취업제한 명령을 선고하였는바, 앞에서 본 법리에 비추어 살펴보면 제1심판결이 그대로 유지되는 때와 비교할 때 그 기간이 1년을 초과하는 취업제한 명령을 선고하는 것은 피고인에게 불이익하게 되는 것으로 허용될 수 없다. 따라서 이러한 원심의 판단에는 불이익변경금지원칙에 관한 법리를 오해하여 판결에 영향을 미친 잘못이 있고, 이를 지적하는 피고인의 상고이유 주장은 이유 있다.

3. 파기의 범위

　위와 같은 이유로 원심판결 중 취업제한 명령 부분을 파기하여야 하는데, 취업제한 명령은 법원이 일정한 성범죄 피고사건의 판결과 동시에 선고하는 부수처분이므로 나머지 피고사건 부분까지 전부 파기할 수밖에 없다*[대법원 2019. 10. 17., 선고, 2019도4192, 판결].*

■ 관련판례 3

【판시사항】

[1] 불이익변경금지원칙을 적용할 때에는 주문을 전체적·실질적으로 고찰하여 판단하여야 하는지 여부(적극)

[2] 2018. 12. 11. 법률 제15904호로 개정되어 2019. 6. 12. 시행된 장애인복지법의 시행 전에 아동·청소년 대상 성범죄를 범한 피고인에 대하여, 제1심이 개정법 시행일 이전에 유죄를 인정하여 징역 7년과 80시간의 성폭력 치료프로그램 이수명령, 아동·청소년 관련기관 등에 10년간의 취업제한명령을 선고하였고, 이에 대하여 피고인만이 양형부당으로 항소하였는데, 개정법 시행일 이후에 판결을 선고한 원심이 제1심판결을 직권으로 파기하고 유죄를 인정하면서 제1심보다 가벼운 징역 6년과 80시간의 성폭력 치료프로그램 이수명령, 아동·청소년 관련기관 등에 10년간의 취업제한명령과 함께 개정법 부칙 제2조와 개정법 제59조의3 제1항 본문에 따라 장애인복지시설에 10년간의 취업제한명령을 선고한 사안에서, 원심판결에 불이익변경금지원칙을 위반한 잘못이 없다고 한 사례

[1] 불이익변경금지원칙을 적용할 때에는 주문을 개별적·형식적으로 고찰할 것이 아니라 전체적·실질적으로 고찰하여 판단하여야 한다.

[2] 2018. 12. 11. 법률 제15904호로 개정되어 2019. 6. 12. 시행된 장애인복지법(이하 '개정법'이라 한다)의 시행 전에 아동·청소년 대상 성범죄를 범한 피고인에 대하여, 제1심이 개정법 시행일 이전에 유죄를 인정하여 징역 7년과 80시간의 성폭력 치료프로그램 이수명령, 아동·청소년 관련기관 등에 10년간의 취업제한명령을 선고하였고, 이에 대하여 피고인만이 양형부당으로 항소하였는데, 개정법 시행일 이후에 판결을 선고한 원심이 제1심판결을 직권으로 파기하고 유죄를 인정하면서 제1심보다 가벼운 징역 6년과 80시간의 성폭력 치료프로그램 이수명령, 아동·청소년 관련기관 등에 10년간의 취업제한명령과 함께 개정법 부칙 제2조와 개정법 제59조의3 제1항 본문에 따라 장애인복지시설에 10년간의 취업제한명령을 선고한 사안에서, 제1심판결이 항소제기 없이 그대로 확정되었다면 개정법 부칙 제3조 제1항 제1호의 특례 규정에 따라 피고인은 5년간 장애인복지시설에 대한 취업이 제한되었을 것인데, 원심은 제1심이 선고한 징역형을 1년 단축하면서 제1심판결이 그대로 확정되었을 경우보다 더 긴 기간 동안 장애인복지시설에 대한 취업제한을 명한 것이므로 원심판결이 제1심판결보다 전체적·실질적으로 피고인에게 더 불이익한 판결이라고 할 수 없다는 이유로, 원심판결에 불이익변경금지원칙을 위반한 잘못이 없다고 한 사례*[대법원 2019. 10. 17., 선고, 2019도11609, 판결]*.

■ **관련판례 4**

【판시사항】

[1] 불이익변경금지원칙을 적용할 때에는 주문을 전체적·실질적으로 고찰하여 판단하여야 하는지 여부(적극) / 취업제한명령의 성격(=보안처분) /

피고인만이 항소한 경우, 항소심이 제1심판결에서 정한 형과 동일한 형을 선고하면서 제1심에서 정한 취업제한기간보다 더 긴 취업제한명령을 부가하는 것이 허용되는지 여부(소극)

[2] 2018. 12. 11. 법률 제15904호로 개정된 장애인복지법의 시행 전에 성범죄를 범한 피고인에 대하여, 제1심이 개정법 시행일 이전에 유죄를 인정하여 징역 1년과 120시간의 성폭력 치료프로그램 이수명령, 아동·청소년 관련기관 등에 5년간의 취업제한명령을 선고하였고, 이에 대하여 피고인만 양형부당을 이유로 항소하였는데, 개정법 시행일 이후에 판결을 선고한 원심이 개정법 부칙 제2조와 개정법 제59조의3 제1항에 따라 판결 선고와 동시에 아동·청소년 관련기관 등에 대한 취업제한명령뿐 아니라 장애인복지시설에 대한 취업제한명령을 선고하여야 한다는 이유로 제1심판결을 직권으로 파기하고 유죄를 인정하면서 제1심과 동일한 형 등과 함께 장애인복지시설에 5년간의 취업제한명령을 선고한 사안에서, 원심의 판단에 불이익변경금지원칙에 관한 법리오해의 잘못이 있다고 한 사례

【판결요지】

[1] 피고인만이 항소한 사건에 대하여는 제1심판결의 형보다 중한 형을 선고하지 못한다. 불이익변경금지원칙을 적용할 때에는 주문을 개별적·형식적으로 고찰할 것이 아니라 전체적·실질적으로 고찰하여 판단하여야 한다. 취업제한명령은 범죄인에 대한 사회내 처우의 한 유형으로서 형벌 그 자체가 아니라 보안처분의 성격을 가지는 것이지만, 실질적으로 직업선택의 자유를 제한하는 것이다. 따라서 원심이 제1심판결에서 정한 형과 동일한 형을 선고하면서 제1심에서 정한 취업제한기간보다 더 긴 취업제한명령을 부가하는 것은 전체적·실질적으로 피고인에게 불리하게 변경한 것이므로, 피고인만이 항소한 경우에는 허용되지 않는다.

[2] 2018. 12. 11. 법률 제15904호로 개정된 장애인복지법(이하 '개정법'이라 한다)의 시행 전에 성범죄를 범한 피고인에 대하여, 제1심이 개정법 시행일 이전에 유죄를 인정하여 징역 1년과 120시간의 성폭력 치료

프로그램 이수명령, 아동·청소년 관련기관 등에 5년간의 취업제한명령을 선고하였고, 이에 대하여 피고인만 양형부당을 이유로 항소하였는데, 개정법 시행일 이후에 판결을 선고한 원심이 개정법 부칙 제2조와 개정법 제59조의3 제1항(이하 '개정규정'이라 한다)에 따라 판결 선고와 동시에 아동·청소년 관련기관 등에 대한 취업제한명령뿐 아니라 장애인복지시설에 대한 취업제한명령을 선고하여야 한다는 이유로 제1심판결을 직권으로 파기하고 유죄를 인정하면서 제1심과 동일한 형 등과 함께 장애인복지시설에 5년간의 취업제한명령을 선고한 사안에서, 개정규정과 개정법 부칙 제1조, 제2조, 제3조 제1항 각호, 제4조의 내용과 취지 등에 비추어 보면, 피고인은 구 장애인복지법(2018. 12. 11. 법률 제15904호로 개정되기 전의 것) 제59조의3 제1항에 따라 취업제한을 받는 사람으로서, 개정법 시행 전에 징역 1년을 선고한 제1심판결에 대하여 검사와 피고인이 항소하지 않아 제1심판결이 확정되었다면 별도의 취업제한명령의 선고가 없더라도 개정법 부칙 제3조 제1항 제2호에 따라 장애인복지시설에 취업이 제한되는 기간은 3년이 되었을 것인데, 원심은 개정법 부칙 제2조에 따라 개정규정을 적용하여 피고인에게 제1심과 동일한 형 등과 함께 장애인복지시설에 5년간의 취업제한명령을 선고하였으므로, 결국 제1심판결에 대하여 피고인만이 항소하였는데도, 원심은 제1심과 동일한 형 등을 선고하면서 개정법 부칙에서 정한 취업제한기간보다 더 긴 5년간의 취업제한명령을 선고함으로써 피고인에게 불리하게 제1심판결을 변경한 것이어서 허용되지 않는다는 이유로, 원심의 판단에 불이익변경금지원칙에 관한 법리를 오해한 잘못이 있다고 한 사례 *[대법원 2019. 10. 17., 선고, 2019도11540, 판결].*

■ **관련판례 5**

【판시사항】

[1] 불이익변경금지원칙을 적용할 때에는 주문을 개별적·형식적으로 고찰할

것이 아니라 전체적·실질적으로 고찰하여 판단하여야 하는지 여부(적극)

[2] 2018. 1. 16. 법률 제15352호로 개정된 아동·청소년의 성보호에 관한 법률의 시행 전에 성범죄를 범한 피고인에 대하여, 제1심이 개정법 시행일 이전에 유죄를 인정하여 징역 1년과 성폭력 치료프로그램 이수명령(80시간)을 선고하였고, 이에 대하여 피고인만 사실오인과 양형부당을 이유로 항소하였는데, 개정법 시행일 이후에 판결을 선고한 원심이 개정법 부칙 제3조와 제56조 제1항에 따라 판결 선고와 동시에 취업제한명령을 선고하여야 한다는 이유로 제1심판결을 직권으로 파기하고 유죄를 인정하면서 제1심과 동일한 형과 함께 3년간의 취업제한명령을 선고한 사안에서, 불이익변경금지원칙에 반하지 않는다고 한 사례

【이 유】

상고이유를 판단한다.

1. 심리미진 등 주장에 대하여

원심판결 이유를 관련 법리와 적법하게 채택한 증거들에 비추어 살펴보면, 원심이 그 판시와 같은 이유를 들어 이 사건 공소사실을 유죄로 인정하고 판시 취업제한을 명한 것은 정당하고, 원심판결에 상고이유 주장과 같이 필요한 심리를 다하지 아니한 채 논리와 경험의 법칙을 위반하여 자유심증주의의 한계를 벗어나 사실을 잘못 인정한 위법이 없다.

2. 아동·청소년의 성보호에 관한 법률 제56조 제1항에 관한 법리오해 주장에 대하여

가. (1) 구 「아동·청소년의 성보호에 관한 법률」(2018. 1. 16. 법률 제15352호로 개정되기 전의 것) 제56조 제1항은 아동·청소년 대상 성범죄 또는 성인대상 성범죄(이하 '성범죄'라 한다)로 형 또는 치료감호를 선고받아 확정된 자는 그 형 또는 치료감호의 전부 또는 일부의 집행을 종료하거나 집행이 유예·면제된 날부터 10년 동안 아동·청소년 관련 기관 등을 운영하거나 아동·청소년 관련 기관 등에 취업 또는 사실상 노무를 제공할 수 없다고 규정

하고 있었다(이하 '종전 규정'이라 한다).

(2) 성범죄 전력에 기초하여 어떠한 예외도 없이 일률적으로 10년의 취업제한을 부과한 종전 규정은 직업선택의 자유를 침해한다는 헌법재판소의 위헌결정(헌법재판소 2016. 3. 31. 선고 2013헌마585, 786, 2013헌바394, 2015헌마199, 1034, 1107 전원재판부 결정, 헌법재판소 2016. 4. 28. 선고 2015헌마98 전원재판부 결정, 헌법재판소 2016. 7. 28. 선고 2013헌마436 전원재판부 결정, 헌법재판소 2016. 10. 27. 선고 2014헌마709 전원재판부 결정 등) 취지에 따라 2018. 1. 16. 법률 제15352호로 개정된 「아동·청소년의 성보호에 관한 법률」(이하 '개정법'이라 한다) 제56조 제1항(이하 '개정규정'이라 한다)에 의하면, 법원은 성범죄로 형 또는 치료감호를 선고하는 경우에는 판결로 그 형 또는 치료감호의 전부 또는 일부의 집행을 종료하거나 집행이 유예·면제된 날부터 일정 기간(이하 '취업제한 기간'이라 한다) 동안 아동·청소년 관련 기관 등을 운영하거나 아동·청소년 관련 기관 등에 취업 또는 사실상 노무를 제공할 수 없도록 하는 명령(이하 '취업제한명령'이라 한다)을 성범죄 사건의 판결과 동시에 선고하여야 한다고 규정하면서, 다만 재범의 위험성이 현저히 낮은 경우, 그 밖에 취업을 제한하여서는 아니 되는 특별한 사정이 있다고 판단하는 경우에는 취업제한명령을 선고하지 아니할 수 있는 예외를 인정하였다.

(3) 한편 개정법의 시행일과 적용 범위 등에 관하여 개정법 부칙은 다음과 같이 규정하고 있다. 개정법은 공포 후 6개월이 경과한 날부터 시행한다(제1조). 개정규정은 개정법 시행 전에 성범죄를 범하고 확정판결을 받지 아니한 사람에 대해서도 적용한다(제3조). 종전 규정에 따라 취업제한을 받는 사람의 취업제한 기간은 종전 규정에도 불구하고 확정된 주형의 범위에 따라 5년·3년·1년으로 구분하여 정한 기간[① 3년 초과의 징역 또는 금고형이나

치료감호를 선고받아 그 형이 확정된 사람: 그 형 또는 치료감호의 전부 또는 일부의 집행을 종료하거나 집행이 유예·면제된 날 (이하 같다)부터 5년, ② 3년 이하의 징역 또는 금고형이나 치료감호를 선고받아 그 형이 확정된 사람: 3년, ③ 벌금형을 선고받아 그 형이 확정된 사람: 1년]으로 하되, 종전 규정을 적용하는 것이 유리한 경우에는 종전의 규정에 따른다(제4조 제1항 제3호 각 목). 또한 헌법재판소의 위헌결정 후 개정법 시행일 전까지 성범죄로 형 또는 치료감호를 선고받아 그 형이 확정된 사람에 대하여도 부칙 제4조 제1항 제3호 각 목의 구분에 따른 기간 동안 취업을 제한한다(제5조).

나. 기록에 의하면 다음과 같은 사실을 알 수 있다.

    (1) 이 사건 공소사실의 요지는 「피고인은 2017. 1. 27. 05:00경 피해자의 집에서 침대 한쪽에 웅크려 누워 텔레비전을 보던 피해자에게 다가가 피해자의 배를 만지며 키스를 한 후 피해자가 거부함에도 억지로 피해자의 위에 올라타 피해자의 바지와 팬티를 벗겼다. 피고인은 계속하여 피해자가 '하지 말라'는 취지로 거부함에도 피해자에게 "가만히 있어, 움직이지 마"라는 취지로 말하며 피해자의 손을 붙잡고 움직이지 못하게 하고 피고인의 손가락을 피해자의 음부에 넣고, 자신의 성기를 강제로 피해자의 음부에 삽입하려고 하였으나, 이에 겁을 먹은 피해자가 격렬히 저항하며 피고인의 몸을 밀쳐내는 바람에 삽입하지 못함으로써 피해자를 강간하려다가 그 뜻을 이루지 못하고 미수에 그쳤다」는 것이다.

    (2) 제1심은 개정법 시행 전인 2018. 3. 30. 이 사건 공소사실을 유죄로 인정하면서, 피고인에게 징역 1년과 함께 성폭력 치료프로그램 이수명령(80시간)을 선고하였다. 이에 대하여 피고인만 사실오인과 양형부당을 이유로 항소하였다.

    (3) 개정법 시행 후인 2018. 8. 9. 판결을 선고한 원심은 개정법 부칙 제3조와 개정규정에 따라 피고인에 대하여는 판결 선고와 동시

에 취업제한명령을 선고하여야 한다는 이유로 제1심판결을 직권으로 파기하고, 이 사건 공소사실이 유죄로 인정된다고 판단하면서, 피고인에게 제1심과 동일한 형(징역 1년, 80시간의 성폭력 치료프로그램 이수명령)과 함께 3년의 취업제한명령을 선고하였다.

다. 불이익변경금지원칙의 적용에 있어서는 주문을 개별적·형식적으로 고찰할 것이 아니라 전체적·실질적으로 고찰하여 판단하여야 한다(대법원 2013. 12. 12. 선고 2012도7198 판결 등 참조). 위 법리와 앞서 본 개정규정과 개정법 부칙 규정의 취지, 내용 등에 비추어 살펴보면, 피고인은 개정법 시행 전에 징역 1년을 선고한 제1심판결이 항소제기 없이 그대로 확정되었을 경우 개정법 부칙 제4조 또는 제5조의 특례 규정에 따라 아동·청소년 관련 기관 등에 3년간 취업이 제한되고, 이러한 특례 규정은 예외 없이 일률적으로 10년간 취업제한의 효력이 당연히 발생하는 종전 규정보다 피고인에게 유리하다. 따라서 피고인의 항소제기에 따라 개정법 시행일 이후에 판결을 선고한 원심이 개정법 시행 전에 성범죄를 범한 피고인에 대하여 개정법 부칙 제3조에 따라 개정규정을 적용하여 피고인에게 제1심과 동일한 형을 선고하면서 동시에 3년간의 취업제한명령을 선고하였다고 하여 제1심판결을 그대로 유지하는 것보다 피고인에게 특별히 신분상의 불이익이 없다. 원심판결에 불이익변경금지원칙과 형벌불소급의 원칙을 위반한 잘못이 있다는 상고이유 주장은 받아들일 수 없다[대법원 2018. 12. 13., 선고, 2018도13562, 판결].

■ **관련판례 6**

【판시사항】

2018. 1. 16. 법률 제15352호로 개정된 아동·청소년의 성보호에 관한 법률의 시행 전에 아동·청소년 대상 성범죄를 범한 피고인에 대하여, 제1심이 개정법 시행일 이전에 유죄를 인정하여 징역 5년과 성폭력치료프로그램 이

수명령(40시간), 추징(18만 원)을 선고하였고, 이에 대하여 피고인만 사실오인과 양형부당을 이유로 항소하였는데, 개정법 시행일 이후에 판결을 선고한 원심이 개정법 부칙 제3조와 제56조 제1항에 따라 판결 선고와 동시에 취업제한 명령을 선고하여야 한다는 이유로 제1심판결을 직권으로 파기하고 유죄를 인정하여 제1심과 동일한 형과 함께 5년간의 취업제한 명령을 선고한 사안에서, 불이익변경금지원칙에 반하지 않는다고 한 사례

【판결요지】

2018. 1. 16. 법률 제15352호로 개정된 아동·청소년의 성보호에 관한 법률(이하 '개정법'이라 한다)의 시행 전에 아동·청소년 대상 성범죄를 범한 피고인에 대하여, 제1심이 개정법 시행일 이전에 유죄를 인정하여 징역 5년과 성폭력치료프로그램 이수명령(40시간), 추징(18만 원)을 선고하였고, 이에 대하여 피고인만 사실오인과 양형부당을 이유로 항소하였는데, 개정법 시행일 이후에 판결을 선고한 원심이 개정법 부칙 제3조와 제56조 제1항(이하 '개정규정'이라 한다)에 따라 판결 선고와 동시에 취업제한 명령을 선고하여야 한다는 이유로 제1심판결을 직권으로 파기하고 유죄를 인정하여 제1심과 동일한 형(징역 5년, 40시간의 성폭력치료프로그램 이수명령, 18만 원의 추징)과 함께 5년간의 취업제한 명령을 선고한 사안에서, 개정규정과 개정법 부칙 제1조, 제3조, 제4조 제1항 제3호 각 목, 제5조의 내용과 취지 등에 비추어 보면, 피고인은 구 아동·청소년의 성보호에 관한 법률(2018. 1. 16. 법률 제15352호로 개정되기 전의 것) 제56조 제1항(이하 '종전 규정'이라 한다)에 따라 취업제한을 받는 사람으로서 개정법 시행 전에 징역 5년을 선고한 제1심판결이 확정될 경우 별도의 취업제한 명령의 선고가 없더라도 개정법 부칙 제4조 또는 제5조의 특례 규정에 따라 아동·청소년 관련기관 등에 5년간 취업이 제한되는데, 이러한 특례 규정은 예외 없이 일률적으로 10년간 취업제한의 효력이 당연히 발생하는 종전 규정보다 피고인에게 유리하므로, 원심이 개정법 부칙 제3조에 따라 개정규정을 적용하여 피고인에게 제1심과 동일한 형을 선고하면서 동시에 5년간의 취

업제한 명령을 선고하였지만 제1심판결을 그대로 유지하는 것보다 피고인에게 특별히 신분상의 불이익이 없어 불이익변경금지원칙에 반하지 않는다고 한 사례[대법원 2018. 10. 25., 선고, 2018도13367, 판결].

제57조(성범죄의 경력자 점검 · 확인)

① 여성가족부장관 또는 관계 중앙행정기관의 장은 다음 각 호의 구분에 따라 성범죄로 취업제한 명령을 선고받은 자가 아동 · 청소년 관련기관등을 운영하거나 아동 · 청소년 관련기관등에 취업 또는 사실상 노무를 제공하고 있는지를 직접 또는 관계 기관 조회 등의 방법으로 연 1회 이상 점검 · 확인하여야 한다.

1. 교육부장관: 제56조제1항제2호의 기관 중 「고등교육법」 제2조의 학교
2. 행정안전부장관: 제56조제1항제20호의 공공시설
3. 여성가족부장관: 제56조제1항제4호의 청소년 보호 · 재활센터, 같은 항 제6호의2의 학교 밖 청소년 지원센터
4. 식품의약품안전처장: 제56조제1항제22호의 어린이급식관리지원센터
5. 경찰청장: 제56조제1항제14호의 경비업을 행하는 법인

② 제1항 각 호에 해당하지 아니하는 아동 · 청소년 관련기관등으로서 교육부, 행정안전부, 문화체육관광부, 보건복지부, 여성가족부, 국토교통부 등 관계 중앙행정기관이 설치하여 운영하는 아동 · 청소년 관련기관등의 경우에는 해당 중앙행정기관의 장이 제1항에 따른 점검 · 확인을 하여야 한다.

③ 시 · 도지사 또는 시장 · 군수 · 구청장은 성범죄로 취업제한 명령을 선고받은 자가 다음 각 호의 아동 · 청소년 관련기관등을 운영하거나 아동 · 청소년 관련기관등에 취업 또는 사실상 노무를 제공하고 있는지를 직접 또는 관계 기관 조회 등의 방법으로 연 1회 이상 점검 · 확인하여야 한다. 다만, 제2항에 해당하는 아동 · 청소년 관련기관등의 경우에는 그러하지 아니하다. *(개정 2020. 5. 19., 2020. 12. 8.)*

1. 제56조제1항제5호의 청소년활동시설
2. 제56조제1항제6호의 청소년상담복지센터 및 청소년쉼터
3. 제56조제1항제7호의 어린이집
4. 제56조제1항제8호의 아동복지시설 및 통합서비스 수행기관
5. 제56조제1항제9호의 청소년 지원시설 및 성매매피해상담소

6. 제56조제1항제10호의 공동주택의 관리사무소
7. 제56조제1항제11호의 체육시설
8. 제56조제1항제12호의 의료기관
9. 제56조제1항제13호 각 목의 인터넷컴퓨터게임시설제공업 또는 복합
   유통게임제공업을 하는 사업장
10. 제56조제1항제15호의 청소년활동기획업소
11. 대중문화예술기획업소
12. 제56조제1항제17호의 아동·청소년의 고용 또는 출입이 허용되는
    시설등으로서 대통령령으로 정하는 유형의 시설등
13. 제56조제1항제18호의 가정방문 등 학습교사 사업장
④ 교육감은 성범죄로 취업제한 명령을 선고받은 자가 다음 각 호의 아
   동·청소년 관련기관등을 운영하거나 아동·청소년 관련기관등에 취
   업 또는 사실상 노무를 제공하고 있는지를 직접 또는 관계 기관 조회
   등의 방법으로 연 1회 이상 점검·확인하여야 한다. 다만, 제2항에
   해당하는 아동·청소년 관련기관등의 경우에는 그러하지 아니하다.
1. 제56조제1항제1호의 유치원
2. 제56조제1항제2호의 기관 중 「초·중등교육법」 제2조의 학교 및
   같은 법 제28조에 따른 위탁 교육기관
3. 제56조제1항제2호의2의 학생상담지원시설 및 위탁 교육시설
4. 제56조제1항제2호의3의 국제학교
5. 제56조제1항제3호의 학원, 교습소 및 개인과외교습자
6. 제56조제1항제19호의 특수교육지원센터 및 특수교육 관련서비스를
   제공하는 기관·단체
7. 제56조제1항제21호의 아동·청소년을 대상으로 하는 교육기관
⑤ 제1항 각 호 및 제2항에 따른 중앙행정기관의 장, 시·도지사, 시장
   ·군수·구청장 또는 교육감은 제1항부터 제4항까지의 규정에 따른
   점검·확인을 위하여 필요한 경우에는 아동·청소년 관련기관등의
   장 또는 관련 감독기관에 해당 자료의 제출을 요구할 수 있다.

⑥ 여성가족부장관, 관계 중앙행정기관의 장, 시 · 도지사, 시장 · 군수 · 구청장 또는 교육감은 제1항부터 제4항까지의 규정에 따른 점검 · 확인 결과를 대통령령으로 정하는 바에 따라 인터넷 홈페이지 등을 이용하여 공개하여야 한다.

[전문개정 2020. 2. 18.]

제58조(취업자의 해임요구 등)

① 제57조제1항 각 호 및 같은 조 제2항에 따른 중앙행정기관의 장, 시 · 도지사, 시장 · 군수 · 구청장 또는 교육감은 제56조제1항에 따른 취업제한 기간 중에 아동 · 청소년 관련기관등에 취업하거나 사실상 노무를 제공하는 자가 있으면 아동 · 청소년 관련기관등의 장에게 그의 해임을 요구할 수 있다. *(개정 2020. 2. 18.)*

② 제57조제1항 각 호 및 같은 조 제2항에 따른 중앙행정기관의 장, 시 · 도지사, 시장 · 군수 · 구청장 또는 교육감은 제56조제1항에 따른 취업제한 기간 중에 아동 · 청소년 관련기관등을 운영 중인 아동 · 청소년 관련기관등의 장에게 운영 중인 아동 · 청소년 관련기관등의 폐쇄를 요구할 수 있다. *(개정 2020. 2. 18.)*

③ 제57조제1항 각 호 및 같은 조 제2항에 따른 중앙행정기관의 장, 시 · 도지사, 시장 · 군수 · 구청장 또는 교육감은 아동 · 청소년 관련기관등의 장이 제2항의 폐쇄요구를 정당한 사유 없이 거부하거나 1개월 이내에 요구사항을 이행하지 아니하는 경우에는 관계 행정기관의 장에게 해당 아동 · 청소년 관련기관등의 폐쇄, 등록 · 허가 등의 취소를 요구할 수 있다. *(개정 2020. 2. 18.)*

④ 제3항에 따른 폐쇄, 등록 · 허가 등의 취소요구에 대하여는 대통령령으로 정하는 바에 따른다.

제59조(포상금)

① 여성가족부장관은 제8조, 제8조의2, 제11조제1항 · 제2항 · 제4항 및 제13조부터 제15조까지에 해당하는 범죄를 저지른 사람을 수사기관

에 신고한 사람에 대하여는 예산의 범위에서 포상금을 지급할 수 있다. 〈개정 2019. 1. 15., 2020. 6. 2.〉

② 제1항에 따른 포상금의 지급 기준, 방법과 절차 및 구체적인 지급액 등에 필요한 사항은 대통령령으로 정한다.

제60조(권한의 위임)

① 제57조제1항 각 호 및 같은 조 제2항에 따른 중앙행정기관의 장(교육부장관은 제외한다)은 제67조에 따른 권한의 일부를 대통령령으로 정하는 바에 따라 그 일부를 시·도지사 또는 시장·군수·구청장에게 위임할 수 있다. 〈개정 2013. 3. 23., 2020. 2. 18., 2020. 5. 19.〉

② 제67조에 따른 교육부장관 또는 교육감의 권한은 대통령령으로 정하는 바에 따라 그 일부를 교육감·교육장에게 위임할 수 있다. 〈개정 2013. 3. 23., 2020. 2. 18.〉

③ 제57조, 제58조 및 제67조에 따른 식품의약품안전처장의 권한은 대통령령으로 정하는 바에 따라 그 일부를 지방식품의약품안전청장에게 위임할 수 있다. 〈신설 2019. 11. 26.〉

④ 제57조, 제58조 및 제67조에 따른 경찰청장의 권한은 대통령령으로 정하는 바에 따라 그 일부를 시·도경찰청장에게 위임할 수 있다. 〈개정 2019. 11. 26., 2020. 12. 22.〉

제5장 보호관찰

제61조(보호관찰)

① 검사는 아동·청소년대상 성범죄를 범하고 재범의 위험성이 있다고 인정되는 사람에 대하여는 형의 집행이 종료한 때부터 「보호관찰 등에 관한 법률」에 따른 보호관찰을 받도록 하는 명령(이하 "보호관찰 명령"이라 한다)을 법원에 청구하여야 한다. 다만, 검사가 「전자장치 부착 등에 관한 법률」 제21조의2에 따른 보호관찰명령을 청구한 경우에는 그러하지 아니하다. *〈개정 2020. 2. 4.〉*

② 법원은 공소가 제기된 아동·청소년대상 성범죄 사건을 심리한 결과 보호관찰명령을 선고할 필요가 있다고 인정하는 때에는 검사에게 보호관찰명령의 청구를 요청할 수 있다.

③ 법원은 아동·청소년대상 성범죄를 범한 사람이 금고 이상의 선고형에 해당하고 보호관찰명령 청구가 이유있다고 인정하는 때에는 2년 이상 5년 이하의 범위에서 기간을 정하여 보호관찰명령을 병과하여 선고하여야 한다.

④ 법원은 보호관찰을 명하기 위하여 필요한 때에는 피고인의 주거지 또는 소속 법원(지원을 포함한다. 이하 같다) 소재지를 관할하는 보호관찰소(지소를 포함한다. 이하 같다)의 장에게 범죄 동기, 피해자와의 관계, 심리상태, 재범의 위험성 등 피고인에 관하여 필요한 사항의 조사를 요청할 수 있다. 이 경우 보호관찰소의 장은 지체 없이 이를 조사하여 서면으로 해당 법원에 통보하여야 한다.

⑤ 보호관찰 기간은 보호관찰을 받을 자(이하 "보호관찰 대상자"라 한다)의 형의 집행이 종료한 날부터 기산하되, 보호관찰 대상자가 가석방된 경우에는 가석방된 날부터 기산한다.

제62조(보호관찰 대상자의 보호관찰 기간 연장 등)

① 보호관찰 대상자가 보호관찰 기간 중에 「보호관찰 등에 관한 법률」

제32조에 따른 준수사항을 위반하는 등 재범의 위험성이 증대한 경우에 법원은 보호관찰소의 장의 신청에 따른 검사의 청구로 제61조 제3항에 따른 5년을 초과하여 보호관찰의 기간을 연장할 수 있다.

② 제1항의 준수사항은 재판장이 재판정에서 설명하고 서면으로도 알려 주어야 한다.

제63조(보호관찰 대상자의 신고 의무)

① 보호관찰 대상자는 출소 후의 거주 예정지, 근무 예정지, 교우(交友) 관계, 그 밖에 보호관찰을 위하여 필요한 사항으로서 대통령령으로 정하는 사항을 출소 전에 미리 교도소 · 소년교도소 · 구치소 · 군교도 소 또는 치료감호시설의 ② 보호관찰 대상자는 출소 후 10일 이내 에 거주지, 직업 등 보호관찰을 위하여 필요한 사항으로서 대통령령 으로 정하는 사항을 보호관찰관에게 서면으로 신고하여야 한다.

제64조(보호관찰의 종료)

「보호관찰 등에 관한 법률」에 따른 보호관찰 심사위원회는 보호관찰 대 상자의 관찰성적이 양호하여 재범의 위험성이 없다고 판단하는 경우 보 호관찰 기간이 끝나기 전이라도 보호관찰의 종료를 결정할 수 있다.

제6장 벌칙

제65조(벌칙)

① 다음 각 호의 어느 하나에 해당하는 자는 5년 이하의 징역 또는 5천만원 이하의 벌금에 처한다. *(개정 2021. 3. 23.)*

1. 제25조의7을 위반하여 직무상 알게 된 신분비공개수사 또는 신분위장수사에 관한 사항을 외부에 공개하거나 누설한 자
2. 제54조를 위반하여 직무상 알게 된 등록정보를 누설한 자
3. 제55조제1항 또는 제2항을 위반한 자
4. 정당한 권한 없이 등록정보를 변경하거나 말소한 자

② 제42조에 따른 보호처분을 위반한 자는 2년 이하의 징역 또는 2천만원 이하의 벌금에 처한다.

③ 제21조제2항에 따라 징역형 이상의 실형과 이수명령이 병과된 자가 보호관찰소의 장 또는 교정시설의 장의 이수명령 이행에 관한 지시에 불응하여 「보호관찰 등에 관한 법률」 또는 「형의 집행 및 수용자의 처우에 관한 법률」에 따른 경고를 받은 후 재차 정당한 사유 없이 이수명령 이행에 관한 지시에 불응한 경우에는 1년 이하의 징역 또는 1천만원 이하의 벌금에 처한다.

④ 다음 각 호의 어느 하나에 해당하는 자는 1년 이하의 징역 또는 500만원 이하의 벌금에 처한다.

1. 제34조제3항을 위반하여 신고자 등의 신원을 알 수 있는 정보나 자료를 출판물에 게재하거나 방송 또는 정보통신망을 통하여 공개한 자
2. 제55조제3항을 위반한 자

⑤ 제21조제2항에 따라 벌금형과 이수명령이 병과된 자가 보호관찰소의 장의 이수명령 이행에 관한 지시에 불응하여 「보호관찰 등에 관한 법률」에 따른 경고를 받은 후 재차 정당한 사유 없이 이수명령 이행에 관한 지시에 불응한 경우에는 1천만원 이하의 벌금에 처한다.

제66조(벌칙)

보호관찰 대상자가 제62조제1항에 따른 제재조치를 받은 이후 재차 정당한 이유 없이 준수사항을 위반하면 3년 이하의 징역 또는 1천만원 이하의 벌금에 처한다.

제67조(과태료)

① 삭제 *(2020. 6. 9.)*

② 다음 각 호의 어느 하나에 해당하는 자에게는 1천만원 이하의 과태료를 부과한다. *(개정 2018. 1. 16.)*

1. 제37조제2항을 위반하여 상담·치료프로그램의 제공을 정당한 이유 없이 거부한 상담시설 또는 의료기관의 장

2. 제58조에 따른 해임요구를 정당한 사유 없이 거부하거나 1개월 이내에 이행하지 아니하는 아동·청소년 관련기관등의 장

③ 아동·청소년 관련기관등의 장이 제56조제5항을 위반하여 그 기관에 취업 중이거나 사실상 노무를 제공 중인 사람 또는 취업하려 하거나 사실상 노무를 제공하려는 사람에 대하여 성범죄의 경력을 확인하지 아니하는 경우에는 500만원 이하의 과태료를 부과한다. *(개정 2018. 1. 16.)*

④ 제34조제2항 각 호의 어느 하나에 해당하는 기관·시설 또는 단체의 장과 그 종사자가 직무상 아동·청소년대상 성범죄 발생 사실을 알고 수사기관에 신고하지 아니하거나 거짓으로 신고한 경우에는 300만원 이하의 과태료를 부과한다.

⑤ 제2항부터 제4항까지의 규정에 따른 과태료는 대통령령으로 정하는 바에 따라 제57조제1항 각 호 및 같은 조 제2항에 따른 중앙행정기관의 장, 시·도지사, 시장·군수·구청장 또는 교육감이 부과·징수한다. *(개정 2020. 2. 18., 2020. 6. 9.)*

부칙

〈제17972호, 2021. 3. 23.〉

제1조(시행일) 이 법은 공포 후 6개월이 경과한 날부터 시행한다.

제2조(공소시효 특례에 관한 적용례) 제20조제4항제2호의 개정규정은 이 법 시행 전에 행하여진 아동 · 청소년대상 성범죄로 아직 공소시효가 완성되지 아니한 것에 대하여도 적용한다.

PART C.

청소년성보호법
시행령 시행규칙

아동 · 청소년의 성보호에 관한 법률 시행령
(약칭: 청소년성보호법 시행령)

[시행 2022. 8. 9.] [대통령령 제32866호, 2022. 8. 9., 일부개정]

제1장 총칙

제1조(목적)

이 영은 「아동 · 청소년의 성보호에 관한 법률」에서 위임된 사항과 그 시행에 필요한 사항을 규정함을 목적으로 한다.

제2조 삭제 *(2020. 12. 29.)*

제2장 아동·청소년대상 성범죄의 처벌, 수사 절차와 신고 · 응급조치 등

제3조 삭제 *(2020. 12. 29.)*

제4조 삭제 *(2020. 12. 29.)*

제5조(수사절차에서의 보호 조치)

「아동 · 청소년의 성보호에 관한 법률」(이하 "법"이라 한다) 제25조에 따라 수사기관은 아동 · 청소년대상 성범죄의 수사절차에서 다음 각 호의 보호 조치를 해야 한다. *(개정 2020. 11. 17., 2020. 12. 29.)*

1. 피해자의 권리에 대한 고지

2. 피해자에 대한 조사의 최소화

3. 피해자와 가해자의 대질신문 최소화

4. 긴급하지 않은 수사에서 피해자의 학습권 보장

5. 특별한 사정이 없으면 성범죄 수사 전문교육을 받은 인력이 피해자를 전담하여 조사

6. 「성폭력방지 및 피해자보호 등에 관한 법률」 제10조 · 제12조 · 제18조 · 제27조, 「가정폭력방지 및 피해자보호 등에 관한 법률」 제4조의6 또는 「성매매방지 및 피해자보호 등에 관한 법률」 제9조제1항제2호 및 제17조에 따라 운영되는 피해자 지원기관 등과의 연락 및 협조

제5조의2(아동 · 청소년대상 디지털 성범죄의 수사 특례에 따른 사법

경찰관리의 준수사항)

사법경찰관리는 법 제25조의2제1항에 따른 신분비공개수사(이하 "신분비공개수사"라 한다) 또는 같은 조 제2항에 따른 신분위장수사(이하 "신분위장수사"라 한다)를 할 때 다음 각 호의 사항을 준수해야 한다.

1. 수사 관계 법령을 준수하고, 본래 범의(犯意)를 가지지 않은 자에게 범의를 유발하는 행위를 하지 않는 등 적법한 절차와 방식에 따라 수사할 것
2. 피해아동 · 청소년에게 추가 피해가 발생하지 않도록 주의할 것
3. 법 제25조의2제2항제3호에 따른 행위를 하는 경우에는 피해아동 · 청소년이나 「성폭력방지 및 피해자보호 등에 관한 법률」 제2조제3호의 성폭력피해자에 관한 자료가 유포되지 않도록 할 것

[본조신설 2021. 9. 24.]

제5조의3(신분비공개수사의 방법)

① 법 제25조의2제1항에 따른 신분 비공개는 경찰관임을 밝히지 않거나 부인(법 제25조의2제2항제1호에 이르지 않는 행위로서 경찰관 외의 신분을 고지하는 방식을 포함한다)하는 방법으로 한다.

② 법 제25조의2제1항에 따른 접근은 대화의 구성원으로서 관찰하는 등 대화에 참여하거나 아동 · 청소년성착취물, 「성폭력범죄의 처벌 등에 관한 특례법」 제14조제2항의 촬영물 또는 복제물(복제물의 복제물을 포함한다)을 구입하거나 무상으로 제공받는 등의 방법으로 한다.

[본조신설 2021. 9. 24.]

제5조의4(신분비공개수사의 승인 절차 및 방법 등)

① 신분비공개수사를 하려는 사법경찰관리는 법 제25조의3에 따라 바로 위 상급 경찰관서의 수사부서의 장에게 서면으로 승인을 받아야 한다.

② 사법경찰관리는 제1항에 따른 승인을 받으려면 신분비공개수사의 필요성 · 대상 · 범위 · 기간 · 장소 및 방법 등을 소명해야 한다.

③ 사법경찰관리는 신분비공개수사를 종료한 때에는 종료 일시 및 종료 사유 등을 바로 위 상급 경찰관서의 수사부서의 장에게 보고해야 한다.

[본조신설 2021. 9. 24.]

제5조의5(신분비공개수사에 대한 통제)

① 법 제25조의6제1항에 따른 국가경찰위원회에 대한 보고사항은 종료된 신분비공개수사의 승인요청 경찰관서, 승인기간, 종료일시, 종료사유, 수사대상, 수사방법, 사건요지 및 필요성으로 한다.

② 법 제25조의6제2항에 따른 국회 소관 상임위원회에 대한 보고사항은 종료된 신분비공개수사의 승인요청 경찰관서, 승인기간, 종료일시, 종료사유 및 승인건수로 한다.

③ 제1항 및 제2항에 따른 보고는 전자적 파일을 「정보통신망 이용촉진 및 정보보호 등에 관한 법률」 제2조제1항제1호에 따른 정보통신망(이하 "정보통신망"이라 한다)을 이용하여 전송하거나, 그 내용을 기록 · 보관 · 출력할 수 있는 전자적 정보저장매체에 기록하여 제출하는 방법으로 할 수 있다.

[본조신설 2021. 9. 24.]

제6조(신고의무자 교육)

① 관계 행정기관의 장은 법 제35조제1항에 따른 아동 · 청소년대상 성범죄 예방 및 신고의무와 관련된 교육내용에 대하여 여성가족부장관과 협의하여야 한다.

② 여성가족부장관은 법 제35조제2항에 따른 교육을 실시하는 경우 교육대상 및 교육시간 등을 관계 행정기관의 장 및 법 제34조제2항 각 호의 기관 · 시설 또는 단체의 장과 협의할 수 있다.

제7조(그 밖의 상담 및 치료의 대상)

법 제37조제1항제3호에서 "대통령령으로 정하는 사람"이란 다음 각 호의 사람을 말한다.

1. 피해아동 · 청소년과 같은 시설에서 보호받고 있는 아동 · 청소년

2. 피해아동 · 청소년과 같은 학교에 다니는 아동 · 청소년으로서 정신적 피해가 우려되는 사람

3. 법 제37조제1항제2호에 따른 사람 외에 피해아동 · 청소년과 함께 거주하는 가족으로서 상담 및 치료를 필요로 하는 사람

제3장 피해아동 · 청소년의 보호 · 지원 등 *(개정 2020. 11. 17.)*

제8조 삭제 *(2020. 11. 17.)*

제9조 삭제 *(2020. 11. 17.)*

제10조 삭제 *(2020. 11. 17.)*

제11조(수강명령 위탁 대상기관 등 추천)

여성가족부장관은 법 제44조제4항에 따른 가해아동 · 청소년에 대한 수강명령을 집행하는 보호관찰관이 「보호관찰 등에 관한 법률」 제61조제1항 단서에 따라 그 수강명령의 집행을 위탁하려는 경우 그 대상기관 또는 단체를 추천할 수 있다. *(개정 2020. 11. 17.)*

제12조(가해아동 · 청소년에 대한 교육과정 등의 이수명령)

① 검사는 법 제44조제5항에 따라 가해아동 · 청소년에 대한 교육과정이나 상담과정(이하 "교육과정등"이라 한다)의 이수명령을 하는 경우 100시간 이내에서 교육 또는 상담시간을 정해야 한다. *(개정 2020. 11. 17.)*

② 검사는 교육과정등을 다음 각 호의 어느 하나에 해당하는 시설에서 집행하도록 할 수 있다. *(개정 2021. 4. 20.)*

1. 「보호관찰 등에 관한 법률」 제14조에 따른 보호관찰소나 보호관찰지소

2. 「보호소년 등의 처우에 관한 법률」 제3조에 따른 소년원이나 소년분류심사원, 그 밖의 소년 관련 시설

3. 여성가족부장관이 추천하는 시설

③ 여성가족부장관은 제2항제3호에 따라 여성가족부장관이 추천한 시설에서 교육과정등을 집행하는 경우에는 예산의 범위에서 해당 시설에 교육과정등의 운영에 필요한 비용을 지원할 수 있다.

제13조(교육과정등의 결과 통지)

① 제12조제2항에 따라 교육과정등을 집행한 자(여성가족부장관이 추천한 시설에서 집행한 경우는 여성가족부장관을 말한다)는 교육과정등의 이수 결과보고서를 작성하여 검사에게 통지하여야 한다.

② 검사는 교육과정등의 이수명령을 받은 아동 · 청소년이 이수 시 지켜야 할 사항을 위반하는 등 재범예방의 목적을 달성할 수 없다고 판단되는

경우에는 교육과정등의 이수명령을 취소하고, 해당 아동·청소년을 가정법원 소년부 또는 지방법원 소년부로 송치할 수 있다.

제14조(보호시설 등의 변호사 선임권 안내 등)

법 제45조에 따른 보호시설 및 법 제46조에 따른 상담시설은 피해아동·청소년 등에게 법 제30조제1항에 따른 변호사 선임과 「성폭력방지 및 피해자보호 등에 관한 법률」 제3조제1항제4호, 제11조제5호, 제13조제1항제4호 또는 「성매매방지 및 피해자보호 등에 관한 법률」 제11조제1항제5호에 따른 법률구조에 대하여 안내하고 지원하는 등 형사절차에서 피해아동·청소년 등이 입을 수 있는 피해를 방지하고 법률적으로 지원하기 위하여 노력해야 한다. 〈개정 2020. 11. 17., 2022. 8. 9.〉

제14조의2(가해아동·청소년과 법정대리인에 대한 교육·상담 지원)

여성가족부장관은 법 제46조제2항제5호에 따라 아동·청소년대상 성폭력범죄의 가해아동·청소년과 그 법정대리인에 대한 교육·상담 프로그램을 운영하는 시설에 대해서는 그 운영에 필요한 사항을 지원할 수 있다.

[본조신설 2020. 11. 17.]

제15조(아동·청소년대상 성교육 전문기관의 설치·운영의 위탁 등)

① 국가와 지방자치단체는 법 제47조제1항에 따른 아동·청소년대상 성교육 전문기관(이하 "성교육 전문기관"이라 한다)의 설치·운영에 관한 업무를 다음 각 호의 어느 하나에 해당하는 전문단체에 위탁할 수 있다. 〈개정 2021. 1. 5.〉

1. 「성폭력방지 및 피해자보호 등에 관한 법률」 제10조에 따른 성폭력피해 상담소를 설치·운영하는 단체
2. 「청소년활동진흥법」 제10조제1호가목부터 다목까지의 규정에 따른 청소년수련관, 청소년수련원 또는 청소년문화의집을 설치·운영하는 단체
3. 「청소년기본법」 제3조제8호에 따른 청소년단체
4. 성교육을 주된 업무로 하는 단체

② 국가와 지방자치단체는 제1항제3호 및 제4호에 따른 단체에 성교육 전문기관의 설치·운영에 관한 업무를 위탁할 때에는 다음 각 호의 구분에 따른 사항을 고려할 수 있다. 〈신설 2021. 1. 5.〉

1. 제1항제3호의 단체: 청소년육성, 청소년활동, 청소년복지 또는 청소년보호 관련 업무에 대한 사업실적

2. 제1항제4호의 단체: 아동·청소년 대상 성교육 실적

③ 성교육 전문기관에 두는 종사자 등 직원의 자격기준은 별표 2와 같다. 〈개정 2021. 1. 5.〉

④ 성교육 전문기관의 설치·운영 기준은 별표 3과 같다. 〈개정 2021. 1. 5.〉

제16조(운영실적의 제출)

① 제15조제1항에 따라 위탁을 받은 전문단체의 장은 매 반기(半期) 종료 후 다음 달 10일까지 성교육 전문기관의 반기별 운영실적을 관할 특별자치시장·특별자치도지사·시장·군수·구청장(자치구의 구청장을 말한다. 이하 같다)에게 제출하여야 한다. 〈개정 2014. 12. 30.〉

② 제1항에 따라 반기별 운영실적을 제출받은 시장·군수·구청장은 매 반기 종료 후 다음 달 20일까지 그 운영실적을 특별시장·광역시장·도지사에게 제출하고, 특별시장·광역시장·특별자치시장·도지사·특별자치도지사(이하 "시·도지사"라 한다)는 매 반기 종료 후 다음 달 말일까지 그 운영실적을 여성가족부장관에게 제출하여야 한다. 〈개정 2014. 12. 30.〉

제17조(성매매 피해아동·청소년 지원센터의 업무)

법 제47조의2제2항제7호에서 "대통령령으로 정하는 업무"란 다음 각 호의 업무를 말한다.

1. 진로 상담 및 지원

2. 진학 상담 및 지원

3. 직업훈련 상담 및 지원

[전문개정 2020. 11. 17.]

제18조 삭제 〈2020. 11. 17.〉

제4장 성범죄로 유죄판결이 확정된 자의 신상정보 공개와 취업제한 등

제19조(공개정보 전용 웹사이트 운영 등)

① 여성가족부장관은 법 제49조제1항 및 제52조제1항에 따라 공개명령의

집행을 위하여 법 제49조제3항에 따른 공개정보(이하 "공개정보"라 한다)를 열람할 수 있는 전용 웹사이트(이하 "전용 웹사이트"라 한다)를 구축·운영하여야 한다.

② 여성가족부장관은 전용 웹사이트에 등록된 공개정보의 유출을 방지하기 위하여 공개정보의 단계적 접근, 공개정보 이용자에 의한 입력 및 출력 금지, 보안 등 기술적 조치를 하고, 이를 상시 감시하여야 한다.

제20조(공개정보의 내용 등)

① 법 제49조제4항에 따른 공개정보의 구체적인 형태와 내용은 다음 각 호와 같다. *(개정 2016. 6. 8., 2020. 8. 5., 2021. 6. 8.)*

1. 성명: 한글과 한자(한자 성명이 있는 경우만 해당한다)로 표기하되, 외국인인 경우 한글과 영문으로 표기한다.

2. 나이: 주민등록표상의 나이. 다만, 외국인은 여권이나 외국인등록증의 나이로 표기한다.

3. 주소 및 실제 거주지: 다음 각 목의 구분에 따라 표기하되, 「도로명주소법」 제2조제3호의 도로명 및 같은 조 제5호의 건물번호까지 표기한다.

   가. 내국인 및 재외국민의 경우: 「주민등록법」에 따라 신고한 주소와 실제 거주지 주소

   나. 외국인의 경우: 「출입국관리법」 제32조에 따라 등록한 국내 체류지와 실제 거주지 주소

   다. 외국국적동포의 경우: 「재외동포의 출입국과 법적 지위에 관한 법률」 제6조에 따라 신고한 국내거소와 실제 거주지 주소

4. 신체정보: 키와 몸무게를 표기하되, 키는 센티미터로, 몸무게는 킬로그램으로 각각 표기한다.

5. 사진: 등록된 사진을 게재한다.

6. 등록대상 성범죄의 요지: 판결일자, 죄명, 선고형량 및 해당 사건의 범죄사실 요지를 표기하되, 피해자를 알 수 있는 내용은 표기하지 아니한다.

7. 성폭력범죄 전과사실: 등록대상 사건의 확정 판결일 이전에 유죄판결이 확정된 성폭력범죄의 죄명과 횟수를 표기한다.

8. 「전자장치 부착 등에 관한 법률」에 따른 전자장치 부착 여부: 전자장치

부착 여부와 그 부착 기간을 표기한다.

② 여성가족부장관은 법 제52조제2항에 따라 공개정보를 송부받으면 제1항의 공개정보를 내용으로 하는 성범죄자 공개정보 원부를 작성하여야 한다.

③ 제2항에 따른 성범죄자 공개정보 원부의 서식과 작성 방식 등에 관한 구체적인 사항은 여성가족부령으로 정한다.

제21조(실명인증 및 열람정보 관리)

① 법 제49조제5항에 따라 전용 웹사이트를 이용하여 공개정보를 열람하려는 사람은 성명과 주민등록번호 입력 등의 방법으로 실명인증을 받아야 한다.

② 여성가족부장관은 제1항에 따라 공개정보를 열람한 사람의 신상정보와 접속정보를 일정 기간 동안 보관·관리하는 등의 조치를 하여야 한다.

제22조(게시판 게시 업무의 위임)

여성가족부장관은 법 제51조제6항에 따라 같은 조 제4항에 따른 게시판 게시 업무를 고지대상자가 실제 거주하는 읍·면사무소의 장 또는 동 주민자치센터의 장에게 위임한다.

제22조의2(고지정보의 정정 요청 등)

① 법 제51조의2제1항에 따른 고지정보의 정정 요청은 법 제52조제1항에 따라 공개명령이 집행되는 정보통신망이나 등기우편·팩스 등을 이용하여 할 수 있다.

② 여성가족부장관은 제1항에 따라 고지정보의 정정을 요청 받은 경우 7일 이내에 법무부장관에게 그 사실을 통보하여야 한다.

③ 법 제51조의2제2항에 따라 법무부장관으로부터 고지정보의 진위와 변경 여부 확인을 요구받은 관할 경찰관서의 장은 그 결과를 지체 없이 법무부장관에게 송부하여야 한다.

④ 법무부장관은 제3항에 따라 송부받은 결과를 확인한 결과 고지정보에 오류가 있는 경우에는 해당 정보를 정정하고, 그 변경된 정보를 「성폭력범죄의 처벌 등에 관한 특례법 시행령」 제5조제1항에 따른 성범죄자 등록정보 원부(이하 "등록정보원부"라 한다)에 등록하여야 한다.

⑤ 법무부장관은 제4항에 따라 변경된 정보를 등록정보원부에 등록한 후 7

일 이내에 행정기관의 정보통신망 등을 이용하여 여성가족부장관에게 송부하여야 한다.

⑥ 여성가족부장관은 제5항에 따라 송부받은 날부터 14일 이내에 제4항에 따라 변경된 정보를 법 제52조제1항에 따른 정보통신망을 통하여 고지정보의 정정을 요청한 자가 열람할 수 있도록 하여야 한다. 다만, 고지정보의 정정을 요청한 자가 등기우편, 팩스 등 별도의 방법으로 요청한 경우에는 그에 따라 통지할 수 있다.

⑦ 제1항부터 제6항까지에서 규정한 사항 외에 고지정보의 정정 요청, 정정 요청 처리 결과 통보 등에 필요한 사항은 여성가족부령으로 정한다.

[본조신설 2018. 7. 16.]

제23조(자료제출의 요청)

여성가족부장관은 법 제53조에 따라 아동·청소년대상 성범죄 발생추세와 동향(動向), 그 밖에 계도(啓導)에 필요한 사항을 공표하기 위하여 관계 행정기관에 자료를 요청할 수 있다.

제24조(아동·청소년 관련기관 등의 범위) 법

제56조제1항제17호 및 제57조제3항제12호에서 "대통령령으로 정하는 유형의 시설등"이란 다음 각 호의 기관·시설 또는 사업장(이하 이 조에서 "시설등"이라 한다)을 말한다.

1. 「게임산업진흥에 관한 법률」 제2조제6호의2가목에 따른 청소년게임제공업을 하는 시설등

2. 「음악산업진흥에 관한 법률」 제2조제13호에 따른 노래연습장업(청소년실을 갖춘 노래연습장업을 말한다)을 하는 시설등

[전문개정 2020. 12. 29.]

제25조(성범죄의 경력 조회)

① 법 제56조제4항 및 제5항에 따라 성범죄의 경력조회를 요청하려는 다음 각 호의 자는 경찰관서의 장에게 요청하여야 한다. 이 경우 경찰관서가 운영하는 정보통신망을 이용하여 요청할 수 있다. *(개정 2015. 4. 20., 2016. 11. 29., 2018. 7. 16., 2021. 9. 24.)*

1. 지방자치단체의 장, 교육감 또는 교육장

2. 법 제56조제1항 각 호에 따른 시설·기관 또는 사업장(이하 "아동·청소년 관련기관등"이라 한다)의 장 또는 아동·청소년 관련기관등을 운영하려는 자

3. 아동·청소년 관련기관등에 취업 중이거나 사실상 노무를 제공 중인 사람 또는 취업하려 하거나 사실상 노무를 제공하려는 사람(이하 "취업자등"이라 한다)

② 아동·청소년 관련기관등의 장은 제1항에 따라 성범죄의 경력 조회를 요청하는 경우 취업자등의 동의서를 함께 제출하거나, 경찰관서가 운영하는 정보통신망에 취업자등이 동의 여부를 표시하도록 하여야 한다. 〈개정 2015. 4. 20., 2016. 11. 29.〉

③ 제1항에 따라 성범죄의 경력 조회를 요청받은 경찰관서의 장은 아동·청소년 관련기관등을 운영하려는 자 또는 취업자등이 법 제56조제1항에 따라 운영 또는 취업이 제한되는 사람(이하 "취업제한대상자"라 한다)인지 여부만을 확인하여 제1항 각 호의 자에게 회신하여야 한다. 이 경우 경찰관서가 운영하는 정보통신망을 이용하여 회신할 수 있다. 〈개정 2015. 4. 20., 2016. 11. 29.〉

④ 제1항에 따른 성범죄의 경력 조회, 제2항에 따른 동의서 및 제3항에 따른 회신의 서식 등에 관한 사항은 여성가족부령으로 정한다.

제26조(자료제출의 요구)

법 제57조제1항 각 호 및 같은 조 제2항에 따른 중앙행정기관의 장, 시·도지사, 시장·군수·구청장 또는 교육감은 같은 조 제5항에 따라 자료제출을 요구할 때에는 다음 각 호의 사항을 구체적으로 밝혀야 한다. 〈개정 2020. 12. 29.〉

1. 자료제출 요구의 사유
2. 자료제출의 일시
3. 제출하여야 할 자료의 내용

제27조(성범죄의 경력자 점검·확인 결과 공개)

① 법 제57조제1항 각 호 및 같은 조 제2항에 따른 중앙행정기관의 장, 시·도지사, 시장·군수·구청장 또는 교육감은 같은 조 제6항에 따른 점

검·확인(이하 "점검·확인"이라 한다) 결과를 그 점검·확인이 끝난 날부터 2개월 이내에 여성가족부장관이 구축·운영하는 전용 웹사이트를 통해 공개해야 한다. 이 경우 공개기간은 3개월 이상으로 한다. *(개정 2020. 12. 29.)*

② 법 제57조제6항에 따라 공개해야 하는 점검·확인 결과는 다음 각 호와 같다. *(개정 2016. 1. 22., 2016. 11. 29., 2020. 12. 29.)*

1. 아동·청소년 관련기관등의 총 수, 점검·확인 기간 및 점검·확인 기관·인원 수에 대한 점검·확인 현황

2. 취업제한대상자가 운영하거나 취업하고 있는 아동·청소년 관련기관등의 수 및 해당 기관별 취업제한대상자의 수

3. 아동·청소년 관련기관등을 운영하거나 취업하고 있는 취업제한대상자에 대하여 필요한 조치 또는 조치한 내용

4. 취업제한대상자가 운영하거나 취업하고 있는 아동·청소년 관련기관등의 명칭 및 주소[주소는 시(「제주특별자치도 설치 및 국제자유도시 조성을 위한 특별법」 제10조에 따른 행정시를 포함한다)·군·구(자치구를 말한다. 이하 같다)까지로 한다]

제28조(해임요구 및 폐쇄요구 등)

① 법 제57조제1항 각 호 및 같은 조 제2항에 따른 중앙행정기관의 장, 시·도지사, 시장·군수·구청장 또는 교육감은 법 제58조에 따라 취업제한대상자의 해임을 요구하거나 아동·청소년 관련기관등의 폐쇄를 요구하는 경우에는 법 위반사실, 요구내용 및 이행시한 등을 명시한 서면으로 해야 한다. *(개정 2016. 11. 29., 2020. 12. 29.)*

② 법 제57조제1항 각 호 및 같은 조 제2항에 따른 중앙행정기관의 장, 시·도지사, 시장·군수·구청장 또는 교육감은 법 제58조제1항에 따라 취업 중인 취업제한대상자의 해임을 요구하는 경우에는 해당 취업제한대상자에게도 그 사실을 알려야 한다. *(개정 2020. 12. 29.)*

③ 법 제58조제1항 또는 제2항에 따라 해임요구 또는 폐쇄요구를 받은 아동·청소년 관련기관등의 장과 제2항에 따라 해임요구를 통지받은 취업제한대상자는 해임·폐쇄 요구 또는 해임요구를 통지받은 날부터 10일

이내에 법 제57조제1항 각 호 및 같은 조 제2항에 따른 중앙행정기관의 장, 시·도지사, 시장·군수·구청장 또는 교육감에게 이의신청을 할 수 있다. *(개정 2016. 11. 29., 2020. 12. 29.)*

④ 법 제57조제1항 각 호 및 같은 조 제2항에 따른 중앙행정기관의 장, 시·도지사, 시장·군수·구청장 또는 교육감은 제3항에 따른 이의신청을 받으면 2주일 이내에 심사하여 그 결과를 해당 아동·청소년 관련기관등의 장과 취업제한대상자에게 알려야 한다. *(개정 2016. 11. 29., 2020. 12. 29.)*

제29조(포상금의 지급 기준)

① 법 제59조에 따른 신고(고소·고발을 포함한다. 이하 같다)에 대한 포상금은 범죄를 저지른 것으로 신고된 사람이 해당 범죄로 기소되거나 기소유예 처분을 받은 경우에 지급한다.

② 제1항에도 불구하고 다음 각 호의 어느 하나에 해당하는 경우에는 포상금을 지급하지 아니한다.

1. 법 제34조제2항에 따라 수사기관에 신고할 의무가 있는 사람이 신고한 경우
2. 법 제59조제1항에 따른 신고 대상 범죄의 실행과 관련된 사람이 신고하는 등 포상금을 지급하는 것이 적절하지 않다고 인정되는 경우
3. 범죄의 단속 사무에 종사하는 공무원이 직무와 관련하여 신고한 경우

제30조(포상금의 지급 절차)

① 제29조에 따른 포상금을 지급받으려는 사람은 포상금 지급 사유의 발생을 안 날부터 1년 이내에 여성가족부령으로 정하는 바에 따라 포상금 지급 신청서를 여성가족부장관에게 제출하여야 한다.

② 여성가족부장관은 포상금을 지급할 때에는 여성가족부령으로 정하는 바에 따라 포상금 지급조서 및 지급대장을 작성하여야 한다.

제31조(포상금의 지급액 등)

① 제29조에 따른 포상금은 예산의 범위에서 100만원 이내로 하되, 그 세부적인 지급액은 여성가족부령으로 정한다.

② 제1항에도 불구하고 신고자가 해당 범죄의 신고와 관련하여 「성매매알선 등 행위의 처벌에 관한 법률」 제28조에 따른 보상금 또는 「청소년 보호법」 제49조에 따른 포상금을 지급받은 경우에는 다음 각 호의 구분에

따라 지급한다.

1. 지급받은 금액이 제1항에 따른 포상금보다 큰 경우: 포상금을 지급하지 아니한다.

2. 지급받은 금액이 제1항에 따른 포상금보다 적은 경우: 지급받은 금액을 빼고 지급한다.

제32조(포상금의 환수)

여성가족부장관은 제29조에 따른 포상금을 지급한 후에도 다음 각 호의 어느 하나에 해당하는 경우에는 그 포상금을 환수할 수 있다.

1. 거짓이나 그 밖의 부정한 방법으로 포상금을 지급받은 경우

2. 제29조제2항 각 호의 사유가 확인된 경우

3. 제31조제2항에 해당하는 경우(제31조제2항제2호의 경우에는 감액분만 환수한다)

제33조(권한의 위임)

① 식품의약품안전처장은 법 제60조제3항에 따라 법 제56조제1항제22호에 따른 어린이급식관리지원센터에 대한 다음 각 호의 권한을 지방식품의약품안전청장에게 위임한다.

1. 법 제57조에 따른 다음 각 목의 권한

   가. 법 제57조제1항에 따른 점검·확인

   나. 법 제57조제5항에 따른 자료의 제출 요구

2. 법 제58조에 따른 다음 각 목의 권한

   가. 법 제58조제1항에 따른 해임 요구

   나. 법 제58조제2항에 따른 폐쇄 요구

   다. 법 제58조제3항에 따른 폐쇄 요구 또는 등록·허가 등의 취소 요구

   라. 제28조제3항 및 제4항에 따른 이의신청의 접수·처리 및 통지

3. 법 제67조에 따른 과태료의 부과·징수

② 경찰청장은 법 제60조제4항에 따라 법 제56조제1항제14호에 따른 경비업을 행하는 법인에 대한 다음 각 호의 권한을 지방경찰청장에게 위임한다.

1. 법 제57조에 따른 다음 각 목의 권한

   가. 법 제57조제1항에 따른 점검·확인

나. 법 제57조제5항에 따른 자료의 제출 요구

2. 법 제58조에 따른 다음 각 목의 권한

　　가. 법 제58조제1항에 따른 해임 요구

　　나. 법 제58조제2항에 따른 폐쇄 요구

　　다. 법 제58조제3항에 따른 폐쇄 요구 또는 등록 · 허가 등의 취소 요구

　　라. 제28조제3항 및 제4항에 따른 이의신청의 접수 · 처리 및 통지

3. 법 제67조에 따른 과태료의 부과 · 징수

[전문개정 2020. 12. 29.]

제34조(보호관찰명령의 청구 및 집행지휘)

① 검사는 법 제61조제1항에 따른 보호관찰명령을 청구할 때에는 그 청구서에 다음 각 호의 사항을 적어야 한다.

1. 보호관찰명령 청구대상자의 성명, 주민등록번호, 직업, 주거, 등록기준지 및 죄명

2. 청구의 원인이 되는 사실

3. 적용 법조

② 검사가 공소 제기와 동시에 보호관찰명령을 청구할 경우에는 공소장에 제1항제2호 및 제3호를 추가하여 적는 것으로 보호관찰명령 청구서를 대신할 수 있다.

③ 검사는 보호관찰명령의 판결이 확정되면 지체 없이 보호관찰명령을 선고받은 사람의 주거지를 관할하는 보호관찰소의 장에게 판결문 등본을 첨부하여 보호관찰명령 집행을 지휘하는 서면을 보내야 한다.

제35조(조사)

① 법원은 법 제61조제4항에 따라 보호관찰소(지소를 포함한다. 이하 같다)의 장에게 조사를 요청할 때에는 피고인의 인적사항 및 범죄사실의 요지를 통보하여야 한다. 이 경우 필요하면 참고자료를 함께 보낼 수 있다.

② 제1항에 따른 조사 요청을 받은 보호관찰소의 장은 교도소 · 소년교도소 · 구치소 · 군교도소의 장, 경찰서장에게 조사에 필요한 협조를 요청할 수 있다. 이 경우 요청을 받은 기관의 장은 특별한 사유가 없으면 이에

협조하여야 한다.

제36조(보호관찰 기간 연장 신청)

① 보호관찰소의 장은 법 제62조제1항에 따라 보호관찰 기간의 연장을 신청하는 경우에는 다음 각 호의 사항을 적은 문서로 하여야 한다.

1. 보호관찰명령을 받은 사람(이하 "보호관찰 대상자"라 한다)의 성명, 주민등록번호, 주거 및 직업

2. 신청의 취지

3. 보호관찰 기간의 연장이 필요한 사유

② 보호관찰소의 장은 제1항에 따른 신청을 할 때에는 신청 사유를 증명할 수 있는 자료를 함께 제출하여야 한다.

③ 제1항 및 제2항에서 규정한 사항 외에 보호관찰 기간 연장에 관하여는 「전자장치 부착 등에 관한 법률 시행령」 제18조의2제3항을 준용한다. *〈개정 2020. 8. 5.〉*

제37조(보호관찰 대상자의 신고 의무)

① 법 제63조제1항에서 "대통령령으로 정하는 사항"이란 다음 각 호의 사항을 말한다.

1. 주소 및 연락처

2. 직업 관계

3. 가족 관계

② 법 제63조제2항에서 "대통령령으로 정하는 사항"이란 다음 각 호의 사항을 말한다.

1. 주거

2. 직업

3. 생활계획

4. 그 밖에 보호관찰 대상자에 대한 지도 · 감독에 필요한 사항

③ 보호관찰 대상자로부터 법 제63조제1항에 따른 신고를 받은 교도소 · 소년교도소 · 구치소 · 군교도소 또는 치료감호시설의 장은 신고서 사본을 보호관찰 대상자가 출소하기 5일 전까지 보호관찰 대상자의 주거지를 관할하는 보호관찰소의 장에게 송부하여야 한다.

제38조(보호관찰의 종료)

① 법 제64조에 따른 보호관찰 심사위원회는 직권으로 또는 보호관찰소의 장의 신청에 따라 보호관찰의 종료를 결정할 수 있다.

② 제1항에서 규정한 사항 외에 보호관찰 종료의 신청, 심사 및 결정에 관하여는 「전자장치 부착 등에 관한 법률 시행령」 제16조제1항 및 제17조제1항 · 제2항 · 제4항을 준용한다. 이 경우 "부착명령의 임시해제"는 "보호관찰의 종료"로 본다. *(개정 2020. 8. 5., 2022. 8. 9.)*

제39조(민감정보 및 고유식별정보의 처리)

① 법 제57조제1항 각 호 및 같은 조 제2항에 따른 중앙행정기관의 장(제33조에 따라 그 권한을 위임받은 자를 포함한다), 시 · 도지사, 시장 · 군수 · 구청장 또는 교육감(해당 권한이 위임 · 위탁된 경우에는 그 권한을 위임 · 위탁받은 자를 포함한다)은 다음 각 호의 사무를 수행하기 위하여 불가피한 경우 「개인정보 보호법 시행령」 제18조제2호에 따른 범죄경력자료에 해당하는 정보(이하 이 조에서 "범죄경력정보"라 한다), 같은 영 제19조제1호, 제2호 또는 제4호에 따른 주민등록번호, 여권번호 또는 외국인등록번호(이하 이 조에서 "주민등록번호등"이라 한다)가 포함된 자료를 처리할 수 있다. *(개정 2016. 11. 29., 2020. 11. 17., 2020. 12. 29.)*

1. 법 제57조제1항부터 제4항까지의 규정에 따른 점검 · 확인에 관한 사무

2. 법 제57조제6항에 따른 점검 · 확인 결과 공개에 관한 사무

3. 법 제58조에 따른 해임 요구, 아동 · 청소년 관련기관등의 폐쇄 요구 및 등록 · 허가 등의 취소 요구에 관한 사무

4. 법 제67조에 따른 과태료 부과 · 징수에 관한 사무(주민등록번호등으로 한정한다)

② 법무부장관은 다음 각 호의 사무를 수행하기 위하여 불가피한 경우 범죄경력정보 및 주민등록번호등이 포함된 자료를 처리할 수 있다. *(개정 2017. 3. 27.)*

1. 법 제51조제2항 및 제3항에 따른 고지명령 집행을 위한 송부에 관한 사무

2. 법 제52조제2항에 따른 공개명령 집행을 위한 송부에 관한 사무

3. 법 제63조제1항에 따른 보호관찰 대상자의 신고에 관한 사무

③ 여성가족부장관(제22조에 따라 여성가족부장관의 게시판 게시업무를 위임받은 읍·면사무소의 장 또는 주민자치센터의 장을 포함한다)은 다음 각 호의 사항에 관한 사무를 수행하기 위해 불가피한 경우 범죄경력정보 또는 주민등록번호등이 포함된 자료를 처리할 수 있다. *(개정 2020. 12. 29.)*

1. 법 제51조에 따른 고지명령의 집행
2. 법 제52조에 따른 공개명령의 집행
3. 법 제59조에 따른 포상금의 지급
4. 제13조제1항에 따른 가해아동·청소년에 대한 교육과정등의 이수 결과 보고서 통지(제12조제2항제3호에 따라 여성가족부장관이 추천한 시설에서 집행한 경우만 해당한다)
5. 제19조에 따른 공개정보 전용 웹사이트의 운영·관리

④ 삭제 *(2020. 12. 29.)*

⑤ 검사는 다음 각 호의 사무를 수행하기 위하여 불가피한 경우 주민등록번호등이 포함된 자료를 처리할 수 있다.

1. 삭제 *(2020. 11. 17.)*
2. 법 제41조에 따른 피해아동·청소년 등을 위한 조치 청구에 관한 사무
3. 법 제43조제1항에 따른 보호처분의 변경 및 종결 청구에 관한 사무
4. 법 제44조제5항에 따른 가해아동·청소년에 대한 교육과정등 이수명령 발령에 관한 사무
5. 삭제 *(2020. 11. 17.)*
6. 삭제 *(2020. 11. 17.)*
7. 제13조제1항에 따른 가해아동·청소년에 대한 교육과정등의 이수 결과 보고서 통지 수리에 관한 사무
8. 제13조제2항에 따른 가해아동·청소년에 대한 이수명령의 취소에 관한 사무

⑥ 아동·청소년 관련기관등의 설치 또는 설립 인가·신고를 관할하는 지방자치단체의 장, 교육감 또는 교육장과 아동·청소년 관련기관등의 장 및 경찰관서의 장은 법 제56조제4항 및 제5항에 따른 성범죄 경력 조회 및 회신에 관한 사무를 수행하기 위하여 불가피한 경우 범죄경력정보 및

주민등록번호등이 포함된 자료를 처리할 수 있다. *〈개정 2015. 4. 20., 2016. 11. 29., 2018. 7. 16.〉*

⑦ 제12조제2항제1호 및 제2호에 따라 교육과정등을 집행한 자는 제13조 제1항에 따른 가해아동·청소년에 대한 교육과정등의 이수 결과보고서 통지에 관한 사무를 수행하기 위하여 불가피한 경우 주민등록번호등이 포함된 자료를 처리할 수 있다.

제40조(과태료의 부과기준)

법 제67조에 따른 과태료의 부과기준은 별표 4와 같다.

부칙

〈제32866호, 2022. 8. 9.〉

이 영은 공포한 날부터 시행한다.

■ **[별표 1]** 〈삭제 2022. 8. 9.〉

■ **[별표 2]** 〈개정 2022. 8. 9.〉

성교육 전문기관에 두는 종사자 등 직원의 자격기준(제15조제3항 관련)

구분	자 격 기 준
성교육 전문 기관의 장	1. 「고등교육법」 제2조 각 호에 따른 학교에서 아동학, 청소년학, 여성학, 사회복지학, 교육학, 심리학, 사회학, 간호학을 전공한 후 아동·청소년, 여성, 노인 및 복지 관련 단체에서 3년 이상 성교육 관련 실무경력이 있는 사람 2. 청소년상담사, 청소년지도사, 사회복지사 또는 교사의 자격증을 취득한 후 아동·청소년, 여성, 노인 및 복지 관련 단체에서 3년 이상의 성교육 관련 실무경력이 있는 사람
팀원 및 전문 강사	1. 「고등교육법」 제2조 각 호에 따른 학교에서 아동학, 청소년학, 여성학, 사회복지학, 교육학, 심리학, 사회학 또는 간호학을 전공한 사람 2. 청소년상담사, 청소년지도사, 사회복지사 또는 교사의 자격증을 취득한 사람 3. 아동·청소년, 여성, 노인 및 복지 관련 단체에서 1년 이상의 성교육 관련 실무경력이 있는 사람

비고: 지역의 사정으로 위 자격기준을 충족하는 사람이 없을 경우에는 수탁자는 위탁자와 협의하여 자격기준을 달리 정할 수 있다.

■ **[별표 3]** *〈개정 2021. 1. 5.〉*

<u>성교육 전문기관의 설치 · 운영 기준</u>(제15조제4항 관련)

1. 입지조건

    성교육 전문기관은 안전, 위생, 환경 및 교통편의 등을 충분히 고려
    하여 쾌적한 곳에 설치하여야 한다.

2. 구조 및 설비

    가. 성교육 전문기관은 일조 · 채광 · 환기 등 이용자의 보건, 위생,
    안전, 재해 방지, 연령별 특성 등에 적합한 구조 및 시설을 갖
    추어야 하며, 항상 청결을 유지하여야 한다.

    나. 성교육 전문기관은 다음의 사무실, 교육장, 성문화체험관 및 비
    상재해대비시설을 갖추되, 사무실, 교육장 및 성문화체험관을 합
    쳐 연면적 165㎡ 이상의 공간을 갖추어야 한다.

    1) 사무실

        사무처리를 위하여 책상, 전화기 등 필요한 설비를 갖추어야 한다.

    2) 교육장

        25명 이상이 앉을 수 있는 공간과 교육에 필요한 기자재를 갖추
        어야 한다.

    3) 성문화체험관

        성 관련 지식습득 및 체험에 필요한 공간을 갖추어야 한다.

    4) 비상재해대비시설

        「소방시설 설치 · 유지 및 안전관리에 관한 법률」에서 정하는 바에
        따라 소화기구, 경보설비 및 비상구를 설치하여 화재 등 비상재해
        에 대비한 시설을 갖추어야 한다.

3. 인력기준

    가. 성교육 전문기관에는 기관의 장, 팀원, 전문강사 등 2명 이상의
    교육 및 행정업무에 필요한 종사자를 두어야 한다.

    나. 성교육 전문기관의 장은 상근(常勤)으로 한다. 다만, 특별한 사
    유가 있을 경우에는 관할 특별자치시장 · 특별자치도지사 · 시장
    · 군수 · 구청장의 동의를 받아 비상근으로 할 수 있으며, 이 경

우 성교육 전문기관에는 팀장을 둔다.

4. 운영기준

가. 개관시간

성교육 전문기관은 오전 9시부터 오후 6시까지 개관한다.

나. 관리규정

성교육 전문기관의 장은 다음 사항에 관한 규정을 제정하여 성교육 전문기관의 적정한 운영을 도모하여야 한다.

1) 청소년성문화센터의 운영방침
2) 직원의 업무 분장
3) 성교육 전문기관 이용자의 대응요령
4) 성교육 전문기관의 이용수칙
5) 그 밖에 성교육 전문기관의 운영·관리에 관한 중요한 사항

다. 장부 등의 비치

성교육 전문기관의 장은 다음의 장부 및 서류를 갖춰 두어야 한다.

1) 관리에 관한 장부
  가) 성교육 전문기관의 연혁에 관한 기록부
  나) 직원 관계철(인사기록카드·이력서·사진을 포함한다)
  다) 회의록 관계철
  라) 소속 법인의 정관(법인의 경우만 해당한다) 및 관계 결의 서류
  마) 문서철(보고서 및 관계 행정기관과 송신 또는 수신한 문서를 포함한다)
  바) 문서접수·발송대장
2) 사업에 관한 장부
  가) 성교육일지
  나) 그 밖에 상담 등 사업 관계 서류
3) 재무·회계에 관한 장부
  가) 총계정원장 및 수입·지출보조부
  나) 금전출납부 및 그 증명서류
  다) 예산서 및 결산서

라) 비품관리대장

마) 재산대장·재산목록과 그 소유 또는 사용을 증명할 수 있는 서류

바) 이용자의 비용부담 관계 서류

사) 각종 증명서류

■ **[별표 4]** 〈개정 2022. 8. 9.〉

과태료의 부과기준(제40조 관련)

1. 일반기준

   가. 위반행위의 횟수에 따른 과태료의 가중된 부과기준은 최근 2
   년간 같은 위반행위로 과태료 부과처분을 받은 경우에 적용한
   다. 이 경우 기간의 계산은 위반행위에 대하여 과태료 부과처
   분을 받은 날과 그 처분 후 다시 같은 위반행위를 하여 적발
   된 날을 기준으로 한다.

   나. 가목에 따라 가중된 부과처분을 하는 경우 가중처분의 적용
   차수는 그 위반행위 전 부과처분 차수(가목에 따른 기간 내에
   과태료 부과처분이 둘 이상 있었던 경우에는 높은 차수를 말
   한다)의 다음 차수로 한다.

   다. 부과권자는 다음의 어느 하나에 해당하는 경우에는 제2호의
   개별기준에 따른 과태료 금액을 2분의 1 범위에서 그 금액을
   줄일 수 있다. 다만, 과태료를 체납하고 있는 위반행위자에
   대해서는 그러하지 아니하다.

      1) 위반행위자가 「질서위반행위규제법 시행령」 제2조의2제1항 각
      호의 어느 하나에 해당하는 경우

      2) 위반행위가 고의나 중대한 과실이 아닌 사소한 부주의나 오류로
      인한 것으로 인정되는 경우

      3) 위반의 내용·정도가 경미하여 피해자 등에게 미치는 피해가 적
      다고 인정되는 경우

      4) 법 위반상태를 시정하거나 해소하기 위한 노력이 인정되는 경우

      5) 그 밖에 위반행위의 정도, 위반행위의 동기와 그 결과 등을 고려
      하여 과태료 금액을 줄일 필요가 있다고 인정되는 경우

   라. 부과권자는 다음 어느 하나에 해당하는 경우에는 제2호의 개
   별기준에 따른 과태료 금액을 2분의 1 범위에서 그 금액을

늘릴 수 있다. 다만, 늘리는 경우에도 법 제67조제2항부터 제 4항까지에 따른 과태료 금액의 상한을 넘을 수 없다.

1) 위반의 내용·정도가 중대하여 아동·청소년 등에게 미치는 피해가 크다고 인정되는 경우
2) 법 위반 상태의 기간이 6개월 이상인 경우
3) 그 밖에 위반행위의 정도, 위반행위의 동기와 그 결과 등을 고려하여 과태료 금액을 늘릴 필요가 있다고 인정되는 경우

2. 개별기준   (단위: 만원)

위반행위	근거 법조문	과태료 금액		
		1차 위반	2차 위반	3차 이상 위반
가. 삭제 *(2020. 12. 29.)*				
나. 법 제34조제2항 각 호의 어느 하나에 해당하는 기관·시설 또는 단체의 장과 그 종사자가 직무상 아동·청소년대상 성범죄 발생 사실을 알고 수사기관에 신고하지 않거나 거짓으로 신고한 경우	법 제 67조 제4항	300	300	300
다. 상담시설 또는 의료기관의 장이 법 제37조제2항을 위반하여 상담·치료프로그램의 제공을 정당한 이유 없이 거부한 경우	법 제 67조 제2항 제1호	300	600	1,000
라. 아동·청소년 관련기관 등의 장이 법 제56조제5항을 위반하여 그 기관에 취업 중이거나	법 제 67조 제3항	300	400	500

사실상 노무를 제공 중인 사람 또는 취업하려 하거나 사실상 노무를 제공하려는 사람에 대하여 성범죄의 경력을 확인하지 않는 경우				
마. 아동·청소년 관련기관 등의 장이 법 제58조에 따른 해임요구를 정당한 사유 없이 거부하거나 1개월 이내에 이행하지 않는 경우	법 제67조 제2항 제2호	600	800	1,000

아동·청소년의 성보호에 관한 법률 시행규칙
(약칭: 청소년성보호법 시행규칙)

[시행 2022. 7. 5.] [법무부령 제204호, 2022. 7. 4., 타법개정]

제1조(목적)

이 규칙은 「아동·청소년의 성보호에 관한 법률」 및 같은 법 시행령에서 위임된 사항과 그 시행에 필요한 사항을 규정함을 목적으로 한다.

제2조(친권상실 청구 등의 처리결과 통보)

「아동·청소년의 성보호에 관한 법률」(이하 "법"이라 한다) 제23조제2항에 따른 친권상실 청구 또는 후견인 변경 청구에 대한 처리결과 통보는 별지 제1호서식에 따른다.

제3조(성매매 피해아동·청소년의 통지)

검사 또는 사법경찰관은 법 제38조제2항에 따라 성매매 피해아동·청소년을 통지할 때에는 별지 제2호서식 및 별지 제2호의2서식에 따라 통지한다. [전문개정 2020. 11. 20.]

제4조(성매매 피해아동·청소년 지원센터의 운영 위탁 등)

① 여성가족부장관, 특별시장·광역시장·특별자치시장·도지사·특별자치도지사(이하 "시·도지사"라 한다) 또는 시장·군수·구청장(자치구의 구청장을 말한다. 이하 같다)은 법 제47조의2제4항에 따라 다음 각 호의 어느 하나에 해당하는 사항을 그 설립 목적 또는 주된 업무로 하는 비영리법인 또는 단체에 성매매 피해아동·청소년 지원센터의 운영을 위탁할 수 있다.

1. 성매매 방지
2. 성매매 피해자의 보호
3. 성매매 피해아동·청소년의 구제·보호 또는 지원

② 여성가족부장관, 시·도지사 또는 시장·군수·구청장은 법 제47조의2제4항에 따라 성매매 피해아동·청소년 지원센터의 운영을 위탁한 경우에는 그 위탁 내용, 위탁 기관 및 수탁자 등에 관한 사항을 해당 기관의 인터넷 홈페이지에 게재해야 한다.

[전문개정 2020. 11. 20.]

제5조(교육과정등의 이수통보)

① 삭제 *(2020. 11. 20.)*

② 「아동·청소년의 성보호에 관한 법률 시행령」(이하 "영"이라 한다) 제13조제1항에 따른 가해아동·청소년의 교육과정등 이수결과 통보는 별지 제5호서식에 따른다. *(개정 2020. 11. 20.)*

제6조(공개정보 원부의 작성)

영 제20조제2항에 따른 성범죄자 공개정보 원부는 별지 제6호서식에 따르되, 컴퓨터단말기에 의하여 열람이 가능한 형태의 컴퓨터 파일자료로 작성·관리하여야 한다.

제7조(고지명령의 집행)

① 법 제51조에 따른 고지명령의 집행은 다음 각 호의 방법에 따른다. *(개정 2020. 11. 20.)*

1. 우편송부를 통한 고지

2. 영 제19조에 따른 공개정보 전용 웹사이트를 통한 고지

3. 이동통신단말장치를 통한 고지

② 제1항제1호에 따른 우편송부를 통한 고지는 별지 제7호서식에 따른다.

③ 여성가족부장관은 제1항제1호에 따라 고지정보를 우편으로 송부한 때에는 별지 제8호서식의 고지정보 우편송부 현황 관리대장(전자문서를 포함한다)에 그 내용을 적어 관리하여야 한다.

④ 법 제51조제4항에 따른 고지명령의 집행 이후 같은 조 제5항에 따른 우편송부는 반기별 1회로 한다.

⑤ 여성가족부장관은 법 제51조에 따른 고지명령의 집행을 위하여 관계 행정기관에 고지를 받을 사람의 성명, 주소 및 주민등록번호 등 필요한 자료를 요청할 수 있다. 이 경우 자료를 요청받은 관계 행정기관의 장은 특별한 사유가 없으면 이에 협조하여야 한다. *(개정 2020. 11. 20.)*

제7조의2(고지정보의 정정 요청 등)

① 영 제22조의2제1항에 따른 고지정보의 정정 요청은 별지 제18호서식의 고지정보 정정 요청서(전자문서로 된 요청서를 포함한다)에 따른다.

② 영 제22조의2제6항 단서에 따른 고지정보 정정 요청의 처리 결과 통지는 별지 제18호의2서식의 고지정보 정정 요청 결과 통지서(전자문서로 된 통지서를 포함한다)에 따른다.

[본조신설 2018. 7. 16.]

제8조(성범죄 경력 조회 및 회신)

① 영 제25조제1항에 따라 성범죄 경력 조회를 요청하려는 지방자치단체의 장, 교육감, 교육장 또는 법 제56조제1항 각 호에 따른 시설 · 기관 또는 사업장(이하 "아동 · 청소년 관련기관등"이라 한다)의 장은 별지 제9호서식의 성범죄 경력 조회 신청서에 다음 각 호의 구분에 따른 서류를 첨부하여 경찰관서의 장에게 제출해야 한다. 〈개정 2019. 12. 31., 2022. 3. 14.〉

1. 지방자치단체의 장, 교육감 또는 교육장이 요청하는 경우: 아동 · 청소년 관련기관등을 운영하려는 자의 동의서 1부

2. 아동 · 청소년 관련기관등의 장이 요청하는 경우

　가. 아동 · 청소년 관련기관등의 장임을 증명할 수 있는 자료(인 · 허가증 사본 등) 1부. 다만, 여성가족부장관이 정하여 고시하는 아동 · 청소년 관련기관등은 제외한다.

　나. 아동 · 청소년 관련기관등에 취업 중이거나 사실상 노무를 제공 중인 사람 또는 취업하려 하거나 사실상 노무를 제공하려는 사람(이하 "취업자등"이라 한다) 본인의 동의서 1부

② 영 제25조제1항에 따라 성범죄 경력 조회를 요청하려는 아동 · 청소년 관련기관등을 운영하려는 자 또는 취업자등은 별지 제9호의2서식의 성범죄 경력 조회 신청서에 다음 각 호의 서류를 첨부하여 제출해야 한다. 〈신설 2016. 11. 30., 2022. 3. 14.〉

1. 신분 증명서(주민등록증 또는 운전면허증 등) 사본 1부

2. 운영하려는 기관 또는 취업대상 기관이 아동 · 청소년 관련기관등임을 증명할 수 있는 자료 1부

③ 아동·청소년 관련기관등의 장은 제1항에 따라 성범죄 경력 조회를 요청하려는 아동·청소년 관련기관등이 「아동복지법」 제29조의3제1항 각 호의 아동관련기관(이하 "아동관련기관"이라 한다)에 해당하는 경우 성범죄 경력 및 아동학대관련범죄 전력 조회를 통합하여 요청할 수 있다. 이 경우 별지 제9호의3서식의 성범죄 경력 및 아동학대관련범죄 전력 조회 신청서에 다음 각 호의 서류를 첨부하여 경찰관서의 장에게 제출해야 한다. 〈신설 2018. 3. 21., 2019. 12. 31., 2022. 3. 14.〉

1. 아동·청소년 관련기관등 및 아동관련기관의 장임을 증명할 수 있는 자료(인·허가증 사본 등) 1부. 다만, 여성가족부장관이 정하여 고시하는 아동·청소년 관련기관등은 제외한다.

2. 성범죄 경력 및 아동학대관련범죄 전력의 통합 조회 대상자의 동의서 1부

④ 아동·청소년 관련기관등을 운영하려는 자 또는 취업자등은 제2항에 따라 성범죄 경력 조회를 요청하려는 아동·청소년 관련기관등이 아동관련기관에 해당하는 경우 성범죄 경력 및 아동학대관련범죄 전력 조회를 통합하여 요청할 수 있다. 이 경우 별지 별지 제9호의4서식의 성범죄 경력 및 아동학대관련범죄 전력 조회 신청서에 다음 각 호의 서류를 첨부하여 경찰관서의 장에게 제출해야 한다. 〈신설 2022. 3. 14.〉

1. 운영하려는 기관이나 취업대상 기관이 아동·청소년 관련기관등 및 아동관련기관임을 증명할 수 있는 자료 1부

2. 신분 증명서(주민등록증 또는 운전면허증 등) 사본 1부

⑤ 경찰관서의 장은 제1항 또는 제3항에 따라 조회 요청을 받은 때에는 「전자정부법」 제36조제1항에 따른 행정정보 공동이용을 통해 제1항제2호가목 단서 또는 제3항제1호 단서에 따라 여성가족부장관이 정하여 고시하는 아동·청소년 관련기관등 또는 아동관련기관의 장임을 증명할 수 있는 자료를 확인해야 한다. 다만, 아동·청소년 관련기관등의 장이 그 확인에 동의하지 않는 경우에는 해당 자료를 첨부하도록 해야 한다. 〈신설 2019. 12. 31., 2022. 3. 14.〉

⑥ 영 제25조제2항에 따른 성범죄 경력 조회 동의서는 별지 제10호서식에 따른다. 다만, 제3항제2호에 따른 성범죄 경력 및 아동학대관련범죄 전

력의 통합 조회 대상자의 동의서는 별지 제10호의2서식에 따른다. 〈개정 2015. 5. 1., 2016. 11. 30., 2018. 3. 21., 2019. 12. 31., 2022. 3. 14.〉

⑦ 제1항부터 제4항까지에 따른 성범죄 경력 및 아동학대관련범죄 전력 조회 요청에 대한 회신서는 다음 각 호의 구분에 따른다. 〈개정 2022. 3. 14.〉

1. 제1항에 따라 요청한 경우: 별지 제11호서식

2. 제2항에 따라 요청한 경우: 별지 제11호의2서식

3. 제3항에 따라 요청한 경우: 별지 제11호의3서식

4. 제4항에 따라 요청한 경우: 별지 제11호의4서식

제9조(포상금의 지급 신청 및 절차)

① 영 제30조제1항에 따른 포상금 지급의 신청은 별지 제12호서식에 따른다. 〈개정 2015. 5. 1.〉

② 영 제30조제2항에 따라 여성가족부장관이 작성하는 포상금 지급조서 및 지급대장은 각각 별지 제13호서식 및 별지 제14호서식에 따른다.

제10조(포상금의 지급액 등)

영 제31조제1항에 따른 포상금의 세부적인 지급액은 다음 각 호의 구분과 같다. 〈개정 2019. 7. 16., 2020. 11. 20.〉

1. 법 제11조제2항의 범죄: 30만원

2. 법 제13조의 범죄: 70만원

3. 법 제8조, 제8조의2, 제11조제1항·제4항, 제14조 및 제15조의 범죄: 100만원

제11조(신고인의 보호)

포상금의 지급업무와 관련된 공무원은 포상금의 지급 외의 목적으로 신고인의 인적 사항 등 신고인에 관한 정보를 사용하거나 누설하지 아니하도록 하여야 한다.

제12조(보호관찰 대상자의 신고 등)

① 법 제63조제1항에 따른 보호관찰 대상자의 신고는 별지 제15호서식에 따른다.

② 법 제63조제2항에 따른 보호관찰 대상자의 신고에 관하여는 「전자장치 부착 등에 관한 법률 시행규칙」 제10조제1항을 준용한다. 〈개정 2022. 3. 14.〉

제13조(종전의 성범죄자에 대한 공개명령의 청구)

법률 제11572호 아동·청소년의 성보호에 관한 법률 전부개정법률 부칙 제5조제3항 및 제4항에 따라 여성가족부장관이 검사에게 하는 공개명령청구 요청과 검사가 법원에 하는 공개명령청구는 별지 제16호서식에 따른다.

제14조(종전의 성범죄자에 대한 고지명령의 청구)

법률 제11572호 아동·청소년의 성보호에 관한 법률 전부개정법률 부칙 제8조제2항 및 제3항에 따라 여성가족부장관이 검사에게 하는 고지명령청구 요청과 검사가 법원에 하는 고지명령청구는 별지 제17호서식에 따른다.

제15조(준용규정)

다음 각 호의 사항에 관하여는 「전자장치 부착 등에 관한 법률 시행규칙」 제12조, 제13조 및 제13조의2부터 제13조의5까지를 준용한다. *(개정 2022. 3. 14.)*

1. 영 제34조에 따른 보호관찰명령 청구 및 집행지휘

2. 영 제36조에 따른 보호관찰 기간 연장 신청

3. 영 제38조에 따른 보호관찰의 종료

부칙

〈제204호, 2022. 7. 4.〉
(치료감호 등에 관한 법률 시행규칙)

제1조(시행일)
이 규칙은 2022년 7월 5일부터 시행한다.

제2조(다른 법령의 개정)
①부터 ③까지 생략

④ 아동·청소년의 성보호에 관한 법률 시행규칙 일부를 다음과 같이 개정한다.

별지 제15호서식 중 "○○치료감호소장"을 "국립법무병원장"으로 한다.

⑤ 및 ⑥ 생략

■ 편저: 대한법률콘텐츠연구회

□ 주요 저서

- 2023년 소법전
- 2023년 법률용어사전
- 형사사건 탄원서 작성방법
- 새로운 고소장 작성방법 고소하는 방법
- 민사소송 준비서면 작성방법
- 2023년 각종시험대비 판례법전

□ 주요 공·편저

- 자동차사고로 인한 손해배상
- 산재판례 100선
- 학교폭력 해소와 법률적 대처

판례와 법규로 본
아동·청소년 성범죄 메뉴얼

2023년 7월 10일 초판 1쇄 **인쇄**
2023년 7월 15일 초판 1쇄 **발행**

편   저 대한법률콘텐츠연구회
발행인 김현호
발행처 법문북스
공급처 법률미디어

주소 서울 구로구 경인로 54길4(구로동 636-62)
전화 02)2636-2911~2, 팩스 02)2636-3012
홈페이지 www.lawb.co.kr

등록일자 1979년 8월 27일
등록번호 제5-22호

ISBN 979-11-92369-82-2 (13360)
정 가 28,000원